船舶与海洋工程设计研究与应用

葛兴国　著

哈尔滨工程大学出版社
Harbin Engineering University Press

内 容 简 介

著者葛兴国在七〇八研究所工作 51 年。一直从事船舶产品研究设计工作,设计建造各类船舶(参见目录)50 多艘。并将研究和设计成果、心得体会汇集成文,供研究所内同仁在船舶设计时参考应用。部分内容被编入七〇八研究所编著的《船舶设计实用手册》中和被高校选为教材。本书内容除了介绍常规船舶外,还对新颖海洋科学调查船、客船、海洋风电运维船、LNG FPSO 以及高性能小水线面双体型船设计进行了介绍,详尽实用。

本书内容对于从事船舶设计、建造、航运、检验、教学和科研等部门人员均有参考和使用价值。

图书在版编目(CIP)数据

船舶与海洋工程设计研究与应用／葛兴国著. —哈尔滨:哈尔滨工程大学出版社,2022.1
ISBN 978 − 7 − 5661 − 3372 − 4

Ⅰ.①船… Ⅱ.①葛… Ⅲ.①船舶设计 Ⅳ.①U662

中国版本图书馆 CIP 数据核字(2022)第 014741 号

船舶与海洋工程设计研究与应用
CHUANBO YU HAIYANG GONGCHENG SHEJI YANJIU YU YINGYONG

选题策划　史大伟　薛　力
责任编辑　薛　力　王　宇
封面设计　葛文良　刘梦瑶

出版发行　哈尔滨工程大学出版社
社　　址　哈尔滨市南岗区南通大街 145 号
邮政编码　150001
发行电话　0451 – 82519328
传　　真　0451 – 82519699
经　　销　新华书店
印　　刷　哈尔滨市石桥印务有限公司
开　　本　787 mm × 1092 mm　1/16
印　　张　27.25
字　　数　714 千字
版　　次　2022 年 1 月第 1 版
印　　次　2022 年 1 月第 1 次印刷
定　　价　120.00 元
http://www.hrbeupress.com
E-mail:heupress@ hrbeu. edu. cn

序

得知葛兴国先生要出一本论文集我深感欣慰。在中国船舶集团有限公司第七〇八研究所（中国船舶及海洋工程设计研究院），我与他在科研设计领域共事至今已有 55 个年头。

1960 年由我负责主持设计长江高级客船"昆仑号"，他为总体专业主任设计师。"昆仑号"是一艘供党和国家领导人乘坐的专用客船，由原国家计委批准列为国家重点项目。任务书规定，在绝对安全的前提下达到快速、安静、高稳性要求。该船的结构材料、机电设备和仪表全为国产，开创我国独立创新、自力更生的先例。1962 年建成后，经过国家鉴定验收，由国家事务机关调用。

改革开放后，该船改装成旅游船，专供外宾游览三峡，为当时最新颖的五星级豪华旅游船。此后长江开发的诸多旅游船都以此为蓝本。

20 世纪 60 年代，我国研制成功"两弹"后，继续进行卫星、洲际导弹、航天飞行器的研制，需要在海上建立试验平台。我所承担三型四艘船的设计任务，"向阳红 10"号远洋综合科学调查船即为其中一型。我为该船的主管，他为总设计师。该船设计建造历时 8 年，我与他一起设计，一起在工厂参加劳动。1980 年，该船参加我国第一枚远程运载火箭发射任务，并取得成功。1985 年该船获国家科技进步奖特等奖，2006 年被评为"中国十大名船"。

20 世纪 70 年代，中国船舶要进入国际市场走向世界，需要及时掌握出口船设计的标准、规范、规则等资料。我所成立了"出口船设计参考资料"编委会，我任主任委员，他为编委成员，我们共同参与主审和编审工作，自 1981 年到 2000 年，长达 19 年间，共出版著作 23 部，为广大的船舶设计、建造、航运、教学等人员所采用。

葛兴国先生平时还进行各种有用资料的翻译、校审等工作，如《船型开发设计译文集》等，供相关科技人员参考。值得一提的是，为美国船级社翻译的《钢船建造与入级规范》由我主持，他参与翻译，译本被美国船级社购买了版权，书的翻译质量得到该船级社的好评。

葛兴国先生一生从事船舶设计和研究，为国家做出了很大贡献。本书收集的数十篇学术论文是他在船舶产品设计和课题研究中的心得体会与设计总结，是船舶设计的有用参考资料，值得推荐给大家一读，定会有所裨益。

中国科学院院士

许学彦

自　　序

我在七〇八研究所工作了51年，设计过50多艘船舶。在设计完成后均会将心得体会整理成文字发表。今有机会将其汇总成一册专著出版，实是幸事，但有其缘由和内在机遇。

我在上海交通大学船舶制造系时学习过"流体力学""船舶阻力和推进""船舶设计原理"等课程。受到辛一心、王公衡、林杰人诸教授的谆谆教导，激励自己勤奋学习。

毕业后被分配到船舶工业局产品设计二室（即今中国船舶集团有限公司第七〇八研究所）工作。设计的第一艘船是500 t沿海打捞工作船，我负责总体专业设计；接受的第一个研究课题是"内河船阻力研究比较"，此后，我对船型研究工作与船模试验产生了很大兴趣。在袁随善、许学彦、金柱青诸总工程师的引导下，我学习写总结报告、学术论文。我平时除开展船舶工作外产品外，还热衷参与设计手册的编写、规范的翻译、科技论文的撰写等。

在我的科技实践中，使我受益匪浅的尚有我所的图书馆与船模试验水池。

我所图书馆规模很大，藏书多，管理严谨。20世纪60年代，在上海有关船舶方面的稀有原版书订购只有四家，即上海图书馆、科技情报研究所、上海交通大学及我所。我所图书馆订购大量原版书刊、专利文献，以及国际海事组织（IMO）的公约、规则等。图书馆的领导马远珍、叶光春为了照顾我，每逢新书到馆，便通知我去借阅，使我得以在知识海洋中任性遨游。

至于船模试验水池，所里每遇新颖船舶设计，必做模型试验，以验证设计的正确性。赵汉魂、钱文豪研究员都是我的试验伙伴。尤其是在船舶节能装置使用方面，为寻求节能效果，我们不厌其烦，反复试验。试验数据当然是船舶设计和论文引入的重要依据。

以上这些实践，数十年来促使我集腋成裘，将点滴成果写成文字，介绍给公众。上述导师、挚友对我的帮助我深表感激。

尚需感谢的是上海海洋大学深渊科学技术研究中心主任崔维成教授（"蛟龙号"载人潜水器第一副总设计师）和泰和海洋科技集团有限公司的卢云军董事长，得益于他们的帮助，此书能够得以顺利面世。

最后还要感谢《中国造船》编辑部郑永敏先生等，他们的细心劳作使本书增色不少。

今年是我所建所72周年，值此纪念之际，谨以此书献给哺育我成长壮大的七〇八研究所。

葛兴国　研究员、总设计师

2022年1月

前　言

本人浙江慈溪人,中学毕业于国立同济大学附属高级中学,大学毕业于上海交通大学船舶制造系。1958 年 4 月毕业分配到船舶工业局产品设计二室(即今七〇八研究所)工作,截至 2009 年,本人兼职多家科研院所的高级工程师、研究员、高级专家、高级技术顾问、总设计师、总工程师。

本人曾主持或参加设计船舶产品 50 多艘,成绩卓著,大多为难度较大的国内首创项目或国家重点项目。如:

1. 第一艘长江专用客船"昆仑"号(荣获个人三等功);

2. "向阳红 10"号远洋科学调查船(获国家科技进步特等奖);

3. 19 900 t 级江海直达原油船(获中船总科技进步奖);

4. 1 000 t 级江海直达货船(获七院科技成果奖);

5. "有财"号客渡船(获上海市政府新产品奖)。

在 50 多型船舶产品中荣获国家科技进步特等奖 1 项,以及国家或省部级奖项 15 项。

在漫长的科技研究与产品设计的岁月中,完成科研课题 10 项,撰写科技论文 39 篇,主编《简明船舶科技手册》、合编《船舶科技简明手册》等书刊著作 18 部,翻译文献资料数十篇。

本书所列的数十篇论文是不同时期的船舶产品设计和课题研究的总结,以及适应国家经济建设需要结合个人专长而立题撰写。大致分为:

1. 性能设计研究:为介绍螺旋桨空泡和空泡衡准等而选写《K. C. 推进器组系及其他——对伯利尔教授一些论文的评价》等文章。

2. 在改革开放期间,为了承接出口船和远洋船设计建造业务,大量介绍出口船设计中所遇到的"有关规范、入级、审图、检验诸问题";"有关海事公约、规则、规范、法规的应用";"有关公海、大湖、航道、运河公约规则对船舶设计的要求"等诸多问题的多篇论文,曾受到同行的广泛关注。

3. 20 世纪 90 年代,为了发展长江航运,本人开发江海直达船舶,以系列船舶型谱在全国推广,并研发出 19 900 t 级江海直达原油船等船舶产品。为了提高推进效率,本人成功地采用了诸多节能装置,并撰写论文以供推广应用。

4. 近年来,为了开发高附加值、高性能的船舶与海洋工程产品,本人参与研发以化学品船、液化气船为代表的船舶产品并研究设计建造多艘化学品船,同时撰写《国际散化规则对化学品船设计的要求》及《浮式液化天然气生产储卸装置(LNG FPSO)安全性要求研究》等论文。LNG FPSO 是国际公认的高技术、高难度、高附加值的海洋工程开发中的前瞻性产品,本书着重整理收录多篇有关安全性研究的论文于本书,供有关科技人员参考应用。

葛兴国　研究员、总设计师

再 版 引 言

本文集在 2015 年由《中国造船》编辑部出版,迄今已有 6 年。我国造船事业发展很快,各船厂源源不断地建造新船,为海上运输业做出贡献。以往的散货船、油船、集装箱船三大支柱船舶,无论是载重量和箱装量,还是吨位和主尺度,都远远领先世界造船业,我国的设计和建造水平令世人瞩目。

当今,我国发展内需,开拓海上旅游业;开发新能源,建立海上风电场;向深海发展,进行海洋科学考察。因此设计建造游览客船、风电运维船、深渊科学调查船正逢其时。我与同仁们一起参与设计建造上述船舶,并将设计心得写成数篇论文,增编入本文集中。

另外,本书涉及的一种高性能小水线面双体船型,其具有良好的耐波性能,航行时失速小、横摇周期长、晕船率低,在实际应用中获得了很大的成功。此种创新型高性能船型也可在大洋钻探船、载有直升机的母舰、导弹发射母舰中使用。

本书得到了上海交通大学周修典学长的热情帮助,方得以顺利完成,在此深表感谢,情谊永存。

今年是我所建所 71 周年,我所的图书馆和船模试验水池是我从事设计工作的双翼,谨以此书献给哺育我成长壮大的七○八研究所。

葛兴国 研究员,总设计师
2022 年 1 月

目　　录

第一篇　船舶性能研究

K. C. 推进器组系及其他

——对伯利尔教授一些论文的评介

1 引言

所谓 K. C. 推进器组系试验,指英国杜伦大学皇家学院进行的几组推进器试验,其工作的重点主要为商船推进器进行试验,此外,尚有伯利尔与高恩合作进行的军用宽叶推进器试验,得出供设计用的相应图谱。这些推进器的诸要素与常见推进器相似,其主要差别是采用了比较新颖的叶切面形状,因此性能较优异。推进器空泡是设计时需要考虑的一个重要问题。伯利尔的空泡极限图,最早是由实船资料分析中得到的经验曲线,使用时较为简便可靠。伯利尔主持的空泡试验筒的研究工作,并从模型试验中得出了一些新的空泡极限曲线,部分内容被绘制在推进器特征曲线中。

推进器设计要依赖于理论、模型试验和实际经验。本文着重介绍有关设计过程中的一些试验资料。

2 四组模型推进器组系试验的介绍

杜伦大学皇家学院于 1949 年建成空泡筒,近 10 年来对推进器进行了多次试验。最主要的推进器试验有四组:第一组是切面为圆背形的三叶海军型推进器试验;第二组是切面为均速型的四叶商船推进器试验;第三组是包括三个不同盘面比(0.85,0.70,0.55)主要考虑到改变厚度、螺距分布和叶面形状等引起影响的推进器试验;第四组是对照实船进行的模型试验,并从空泡筒内观察空泡的变化情形。上述四组推进器的编目分别为 KCA、KCB 、KCC、KCD。由于 KCA 与 KCD 试验较详细,并相应绘出了供设计用的图谱,本书将对其予以着重介绍,而 KCB 与 KCC 试验范围很窄,这里不进行详述。

2.1 KCA 组

2.1.1 模型推进器

推进器的基本编号是 KCA110。它是面螺距比为 1.0,盘面比为 0.8,叶厚比为 0.045 的三叶推进器。椭圆叶形,叶的外半部为弓形切面,叶根切面的导边和随边有翘度。其他模型推进器的盘面比分别为 0.5,0.65,0.95 和 1.1。每一盘面比的螺距比变化为 0.6 ~ 2.0,组合成 35 台模型推进器。模型的编号采用三位数,第一个数字指盘面比(数字 3,4,1,5,2 各自代表 0.5,0.65,0.80,0.95,1.1 的盘面比),最后两个数字指螺距比。例如模型

514 号是表示具有 0.95 盘面比、1.4 螺距比的推进器。记住编号的意义对查用图谱很有用处。

模型推进器一律采用直径为 16 in① 的优质锰铜制成,叶宽修正到 0.01 in,平均螺距修正到 0.3% 以下,切面公差为 +0.005 in。图 1 为 KCA110 基本推进器的外形轮廓。

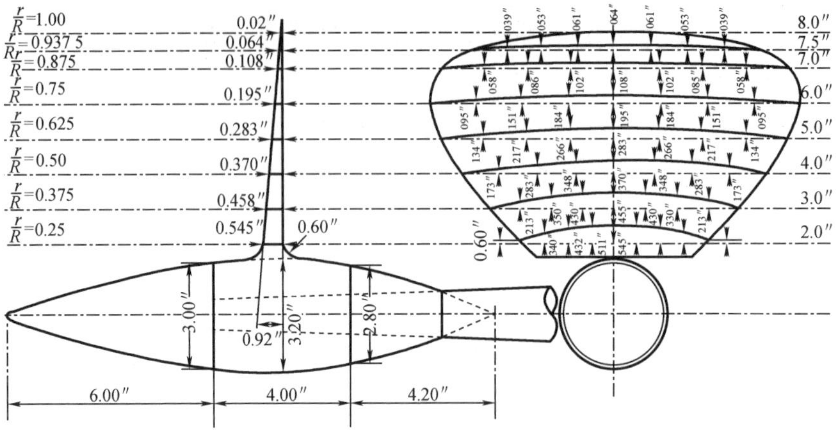

图 1　KCA110 基本推进器的外形轮廓

2.1.2　试验结果表达式

每一台推进器在 6 个空泡数下进行试验:$\sigma = 6.3, 2.0, 1.5, 1.0, 0.75$ 和 0.50。在测量的切面上水速与静压力保持常数,然后对不同进速系数 J 测出推力矩和轴转速。空气含量采用改进的范斯雷克仪求取,其数值为 0.2 ~ 0.4。筒内水速为 18 ft/s②。

图 2、图 3、图 4 分别表示在某一空泡数下根据 J 所绘出推力系数 K_T、力矩系数 K_Q 和效率 η 的试验结果。

推力系数:

$$K_T = \frac{T}{\rho N^2 D^4} \tag{1}$$

力矩系数:

$$K_Q = \frac{Q}{\rho N^2 D^5} \tag{2}$$

进速系数:

$$J' = \frac{V'}{ND} \tag{3}$$

效率:

$$\eta = \frac{K_T J'}{K_Q 2\pi} \tag{4}$$

空泡数:

$$\sigma' = \frac{(P' - e)}{\frac{1}{2}\rho(V')^2} \tag{5}$$

---

① 1 in = 2.54 cm
② 1 ft = 0.304 m

式中　T ——推力；

　　　Q——转力矩；

　　　N ——转数；

　　　ρ——密度；

　　　V′——转正后水速；

　　　P′——轴中心处修正后静压力；

　　　e ——水的蒸汽压；

　　　D——推进器直径。

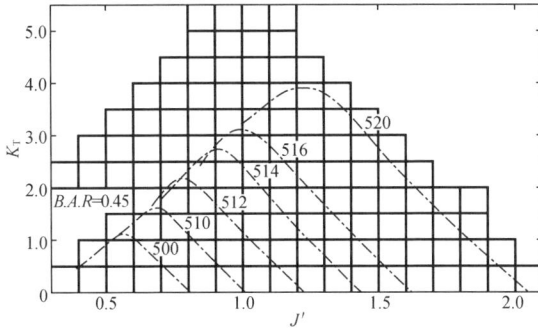

图2　空泡数 $\sigma' = 1.0, K_{\mathrm{T}} - J'$ 曲线

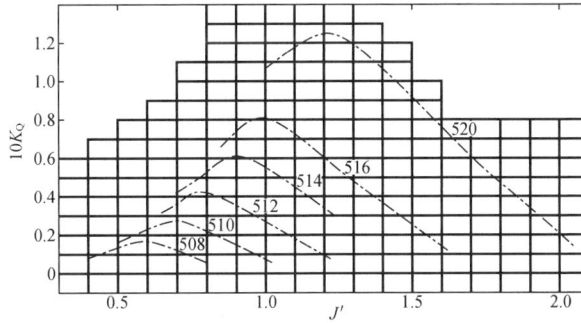

图3　空泡数 $\sigma' = 1.0, 10K_{\mathrm{Q}} - J'$ 图

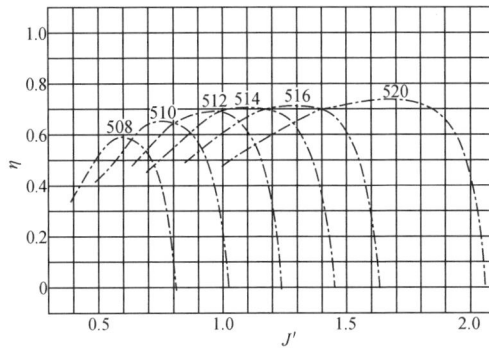

图4　空泡数 $\sigma' = 1.0, \eta - J'$ 图

图 2、图 3、图 4 为试验结果的代表性图谱。模型推进器试验除了可求出一系列 K_T、K_Q、η 图谱外还可绘出一张空泡极限图,对检验军用推进器空泡很有用处。

2.1.3　图谱的应用

对低空泡数工作的推进器设计要比无空泡情况下工作的推进器更为复杂,因为考虑的问题更多一些。由上述图谱可知,一旦出现明显的空泡,K_T、K_Q 和 η 曲线的形状有很大改变,此时功率与转数、转数与速度间的通常关系不再适用。因此设计时要充分掌握可能引起改变的问题。例如在有些情况下,高螺距比、中等盘面比的推进器要比低螺距比、大盘面比更为有利,但有时也不尽如此。理由是推进器工作的滑脱对螺距比和盘面比很敏感,同时空泡的产生在很大程度上受到滑脱的影响。

采用 KCA 组的 K_T、K_Q、η 图谱来进行推进器设计,其方法与商赫的推进器设计图谱相似。曲线的表达是高恩氏(GAWN)惯用的表达形式,可是设计时毕竟没有像图谱那样实用方便。因此有学者把高恩氏早在 1953 年发表的试验结果转绘成 $B_P - \delta$ 形式。

2.2　KCB 组

KCB 组是四对盘面比为 0.5、螺距比为 1.0 的四叶商船推进器(KCB 1,2,3,4),其外形轮廓如图 5 所示。

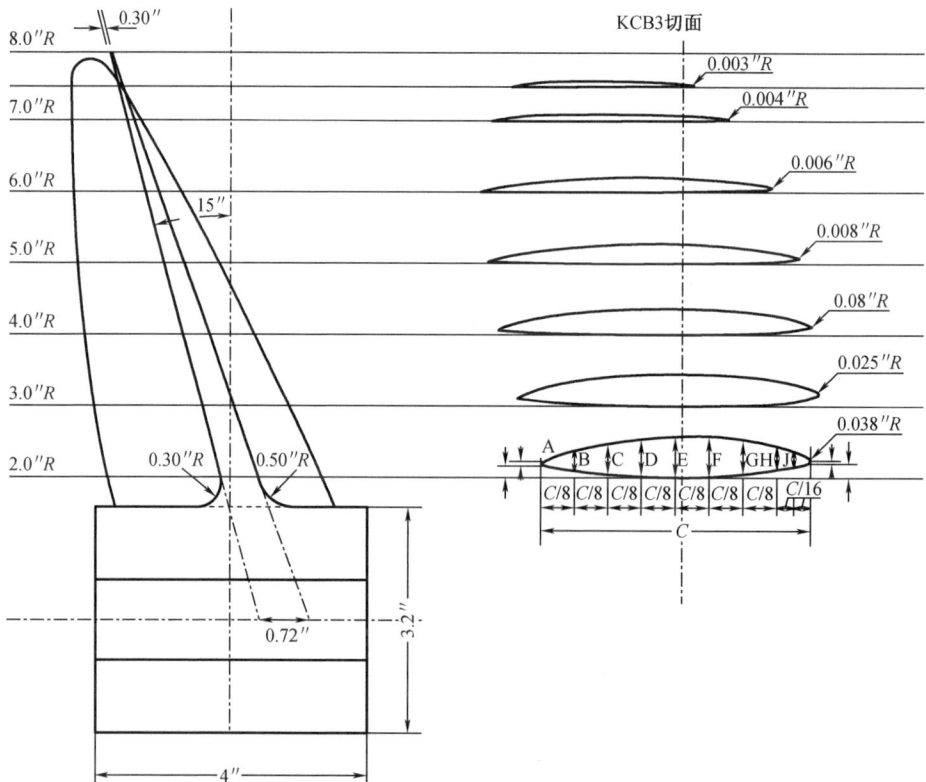

图 5　KCB 推进器组系外形轮廓

这些推进器的叶形轮廓和面螺距都相同,仅改变叶切面形状以观察其变化情况。KCB1

采用鲁特维西(Ludweig)和琴赛(Ginzel)的拱度修正,推进器的叶梢为凹形切面。KCB2 和楚思德(Troost)B 系统的切面极为相似。KCB3 和 KCB4 分别与 NACA16 系列和 NACA66 系列很相似。在空泡数 σ 为 1.25,2.0,3.0 和 6.3 下进行试验时,分别相当于商船推进器进速为 27 kn[①]、21 kn、17 kn、12 kn。通常,这类推进器在进速系数 J 为 0.7 ~ 0.8 运转。试验结果表明,在 $J = 0.75$、$\sigma = 6.0$ 的常用范围内运转,这些推进器的特征没有出现明显的差别,这与哥采(Gutsche)的看法是相似的,但其中 KCB3 的效果较好。

2.3　KCD 组

KCD 是展开面比为 0.6 的四叶商船推进器组系,其适用范围较广,相关学者对于该型推进器曾做了螺距比、面积分布、螺距分布和叶切面形状的各种改变的研究。得出了常用的 $B_P - \delta$ 型设计图谱,并由试验结果绘出便于使用的空泡极限图。

2.3.1　$B_P - \delta$ 图谱

KCD 组采用六台有相同的切面和叶形、不同的螺距比的推进器进行试验。基本推进器是 KCD4R,如图 6 所示。该推进器的展开面比为 0.6,螺距比为 0.982。其他五台推进器 KCD 11,12,13,19,20 其螺距比变化范围为 0.60 ~ 1.60,且在空泡数 σ 为 1.5 ~ 8.0 进行试验。

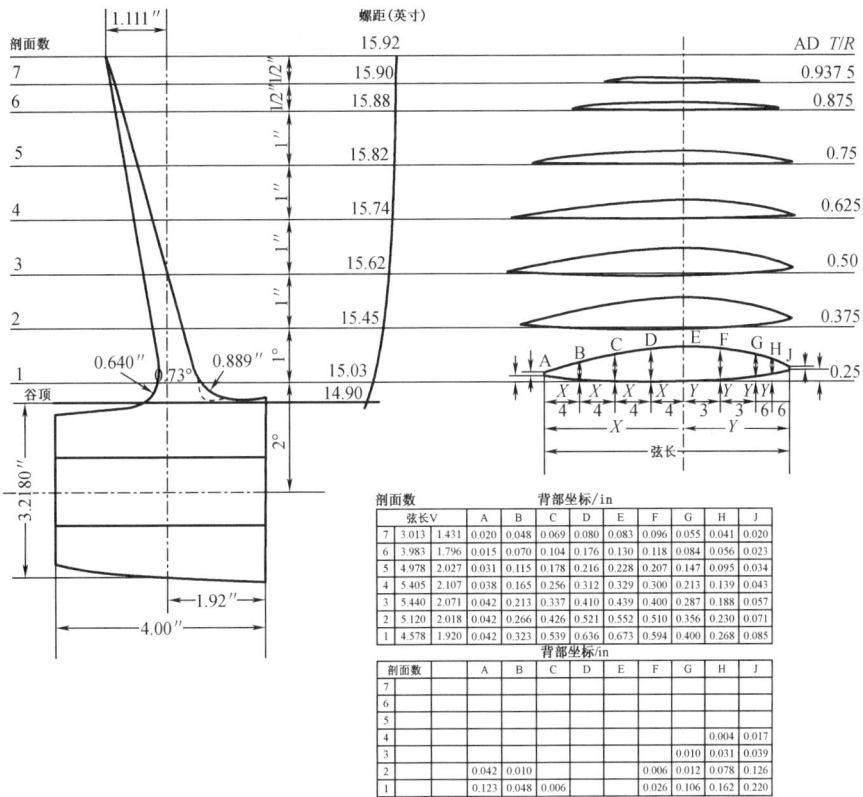

剖面数	弦长V	背部坐标/in								
		A	B	C	D	E	F	G	H	J
7	3.013	1.431	0.020	0.048	0.069	0.080	0.083	0.096	0.055	0.041	0.020
6	3.983	1.796	0.015	0.070	0.104	0.176	0.130	0.118	0.084	0.056	0.023
5	4.978	2.027	0.031	0.115	0.178	0.216	0.228	0.207	0.147	0.095	0.034
4	5.405	2.107	0.038	0.165	0.256	0.312	0.329	0.300	0.213	0.139	0.043
3	5.440	2.071	0.042	0.213	0.337	0.410	0.439	0.439	0.287	0.188	0.057
2	5.120	2.018	0.042	0.266	0.426	0.521	0.552	0.510	0.356	0.230	0.071
1	4.578	1.920	0.042	0.323	0.539	0.636	0.673	0.594	0.400	0.268	0.085

剖面数	背部坐标/in								
	A	B	C	D	E	F	G	H	J
7									
6									
5									
4							0.004	0.017
3						0.010	0.031	0.039
2	0.042	0.010			0.006	0.012	0.078	0.126
1	0.123	0.048	0.006		0.026	0.106	0.162	0.220

图6　KCD 4.60 系列的基本螺旋桨剖面和螺距

从空泡筒中测得的转速、推力、转矩和水头，以及次推力系数与转矩系数对进速系数 J 绘出曲线图，如图 7 所示。从不同的 K_T、K_Q、J 值可求出效率。上述特征曲线求出后，经过适当的转换绘出 $B_P - \delta$ 曲线。

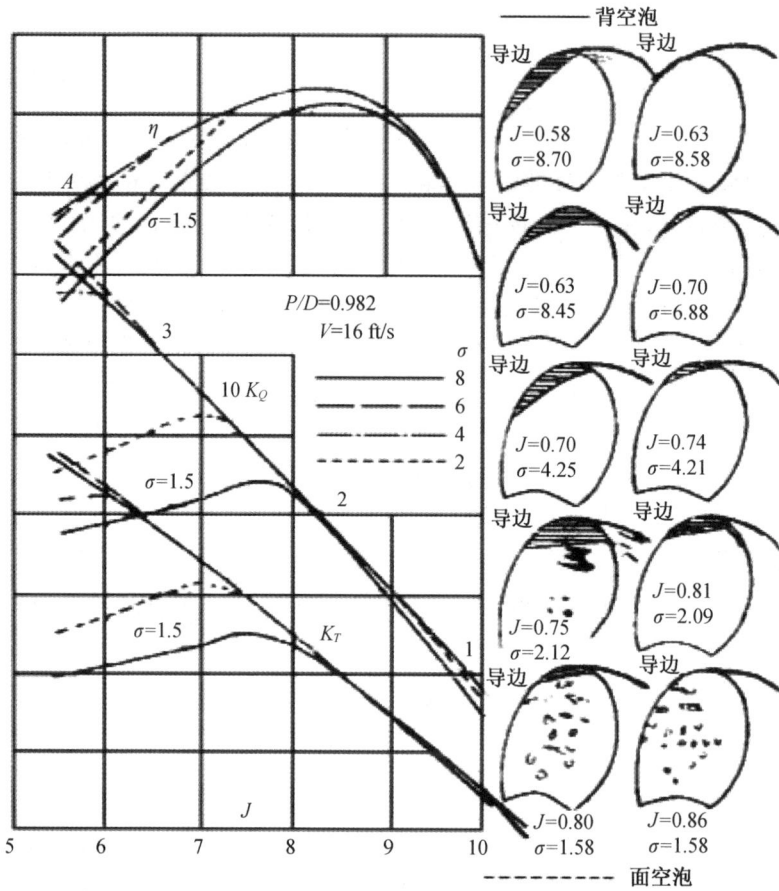

图 7　系列螺旋桨 KCD4R 的 K_T、K_Q、η 和空泡草图

如图 8 所示,图中绘出两条"面空泡"和"避免严重背空泡的建议极限"曲线,这样在决定推进器特征要素时预测空泡发生与否,有其便利之处。图谱中背空泡极限相当于叶梢 5% 范围内有背空泡。此极限曲线经过实践证明具有一定价值。对于商船推进器空泡的考虑,其着眼点是要求长期在服务条件下运转,保证叶片不受严重空泡作用引起剥蚀现象,而不是像高速军舰那样力求迟缓推力的下降。在具体计算时,如果不是图谱规定的空泡数 σ,可以进行适当的外插或内插。

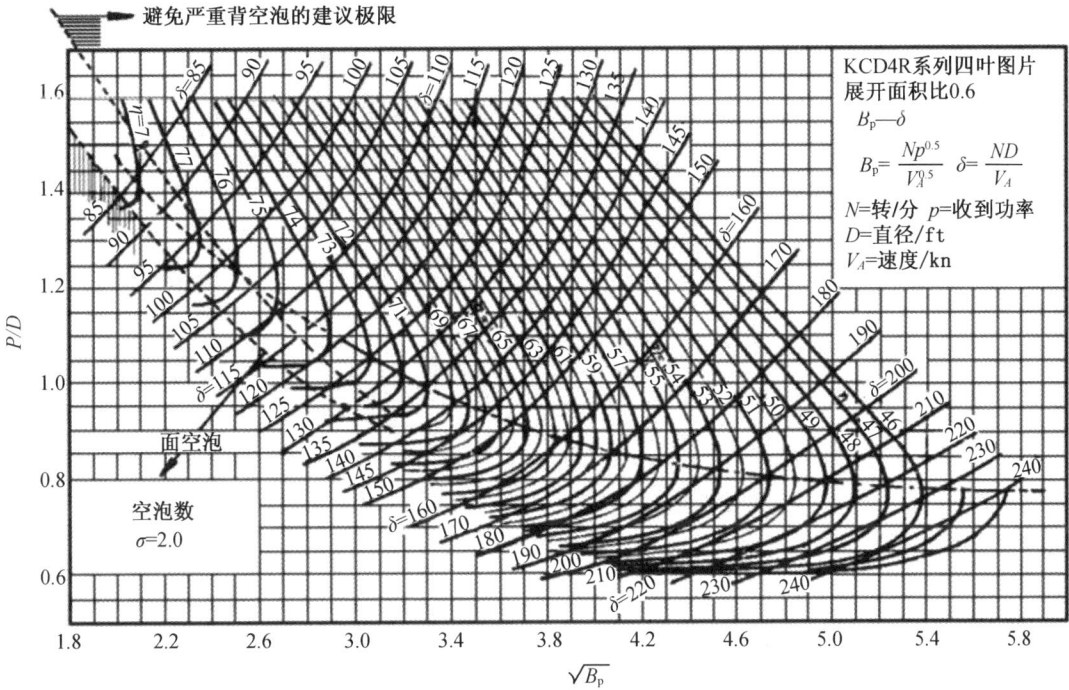

图8 空泡数 $\sigma = 2.0$ 的 $B_P - \delta$ 图谱

2.3.2 改变推进器特征的影响

模型推荐试验结果除了得到 $B_P - \delta$ 基本图谱外,尚将得到推进器保持切面形状不变,改变其他各种特征,从而进行比较试验,以观察试验所引起的影响,这些变化包括:

(1)叶梢宽度的改变;

(2)叶形轮廓的改变;

(3)$0.25R$ 处切面宽度的改变;

(4)径向螺距变化。

试验结论:

(1)窄叶梢和宽叶梢推进器在 $\sigma = 8$ 和 $K_T = 0.2$ 时,其效率有些差别,宽叶梢的最大效率低于窄叶梢,可是随着空泡的产生,窄叶梢所引起的推力损失更快些。

(2)改变叶形轮廓所引起的影响主要是指发生空泡。由图9可以看出,直线的导边(减少侧斜度)与弯曲形的导边(增加侧斜度)相比较,其空泡沿着叶缘向叶根扩张。

(3)叶根 $0.25R$ 处将切面宽度减少 15%,经过试验表明,减少切面宽度要比未减少的效果更好。

(4)径向螺距变化是指在平均有效螺距相同的情况下,叶根处增加或减少 25% 螺距。在 $K_T = 0.2$ 与最大效率处,如果根部增加螺距则会引起效率损失,而减少根部螺距则会发生过早的空泡破裂现象。然而,恩格立许(English)对上述看法提出了不同见解。

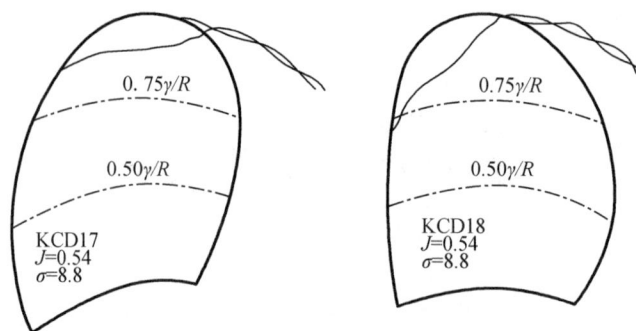

图9　叶形对空泡现象的影响

2.3.3　对 KCD 组 $B_P - \delta$ 图谱的看法

模型试验结果用 $B_P - \delta$ 形式表达是 1929 年泰勒(D. W. Taylor)在东京召开世界工程会议时首次发表的。经过多年的实践,证明这种方法是一个很好的表达方式。但是,由于当时条件限制,无法将空泡情况一并考虑。伯利尔利用在空泡筒内所做的试验,在 $B_P - \delta$ 图谱上绘出两条避免空泡之极限曲线,这是一种新发展,进一步简化了推进器的设计。

商船推进器的设计应用最广的为楚思德 B 系统推进器系列图谱。目前 KCD 组推进器性征的优劣,是值得关注的问题,范曼能曾做过比较,如表 1 所示。

表 1　最佳直径和效率的比较

$\sqrt{B_P}$	δ			η_P		
	K. C. 4 – 60	N. S. M. B. 4 – 55	4 – 70	K. C. 4 – 60	N. S. M. B. 4 – 55	4 – 70
2.2	90	91	92	78	77	75
2.6	106	106	108	76	75	72
3.0	123	120	122	73	72	70
3.5	142	140	140	70	69	67
4.5	180	179	174	64	63	61
5.5	213	217	208	60	59	56

由表 1 得知,其最佳 δ 与 η_P 都比 B 系统稍佳,问题在于除了筒壁干扰影响外是否还存在着尺度效应。

KCD 组推进器的系列试验尚不能算是一个很完整的系列试验,因此其 $B_P - \delta$ 图谱还存在不足之处:

(1)图谱的应用范围较窄,尤其在低空泡数时,更受到限制。例如取 $\sigma = 2$ 的一张 $B_P - \delta$ 图谱,两条推荐的空泡极限曲线靠得很近,最佳效率曲线落入背空泡区域内。如果设计一台不产生空泡的推进器,算得 $\sqrt{B_P} = 3$,则由图谱中可知 $\sqrt{B_P} = 3$ 的无空泡区域处于最佳效率线之下,推进器具有较低螺距比和较大直径。这时虽然可以降低入射角,避免背空泡的发生,但加大直径对避免振动要求较大的船体间隙是不利的,而且在 B_P 较小时,往往处于低滑速区,效率下降很快,因此通常应避免设计高于低滑速区。由此可见具有 0.60 盘面比的推进器对该空泡数来说显然是存在不足的。

(2)推荐的 $B_P - \delta$ 图谱,其盘面比均为 0.60,应用起来有一定局限性,此盘面比若在无空泡条件下工作较为困难,要改善这种情况只有加大盘面比,取低空泡数时,其空泡限界线范围很窄,与采用 0.6 盘面比有关,如果加大盘面比,才能扩大图谱的使用范围。

3 空泡极限图

推进器空泡是一种过负荷情况,叶上的负压力或吸力超过了当时温度下的水的蒸汽压,结果水与叶片分离形成了含有空气和水汽的空泡。这些空泡破裂时对金属表面有很大的剥蚀作用,或引起功率和效率显著的损失。除了极严重情况外,欲避免空泡,通常可以对叶面积进行校验或者使用极合适的叶切面,以避免产生高的吸力面尖端。显然,在给定航速、推力等情况下,影响空泡的主要因素是推力负荷与转速,因此以前所推荐的各种空泡衡准方法是用每平方英寸承受的推力和极限叶梢速度来表示。如勃纳培(S. M. Barnaby)首先采用前述的方法。在 1909 年泰勒(D. W. Taylor)曾专门设计有空泡的推进器并进行了敞水试验,从而推荐 200 ft/s 作为极限叶梢速度。1929 年艾利许(Irish)则推荐以每平方英寸极限推力和极限叶梢速度相结合的方法。这些衡准方法尚不能对设计中各种变化情况做出应有的区别,对于不同的船型和推进器,得到可靠的极限是有困难的。人们认为这主要依据工作中推进器的几个切面上的升力系数,并用空泡数 σ 来判定(σ 为静水头除动压头)。同时对空泡衡准的方式希望包含必要的因素,另一方面要求把所有船型的结果用一个简单的图谱间以适当的关系绘出。1943 年伯利尔按上述依据,在 I. M. E 会刊上发表了一张校核空泡的极限图,如图 10 所示。图中以推进器 0.7 R 处的空泡数 σ 作为横坐标。

$$\delta = \frac{p-e}{q_V - q_R} = \frac{p-e}{q_T} = \frac{p-e}{\frac{1}{2}\rho V_T^2} \qquad (6)$$

式中 p ——静水压和大气压力;

       e ——蒸汽压力;

       ρ ——密度;

       q_V ——动压力的前进方向分量;

       q_R ——动压力的旋转方向分量;

       q_T ——合成动压力。

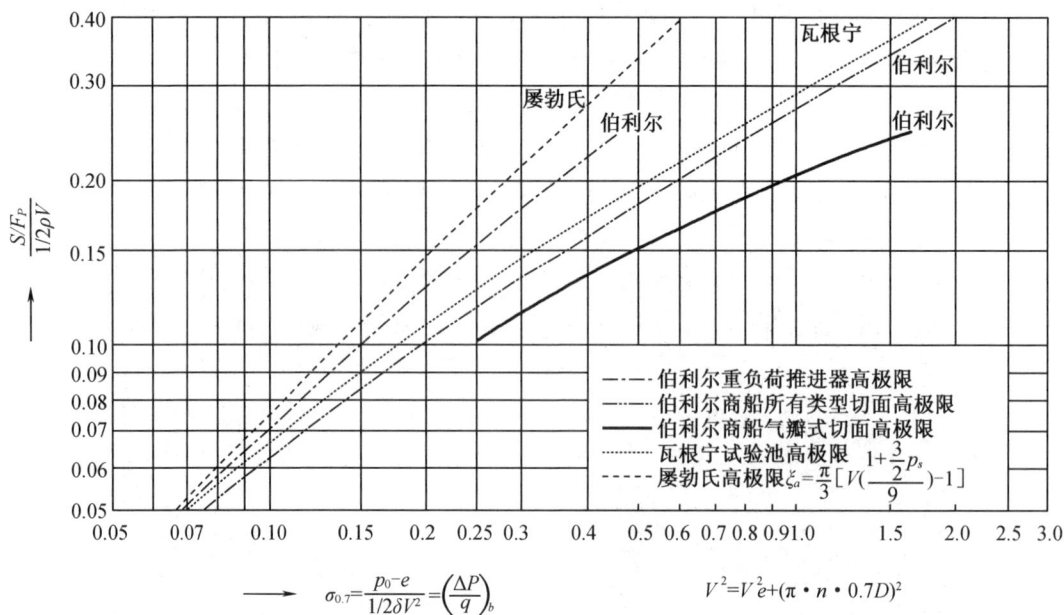

图谱的纵坐标轴为：
- 伯利尔重负荷推进器高极限
- 伯利尔商船所有类型切面高极限
- 伯利尔商船气瓣式切面高极限
- 瓦根宁试验池高极限
- 屡勃氏高极限 $\xi_a = \frac{\pi}{3}\left[V\left(\frac{1+\frac{3}{2}p_s}{9}\right)-1\right]$

$$\sigma_{0.7} = \frac{p_0 - e}{1/2\delta V^2} = \left(\frac{\Delta P}{q}\right)_b \qquad\qquad V^2 = V^2_e + (\pi \cdot n \cdot 0.7D)^2$$

图 10   伯利尔经验空泡极限图

图谱的纵坐标应是平均升力系数的形式,现以叶片上推力与转力矩的合力除以$\frac{1}{2}\rho A V^2$表示。

即

$$C = \frac{R}{\frac{1}{2}\rho A_d V_T^2} \qquad\qquad (7)$$

式中 R ——为合力,$R = \sqrt{T_f^2 + Q_f^2}$；

$\quad\quad A_d$ ——展开面积；

$\quad\quad V_T$ ——$0.7R$ 处速度。

$\quad\quad T_f = \dfrac{THP \times 33\,000}{101.3 \times V_a}$；

$\quad\quad Q_f = \dfrac{DHP \times 33\,000}{2\pi \times N \times 0.7R}$。

由于$\dfrac{R}{A_d}$与$\dfrac{T}{A_p}$很接近(A_p为投射面积),$\dfrac{R}{A_d}$通常在$(1.05\sim1.07)\dfrac{T}{A_p}$范围内变化,为了简化计算,最后用$\dfrac{T}{A_p}$代表$\dfrac{R}{A_d}$。

所以

$$\tau_C = \frac{1}{\frac{1}{2}\rho A_p V_T^2} = \left(\frac{T}{A_p}\right)\Big/q_T \qquad\qquad (8)$$

图 10 中绘出的三条伯利尔曲线,一条曲线是指工作在危险空泡区或接近该区的要求特殊切面的重负荷推进器。另一条高极限适用于所有类型的商船推进器,而稍低的极限线适

用气瓣式商船推进器。图 10 中也绘出了屡勃氏(Lerbs)于 1931 年在《船坞航运及港口》刊物中发表的极限升力系数曲线,可见它们有同一的趋势。对工作在重负荷曲线上的推进器,最好要做全面的空泡分析,即对叶根切面、近 0.7R 最大载荷切面和叶梢切面分别进行检验,因为在该处最易产生空泡剥蚀。上列简便的空泡极限图使用很广,在各种类型的船上都有推荐应用,可见不失为较好的图谱。

最近从 KCD 组的模型推进器的试验中,也得出一张空泡极限图,如图 11 所示。其表达方法与以前相同,图中包括 2.5% ,5% ,10% ,20% 和 30% 背空泡的一组曲线。该组曲线与 1943 年推荐的三条曲线都较接近。"经验"的商船推进器极限线与 5% 背空泡的限线很接近,使用时可以不需要做实质上的改变。

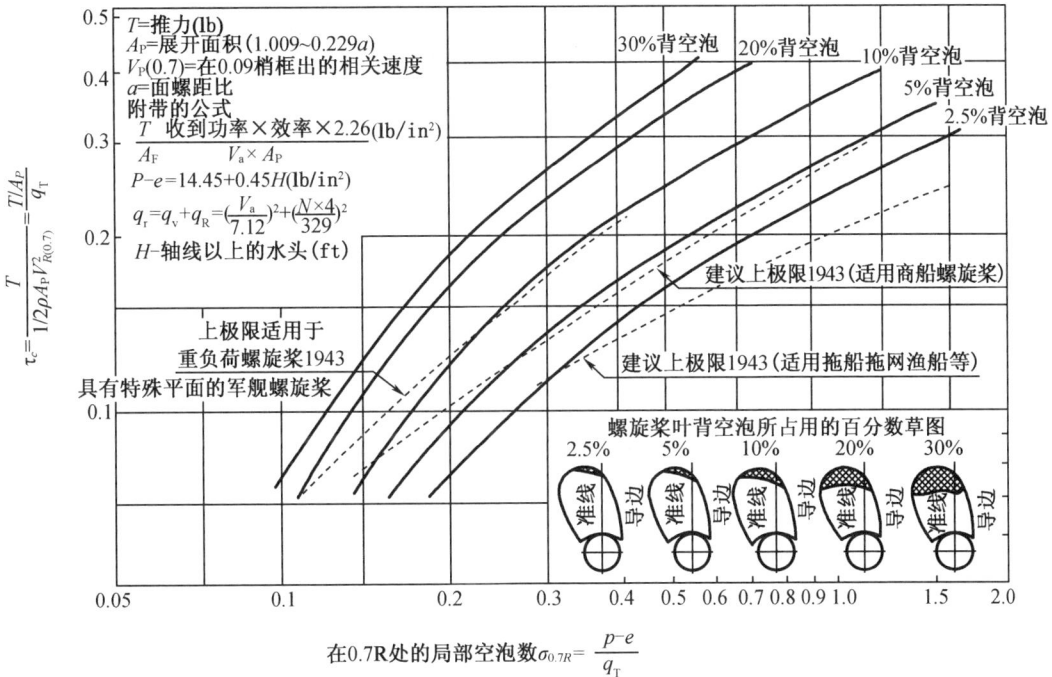

图 11 空泡极限图

伯利尔与高恩合作曾对 30 只海军军用的 KCA 圆背形三叶推进器进行试验,试验结果如图 12 所示。这些曲线与经验曲线比较有相同的趋势。图中实线表示推力开始下跌的情况,此时空泡大约扩展到全叶的 15% 。

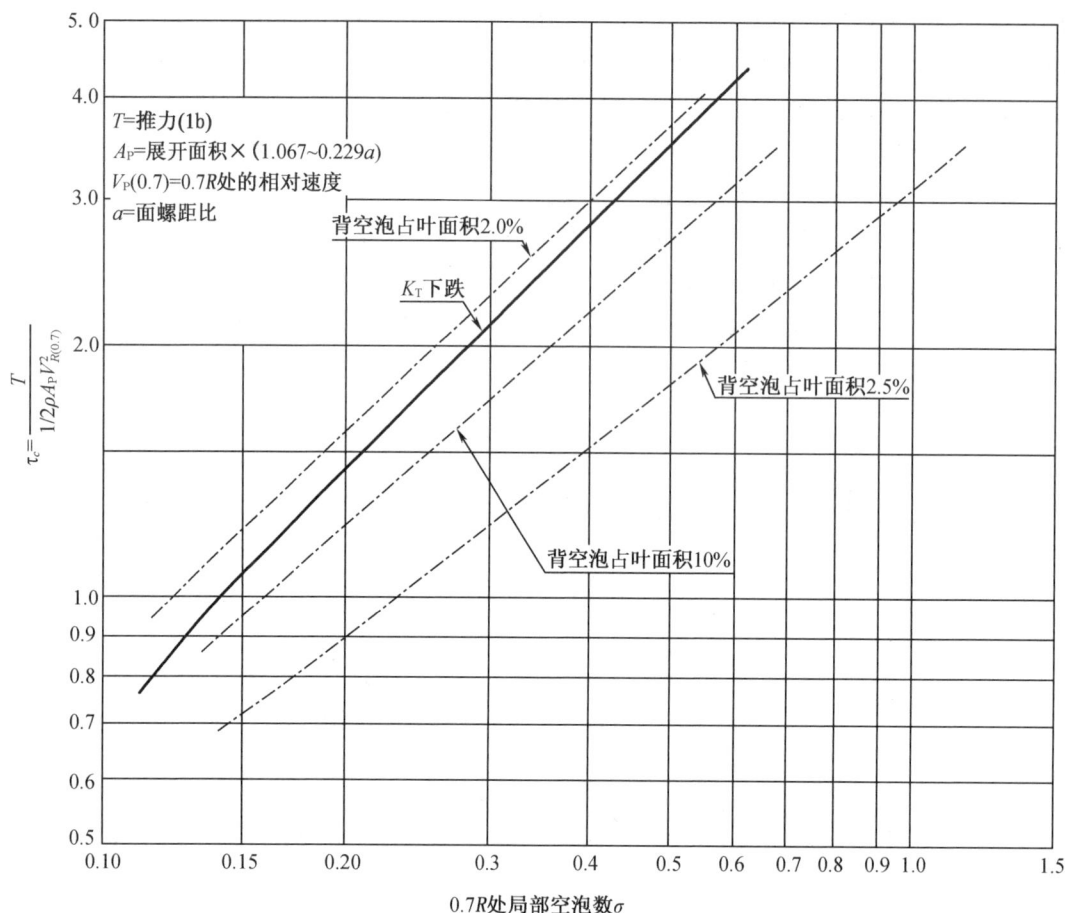

T=推力(1b)
A_P=展开面积×(1.067~0.229a)
$V_P(0.7)$=0.7R处的相对速度
a=面螺距比

背空泡占叶面积2.0%

K_T下跌

背空泡占叶面积2.5%

背空泡占叶面积10%

$$\tau_c = \frac{T}{1/2 \rho A_P V_{R(0.7)}^2}$$

0.7R处局部空泡数σ

图 12 阔叶推进器空泡极限图

经验表明这个图谱可以直接用于设计在航速、功率和转数具有繁重工作条件下的推进器,经过实船的证明其结果是令人满意的。

4 空泡筒及空泡现象

皇家学院的空泡筒高为 40 in,宽为 34 in,其工作切面为带圆角的长方形,截面面积为 8.7 in^2,推进器直径为 16 in。空泡筒在所有转数范围内都做成恒速恒压。推力系数与转矩系数曲线是在未经修正情况下求得的,由于考虑筒壁干扰的影响,因此需将求得的数值经过修正,才能表示为实际水流中推进器的特征。

空泡数 σ 是轴中心处静压力和蒸汽压力的差与相应于推进器进速的动压头之比。

至于推进器空泡的发展过程,在任意工作情况下都很相似。自图 13 右边零推力开始,在叶面导边发展片状空泡。随着转数的增加(J 减少),面空泡范围缩小而出现背空泡。在空泡草图上有两种主要背空泡:一为片状空泡,由梢蜗自导边逐渐扩散;另一为沫状空泡,大部分发生在叶切面最大厚度处。这种见解与阿斯特鲁普(Astrup)在《螺旋桨空泡剥蚀》一文中的提法相同。在滑脱很大和低压时,空泡包围叶背约有 1 in 厚,且向随边扩展,利用空泡草图可以明显地看到某一 J 时的空泡现象,图 13 中标注"面"字的指此时发生面空泡,否则产生背空泡。

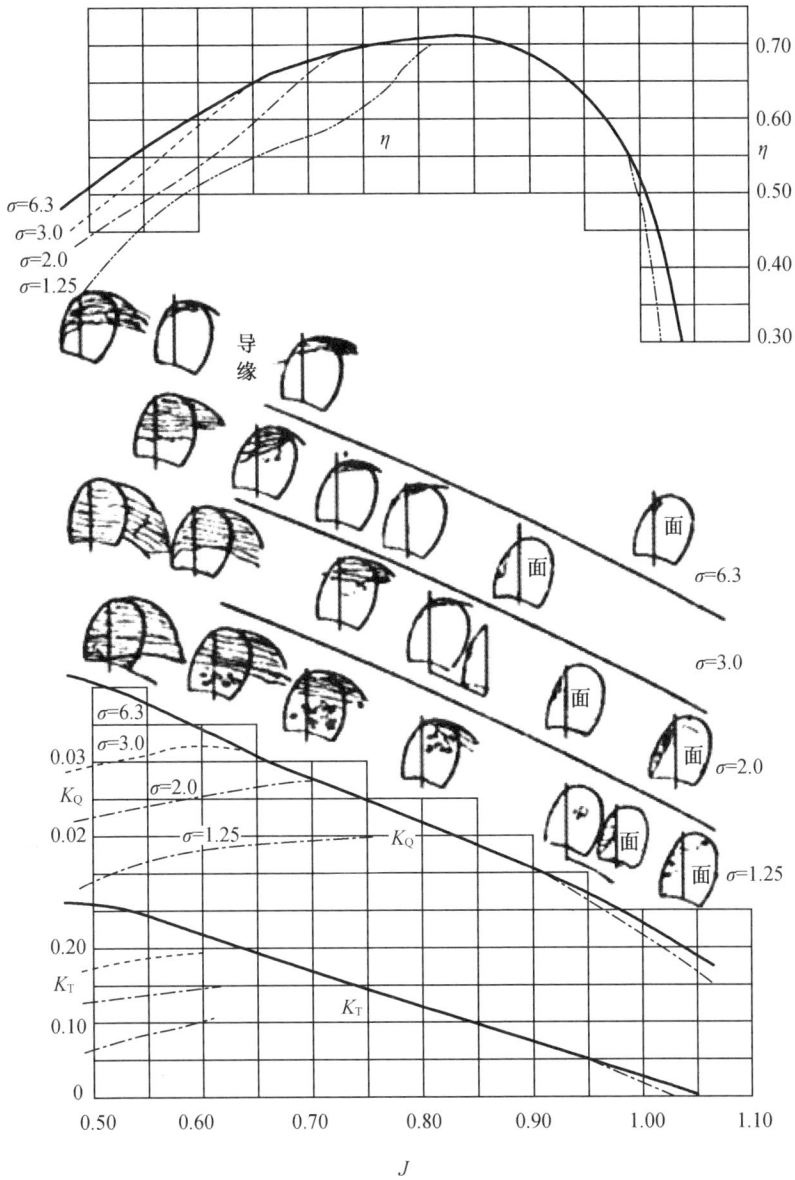

图 13　螺旋桨 K_T、K_Q、η 曲线和空泡草图

5 避免空泡的方法

近年来由于商船功率和转数的提高,避免空泡影响已成为当前需研究解决的重要问题。功率较大的单桨船,由于推进器设置在宽敞的船的后体,以致工作在具有复杂变化的伴流中,因此叶切面的入射角每经过一转有很大的改变。假如叶片转至外倾位置时即垂直于纵中剖面,如图 14 所示,此处进速较高可能不发生空泡,但当叶片经过尾框上部时,由于伴流较大,轴向速度较低,在叶背上将引起空泡。假如叶片经过尾框时,在叶梢上无背空泡,那么,当转速下降时,可能会产生面空泡,可见情况很为复杂。为了适应较高转数或载荷,通常避免空泡的方法如下:

(1)加大叶面积,以减小每单位面积的平均压力或推力;

(2)采用稍大的直径,以减小叶片角度和入射角;

(3)为了减小空泡衡准范围内的载荷,在推进器的各半径处采用不同的螺距;

(4)采用压力更均匀分布的切面形状,以避免叶背上产生过高的吸力;

(5)叶切面采用适当的中线拱度和适宜的入水形式,以避免近导边处有过大的局部吸力;

(6)减小叶片厚度。

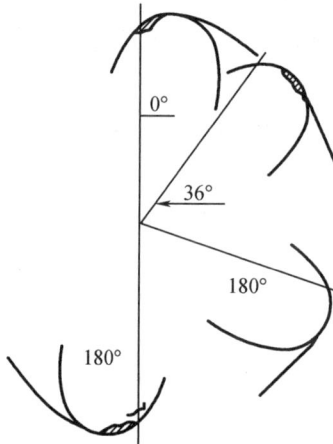

图14　在变伴流中叶梢空泡变化的观察

6 推进器材料

为了提高推进器的强度和抗空泡的效应,采用新材料也是一个重要的途径,但要完全抵抗空泡的有害作用是很困难的,甚至采用高强度钢也不能解决。通常从设计与冶金学两方面着手研究,寻找解决的方法。近年来,冶金学领域已研究出某些新金属。例如镍铝铜合金的应用,其破坏强度为 42 t/in^2,比普通锰铜(32 t/in^2)和铸铁(18 t/in^2)的强度高了很多,对防止剥蚀和锈蚀起很大作用。采用此种合金材料制造推进器,有可能使用薄的切面,这样在提高推力负荷时不致引起剥蚀危险。消除空泡一直是设计中的基本问题,假如冶金学家能解决在空泡迅速消灭时,由内爆引起的冲击力不致损坏推进器叶片,这样会使推进器性能和船速得到更进一步的提高。

7 推进器理论设计

以往设计推进器,完全依赖系统模型试验的结果,是一种经验性设计。近年来由于推进器理论的发展,船用推进器已可根据理论进行设计。特别是对一般负荷的推进器,可以得到很好的效果。很久以前人们已认识到推进器的各个剖面必须按照各半径处存在的条件来考虑。1907 年机械工程师伦契斯脱(Lanchester)发表了他的涡流理论,阐述机翼的升力是由沿着本身长度各切面上产生的环流而产生的。在 1919 年贝次(Betz)研究了能量损失最小时的环量分布条件。其后韩慕鲍(Heimboid)、哥尔斯坦(Goidstein)等进一步发展了这些观点并将其用在推进器设计中。在 20 世纪 30 ~ 40 年代,有很多人从事推进器理论设计的研究,推进器的设计与计算已相当准确。伯利尔对推进器的理论设计也做过研究,并介绍一些使用图谱,但是一般来说计算较烦琐不便应用。国内有人用过摩根(Morgan)的设计方法,但尚未见过以他的方法用于实船的案例。通常荷兰船模试验池的方法或范曼能(Van Manen)的系统试验图谱计算较简易,在推进器设计时不妨做比较试用。

8 伴流资料

在推进器设计中,需要知道流入推进器的平均进流速度,假如无任何模型试验结果供其采用,则平均伴流仅能取自公开的资料。伯利尔从许多实船资料中,根据不同方形系数 δ,整理出单桨与双桨伴流的经验曲线。其单桨船的伴流数值与陆克(Luke)推荐的伴流数值极为相似,唯双桨的由于船体形状、推进器位置和轴架的倾斜度变化,则有一定差别。

对于上述问题作者曾对泰勒的经验公式、泰勒的实船资料及哈凡尔(Harvaid)的经验数据做了比较,如图 15 所示。由于伯利尔之伴流表达式采用傅氏定义,所以需用统一的泰勒伴流定义表出,其间的关系如下。

泰勒伴流分数为

$$W_{\mathrm{T}} = \frac{W}{V_{\mathrm{S}}} \tag{9}$$

傅氏伴流分数为

$$W_{\mathrm{F}} = \frac{W}{V_A} \tag{10}$$

故

$$(1 + W_{\mathrm{F}})(1 - W_{\mathrm{T}}) = 1$$

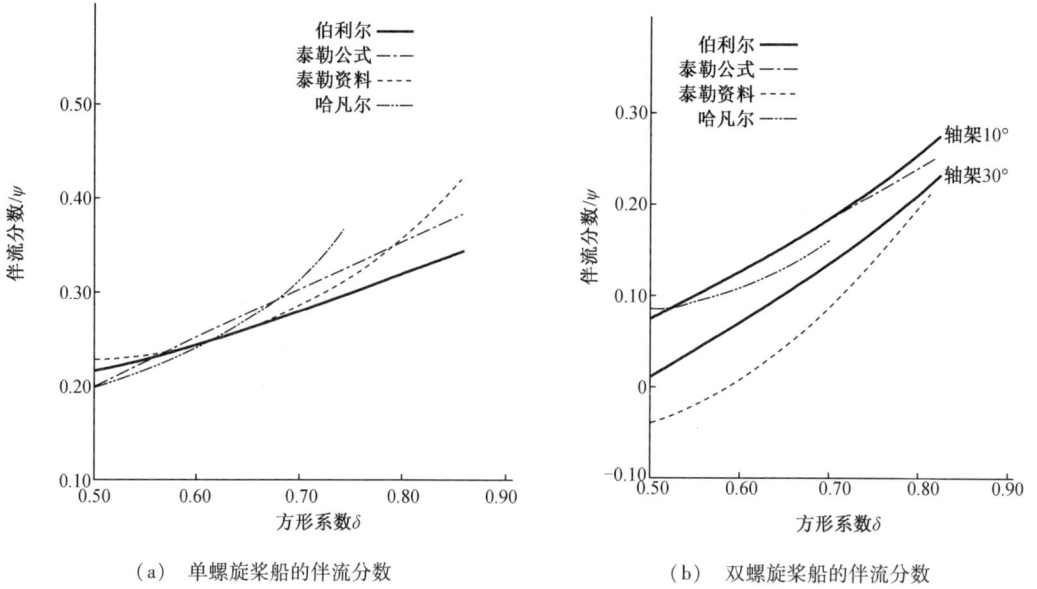

（a）单螺旋桨船的伴流分数 　　　　　　　　　（b）双螺旋桨船的伴流分数

图 15　理论与经验值的批图

由图 15 可见,除泰勒的双桨实船资料偏低外,其他都极为接近,可见设计时伯利尔曲线不失为较好的参考资料。对于伴流的选择,以前曾有许多人发表过经验公式或图表。例如泰尔弗(Telfer)和商赫(Schoenherr),由于考虑的因素极多,应用时很复杂。对于单推进器的伴流数值,前已叙述的哈凡尔图表,由于考虑到船体形状(U 形或 V 形)不同和推进器直径与船长对伴流的影响,需给予必要的修正,方法很简单,设计时也可参照应用,如图 16 所示。

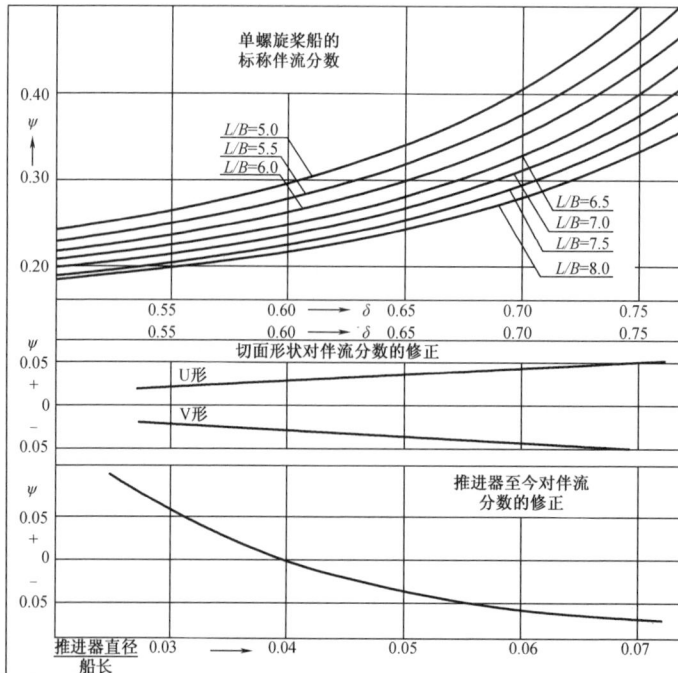

图 16　单螺旋桨船伴流分数的哈凡尔图谱

9 结束语

伯利尔从事推进器的研究工作时间较长,也发表过一些论文。如他在1943年发表的空泡图谱,至今已近80年。早期发表的大抵为推进器基础知识或基本理论方面的论述。20纪世60年代由于空泡筒的改建以及在爱默生的帮助下,从事模型推进器的研究工作,获得一些试验结果。本文主要评价伯氏的论著,至于可变螺距推进器、推进器谐鸣现象的探讨等,限于篇幅,不再赘述。撰写本文的目的主要是对 K.C. 推进器组系和空泡极限图做一个初步介绍,以便在使用时对上述资料有所认识和判断,进而更准确地设计推进器。同时,在20世纪50年代中期,由伯利尔主持的 K.C. 推进器组系试验分支也是一个新的崛起,及时掌握动向、去糟存精,对从事推进器设计研究当有所裨益。

参 考 文 献

[1] 范濂源,陈东光.高恩氏阔叶型螺旋桨设计图[J].中国造船,1957(01):69-72.
[2] 列别杰夫,索柯洛夫.船用螺旋桨制造工艺学[M].北京:机械工业出版社,1948.
[3] LAP A,MANEN J V. Fundamentals of Ship Resistance and Propulsion[M]. Wageninge, Netherlands:Netherlands ship mode Basin,1956.
[4] TAYLOR D W. The Speed and Power of Ship[M]. Naval Architect and Engineer,1953.

特 殊 参 考 文 献 [①]

[1*] L. C. Burrill,"Developments in Propeller Design and Manufacture for Merchant Ships" I. Mar. E. 1943.
[2*] L. C. Burrill,"Calculation of Marine Propeller Performance Characteristics" N. E. C. I. Vol. 60 1943-44.
[3*] L. C. Burrill,"On Propeller Theory" E. S. I. Scotland 1946-47.
[4*] L. C. Burrill, A. Emerson, "Propeller Cavitation Some Observations from 16 in. Propeller Tests in the New King's College Cavilation Tunnel"N. E. C. I. 1953-54.
[5*] L. C. Burrill,"The Phenomenon on Cavitation" I. S. P. 1955.
[6*] L. C. Burrill,"The Optimum Diameter of Marine Popeller:A New Design Approach" N. E. C. I. 1955-56.
[7*] R. W. Gawn, L. C. Burrill, "Effect of Cavitation on the Performance of a Series of 16 in. Model Propellers" I. N. A. 1957.
[8*] L. C. Burrill, A. Emerson, "Propeller Cavitation:Further Tests on 16 in. Propeller Models in the King's College Cavitation Tunnel" N. E. C. I. 1963 April.

---

① 本类文献原为不公开内部资料,现已公开,因此作特殊文献引用。

［9 *］　Discussion on "Propeller Cavitation: Further Tests on 16 in, Propeller Models in The King's College Cavitation Tunnel" N. E. C. I. 1963 July/August.

［10 *］　山县昌夫著,"船型学推进篇".

［11 *］　K. K. Schoenherr, "Principles of Naval Architecture Vol. Ⅱ".

［12 *］　F. Gutsche "Sammlung und Auswertung von Unterlagen über Kavitation und Theoretische Propellerberechnung" Schiffbauforschung, 1962.

［13 *］　J. D. Van Manen, "Recent Data on Cavitation Criteria" I. S. P. 1954.

［14 *］　T. E, Hannan, "Principles and Design of the Marine Screw Propeller" Ship and Boat Builder 1961.

［15 *］　Nils Christion Astrup, "Cavitation Erosion on Screw Propellers" Oslo 1960.

［16 *］　M. K. Eckhardt, W. B. Morgan, "A Propeller Design Method" S. N. A. M. E. 1955.

论船舶吨位

1 引言

一艘船舶从下水作为船的寿命周期开始,直到旧船拆卖或沉没为止,在其几十年的全寿命周期过程中,除从事正常营运外,船作为一种生产资料,尚可进行买卖和租赁。为此需要一个公认的衡准手段以反映船舶的大小和价值。一般常以"吨位"作为衡量标准。

运输船舶欲持续取得赢利,必须具有最大的载货量和最小的营运开支。除了燃料消耗和船员工资外,船在营运过程中的停泊、装卸、抛锚及过运河等都要支付各种港务费、手续费及运河通航费等,而这些费用都与船舶的吨位有关,吨位愈大,开支愈大。所以在船舶设计中要十分关注其经济性。一方面要尽可能增大载重量和降低燃油消耗,另一方面要使船舶吨位尽量地小,以获得较高的营运经济效益。为此设计者应谙熟吨位丈量规范,充分运用设计技巧,达到预期的设计效果。

本文拟对吨位的历史及其发展做一回顾,对现有国家规则与国际规则予以评述,并对相关规则的实用性以及可能存在的问题进行研究与探讨,供设计者使用国际规则时作为参考。

2 吨位的概念

2.1 重量吨和吨位

船舶的大小或装卸能力,一直以来使用"吨"和"吨位"这两个术语,其确切含义,一般人常常不易辨别。即使从事航运工作的人员,有时亦会麦菽不分。通常表征船舶大小和赢利能力用排水量或载重量表示,它们以重量吨作为度量单位,即排水量"吨"或载重"吨"。但以往也有称为排水吨位和载重吨位,这样常常引起概念上的混淆。现代所说的"吨位"是对船舶内部容积的丈量,它是一种容积吨,系根据船籍国政府制定的丈量规则进行丈量以确定船舶"吨位",这是一个法定的术语。

2.2 总吨位和净吨位

各海运国家为了实施船舶管理,对悬挂本国旗帜的船舶按照法定的规则和条例对船舶进行入籍登记。建造完工的民船都应进行丈量以确定它的登记吨位,丈量后的数据记入登记簿内,并颁发船舶吨位证书,以供船舶在营运中使用。

船舶丈量的目的在于核定船的总吨位和净吨位,通常也将前者称为总登记吨位,后者称为净登记吨位,或者将二者统称登记吨位。资本主义国家常将净吨位作为登记吨位。

总吨位系主船体与封闭上层建筑的总容积(免除某些特别规定的处所)。净吨位系赢利处所,即载货处所和旅客处所的容积(或旅客人数)。

总吨位和净吨位在登记时以吨为单位,每一登记吨等于 2.832 m³ 或 100 ft³。《1969 年国际船舶吨位丈量公约》(以下简称"国际吨位公约"或"公约")用规定的公式计算容积,再乘以系数 K 来计算登记吨,而通常所指的排水量或载重吨系重量吨,每吨重 1 000 kg 或 2 240 lb(长吨)。与前者比较,在概念上是不同的。

虽然总吨位与净吨位是对内部容积的计算,但是又根据假定性特征对各种处所作了一系列免除和减除。因此这样所得的吨位与船舶实际容积有所差别。

2.3 吨位和赋税

对要求入籍的船舶进行吨位丈量,以获得吨位证书。这是登记国政府的法定证书,用以证实船舶规模或大小,它既反映赢利能力,也是船舶各种开支的依据。记入吨位证书中的吨位数会对船舶净收入产生很大影响,各种港务费和船舶服务的酬劳费都按吨位征收。究竟按总吨位还是按净吨位征收,各国有所不同,其一般情况见表1。

表 1 吨位与收费

序号	收费		吨位	
	类别	名称	总吨位	净吨位
1	租税	固定资产税、所得税、登记税	√	—
		吨税	—	√
2	运河通过航费	苏伊士运河、巴拿马运河	—	√
3	手续费	检查费、测量装载量费	√	—
		检疫费	—	√
4	船舶港务费	引航费、拖船费、取缆费	√	—
		灯塔费、卫生费	—	√
		码头费	—	√
5	船舶维修费	船坞费、上排费、涂装费	√	—
6	船舶保险费	—	√	

2.4 吨位的作用

昔时用船舶内部容积的大小表征载货能力的强弱,并作为纳税的依据。用吨位计量内部容积,一般吨位大的船舶,载货能力强,支出相应也多,这一概念一直沿用至今。随着世界航路的开拓和船舶交往的频繁,吨位的职能也在不断扩大,其作用主要有:

1. 作为经济支付的标准——吨税、保险费、检验费、港务费、运河通航费、船舶进坞费等都按船舶吨位来计算。

2. 营运管理的依据——航运部门按照船的吨位大小配备各类的船员,且船员工资也有采用按吨位作为分级标准的。

3. 作为执行公约规则和配置安全设施的衡量标准——联合国、国际海事组织以及各国政府制定的各种公约规则,都以船舶吨位大小作为实施依据。如《国际海上人命安全公约》

(SOLAS)和《国际防止船舶造成污染公约》(MARPOL)等都明文规定了按照吨位把船舶分成不同的等级,并提出不同的要求,同时对安全设施的配置也以吨位作为衡量标准。

我国制定的船舶法规,也按照吨位大小提出不同等级要求,如船舶检验局《1983 年海船救生设备规范》;交通运输部颁发的《1983 年沿海货船船员和乘客舱室面积及主要家具设备(草案)》等。

4. 作为统计的手段——一个国家、一个船级社以及整个世界对于船舶拥有量都以吨位作为统计单位,按船类每季、每年公布于众。甚至一个国际公约的生效与否也以拥有船舶吨位数作为依据。

3　吨位丈量的历史回顾[1-2]

以吨位表示船舶的载货能力开始于 13 世纪欧洲的运酒船,当时港口税按所载酒桶的数量征收。一个标准琵琶桶的大小称为一"桶"(TUN)。15 世纪英国更确定酒桶的容量,规定每桶不得少于 250 加仑①,总重量约为 2 240 lb。而船的载重量也以桶数(TUNNAGE)表示。17 世纪以后,TUN 及 TUNNAGE 演变为 TON 及 TONNAGE,即现在所用"吨"及"吨位"的由来。

丈量船大小的法律最早始于 1694 年英国议院通过的《船舶丈量法》,它规定以主要尺度的计算作为船舶吨位。1720 年修正成下列公式:吨位 $= L \times B \times \frac{1}{2}B/94$,即最著名的旧式丈量规则。由于吨位计算只涉及船长和船宽,而与型深、吃水无关,当时的船东为了建造大船并获得最小的吨位,将船建造成窄而深,对航海极不适宜。由于稳性不足,常导致船舶失事。

1854 年通过了新法,即举世称著的莫逊法(MOORSON SYSTEM),该法虽经过多次修正,但现今主要航海国家的丈量法规多脱胎于此法,该法所依据的原则是:船舶的收益能力主要视甲板下和甲板上的立方容积而定,为此吨位丈量即以船舶内部容积的丈量为基准。莫逊法虽较简便,但由于各个国家对各种船舶的免于丈量和减除处所有许多不同见解,致使各国政府制定的丈量规则繁简不一。同一艘船舶采用的规则不同,丈量后的吨位也各不相同。为了减少一个国家的船舶进入另一个国家港口时在吨位丈量方面的许多麻烦,海运国家希望能制定一个统一的船舶吨位丈量规则。

1873 年许多航运国家组成国际委员会在君士坦丁堡召开会议,制定丈量规则,并纳入 1888 年的《君士坦丁堡条约》中。现行的苏伊士运河吨位丈量规则即以此为蓝本。

1947 年在挪威组织举行了有关吨位丈量的第二次奥斯陆会议。1954 年新奥斯陆公约生效,有五个国家认可。尔后该公约又称"国际规则",共有 15 个国家认可。但未得到世界上所有海运国家的一致认可。英国、美国、日本、希腊仍继续使用本国的规则。

1959 年政府间海事协商组织("IMCO", 简称"海协";自 1982 年 5 月 22 日起改名为国际海事组织"IMO",简称"海组")成立了"吨位丈量小组委员会",着手研究吨位丈量规则。

---

① 1 加仑 = 0.004 55 m³

从安全角度出发,先解决历史上遗留的"遮蔽甲板船"的吨位开口问题,于 1963 年 10 月通过了海大 A.48(Ⅲ)决议;关于处理遮蔽甲板和其他"开敞"处所的建议。该建议提出了"吨位标志法"的概念,为大多数海运国家所接受。

但是"吨位标志法"乃是一过渡性措施,仍存在大小二组吨位,矛盾尚未彻底解决。吨位丈量小组委员会根据各成员国的提案和研究报告,在 1969 年通过了《国际船舶吨位丈量公约》,并经过十几年的酝酿,终于从 1982 年 7 月 18 日起开始生效,从此纳入"国际统一"的标准。

可惜会议召开时,苏伊士运河管理局和巴拿马运河委员会以观察员身份参加,导致国际公约对该两条运河在船舶运输吨位的规定上无约束力,实是美中不足。

我国根据国际上的实际动向,于 1977 年颁布了《船舶吨位丈量规范》(国际航行船舶部分)。我国于 1980 年 4 月 8 日接受《国际吨位公约》,成为公约缔约国,该公约对我国正式生效。其后,根据该公约原则制定我国《1985 年海船吨位丈量规范》作为我国海船吨位丈量的准则。

4 遮蔽甲板船和开闭式吨位

4.1 船型

船舶吨位出现开式和闭式,实为船型演变的结果。20 世纪末随着海上贸易的发展,无论在材料、构造和船型方面都有很大变化和进展。运输船舶的船型除了平甲板船、三岛式船、升高甲板井式船以外,尚有几种与吨位发展有关的类似船型[6*]。

1. 遮阳甲板船(Shade Deck Ship)

对有楼的船或三岛式船,在楼与楼之间用甲板相连,该甲板称遮阳甲板。此种船舶除了载货以外还载运旅客。遮阳甲板之间的结构是为旅客遮护太阳及抵御恶劣天气而设的轻型结构。在这种轻型结构的舷边设有为处所通风用的大开口,如图 1(a)所示。

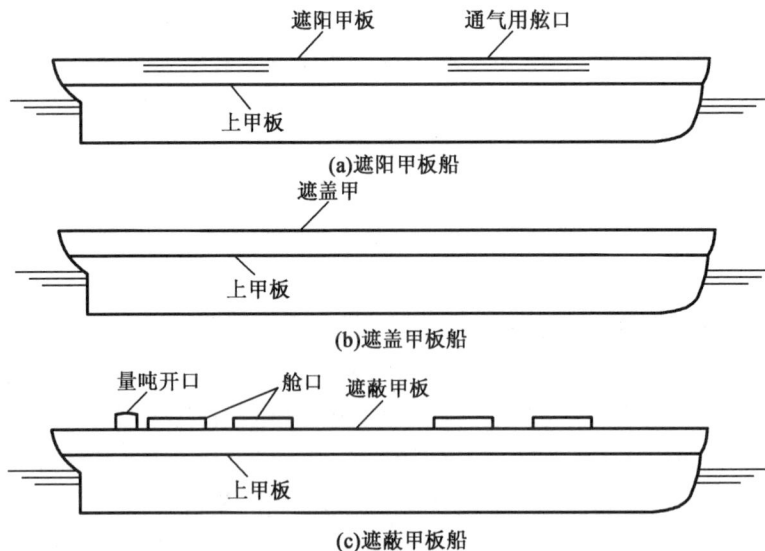

图 1 遮阳甲板船、遮盖甲板船及遮蔽甲板船

2.遮盖甲板船(Awning Deck Ship)

该船的上层结构薄弱,遮盖甲板自艏至艉贯通全船。遮盖甲板间处所可用于载运旅客,也可用于装货,如图1(b)所示。

3.遮蔽甲板船(Shelter Deck Ship)

外观上与遮盖甲板船相似,在最上层全通甲板敞露部分无常设关闭装置的开口船,如图1(c)所示。其开口称为量吨开口,量吨开口下的甲板间地位可视作开敞的,丈量时不计入吨位内,对船东有利,因此发展很快。由于结构形式的划分日趋合理,20世纪初在各船级社的规范中不再列出遮阳甲板船与遮盖甲板船的船材表,为此这两种船型的名称也逐渐废弃不用了。

4.2　遮蔽甲板船

遮蔽甲板原为构造简陋的舱面建筑,甲板上设有开口,技术上认为不能完全防御海浪和风雨的侵袭。各国法规虽对关于丈量和减免处所的要求有不同规定,但对遮蔽甲板船的看法是一致的。认为遮蔽甲板上和该甲板下舱壁处存在着开口,使下层甲板间的空间形成不能充分抵御恶劣气候的"开敞处所",从而在吨位丈量中应该予以扣除,如图2所示。

图2　遮蔽甲板船构造形式

事实上,量吨开口能关闭得足够紧密,这一特点使这些"开敞处所"可以用来装货。这样在保持原来的载货容积情况下,吨位却有显著的减少,使这类船舶大大发展起来。尤其在第二次世界大战期间,由于运输作战物资的需要,建造了数量可观的遮蔽甲板船,例如美国的C2、C3型遮蔽甲板船。

4.3　开闭式吨位

就船体结构而言,遮蔽甲板船的第二层甲板为干舷甲板。在遮蔽甲板上设有量吨开口,与船体的强弱无关,由于干舷量至第二层甲板、船舶吃水较最上面的第一层甲板为干舷甲板的全实船小,这样船材尺寸自当较小。这类船舶适宜装运积载因素大的轻泡货。由于甲板间设有吨位开口,使甲板间免于吨位丈量,可减少船舶登记吨位,当其载运轻泡货时极为经济。但由于船舶是一种流动性很大的运输工具,世界各个港口货种不一,船舶不可能永远固定在一个航线上载运种类单一的货物。相反地,为了适应世界海运瞬息变化的形势,要求船舶具有适应多种航线、承运多种货物的能力,而出现所谓开闭式遮蔽甲板船。其船材尺寸按预期最大吃水的全实船设计,水密舱壁延伸至最高第一层甲板,同时在甲板间又设置量吨开口,使完全符合遮蔽甲板船的要求。这样当其装卸轻泡货时,按开式遮蔽甲板船使用,充分利用船舶的舱容,以开式吨位计费。倘若船舶被调往运输重货的航线上营运,则封闭量吨开口,按闭式遮蔽甲板船使用,充分利用船舶的载重量,以闭式吨位计费。船东根据货源特点和航线上船舶开支情况,正确、灵活地使用开式和闭式,使船舶经常处于满载或满舱状态下航行,大大节省了开支。

目前世界各港口一般均允许开闭式船舶按当时装卸情况申报相应的吨位。例如,"风雷"号轮船,当选用开式吨位时,最大允许吃水深度为 8.37 m,选用闭式吨位时最大允许吃水深度为 9.5 m。某航次进入日本神户港时吃水深度不足 8.37 m,如报开式吨位仅引航、吨税和浮筒三项费用为 268 763 日元,如误报成闭式吨位则需要 385 450 日元,费用相差 10 多万日元。

5 大吨位和小吨位

5.1 海大 A.48(Ⅲ)决议

《1960 年国际海上人命安全公约》的一项建议案中,特别强调要废除在量吨开口上所用的封闭设施,或者用水密封闭设施来代替上述设施的意向;要改变现行的吨位丈量方法,以增进船舶安全性。在"海协"第三届大会上,海上安全委员会提出《关于处理遮蔽甲板和其他"开蔽"处所的建议》作为海大 A.48(Ⅲ)决议,于 1963 年 10 月 18 日经大会通过,其有关的细则附件也于 1964 年 4 月 20 日经海上安全委员会第八次会议通过。该两部分内容构成了完整的建议案[7*]。

其原则如下:

(1)在未建立统一的吨位丈量制度前,在现行的各国吨位丈量规则中,尚应增加若干规定,对原来被视为"开敞"的那些永久性处所,即按吨位丈量规则免于计入总吨位的所处应予以永久封闭。

(2)船的舷侧勘绘吨位标志。当该标志浸入水中,甲板间的处所仍可免予计入总吨位。当该标志没入水中时,则应计入总吨位。

(3)这种规定应推广到一切船舶。将上述精神具体化为:对多层全通甲板船,即具有两层或两层以上全通甲板船,在两舷勘绘吨位标志,并核定大、小两组总吨位和净吨位,即双组吨位。甲板间处所计入总吨位的一组吨位为大吨位,免于计入总吨位的一组吨位为小吨位。具有双组吨位的船舶,当吨位标志线没入水中时,使用大的一组吨位;当吨位标志线未没入水中时,使用小的一组吨位。以第二层全通甲板作为干舷甲板船舶,且吨位标志线与载重标志的最高载重线位于同一水平时,仅需核定小的一组吨位。

原来具有开式吨位和闭式吨位的船舶,当其采用吨位标志时,其上甲板上量吨开口、甲板间横舱壁上的量吨开口及吨位井两舷的排水孔均可予以永久性水密封闭。这种规定对于原来不属于两层全通甲板间的处所免于计入总吨位的非开闭式船舶也可勘绘吨位标志,在一定情况下,其甲板间处所也可获得免予计入总吨位的利益。

这个建议案,解决了永久性开敞处所对船舶安全的影响,又保留了原先因"开敞"而减少吨位的经济利益,而且推广到"一切船舶"都可享受这种权利。这对船东来说是能接受的。在没有制定统一的丈量规则前,是一个变通的办法。

5.2 吨位标志

（1）吨位标志的式样（图3）

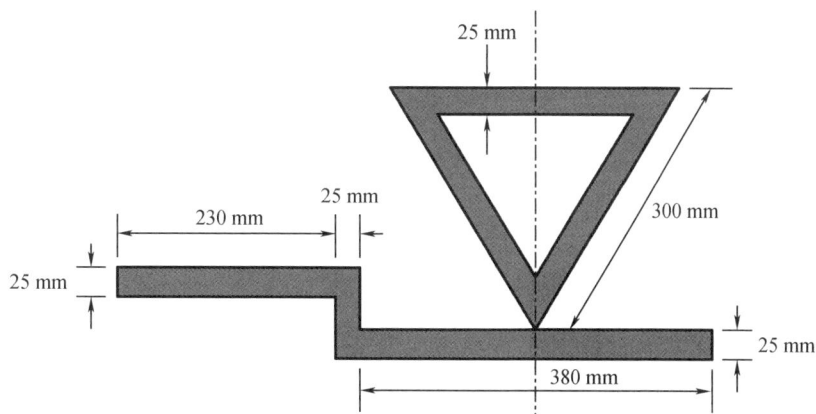

图3 吨位标志

（2）吨位标志的位置（图4）

具有两层或两层以上全通甲板的船舶应在舯部稍后的两舷勘绘吨位标志。

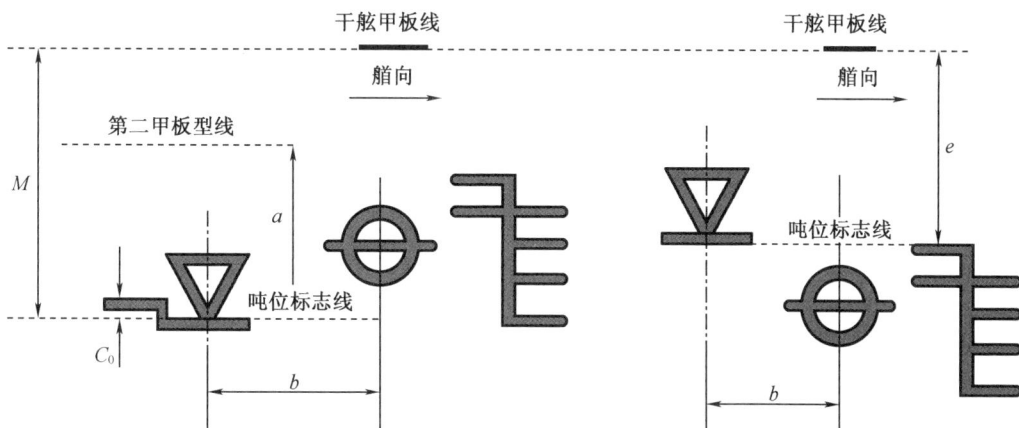

图4 吨位标志的位置

6 《1969年国际船舶吨位丈量公约》规则

为从事国际航行船舶建立统一的吨位丈量制度是海上运输的一个重要贡献。海协于1969年5月27日至6月23日在伦敦召开会议，制定《1969年国际船舶吨位丈量公约》，并且规定必须得到25个国家正式认可，而这些国家的船队吨位数达到世界总吨位的65%，于两年后才可生效。结果该公约直到1982年7月18日才开始正式生效。此公约适用于新船和改装、改建船舶。对于现有船舶仍采用各国现行的吨位丈量规则，可继续使用12年。

经过 12 年(即到 1994 年 7 月 18 日)以后现行的吨位丈量规则将废弃不用,吨位标志也行将消失。公约的丈量原则与以往规则相同,但计算方法却完全不同。系采用公式的形式,其计算式如下:

(1)船舶总吨位(GT)

$$GT = K_1 V \tag{1}$$

式中　V——船舶所有围蔽处所的总容积(m^3);

　　　K_1——$0.2 + 0.2 \log_{10} V$。

(2)船舶净吨位(NT)

$$NT = K_2 V_C \left(\frac{4d}{3D}\right)^2 + K_3 \left(N_1 + \frac{N_2}{10}\right) \tag{2}$$

式中　V_C——各载货处所的总容积(m^3);

　　　K_2——$0.2 + 0.02 \log_{10} V_C$;

　　　K_3——$1.25 \dfrac{GT + 10\,000}{10\,000}$;

　　　D——本规则所述船长中点的型深(m);

　　　d——船长中点的型吃水(m);

　　　N_1——不超过 8 个铺位的客舱中的乘客数;

　　　N_2——不包括 N_1 内的其他乘客数;

　　　$N_1 + N_2$——船舶乘客证书中核定的乘客总数。

并规定:

(1)$\left(\dfrac{4d}{3D}\right)^2$ 应不大于 1;

(2)$K_2 V_C \left(\dfrac{4d}{3D}\right)^2$ 应不小于 0.25GT;

(3)NT 应不小于 0.30GT;

(4)$N_1 + N_2$ 小于 13 时,N_1 及 N_2 均取零。

7　《国际吨位公约》规则与现有国家规则比较

7.1　《国际吨位公约》的特点

7.1.1　含义明确

吨位计算仍为总吨位与净吨位两种。

总吨位——对全船所有围蔽处所的型容积进行计算,以正确反映船舶的大小。

净吨位——对载货处所和旅客人数进行计算,以反映船舶的赢利能力。

由于含义清晰,国家机构、船东或港口当局对船舶实施登记、统计和课税时,以总吨位和净吨位作为衡准尺度都能被各方所接受。

7.1.2　公式化

《国际吨位公约》与现有国家规则明显的不同是按公式计算吨位。废除以每 100 ft^3 或

$2.83~m^3$ 的容积作为"吨位"的概念,这是一种革新,它与《1966 年国际载重线公约》计算船舶干舷极为相似。

在计算围蔽处所容积(V)和载货处所容积(V_c)时都是按型容积计算,甚为方便。

《国际吨位公约》在制定时,考虑到不要因为公约的实施使航运部门在经济上蒙受很大损失,就要减小由公约计算的结果与现有规则计算的吨位数的差别,因此公式中的系数 K_1、K_2、K_3 是利用了电子计算机对大量船舶进行核算而求出的一个适宜的常数值,从而使公式大大简化。

7.1.3 计算方便

当前,现有国家规则的种类除对苏伊士运河和巴拿马运河外,尚有美国、英国、奥斯陆公约国、日本、中国、俄罗斯与东欧等。每种规则都有不同的免除和减除要求,条文极为繁复。《国际吨位公约》除了考虑在总吨位中的开敞处所免于计算外,不必考虑因处所的性质和位置而进行免除和减除。同时在净吨位中只涉及货舱容积及旅客人数,既不需要计算旅客处所的容积,也不必计算机舱的容积以及考虑对机舱的减除问题,使工作量大大减少。

7.2 比较

按《国际吨位公约》计算各类船舶的吨位并与现有吨位进行比较,如表 2 所示[3]。

表 2 用《国际吨位公约》计算现有各类船舶的吨位并与现有吨位的对比

序号	船舶种类	船舶数量	总吨位(平均值)/GT			净吨位(平均值)/NT		
			国际公约	现行规则	比值	国际公约	现行规则	比值
1	油船	26	35 017	36 825	0.951	23 795	23 291	1.022
2	散货船	36	16 532	17 132	0.965	8 640	10 257	0.842
3	矿砂船	12	10 948	11 820	0.962	3 591	5 191	0.691
4	单甲板船	24	723	629	1.150	389	383	1.019
5	闭式遮蔽甲板船 (3 000 GT 以上)	36	8 796	8 523	1.032	4 505	4 883	0.923
6	闭式遮蔽甲板船 (3 000 GT 以下)	7	821	797	1.030	—	—	—
7	开式遮蔽甲板船 (2 000 GT 以上)	39	8 319	5 926	1.404	3 685	3 340	1.103
8	开式遮蔽甲板船 (2 000 GT 以下)	12	821	332	2.473	310	217	1.428
9	滚装船(闭式)	8	3 794	2 802	1.354	—	—	—
10	滚装船(开式)	8	3 794	968	3.919	1 149	478	2.404
11	客船	6	15 319	15 231	1.006	6 604	8 292	0.796
12	渡船	4	2 948	1 844	1.599	1 038	824	1.260

由表 2 中的数值可以得出一般规律,具体如下:

(1)油船、散货船、客船:按《国际吨位公约》计算的总吨位与净吨位,其结果与现有国家规则计算的相差不多,一般仅相差百分之几。客船的净吨位由于按旅客人数计算,一般都偏小,尤其是货少客多的情况下,净吨位减少很多。

(2)矿砂船:总吨位相差不多,而净吨位却有明显的减少。

(3)遮蔽甲板船:闭式遮蔽甲板船的吨位无太大的变化。开式遮蔽甲板船的吨位却增加很多,船愈小,增加愈多。

(4)滚装船:享有较大免税舱的滚装船在按《国际吨位公约》计算时则会大大地增加总吨位和净吨位。

(5)集装箱船:由于《国际吨位公约》是按所有围蔽处所和载货处所的总容积计算,所以其总吨位和净吨位都要比现有吨位大。

(6)科学调查船、拖轮等:对既不装货又不载客的船舶,其净吨位按公式计算将等于零。为了避免这一现象,此公式硬性规定这些船舶的净吨位不小于总吨位的30%。

滚装船及集装箱船现有吨位与按《国际吨位公约》计算的对比如图5所示。

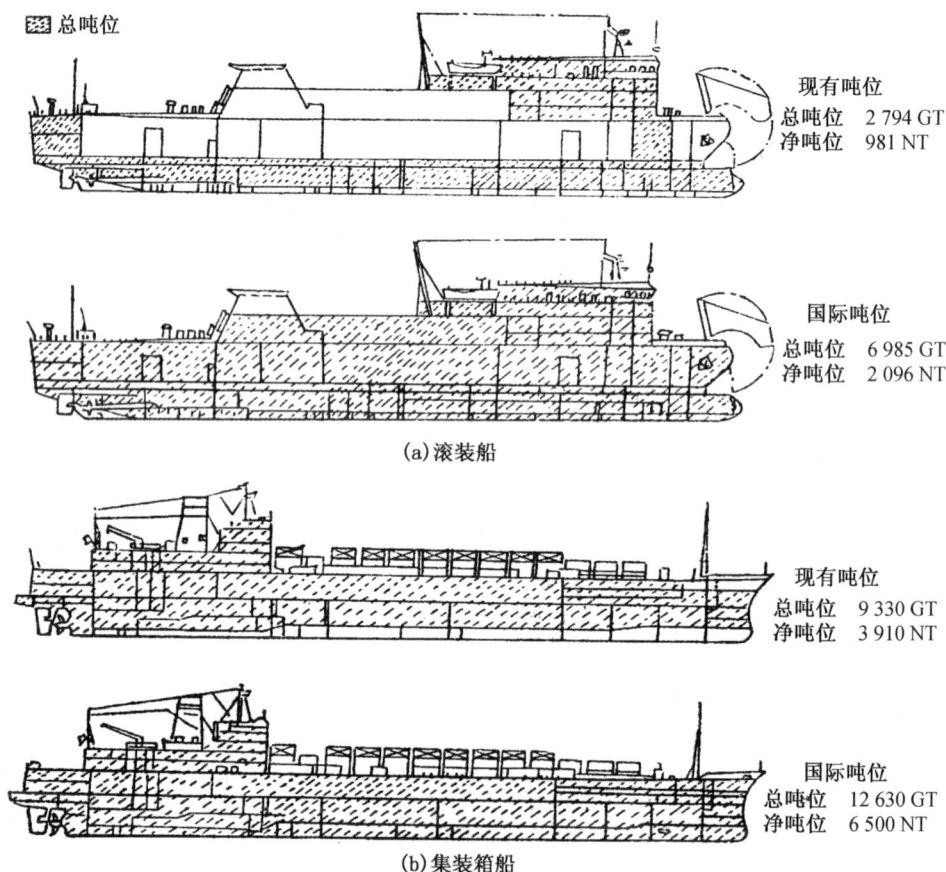

图5 滚装船及集装箱船现有吨位与按国际吨位公约计算的对比

8   评价与展望

8.1   吨位计算的计算机处理

《国际吨位公约》中只有七条规则,达到了简化的目的。它以船体线型和围蔽处所的容积计算为依据,通过简单的公式求取吨位,实为一种简便的方法。劳氏船级社已编制了新建和现有船舶所需要的吨位丈量计算机程序,对入级船舶进行计算[9*]。当然我们也可在船的设计阶段进行计算机处理,以便迅速地求得设计船的吨位数。

8.2   12 年保留期

《国际吨位公约》生效后,现有国家规则仍需存在,不能废除。根据公约第三条规定,对于现有船舶自公约生效之日起 12 年(即至 1994 年 7 月 18 日)内仍可使用现有的国家吨位规则,这是由于公约生效后要使现有船舶也满足公约要求,在实际中是不可能的。同时,对于某些船舶在履行《国际海上人命安全公约》和《国际防止船舶造成海上污染公约》中涉及吨位的有关规定造成困难。因此政府间海事协商组织对《国际吨位公约》经过多次修正,其暂行办法概括如下:

(1)为了履行《国际海上人命安全公约》涉及吨位的有关规定,原来需按《国际吨位公约》丈量的某些船舶,允许使用现有国家规则丈量总吨位,直到 1985 年 12 月 31 日止。

(2)总吨位小于 1 600 t 的货轮,可以延长到 1994 年 12 月 31 日止。

(3)为了履行 1974 年《国际海上人命安全公约》关于无线电报台规定的船舶,则可延长到 1994 年 7 月 18 日止。

8.3   公约尚待不断完善

政府间海事协商组织虽然为制定一个新的吨位丈量体系早就有所准备,会议前各缔约国提交不少建议案。技术委员会虽然经过近一个月的讨论研究,但毕竟不够充分和完善。在实际使用过程中产生很多细节问题,如关于桅杆、起重柱和通风总管、上甲板上的固定箱、钢质风雨密箱形舱口盖、油轮上的专用压载舱、污油水舱和清洁压载舱、液化气运输船的独立结构货舱等处所如何计算问题,都分别做了补充规定。但是可以预料,在实践中还会出现不少问题,尤其是新型船舶的不断出现,由于其构造和使用特点,以致不能合理应用和难于实现公约规定。如何实施计算,有待进一步明确。

如下列船舶的净吨位计算:

(1)浮动式钻井平台;

(2)半潜水式重物运输船;

(3)海洋甲板驳。

试观《国际吨位公约》的净吨位公式,为了达到较小的吨位,必然会导致危险结构的产生。对于某些船型,为减少船的吨位,而将甲板货堆得很高,这样必然会影响船的安全,值得引起注意。

8.4 统一使用《国际吨位公约》的问题

当初制定公约的意愿,是想在国际范围内有一个共同遵守的,统一的吨位丈量体系,但就目前来看仍有一定差距。回顾 1969 年的海协会议上苏伊士运河和巴拿马运河当局以观察员身份参加,公约对他们无约束力。海协在以后的决议中曾敦促这两个当局接受统一的吨位证书[14*]。可是苏伊士运河当局表示要保留他们现行丈量体系的意向,同时巴拿马运河委员会也正研究仍使用自己的体系丈量船舶。另外,参加公约的缔约国截至 1984 年 3 月 1 日的统计为 65 个国家,还有相当数量的国家尚未给予认可。这样,对于吨位计算工作,两个国家间吨位证书的相互承认以及港口收费依据等依然存在着障碍,为此,统一使用《国际吨位公约》仍旧是各缔约国今后努力的方向。

参 考 文 献

[1]　TAGGART R. Ship Design and Construction[M]. Coatings, 1980.

[2]　RAWSON K J,TUPPER E C. Basic ship theory[J]. Longman,1976(1);5 – 8.

[3]　MICHAEL C. The Tonnage Measurement of Ships[M]. 1980.

特 殊 参 考 文 献

[1*]　IMCO, International Convention on Tonnage Measurement of Ships,1969.

[2*]　IMCO,Protocal of 1978 Relating to the International Convention for the Safety of Life at Sea,1974.

[3*]　IMCO, Protocal of 1978 Relating to the International Convention for the Prevention of Pollution from Ships,1973.

[4*]　中华人民共和国船舶检验局"海船救生设备规范",1983.

[5*]　中华人民共和国交通部"沿海客船货船船员和乘客舱室面积及主要家具设备(草案)",1983.

[6*]　上野喜一郎. 船舶学, 1975.

[7*]　IMCO,Resolution A.48(Ⅲ),Recommendations on the Treatment of Shelter – Deck and Othe "Open" Spaces,1963.

[8*]　关西造船协会编. 造船设计便览,1983.

[9*]　L. Beckwith. Lloyd's Register's Role in the Application of Conventions and Codes,1983.

[10*]　IMCO,Resolution A. 389 (X),Interin Scheme for Tonnage Measurement for Certain Ships,1977.

[11*]　IMCO, Resolution A.494(X Ⅱ), Revised Interin Scheme for Tonnage Measurement for Certain Ships,1981.

[12*]　IMCO, Resolution A. 493（XⅡ）, Use of the Term "Gross Tonnage" in lieu of "Tons Gross Tonnage", 1981.

[13*]　IMCO, Resolution A. 388（X）, Recommendation Concerning Tonnage Measurement of Ballast Spaces in Segregated Ballast Oil Tankcrs, 1977.

[14*] IMCO, Resolution A. 492（XⅡ）, Application of the International Convention on Tonnage Measurement of Ships, 1969.

[15*]　IMO News, IMO's Conventions: Status on 1 March 1984, No1, 1984.

关于船舶吨位的问答

摘要 近来有些读者询问有关船舶吨位的问题。在概念上常分不清"吨"与"吨位"的区别;在一些船舶资料中常见"总吨位"字样,但不知与排水量、载重量有什么关系。为此本文将对有关这方面的问题做以解答,以飨读者。

问:何谓吨位? 如何区分"吨"与"吨位"?

答:船舶的大小或装载能力,长期以来使用"吨"与"吨位"这两个术语。其确切含义,常使人不易辨认。通常表征船舶大小和赢利能力常用排水量或载重量概念,他们以重量吨作为度量单位,即排水量"吨"(TON)或载重"吨"。但以往也有称为排水吨位和载重吨位的,这样常常引起概念上的混淆。现时所论的"吨位"(TONNAGE)是对船舶内部容积的丈量,它是一种容积吨,系根据船籍国政府制定的丈量规则进行丈量以确定船舶"吨位",这是一个法定的术语。

问:何谓总吨位和净吨位?

答:海运国家为了实施船舶管理,对悬挂本国旗帜的船舶按照法定的规则条令进行船舶入籍登记,建造完工的民船都应进行丈量以确定它的登记吨位。丈量后的数据记入登记簿内,并颁发船舶吨位证书,以供船舶在营运中使用。船舶丈量的目的在于核定船的总吨位和净吨位。通常也有将前者称为总登记吨位,后者称为净登记吨位。或者统称登记吨位。资本主义国家常将净吨位作为登记吨位。

总吨位系按主船体与封闭上层建筑的总容积(免除某些特别规定的处所)。净吨位系指赢利处所,即载货处所和旅客处所的容积(或旅客人数)。总吨位和净吨位以登记吨位作计量依据,每一登记吨位等于 2.832 m^3 或 100 ft^3。1969 年《国际船舶吨位丈量公约》(以下简称"国际吨位公约"或"公约")用规定的公式计算容积,再乘以系数 K 折算成登记吨位,而通常所指的排水量吨或载重吨系重量吨,每吨重 1 000 kg 或 2 240 lb(长吨)。与前者比较,在概念上是不同的。虽然总吨位与净吨位是对内部容积的计算,但是又根据假定特征对各处做了一系列免除和减除。因此这样所得的吨位与船舶实际容积有所差别。

问:吨位的作用有哪些?

答:昔时用船舶内部容积的大小来表征载货能力的强弱,并以此作为纳税的依据。用吨位计量内部容积,一般地说吨位大的,载货能力强,支出也应多,这一概念一直沿用至今。随着世界航路的开拓,船舶交往的频繁,吨位的职能也在不断扩大,其作用有:

(1)作为经济支付的标准——吨税、保险费、检验费、港务费、引航费、运河通过费、进坞费等都按船舶吨位来计算。至于究竟按总吨位还是净吨位征收,各国有所不同。

(2)营运管理的依据——航运部门按照船的吨位大小配备各类船员,且员工工资也有采用按吨位作为分级标准的。

（3）作为执行公约规则和配置安全设施和衡量标准——联合国、国际海事组织以及各国政府制定的各种公约规则，都以船舶吨位大小作为实施依据。如《国际海上人命安全公约》(SOLAS)和《国际防止船舶造成污染公约》(MARPOL)等都明文规定，按照吨位把船舶分成几个等级，提出不同的要求，同时对安全设施的配置也以吨位作衡量标准。

我国制定的船舶法规，也采用按照吨位大小提出不同等级要求，如：船舶检验局1983年《海船救生设备规范》、1988年制定的《海船防火结构与消防设备规范》等。

（4）作为统计的手段——一个国家，一个船级社以及整个世界对于船舶拥有量都以吨位作为统计单位，按船类每季、每年公布于众。甚至一个国际公约的生效与否也以拥有船舶吨位数作为依据。

问：国际航行船舶目前使用何种方法丈量吨位？

答：国际海事组织于1969年5月27日至6月23日在伦敦召开会议，制定并通过1969年《国际船舶吨位丈量公约》，该公约于1982年7月18日正式生效。凡是参加公约的缔约国都应按该公约规定或根据国情制定相应规则丈量船舶吨位，我国于1980年4月8日接受"国际吨位公约"，成为该公约缔约国，此后该公约对我国正式生效。其后根据该公约原则，我国于1985年制定了《海船吨位丈量规范》作为我国海船吨位丈量的准则。因此从事国际航行的船舶可以适用"公约"规则，也可按我国《海船吨位丈量规范》规定丈量船舶吨位，并发给"国际吨位证书(1969)"。"公约"规则的丈量原则与以往规则相同，但计算方法完全不同，系采用公式的形式，其计算式如下：

（1）船舶总吨位(GT)

$$GT = K_1 V \tag{1}$$

（2）船舶净吨位(NT)

$$NT = K_2 V_c (\frac{4d}{3D})^2 + K_3 (N_1 + \frac{N_2}{10}) \tag{2}$$

式中符号含义参阅具体"公约"或"规范"规定。唯一需要说明的是计算结果只写数字不写单位。在SOLAS公约中曾写过"吨"或"总吨位吨"，但在海大493（Ⅶ届）决议中已纠正，用"总吨位"代替"总吨位吨"，在数字后不写单位。

问：公约生效后对从事国际航行的现有船舶是否有必要重新丈量吨位？

答："公约"适用于新船和改装或改建船舶。由于"公约"与按原有的国家规则量得的吨位相差甚多，以致现有船舶要履行"公约"产生困难，因此允许采用暂行规定，即对在1985年12月31日以前安放龙骨的现有船舶，以及在1985年12月31日以后安放龙骨的要符合"74SOLAS"和"73/78 MARPOL"存在困难的某些小吨位现有船舶仍采用我国1977年《船舶吨位丈量规范》，不需要重新丈量吨位，可继续使用12年(1982年算起)，经过12年（即到1994年7月18日）以后则使用1985年的新规范或"国际吨位公约"。

问：苏伊士运河吨位与巴拿马运河吨位是什么意思？

答："国际吨位公约"虽于1982年7月18日开始生效，但仍有一些国家不接受该公约，即不是该公约的缔约国，公约对该国无约束力，而仍使用自己制定的丈量规则。典型的是巴拿马运河委员会和苏伊士运河管理局。在1969年会议召开时，上述两个当局以观察员身份参加。在海大 494(Ⅶ届)决议中曾敦促过两个当局参加,但至今仍未正式加入。追其原因主要是维护运河自身的利益。船舶通过上述两个运河时需要出示运河当局规定的丈量证书,以证书中所列吨位纳税和付费,一般以净吨位为依据。如通过巴拿马运河时的过河费按每一净吨位 1.83 美元计收。而净吨位常比"公约"中规定算得的更大。现行的苏伊士运河吨位丈量规则以 1873 年君士坦丁堡国际吨位委员会制定的吨位丈量规则为蓝本,分别按总吨位与净吨位量计,计算十分繁复。而巴拿马运河吨位丈量规则则来源于 1854 年通过的举世称著的麻逊法,其免除与减除规定也很繁复。一艘国际航行船舶除有"国际吨位证书(1969)"外,尚需具备巴拿马运河吨位证书和苏伊士运河吨位证书,实为美中不足。

第二篇　高性能船设计

实 用 滑 水 艇 设 计

1　引　言

提高舰船的快速性常是造船者经常考虑的问题之一。船模试验的目的是求取阻力最低的船体线型,以期提高航速,但往往不易做到。如果想有所收获,一定要打破常规。例如近期在快艇中加上几根防溅条,其作用是降低了快艇的喷溅阻力。那么利用空气滑过艇底,以降低摩擦阻力的概念也是可以实现的。

2　背　景

舰船航速的提高需要消耗很多功率,因此常从改善阻力和推进着手设计,以期能够在性能方面有所改进,节省很多功率。近年来舰船航速越来越高,兴波阻力在高速水面舰船中占总阻力相当大的比例。设计时为了摆脱讨厌的兴波阻力,人们尝试着将船"上升"或"下潜",前者如滑行艇、水翼艇、侧壁艇、冲翼艇和水上飞机等,一般都是一些小型船舶(图1);后者如球艏型船、半潜型船、茄艉型船等,一般是一些大型船舶。这些船型的目的都是为了减少和消除一种或几种阻力,以便通过阻力峰点以后使航速有较大提升。设计成"上升"型船舶,也是源于人们对物体在不同介质中运动的观察,认为在空气中运动要比水中运动轻快。空气的密度要比水的密度小约337倍(在15 ℃时),在空气中运动物体的阻力自然要比在水中小得多,故而造船者尽量想办法把船舶抬出水面,在空气中运行。

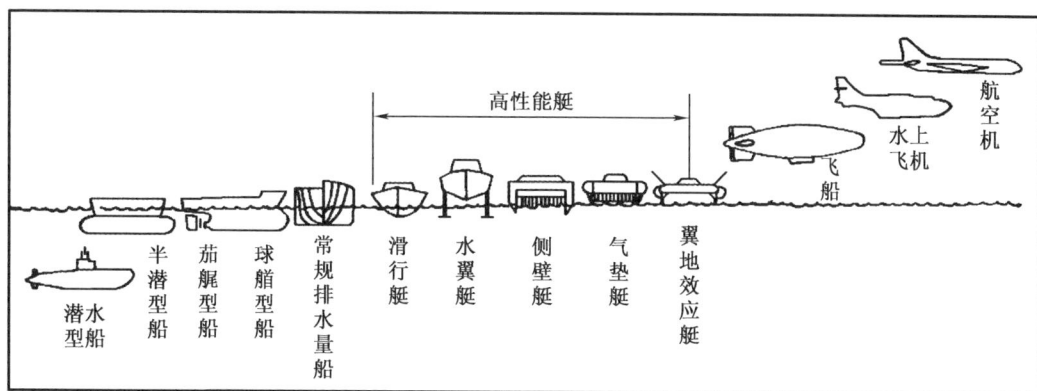

图1　各种船艇浮态序列

在海上、陆上、空中这三个空间领域已经出现了许多新颖的交通工具,我们在做船舶设计研究时随时随地可从陆上飞车与空间飞行器中汲取一些灵感为舰船设计所用。"表面效应"

的应用即是一例,也就是说除了纯粹在空中、水中航行的交通工具以外,在水与空气的接触处存在"表面效应"。人们根据水动力学与气动力学原理,设计出了几种"高性能表面效应运行器",如滑行艇、水翼艇、侧壁艇等。这类艇尚在不断探索与完善,例如滑水艇型也属这一范畴。

3 原理

3.1 船舶的滑行

船舶在水中运动时,其质量完全由水的静压力支持,此静压力即浮力,根据阿基米德原理,其大小等于船体浸没部分所排开水的质量,常规船舶即属此类。随着速度增加,船首横波波长增加,因此船底航行方向略有坡度,产生一定的动压力,支持着部分船身质量,此时船舶已初具滑行作用。速度继续增大,动压力与纵倾相继增加,浮力减小,船的质量几乎完全由水的动压力支持时,浮力几乎等于零,船便在水面滑行。任何船舶都可随着船速的增加由排水航行过渡到滑行的运动状态。

3.2 滑行平板的流体动力特性

当艇滑行时,艇底与平板相似,以一定的入射角运动,产生升力与阻力。如升力支持艇部分或全部质量,而阻力由艇的推进力来克服。由于艇的滑行情况常可利用平板滑行来间接获得,因此常对滑行平板进行研究。平板在水面上完全滑行时(图2),平板所受水之合力 A 可分解为垂直力 N 及切向力 F(即水对板的摩擦力),亦可分解为垂直于动向的升力 L 及平板动向的阻力 R,令 α 为入射角,则

$$R = L \tan \alpha + \frac{F}{\cos \alpha} \tag{1}$$

式中 ρ ——水密度;

$\quad\quad V$——平均速度;

$\quad\quad S$——湿表面积;

$\quad\quad C_f$——摩擦阻力系数。

因为 α 为小角,所以 $\cos \alpha$ 趋于1,因此 $R = L \tan \alpha + F$,其中 $F = \frac{\rho}{2} V^2 S C_f$。

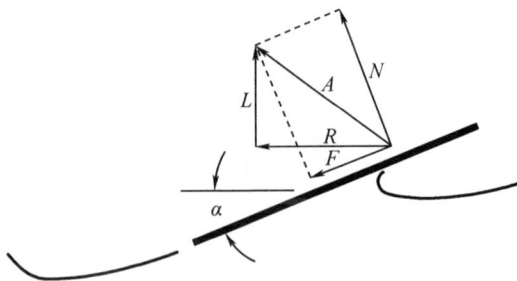

图2 平板在水面滑行时受力的分解图

阻力 R 分为 $L \tan \alpha$ 及 F 两项,前者要视板的负荷及入射角 α 之大小而定,后者为板的摩擦阻力,视板上湿表面积的大小而定,故后者称为摩擦阻力,而前者称为剩余阻力。剩余

阻力又包括兴波阻力和喷溅阻力。

3.3 减小滑行平板湿表面积的途径

排水量小的滑行艇,在航行中存在两个现象,一是摩擦阻力比剩余阻力大,另一个是在遭遇不大波浪时引起艇部拍击,迫使航速降低,滑水艇可以用来改善上述现象。由于摩擦阻力与艇体湿表面积成正比,降低摩擦阻力其实质是尽量减少艇底浸湿面积。其所采用的方法是高速航行时让空气自艇首进入,而向艉部逸出。这样由于空气的存在使艇底不是全部与水接触,减少了湿表面积,从而降低了摩擦阻力。同时在波浪中航行,由于空气从艇底通过,空气填补了波谷的凹陷,使艇有弹性地平稳滑动。由此在 $R = L \tan \alpha + F$ 中,等式右边第一项由于空气的存在减少艇底拍击,从而减少部分喷溅阻力,等式右边第二项也因空气的存在而使摩擦阻力下降,结果使总阻力降低。

4 结 构

为了使艇底在航运中自然地引进空气,关键在于设计一种特殊形式的艇底结构,此种底部结构不是平的,可以做成如图 3 所示的各种舯部剖面形状,但这些形状加工困难,不便应用。典型的实用滑水艇型如图 4 所示,此种形状的底部配以合适的艏部,可以使艇在高速航行时自然引入空气,并自艇首经过艇底,流向艇尾。为了减轻艇壳质量,艇的材料采用玻璃钢或铝制品。

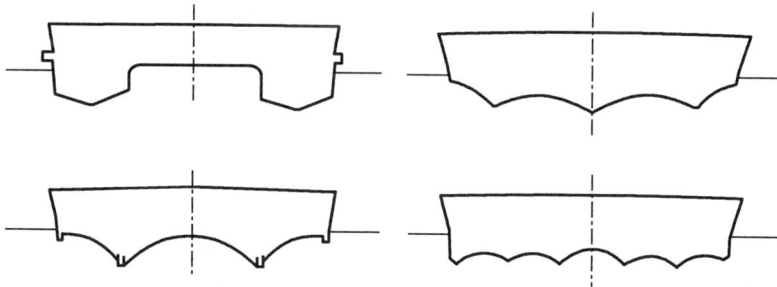

图 3　舯部剖面形状

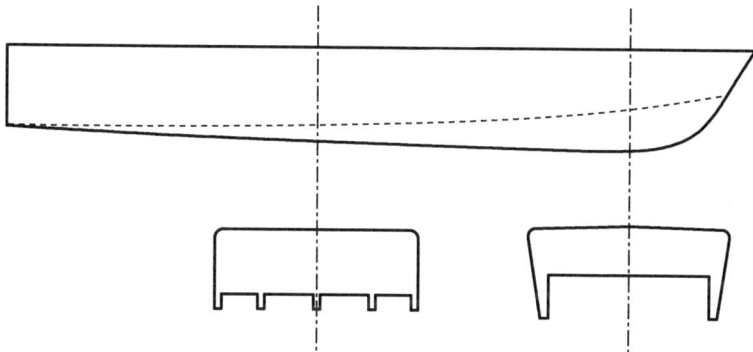

图 4　实用滑水艇型

5 计算

根据平板滑行原理进行计算,其中摩擦阻力一项引入折减系数概念,其数值大小要通过模型试验确定,同时考虑在不同航速时应有足量空气进入。

6 试验

选择最佳艇底线型,必须通过模型试验,试验步骤可考虑如下两种。

(1)模型拖曳试验

取模型艇长 $l = 2.0$ m,初步入射角 $\alpha = 3°$,在佛氏数相当的情况下进行中速与高速拖曳和自航试验,求取阻力曲线"峰""谷"变化。

(2)简化艇试验

模型拖曳试验完成后,根据提供的资料,可用木板制作简单的试验小艇进行中间试验。试验用的主机一般为舷外挂机。

7 用途

此种艇具有高速、耐波、吃水浅的特点,因此可以作为不同使用目的的小型军民用船艇,例如攻击艇、巡逻艇、交通艇、登陆艇、快速客艇、运输艇等。

8 小结

(1)欲提高船艇航速,必须摆脱常规船型,改变阻力成分,使总阻力降低。

(2)利用艇底引入空气的措施,对减少快速艇摩擦阻力是有效的,故而对提高航速是可能的。

(3)由于空气填补波谷的凹陷,使艇在波浪中航行颠簸现象减少,改善艇在波浪中的适航性。

(4)由于艇的吃水浅,因此可以适用于浅水航行。

(5)此种艇与同族艇比较,在结构、建造、维护、操作等方面更为简便。

柴电螺旋桨推进系统
在小水线面双体型调查作业船上的应用

摘要 本文阐述一种新型柴电装置与特种螺旋桨相匹配的合成推进系统,在一艘深远海小水线面型调查作业船上的应用。

1 引言

2019 年我国又一艘深远海小水线面型调查作业船(有时也称小水线面双体型调查作业船)已经建成,并投入使用。小水线面型调查作业船是一种高性能船舶,与单体船相比具有独特的性能和优点,其耐波性能优秀。垂荡、纵摇、横摇的固有摇摆周期长,幅度小;在风浪中失速小;能适应横浪的干扰。因此小水线面双体型船很适宜作海洋调查、勘察、作业的船舶。

在船舶推进方面,常用柴油机驱动螺旋桨的机械推进系统,以柴油机、发电机、变频器和电动机组合带动螺旋桨的推进系统。

对小水线面方式调查作业船而言,由于船型和结构原因常采用柴电螺旋桨推进系统。就组网方式而言,原先的交流组网随着电力电子技术和自动控制技术的发展逐渐被直流组网技术所取代。

至于船舶螺旋桨方面,由于在柴电推进系统中采用低转速、大扭矩永磁同步电动机,因此可以开发出低转速、大直径、低噪音、高推进效率的特种螺旋桨。

为此,作为小水线面型调查作业船,在柴电螺旋桨推进系统中,对于"直流组网技术"和"特种螺旋桨"两个核心部件,本文做出简要的阐述,供参考应用。

2 小水线面型调查作业船概述

小水线面双体型调查作业船是一艘小水线面型可以做无限航区航行的,从事各种调查作业的船舶,属于高性能船舶。它可以进行:

(1)各种海洋调查仪器设备,尤其是水声设备的海试平台;

(2)深远海海洋科学调查研究;

(3)浮标、潜标的投放和回收;

(4)进行遥控潜水器(ROV)、自主遥控潜水器(ARV)、载人潜水器(HOV)收放和作业;

(5)各种无人潜水器(UUV)的海上试验;

(6)深海水深测量。

由于它具有海洋工程装备的功能,可以为海洋油气勘察、海底敷管工程、石油钻井平台等服务和作业;能对各种无人潜水器进行试验和投放;能对南海岛礁航道的水深进行测量等。它的功能可以满足军用,以实现军民融合发展的需要(图1)[1]。

船的主要量度:总长63 m;型宽23 m;单体中心间距16.4 m;设计吃水5.7 m;设计排水量约2 000 t;推进电机功率2×1 000 kW;设计航速12 kn;船员和科研人员60人。

图1　总布置图侧面图

3　电力推进系统的国内外概况

3.1　国外

船舶电力推进技术始于第二次世界大战前,早期采用直流发电机与电动机系统驱动。由于受设备、元件制造技术和交流调速技术的制约,未能充分发挥电力推进系统的优越性。在20世纪80年代随着电力电子技术的进步,交流调速技术及交流电机技术获得重大进展,使船舶交流电力推进技术得以快速发展。在20世纪末很多民用船舶,如客船、集装箱船、滚装船等都应用柴油机电力推进系统。在国外,尤其在欧洲的一些公司,如ABB公司、SIEMENS(西门子)公司、Alstom(阿尔斯通)公司、STN Atlas(阿脱拉斯)公司[2]纷纷崛起,制定了企业内部民船电力推进标准,最著名的公司有以下两个。

(1)ABB公司

自1983年开始ABB公司向世界提供首套交流推进系统以来,其已经为大量的船舶和浮式结构提供了变速电力推进系统。该公司先后推出三种形式的产品,先前为全回转吊舱式推进系统(Azipod),以后为相对反转推进装置(CRPAzipod),现为紧凑型全回转吊舱式推进系统(Compact Azipod)。

(2)西门子(SIEMENS)公司

西门子(SIEMENS)公司长期从事营销电气设备,在与肖特尔(Schottel)舵桨公司合作后转成专业生产SSP全方位吊舱式电力推进装置,实现舵桨合一。西门子产品有 6 种,推进器的功率为 5 000 ~ 20 000 kW,推荐的推进器直径为 3.75 ~ 6.25 m。

3.2 国内

在国内从事船舶电力推进系统的单位为中国船舶集团有限公司下属的三个研究所,即七一二所、七一一所和七〇四所,他们均为专业船舶电力推进系统集成单位。常用的电力推进配置方式,即全回转推进装置系统如图 2 所示。

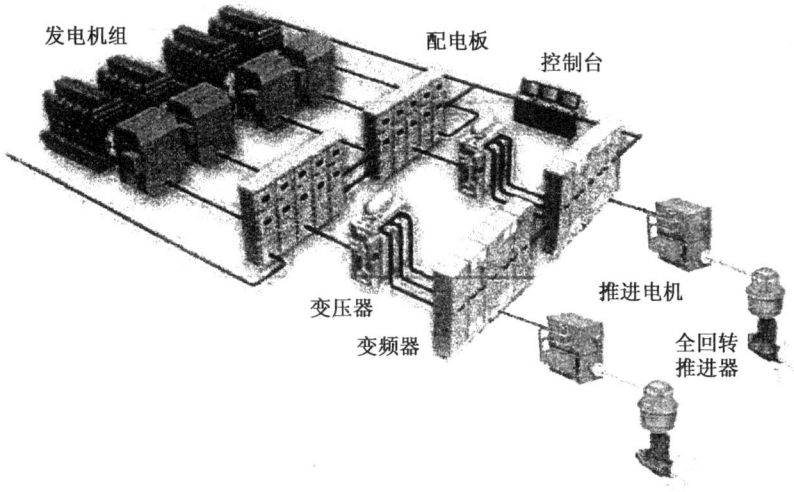

图2 全回转推进装置系统

4 柴电螺旋桨推进系统

4.1 船的特点

(1)小水线面双体型调查作业船简单描述为在水下部分由左右两个细长潜体与水上部分一个箱型平台通过立柱相连接的船型。因此当其作为一艘调查作业船时,其甲板面很宽敞,可布置多种调查设备和仪器,进行多种调查和作业活动。

(2)但是在水下部分的两个潜体,横截面直径很小,平面宽度狭窄,要在舱内布置大的设备有一定难度。

(3)潜体尾端的四周很宽敞,可以容纳大直径螺旋桨。

(4)小水线面双体型调查作业船属于高性能船舶,对船的质量、重心的控制要求很严,尤其是对船舶的纵向平衡的要求更为苛刻。

(5)在调查船上有水声设备和为水声仪器设备提供的海试平台,因此对海上隔音要求很严格,须将作为噪音源的螺旋桨在水下辐射的噪音降到最低。

4.2 船舶电力推进系统的适应性

小水线面双体型船与传统的单体船差别很大,由于其水下潜体体积小,柴油机装置和附件很难放置在狭窄的机舱空间内。必须要放置在水上部分的露天甲板间舱内,因此船的推进系统要分开设置,将柴油发动机组置于甲板上,而推进电机置于水下潜体的主推电机舱内,并采用通过轴系与螺旋桨相连的推进方式。

4.3 电力推进系统的选择

因小水线面双体型调查作业船不同于单体型船,那么在电力推进系统选择上也有所不同。

随着大功率交流电和变频调速技术日臻完善,出现了多种吊舱式和全方位舵桨合一的推进方式。推进系统几乎都是采用西门子、ABB等公司的成套产品,产品价格高,且构造上很难适应本船型需要。因此从实际出发,采用柴电螺旋桨推进方式,也就是本文研制的内容,其最大特点是成本低、推进效率高、经济性好。

5 核心部件的开发

为了适应小水线面双体型调查作业船的特点而采用柴电螺旋桨推进装置系统,其中两个核心部件待开发,即"直流组网电力推进技术"的应用和"特种螺旋桨"的配套采用。

5.1 直流组网电力推进技术

以发电机、变频器和电动机带动螺旋桨旋转的推进系统在以往情况下都采用交流组网技术,这是因为交流发电机没有碳刷和滑环,相比于直流发电机可靠性更高。但是交流组网技术相对复杂,并且整体体积较大。从2010年开始,整个行业逐渐从交流组网技术向更为先进的直流组网技术过渡。直流组网技术仍然采用成熟可靠的交流发电机组,采用电力电子设备将发电机组通过整流组成一个直流的船用电网。在本文所涉及的船型上及与国内汾西重工有限责任公司合作研发"直流组网电力推进技术",不仅便于不同功率发电机组的并车与调速,并且免除了移相变压器和配电板的配置。这样使整个柴电推进装置的空间和质量都可减少原来的30%,不仅优化了系统的布置(图3),而且降低了投资成本。

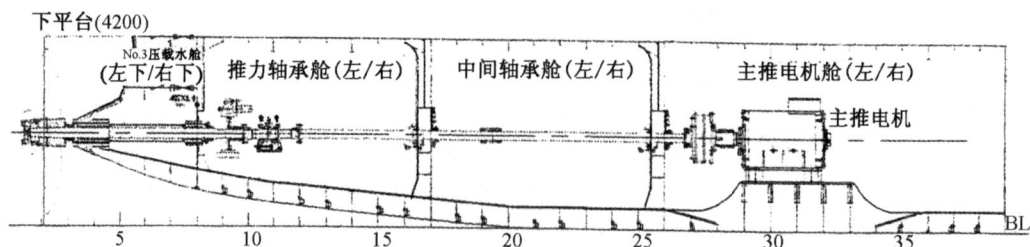

图3 艉端推进系统布置图

为了提高推进装置的效率,部署研制了大功率低转速(120 r/min);小尺寸的永磁变频与推进电机相匹配。

5.2 特种螺旋桨

发挥电动机低转速的优点,又产生另一个核心部件,即自主研发的"特种螺旋桨"与柴电装置相匹配。其研发要点有以下几点。

(1)考虑到调查作业船的水声设备的使用和试验,螺旋桨必须是低噪音的。因此采用多叶片、带侧斜的螺旋桨使它在运转中水流更均匀。考虑制作中的难易,一般采用5叶片和有25°侧斜度为宜。

(2)由于艉框裕度较大,采用大直径螺旋桨,提高敞水效率。

(3)用MAU5图谱[1*]初步确定螺旋桨诸要素。

(4)为了防止出现较多叶梢背空泡,适当加大盘面比[3],不致因水流扰动,产生环境噪音。

(5)按环流理论,用CFD工具做进一步分析提高[4]。

(6)选择毂帽整流鳍作为节能措施[5][2*]以提高推进效率。

(7)选用高强度处理,如高锰铝青铜以减轻质量,降低螺旋桨转动惯量,以期进一步减振降噪。

(8)根据上述措施预计螺旋桨效率可提高约6%。

由此获得大直径、低噪音、无空泡带毂帽整流鳍节能的高推进效率的"特种螺旋桨"(图4),与"直流组网电力推进技术"相配套,组装成"柴电螺旋桨推进装置",将其用于小水线面型调查作业船上。

图4　带毂帽整流鳍节能的螺旋桨

6　结 论

（1）直流组网系统由于其技术优势，包括高效率、低燃油、取消配电板和变压器以节省设备空间和质量等，在很多低压的特种船舶中如海工船、平台供应船、客船、调查船等领域将有可能逐步取代交流组网技术。

（2）小水线面双体型调查作业船中，采用大直径、低噪音无空泡带毂帽整流鳍节能高推进效率的螺旋桨是一种发展趋势。

（3）在小水线面双体型调查作业船上采用"直流组网电力推进技术"与"特种螺旋桨"组合的柴电螺旋桨推进装置，当时在国内首次被提出，是一种新的船舶电力推进方式，具有较高的推广价值。

参 考 文 献

［1］　葛兴国. 小水线面双体型深远海科学调查作业船设计［J］. 船舶,2017(5):23 – 27.

［2］　FEATURES. Company Information［J］. THE NAVAL ARCHITECT,2002(9):83.

［3］　葛兴国. K. C. 推进器组系及其他［J］. 中国造船,2015.

［4］　孙丽娜. 30000 + 大件运输船总体设计分析［J］. 船舶与海洋工程,2015(5):11 – 16.

［5］　葛兴国. 江海直达船型与节能装置设计［J］. 上海造船,1991(4):14 – 22.

特 殊 参 考 文 献

［1*］　葛兴国、刘旭岚编译,"船用螺旋桨设计参考资料"［M］,上海市 3203 信箱,1971.

［2*］　H. Schneekluth,Ship Design for Efficiency and Economy［M］,1987.

高性能船型——沿海小水线面型旅游客船

摘要 本文阐述小水线面双体船型的特点,用以作为海上旅游船性能设计,并对船的主要量度、总布置和舱室布局原则作一简要介绍,以供用船单位参考和应用。

1 引言

我国有约1.8万km的海岸线,大小岛屿林立。沿海有10个旅游著名城市,8个最美的海岛,旅游资源丰富。在区域上可分南海、东海和黄渤海。作为海上旅游,必须有旅游船作为载体,以实现旅游观光、疗养文化娱乐的目的。

今选择环渤海湾为目的地,其处有大连、葫芦岛、北戴河、唐山、烟台、威海等城市,以及周边的渔岛、月岛、月坨岛、长岛、庙岛群岛、芝罘岛、刘公岛等岛屿。可以进行城际游、环岛游或城岛游。

作为本文拟设计的旅游船以大连到烟台为目标,航距89 n mile,也可绕岛航行。该旅游船采用高性能小水线面创新船型以达到安全、稳定、舒适的目的。

2 概述

本文所讨论的船型是一艘作沿海航行中型规模的旅游客船,采用高性能小水线面双体船型。全船为钢质全焊接结构,有三层连续甲板,艏部前倾,艉端巡洋舰尾。水下部分为左右两个流线型,两端尖形的圆柱潜体。双舵双桨,左潜体艏部设一台侧推装置,在左右潜体内倾的艏艉各设一副稳定鳍。

3 船型

小水线面双体船是一种高性能船舶,与单体船相比具有如下独特的性能和优点(图1):

1. 在一定航速范围内阻力性能较好,原因是它将大部分排水体积深潜水下,使兴波阻力显著降低。

2. 耐波性能特别优良。垂荡、纵摇、横摇的固有摇摆周期长、幅度小;在风浪中失速小;能适应横浪的干扰。

3. 具有宽大、方整的甲板面积,有利于总体舱室布置和甲板操作布置,为此小水线面双体船型适宜作客船使用。

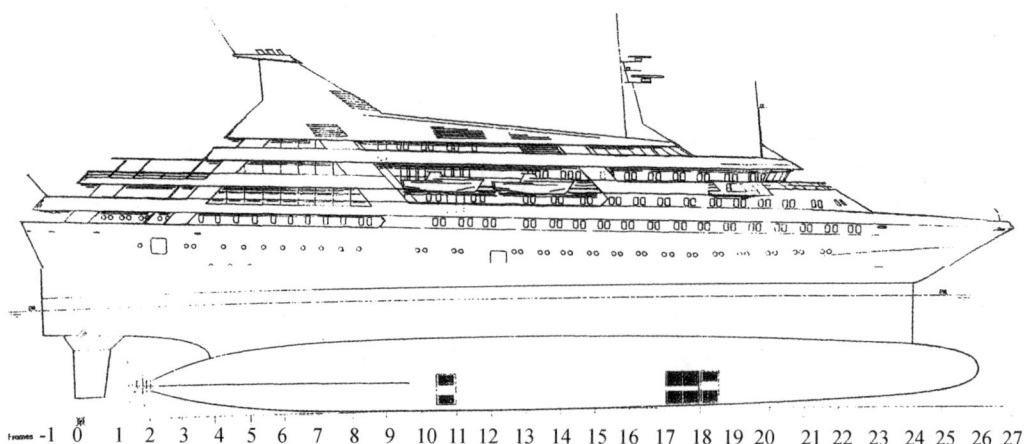

图1　侧面布置图

4　主要参数

(1)主要尺度：

设计水线长:51 m

型宽:22 m

型深:9 m

设计吃水:5.5 m

(2)排水量：　2 050 t

(3)主机功率：2×1 000 kW

设计航速:12 kn

(4)续航力：　500 n mile

(5)自持力：　5 d

(6)人员定额：

旅客:220 人

船员:35 人

(7)旅客房间配置：

2 人(带卫生间)×80 间

3 人(带卫生间)×20 间

(8)航区：　我国沿海航区

(9)船级：　CCS 级

5　布置

总体布置原则：

三层连续甲板前部为旅客房间(图2、图3)、驾驶室、高级船员舱室,中部为门厅(图4)、梯道、公共服务处所,后部为旅客娱乐、休闲、消费处所,顶层露天甲板有旅客健身活动游览、观景场所。

图2　卧室图

图3　客厅(餐厅)图

图4　门厅图

6 规范

满足船级社有关国内安全航行的入级、稳性、操舵、噪音、设备检验等一切规范和法定检验规则。

7 效果

本船设计任务书通过用船单位实际需求制订,该旅游客船外形流畅,设施完盖,安全舒适,静音无振,实用大气。

8 结语

(1)由于小水线面船型具有单体船无法相比的优点,尤其是适航性好,在海上如同一个稳定平台,游客晕船现象少,因此可以适用于各种类别的客船。

(2)根据地区不同,在南海和珠江三角洲或在长三角地区为适应当地的习俗、气候、环境,可以因地制宜进行适应性修正设计。

(3)本船为一艘典型的中型旅游船,也可根据旅客流量、装饰需求、投资财力等的差别,进行小型化设计或大型化豪华旅游船设计建造。

第三篇　客船设计

长江新颖旅游船设计介绍

摘要 本文介绍长江旅游船的设计,着重在主尺度、船型、总布置、主机、空调以及振动和噪音等方面的阐述和探索,以期成功地设计一艘既先进又适用的新颖船舶。

1 引言

长江客运事业一直十分繁忙,历年来虽然建造不少客船,但还是不能满足日益增长的客流量的需要;至于专门建造游船供旅游使用,我国虽起步较晚,但发展较快。

20世纪90年代初我国旅游业正是晨曦产业,方兴未艾,它在经济上具有独特的优势,是一种"看不见的"出口业,为国家提供了大量的金融和外汇收入。

长江以其丰富的天然资源和绚丽多彩的自然景色闻名于世,尤其是绮丽的三峡风光,奇峰突兀,峭壁林立,吸引着中外人士观赏游览。但每到旅游旺季,航行于长江上游水道的现有游船往往无法接纳大量游客。当时虽然建造了一批旅游船,但数量不足,仍需有新船面世,因此本船的设计就是在这种形势下产生的。

根据使用单位要求,本船航行于长江中上游武汉至重庆间,是专供国际旅游者使用的旅游客船,因此设计本船应以现有游船为基础,扬长避短,改进提高。以安全、舒适、经济和新颖为目标,设计符合时代要求的新船。

本文拟着重在主尺度、船型、总布置、主机、空调以及振动和噪音等方面作一探索和介绍。

2 主尺度选择

本船系航行于长江的内河船舶,主尺度的选择受航道尺度与水文条件的约束,按线性尺度型船舶(linear dimension ship)进行设计,也就是主尺度的选择受到客观的限制。我国造船者经过长期的实践,在川江客货船主尺度的选择上几十年来的变化是极小的(表1)。

表1 川江客货船主尺度

序	船名	建造年份	主尺度/m							
			总长	水线长	型宽	甲板型宽	型深		吃水	
							至主甲板	至上甲板	枯水期	洪水期
1	民众	1954	84.5	78	13	—	3.4	—	2.55	2.8
2	江蓉	1959	71.2	67	12.5	15.5	3.4	5.8	2.40	2.65
3	昆仑	1961	84.0	78	13.4	15.5	3.4	5.8	2.55	2.65
4	江汉 57	1984	84.5	77.9	14	16.8	3.5	5.9	2.40	2.6
5	扬子江	1982	84.5	80.05	14	16.4	3.5	5.9	2.40	—

在主要尺度中,船长与吃水受航道限制很严,自葛洲坝建成后,川江滩礁与流态虽有所改善,但船长与吃水仍受一定约束。船的型深取决于干舷、舱容和机舱布置。现有船的型深至主甲板高度为 3.4~3.5 m;至上甲板为 5.8~5.9 m,变化极微。唯一可以变化的是船宽,它取决于总布置、稳性和阻力的考虑,并与方形系数相协调,以便既满足总布置与稳性的要求,又不使阻力过大,经主尺度估算后,认为使用单位提出的主尺度范围是可行的。经过各种性能校核与总布置的绘制,最后确定本船主尺度和要素如下:

总长(L_{OA})84.9 m;水线长(L_{WL})80 m;两柱间长(L_{BP})78 m;型宽(B)14 m;甲板型宽($Bmaz$)16.4 m;型深(H)至主甲板 3.5 m;型深(H)至上甲板 5.9 m;设计吃水(T)枯水期 2.45 m;设计吃水(T)洪水期 2.6 m;装载旅客 126 人,其中特等旅客双人室 2 套(4 人),一等旅客单人室 4 套(4 人),双人室 59 套(118 人);船员 126 人,其中单人室 10 间(10 人);双人室 8 间(16 人),四人室 25 间(100 人);载重量燃油 142 t;滑油 8 t;清水 115 t。

3 船型和外形设计

3.1 船型

长江是具有一定特征的河流,尤其在川江航道,滩多流急,流态多变。相关单位在长期用船和造船实践中,不断创造出许多优良的川江船型。如早期的"民俗""民众""江峡",近期的"江蓉""昆仑"等船型。其基本特征是艏部折角线型、大包裹型船尾,舯部设舷伸甲板,底部扁平、艉部线型略成水平状、有分水踵,一般而言阻力较佳。

近来由于艉部采用双艉或双艉鳍,改善了艉部水流,降低压力梯度,使船在航行时产生较小的船尾兴波。同时由于双艉的存在使伴流增大,船身效率和推进效率也相应增加,从而在相同航速下,可节约主机功率。因此在长江中使用上述船型的船日见增多。其实有不少海船,如滚装船、客船、渡船,由于主尺度比例和布置上的要求,早已使用双艉或双艉鳍船型。708 所的 600 客位沿海客船、沿海客滚船、沿海登陆艇采用双艉和双艉鳍船型都收到良好的效果。当然,本船同样采用双艉船型以达到低阻力节能效果。

3.2　船舶外形设计

船作为水上浮动建筑物,本身就是一件艺术品。一艘美观新颖的船舶,其停泊和航行姿态,均具有美的感染力,必然也会引起人们的向往,从而招揽更多的游客。因此船的外形设计甚为重要。鉴于本船是专供国际旅游者使用的游船,为了能有适当的选择性,设计了三种船舶外形方案,并取名为(1)时代流线型,(2)当代改进性,(3)民族风格型。上列三个船型方案在性能、技术、装备、布置和功能上都是相同的,都满足使用单位规定的要求,不同的是船的外部造型。今着重阐述第(1)方案情形。

时代流线型借鉴了国际上诸如欧美和俄罗斯等国家航行在北美加勒比海与北欧北海的豪华旅游船,以及伏尔加河与莱茵河上新型的游览船船型。利用侧面两条较强力度的曲线配以后斜烟囱和船尾起翘的姿态,使整个轮廓形成光滑流线型,线条明快,有速度感,反映当今时代特征(图1)。其特点是:

(1)客房设阳台(阳台两侧不到顶,对空对江视野开阔),可憩息、可观景,使旅客有"宾至如归"的感觉。

(2)栏杆在两舷为简化型,在艏艉端为倾斜式。

(3)船舷设移动式玻璃门和大尺寸带铝合金框的玻璃窗,晚上华灯初上似江上宾馆。

(4)桅为流线型,并有较大的后倾度。

(5)烟囱造型与整个船舶外形相协调,增加快速感。以空气动力学观点设计烟囱构造,避免烟灰撒落顶篷甲板,以洁净环境。

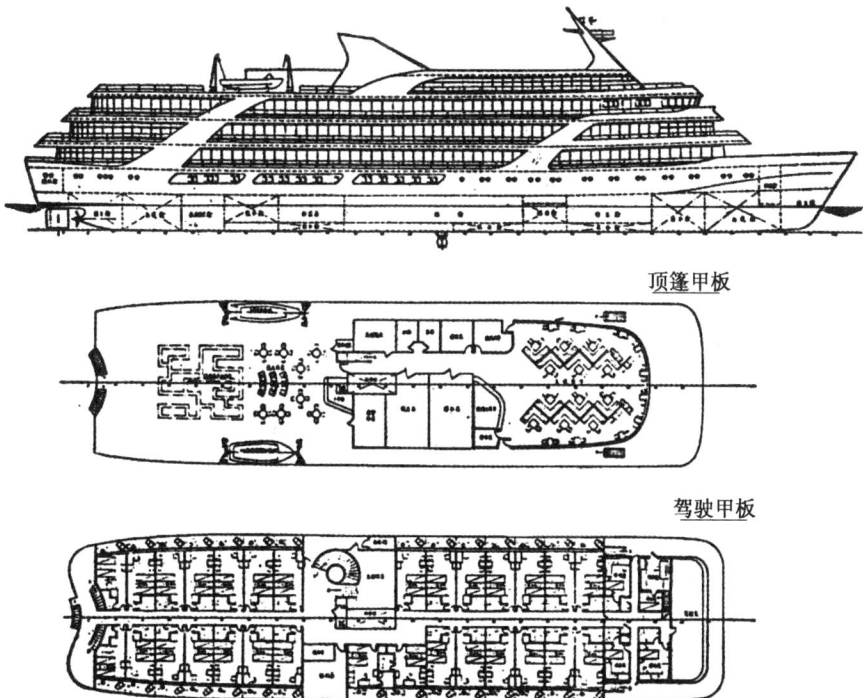

顶篷甲板

驾驶甲板

图1　总布置图

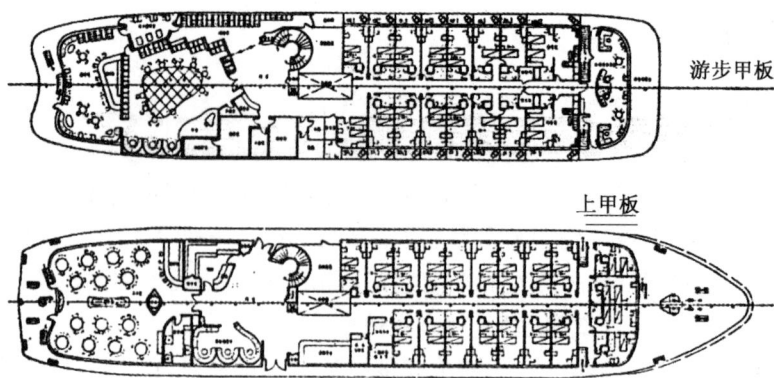

游步甲板

上甲板

图1(续)

4　主机功率与航速

川江航行船舶,其航速常受航道的约束,为了避让小船、保护堤岸和克服滩漕处流速影响,对航速有严格限制。

本船要求航速为 31 ~ 32 km/h,而设计的两柱间长为 78 m,其速长比 $\frac{V}{\sqrt{L}} = 1.046 \sim$

1.078。对于兴波阻力而言,其阻力"峰"点为 $\frac{V}{\sqrt{L}} = 0.95$,可知本船已避开阻力"峰"点,而落入向阻力"谷"点的过渡区,可见航速与船长的匹配是可以的。

今取设计航速为 32 km/h,计算其主机功率约为 2×1 177 kW,处于这一档功率的国内比较成熟的引进主机,选择范围有限,只有新中动力机厂引进 MAN/B&W 的 12V 20/27,主机最大连续功率(MCR)1 199 kW(1 630 马力)[①],1 000 r/min。今选用此机型作为本船推进主机。至于其他机型,其功率都比前者稍大,如镇江柴油机厂的 6L 28/32,单机最大连续功率为 1 323 kW(1 800 力马),770 r/min。此时欲达到 32 km/h 时,功率稍有裕度,但从机器维修和寿命而言,选用这一机型也未尝不可(相应论述,参见本文第 8 部分中"主推进装置"和柴油发电机组)。

5　总布置设计

5.1　全船布置原则

(1)船员与旅客处所分开。旅客集中布置在三层甲板内(上甲板、游步甲板、驾驶甲板);船员集中布置在上甲板上(由于工作需要尚有四名船员布置在驾驶甲板的驾驶室后部,有独立通道,与旅客舱室分开)。客舱分特等旅客双人室 2 套(每套面积 36 m²,不包括

---

① 1 kW = 1.36 马力

阳台面积,下同);一等旅客单人室 4 套(每套面积 17 m²);双人室 59 套(每套面积 18 m²)。

由于旅客舱室布置在机舱的前部,即使驾驶甲板的旅客舱室有设在舯后的,因此处已经相隔两层甲板,故而会有良好的隔绝噪音的效果。

(2)旅客公共活动处所集中布置在两层甲板(上甲板、游步甲板)的舯后部,以及部分观景、健康、娱乐等设施设置在顶篷甲板,避免客房与公共设施的混杂现象。

(3)全船平面通道与垂向梯道布置合理、便利。本船平面通道宽敞,垂向梯道为环状螺旋形主楼梯,并辅以自动电梯,旅客上下随意选择。在船的两端尚设有内外便梯,交通方便。

5.2　船员舱室设计

本船包括船员处所在内采用全空调设施,而且船上供电充分,通风设施完善,因此现代船舶的舱室设计已不同于以往的靠自然通风、自然采光的设计,舱室布置有了很大变化。今将舱室沿船的横向隔成四间,通风、采光、空调都不成问题。航行于下游的大班轮和川江客轮的二等客舱也采用此种方式布置。这种布局使舱室布置既整齐又宽敞。

5.3　服务和娱乐设施的选择

随着社会经济的发展,人们对物质文化生活的要求越来越高。当代旅游船为适应新的形势,普遍重视为旅客创造舒适豪华的生活环境,提供现代化服务和娱乐设施。本船目前布置的服务与娱乐设施项目,能代表现代旅游船的发展趋势。这些项目已满足使用单位设想中的预期要求。本船也新增一些项目,如人们喜欢蒸汽浴而增加了桑拿浴室;为易患牙病者增设口腔室。其他增加的项目,还有电子游戏室、咖啡厅、休息阅览室、露天茶室等,如表 2 所示。

表 2　服务和娱乐设施概况

序号	名称	部位	面积/m²	序	名称	部位	面积/m²
1	厨房	主甲板	154	13	电子游戏室	游步甲板	18
2	餐厅(船员)	主甲板	33	14	咖啡厅	游步甲板	49
3	船员休息室	主甲板	12	15	门厅	游步甲板	40
4	烘洗间	主甲板	15	16	服务台	游步甲板	5
5	烫衣间	主甲板	18	17	医疗室	游步甲板	19
6	净衣间	主甲板	10	18	按摩室	游步甲板	7
7	餐厅(旅客)	主甲板	194	19	口腔室	游步甲板	8
8	酒吧台	上甲板	15	20	理发室	游步甲板	15
9	配餐间	上甲板	18	21	小观景厅(兼茶室)	游步甲板	57
10	休息阅览室	上甲板	38	22	游步观景台	游步甲板	56
11	商店	上甲板	28	23	迷你高尔夫球场	顶篷甲板	85
12	门厅	上甲板	81	24	露天茶室	顶篷甲板	63

表2(续)

序号	名称	部位	面积/m²	序	名称	部位	面积/m²
25	总服务台	上甲板	18	32	小卖部	顶篷甲板	5
26	外币兑换台	上甲板	10	33	蒸汽桑拿浴室	顶篷甲板	19
27	总值班室	上甲板	8	34	健身房	顶篷甲板	29
28	广播录像播音室	上甲板	6	35	台球室	顶篷甲板	32
29	酒吧	游步甲板	91	36	通信业务室	顶篷甲板	14
30	舞厅	游步甲板	141	37	饮料出售台	顶篷甲板	13
31	舞台	游步甲板	12	38	大观景厅	顶篷甲板	177

6 船体结构

6.1 船体骨架形式的选择

本船按我国《长江水系钢船建造规范》(1978 年)及其《修改通报(1984 年)》对 A 级航区的要求进行设计。

至于船体骨架形式的选择,在结构设计过程中采用整体横骨架式和甲板与双底为纵骨架,其余为横骨架的混合骨架方式的两种结构形式分别进行设计,得出两种结构布置和构件尺寸,然后做了结构质量的比较。获知混合骨架式的质量比横骨架式的设计约减少9 t。考虑到减轻船体质量是结构设计的目标之一,故采用混合骨架式。然而横骨架式对建造可能更为方便,所以如果造船厂提出要求,也可采用横骨架式。

6.2 纵向强度的考虑

本船的船长型深比($L/D = 22.2$)较大,为了增加船体承受总纵弯矩的能力,甲板和双层底采用纵骨架式,并将纵向的强力构件、甲板纵桁、舱壁的垂直桁材和双层底的中内龙骨、旁内龙骨连接成强框架,以增加纵向强度。

6.3 船体构架的加强

考虑到本船船宽型深比($B/D = 4$)较大,为了增加横向强度,将强横梁、强肋骨和实肋板连接成横向强框架,其间距不大于 4 个肋距。具体位置视强横梁和肋板位置而定。

7 舵设备选型

本船航行于川江急流,航道曲折、多险滩暗礁。为改善其操纵性能,舵设备考虑两个方案:一为双桨双襟翼舵,另一为喷水推进组合舵系统,今简述双桨双襟翼舵方案。

襟翼舵又名贝克舵,从 1962 年起开始在内河及海船上使用。我国在 1966 年开始在内河船中使用。与普通舵比较,襟翼舵的舵力增加了 1.6 ~ 1.8 倍。舵效高,尤其小舵角时更佳。船模试验和实船航行的情况表明,它不仅能提高船舶的回转性能(回转直径仅为船长的 1.5 倍),而且航向稳定性也好。实测结果表明,不仅双桨三舵(两个襟翼边舵,中间为流线型舵)的航向稳定性好,双桨双襟翼舵的航向稳定性也良好,因此本船不另设流线型中舵。

本船双襟翼舵的总面积为 9 m²,配置 157 kN·m 往复式液压舵机一台。舵机具有三套油泵电动机组,正常航行由一台交流机组进行操舵。发生故障时能自动转换到另一台交流机组。若两台机组都失电或控制油失压,还能转换到应急直流机组。

8 主推进装置和柴油发电机组

8.1 主机选型

当前引进生产的柴油机品种虽不少,但符合要求的且与本船航速相匹配的柴油机机组不多,如表 3 所示。

表 3 国内引进生产柴油机性能要素

序号	主机型号	功率(MCR)/kW(ps)	转速/(r/min)	缸径/冲程/mm	有效压力/MPa	活塞速度/(m/s)	耗油率 g/(kW·h)	大修期/h
1	6PAL-280	1 323(1 800)	800	280/290	1.98	7.7	209	24 000
2	MAN/B&W6L28/32	1 323(1 800)	775	280/320	1.62	7.7	204	—
3	SULZERAT25	1 323(1 800)	1 000	250/300	1.80	10	212	—
4	MAN/B&WS26	1 764(2 400)	250	260	—		171	—
5	赤阪铁工 DM30RRF	1 103(1 500)	375	300/480	1.73	6	215	—
6	MAN/B&W12V20/27	1 200(1 630)	1 000	200/270	1.39	9	207	25 000

由表 3 可知,要在质量、寿命、价格、油耗指标及运行经历等方面考虑,能相对地符合选型要求的仅有三种机组,即 6PAL-280、6L28/32、12V20/27。

(1)6PAL-280 柴油机是从法国热机协会引进并生产的一种多用途中高速柴油机。其装置简单、结构紧凑、维修方便、质量轻、能燃重油,被广泛用作船舶推进装置和船用发电机组,该机组已在"037""038"中型登陆艇上及机车上使用。6PAL-280 功率偏大,为适应本船要求要将原 1 765 kW 降功率至 1 323 kW 使用,该机价格偏高。

(2)6L28/32 柴油机是从 MAN/B&W 公司引进专利生产的,属中速柴油机,该机适应性强、结构简单、耐久可靠、经济性好。该机组已在 800 t 海监船上使用。6L28/32 柴油机各项指标较先进,用于本船时功率有富裕。由于该机国产化程度低,外协作项目多,故价格略高。

(3)12V20/27 柴油机自 1980 年从 MAN/B&W 公司引进,已使用在各类船上,并销往我国香港地区和东南亚等国家。12V20/27 柴油机的结构紧凑、耐久可靠、质量轻、经济性好、能烧重质油料、价格较便宜。

比较:三种机组的基本性能和质量情况相差不多,根据生产厂的建造水平,都能达到生产机组的要求。价格以 12V20/27 为最低,同时使用经济性也以 12V20/27 为最好。根据年耗油量的计算,6PA6 - 280 柴油机为 1 576.7 t;6 L28/32 为 1 535.8 t;12V20/27 为 1 419.9 t。综合考虑认为,12V20/27 柴油机的经济效果好,性能稳定,质量较好,因此选用该机为本船主机;缺点是气缸较多,维修工作量大。

8.2 柴油发电机组

经计算,得出电站用电量(表4)。

表 4 电站用电量

工况	进出港/kW·h	航行/kW·h	停泊/kW·h
夏季	约 344	约 316	约 191
冬季	约 254	约 226	约 162

据此结合现行电站配套和可靠程度,选用新中厂引进 MAN/B&W 公司的 6L20/27 柴油机,功率 450 kW,转速 750 r/min。发电机采用无锡电机厂引进西门子公司的 IFC5 同步发电机配套成柴油发电机组。功率 388 kW,转速 750 r/min,电压 400 V,频率 50 Hz,两台柴油发电机组互为备用。

9 空调

9.1 空调范围

所有旅客、船员舱室、公共娱乐处所、报务室及病室,均设有空调。夏季供冷风,冬季供热风,中间季节采用单纯机械通风。对驾驶室、厨房、配膳室提供局部冷风,这些房间的温度不受空调所规定的室内条件的约束。

9.2 室内外环境设计参数(表5)

表 5 室内环境参数

名称	外界		室内	
	温度/℃	相对湿度/%	温度/℃	相对湿度/%
夏季	36	60	28	50
冬季	−5	75	20	40~50
江水	33	—		

9.3　新风比

夏季冷却工况为 40%，冬季采暖工况为 50%，中间季节作单纯机械通风时为 100%。

9.4　系统的选择

本船空调系统采用中速、中压分区集中式单风管系统，根据不同甲板层次与部位划分为旅客舱、公共娱乐场所、船员舱及餐厅等九个空调系统。为获得较好的消声效果，空调风管采用方形管，并在整个空调系统设计中采取消声措施。

9.5　设备的选择

采用两台组装式空调冷水机组，由压缩机、冷凝器、蒸发器、阀板、控制箱等组成，R-22间接冷却，冷水机组布置在机舱内。

10　振　动　与　噪　音

对于旅游船而言，一个安静舒适的环境是至关重要的。为了尽量减少振动和噪音对旅客及船员的影响，拟对船上的振源和噪音源在结构上和设备安装上采用各种减振和隔音措施；从螺旋桨设计上考虑减少由水流不均引起的激振力；同时在总布置上进行合理安排，使其振动和噪音达到最低程度。

10.1　船体振动的考虑

（1）为了减小机舱的振动，除了适当增加机舱的机件布置和增大构件尺度外，还加设支柱，形成较强的空间构架。

（2）为了减小船尾部可能出现的振动，除了加厚螺旋桨上方的船壳板外，同时适当加强艉部构件的尺度，加设纵向构件，减小壳板处肋板及桁材腹板上的开孔，改善横向桁材或肋板的纵向支撑，以保证艉部突出体和主船体结构很好地连接。

（3）减少上层建筑的振动将直接改善旅客和船员的生活环境。为此，在结构上尽量使上层建筑各横舱壁与下方的横舱壁一致，至少在其下方增设强横梁，以增加承载能力。侧壁下方设有纵舱壁或纵桁，而其上的连续开口要求得以补偿，以提高根部的固定刚性。另外，上层建筑内部设置足够的钢质围壁，以增强剪切刚性。

10.2　机舱减振降噪措施

为了改善航行中主机及柴油发电机组所产生的振动和噪音，拟采取以下措施：

（1）密闭机舱，在机舱棚内壁及与舱室相连的甲板设置吸声材料，出入机舱设双道门，以阻隔噪音外传。

（2）选择振动小、噪音低的主柴油机和柴油发电机。同时增强主柴油机及柴油发电机部位的纵横结构，以消除局部振动。

（3）柴油发电机组与船体座架连接处安装防震弹性支承。

（4）主柴油机及柴油发电机废气锅炉的排气管设波纹管,并设阻尼支承及阻尼吊架。

附记:本船设计期间,上海交通大学为编辑长江船型专集组稿,我所二室主任工程师邓兴全同志答应与我合写供稿,惜天不假年,老邓不幸因病逝世,未遂夙愿,今借本文略写几语以志悼念。

为上海建设世界著名旅游城市开发设计建造一批旅游船

摘要 旅游业是拉动经济发展的支柱产业。为把上海打造成世界著名旅游城市,黄浦江游览、邮轮旅游都是举措的重要组成部分。本文拟从适应海洋、长江、浦江、内河等水域开发设计几型旅游船,供有关单位应用和建造参考。

1 引言

旅游业是拉动经济发展的支柱产业,也是提升人们生活品质的幸福产业。我国十分重视这一产业的兴起。2018 年 9 月,在上海召开的"上海市旅游发展大会",提出要努力把上海打造成体现国际风范、彰显中国元素、具有上海特色的世界著名旅游城市。上海滨临东海,扼长江口喉,穿越黄浦江,怀抱苏州河,黄浦江游览、乘邮轮旅游等对推动上海经济发展具有重要意义。为此,针对远洋、沿海、长江、黄浦江、苏州河等水域开发设计几种旅游船型作为方案进行推荐,供用船单位参考使用,以便将各种船型相结合、内陆与海洋结合、长三角区域结合,以上海为中心形成旅游经济产业化。

2 远洋大型邮轮

根据在上海举行的中国首届进口博览会的信息显示,中国签订 2 + 4 艘 13.5 万总吨位大型邮轮建造合同,即 2 艘为利旧船,4 艘为新建船。

新设计建造的为 Vista(远景)级大型邮轮。总长 323.6 m,型宽 37.2 m, 13.5 万总吨位,最多可容纳乘客 5 246 人,客房 2 125 位间,在中国建造,首艘邮轮计划于 2023 年交付使用。

其中一艘利旧船为歌诗达大西洋号(Costa Atlantica),系最大巴拿马型邮轮,如图 1 所示。船东为意大利歌诗达邮轮公司,于 2000 年在芬兰赫尔辛基玛莎船厂建成交付使用。该船总长 292.5 m,型宽 32.2 m,8.57 万总吨位,服务航速 22 kn,可载客 2 680 人,客舱 1 057 间。在 2019 年年底前交付使用。

自此在上海宝山国际邮轮码头有我国自己的大型邮轮投入营运。

图1　歌诗达大西洋号邮轮

3　沿海旅游船

上海位于长三角东端,滨临东海之滨,与许多沿海城市相邻。经济发达,人文历史悠久,人口众多,景色秀丽,实为国内外人们的旅游胜地。

远的向北方向有青岛、日照、连云港,向南方向有福州、温州、温岭。近的有大丰、启东、宁波、嵊泗、岱山、舟山、象山、椒江等。尤其是浙江沿海城市,山清水秀,面临海洋,吸引无数游客享受阳光、沙滩、蓝天、碧海的美景。亟待开发一型舒适、便捷的沿海观光旅游船。

这些沿海城市开发的旅游船应以二、三日短期旅游为宜。本文设计的沿海旅游船(图2)设计船长 42 m,型宽8.7 m,吃水 2.5 m,航速 10～12 kn,游客 250 人,双人舱室 80 间,3 人舱客 30 间。

该船的特点是新颖、舒适、经济,结构合理。

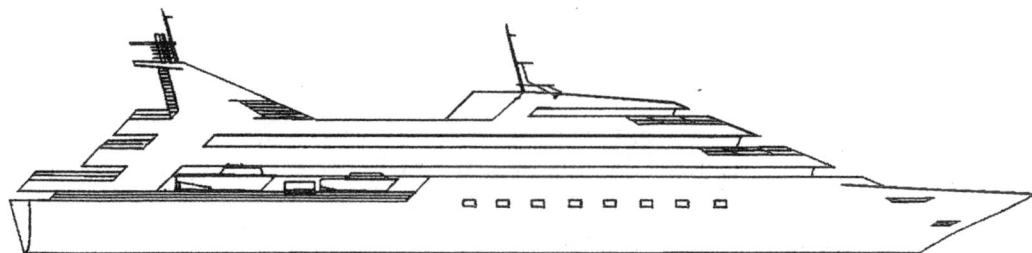

图2　沿海旅游船

4 长江旅游船

我国20世纪50年代在长江航行的客船,实质以载客为主,兼带货物的客货船。只用于载客使用的客船是1960年设计建造的长江专用客船"昆仑"号(图3)。可常年航行于长江全线,往返于上海重庆之间。船长84 m,排水量1 451 t,主动功率2×1 471 kW,航速16.8 kn,载客77人,船员42人。改革开放后,该船改装成旅游船,专供外宾游览三峡,由美国环球旅游公司包租,为五星级豪华旅游船。

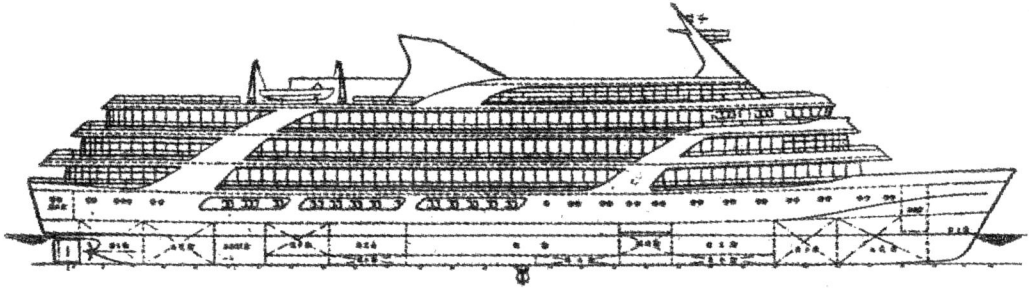

图3 长江旅游船

该船的线型设计和外观总体布局,仍为现在许多航行于长江三峡豪华旅游船的设计蓝本。

当今上海开展长三角区域联动,上海与许多城市经济互补,人际交往频繁,旅游事业兴起,拟开发一艘新颖旅游客船。本船水线间长80 m,型宽14 m,满载吃水2.6 m,主动功率2×1 177 kW,设计航速32 km/h。

本船线型为折角船首,大包裹船尾,舯部为舷伸甲板,上部造型流畅明快。

船的前部布置客舱,人数可按需而定;舯部为门厅和扶梯;后部为娱乐、休闲处所;船舷客房设观景阳台。

该船可作长距离航行使用,也可以作城市区间的旅游使用。

5 黄浦江旅游船

黄浦江又名春申江,是上海的重要水道,始于上海青浦淀山湖至吴淞口,注入长江,最后汇入东海。全长113 km,宽300～700 m,河口最大水深17.4 m,最浅水深9.1 m,万吨级船可上溯至吴泾。黄浦江兼有供应水源、排洪涝、航运、旅游等功能。

黄浦江是一条具有浓重海派特色的文化长河,有着丰富的文化内涵。百年来彰显着中西融合的文化开放的业态。

黄浦江畔过去只有浦西外滩的"万国建筑博览会"景观;20世纪90年代浦东崛起,形成陆家嘴"现代楼宇"景观,相互交辉,形成黄浦江两岸、上海城市景观的精华。上海夜间华灯初上,灿烂华丽,相互辉映。

对于黄浦江游览船(图4)设计,游览点定为杨浦大桥至南浦大桥之间。设计船长39 m,船宽8 m,吃水1.5 m,设计航速9~11 kn,游览时间0.5~1.0 h,游客定员240人,客舱内设软席座位,有食品供应台等。根据游船业务需要,如各类产品发布会、婚礼、宴请、聚会等情况,可以设计豪华、舒适等多类型浦江游览船。

图4　黄浦江游览船

6　苏州河游览船

苏州河发源于苏州,又称吴淞江,几乎横穿上海浦西区域,在外白渡桥口汇入黄浦江。昔日河流浑浊,经过多年不断整治,现在水流清澈,鱼翔水底,也有人在河边垂钓。昔日两岸工厂林立,而今高楼耸立,岸边绿树成荫,有人晨操、晚步,悠闲自得。苏州河两岸有许多历史文化遗存,值得敬仰和观瞻。两岸有苏联和英国领事馆、上海大厦、邮政总局、河滨大楼、四行仓库和中远两湾城等。

为把上海打造成世界著名城市,上海苏州河也是中外游客的热点旅游线。为此,设计建造旅游船成为当务之急。

本游览船设计航行距离为外白渡桥口至中远两湾城,游览时间为0.5~1.0 h为宜。乘客120位,设舒适座位,游览两岸美丽风光。

本船(图5)船长25 m,船宽7.8 m,吃水0.8 m,设计航速8~9 kn。

图5　苏州河游览船

随着业务的发展,船的规模可以继续扩大,船的主尺度可作相应改变。

7　结语

（1）本文介绍了一系列为配合上海成为世界著名旅游城市的旅游船。除其中远洋大型邮轮为引进船，其余四型都是开发设计以适应不同水域航行的符合我国人文、习俗需要的旅游船。

（2）开发的船型都是外形流畅，具有安全、舒适、环保、防污染、节能、无振动、静音的特点。

（3）旅游业在我国正是晨曦产业，方兴未艾，它在经济上具有独特的优势，是一种看不见的"出口业"，为我国提供大量的金融和外汇收入，为上海的繁荣经济和人文交流开创新纪元。

第四篇　货船设计

江海直达 1 000 t 级货船

摘要 江海直达 1 000 t 级货船由中国船舶及海洋工程设计研究院设计,中华造船厂和马尾造船厂各建造一艘。该船于 1986 年 10 月下水,1987 年一季度先后交船使用。该船概貌如图 1 所示。

图 1　江海直达 1 000 t 级货船"闽 102"号

1　船型、船级及用途

本船为钢质、单甲板、单螺旋桨、柴油机推进的江海直达货船。艏柱前倾、方艉、流线型平衡舵。本船机舱位于艉部,两个货舱置于机舱之前,艏部设艏楼,艉部有艉楼及甲板室。

本船以装载干杂货为主,航行于北至上海、南至香港的沿海港口,以及进闽江、长江从事江海直达运输。

本船入 ZC 级,并取得☆ZCA 入级符号。

2　主要量度及性能

2.1　主要尺度

总长	62.85 m
两柱间长	58.00 m
型宽	11.60 m

型深	5.00 m
设计吃水	3.60 m
最大吃水	4.20 m
设计载重量	1 193 t
最大载重量	1 545 t
总吨位	994 GT
船员	25 人

2.2 航速与续航力

在设计吃水、主机为常用功率 397 kW 时,满载试航速度为 9.8 kn。续航力 2 000 n mile。

2.3 稳性及干舷

稳性满足我国 1981 年《海船稳性规范》对二类航区钢质货船的要求。干舷符合 1975 年《海船载重线规范》对国际航行的 B 型船舶的要求。

2.4 舱容

舱内散装容积为 1 945 m³,包装容积为 1 790 m³。

3 总布置

"闽 102"号总布置图如图 2 所示。

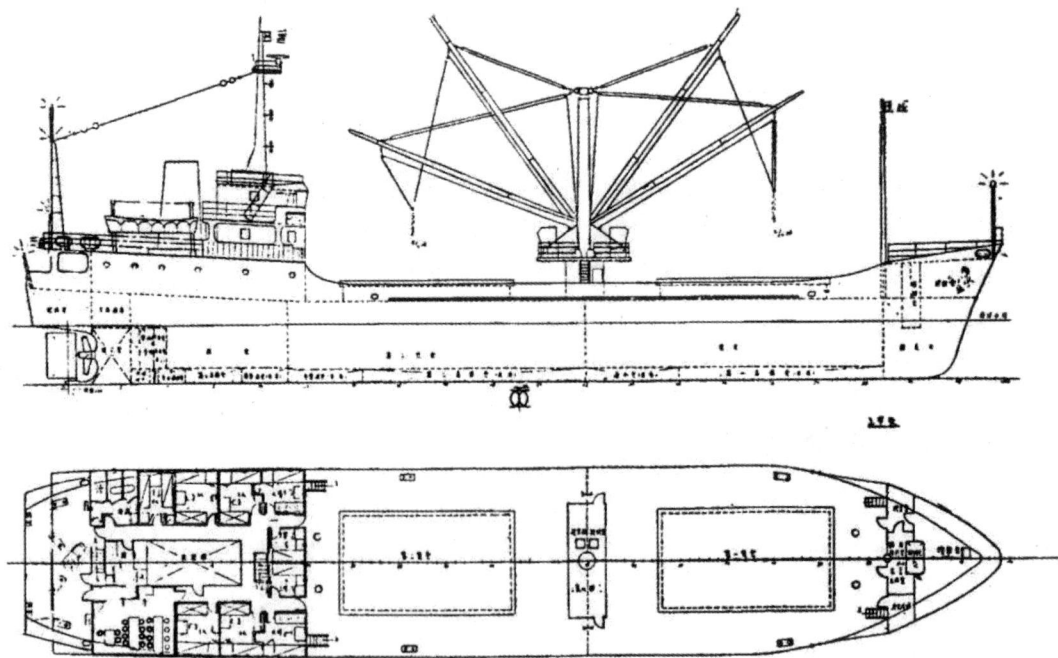

图 2 "闽 102"号总布置图

本船共设 4 道水密横舱壁。双层底从艏防撞舱壁一直延伸至艉部尖舱壁。本船设两个货舱,货舱总长 38.4 m。艉部上层建筑共三层,其中布置居住舱室、厨房、餐厅、浴厕室、驾驶室、海图及报务室等。自 87 号肋骨艏部的甲板上设艏楼,其中布置贮物舱、油漆间、灯间和木工间等。本船按 1974 年《国际海上人命安全公约》的 1981 年修正案的要求,采取Ⅲ C 法进行防火分隔。

4　船体结构

本船船体结构按我国 1983 年《钢质海船建造规范》及 1984 年"修改通报"进行设计,局部构件参照 BV(1982)规范。

本船结构形式全部采用横骨架式,为了提高甲板的稳定性,在船中 0.4L 区域内设置间断纵向加强筋。

肋骨间距 600 mm。双层底高度:在货舱区为 800 mm,机舱区为 900 mm。

为了改善船舶的装卸条件,本船货舱内不设支柱,而在舱口处设组合舱口端梁和组合加强肋骨框架。

5　舾装设备

5.1　锚设备

主锚:1 000 kg 斯贝克锚 2 只
备锚:1 000 kg 斯贝克锚 1 只
锚链:总长 357.5 m
锚机:7.1 t 卧式电动起锚机 1 台

5.2　舵设备

舵:流线型平衡单舵。
舵机:2.5 t·m 电动液压往复式舵机 1 台。

5.3　起货设备

前后货舱各配一对吊杆,双杆起货量为 2 t,单杆起货量 4 t,吊杆舷外跨距 3.5 m。在起货平台上设电动恒扭矩起货机 4 台,起重量 2 t,起货速度为 35 m/min 与 11.8 m/min。

5.4　货舱盖

第一、二货舱开口均为 10.8 m×5.8 m。上甲板舱盖为钢质风雨密滚动式,各舱舱盖分为 6 块,开启后贮存在两舱口间椇房的前后端。舱盖开闭利用起货机副卷筒,通过导向滑车用钢索拉动。

5.5 救生设备

在艇甲板两舷各配 13 人机动玻璃钢救生艇 1 艘,17 人划桨玻璃钢救生艇 1 艘。15 人甲型气胀式救生筏 3 只和 10 人乙型气胀式救生筏 1 只,救生衣 29 件。

6 机电设备

6.1 主机

采用 6300ZCD－1 型柴油机 1 台,600 马力,400 r/min。螺旋桨为 MAU 型,4 叶,直径为 2.4 m,螺距比 0.702,材料为高锰铝青铜。

6.2 柴油发动机组

柴油机:6135CAF 型柴油机 3 台,103 马力,1 500 r/min。
发电机:TFHX－64 型发电机 3 台,87 马力,1 500 r/min。

7 船舶节能装置

为了提高船舶经济性,本船在船体尾部,紧靠螺旋桨前方加装左半侧补偿导管的节能装置,如图 3 所示。模型试验结果显示,可使航速提高约 0.25 kn。实船航行也证实其效果,同样两艘姊妹船("闽海 101","闽海 102"),后者装补偿导管、前者未装,结果在福州至香港航线上"闽海 102"船要比"闽海 101"船早到 6 h,节能效果好。

图 3 艉部安装节能装置

1 000 t 级江海直达货船线型
及节能装置设计

1 引 言

1 000 t 级江海直达货船,垂线间长 58 m,型宽 11.6 m,型深 5.0 m,设计吃水 3.6 m,主机额定功率 600 马力(441 kW),设计航速 9.8 kn,续航力 2 000 n mile,属于二类航区船舶,可航行于我国沿海各港口,并可进长江、闽江、珠江从事江海直达运输。该船以装载干杂货为主,并可兼运集装箱。

江海直达船型与常规 1 000 t 级货船相比,在主尺度上有明显的差异。江海直达船型具有吃水浅、装载量大、舱容利用率高、装卸货方便等特点,提高了船舶的经济性。

由于船舶尺度比的变化(L/B 减小,B/T 增大),欲保持良好的低阻性能,线型设计是关键,同时采用了适宜的水动力节能装置。实践表明,该船型在降低阻力、提高推进效率方面新船型获得了预期的效果。

本文拟对该船型的线型设计和节能装置设计,以及船模试验进行比较、探讨和介绍。

2 线 型 设 计

江海直达船型的主要特点是吃水浅。为了达到规定的载重量,从经济角度考虑,主要尺度选择不采取加大船长,而是缩小船长增加船宽的办法,使船显得短而扁,线型设计时应充分考虑这一特点。

随着造船科学的发展,对这类船型人们希望得到一个完美的线型;同时在振动方面也要有所裨益。本船设计航速的速长比($V/\sqrt{L}$)为 0.71,而方形系数(C_b)为 0.726。线型设计时,重点放在船体后部线型上,尤其是满载水线去流角及端部浸深高度、螺旋桨梢部范围内各水线斜度与曲率变化,以及船体、螺旋桨、舵之间的相对位置。防止船尾水流分离,减少阻力,改善振动。

两种船体线型:常规线型和艉舭有折角线型(图 1 和图 2)。前者艉舭采用 V 形,在桨前末端处变为 U 形;后者艉舭设计成折角线型,艏部为中 U 形,折角线开始于满载水线上部,艉部为中 V 形,折角线延伸到螺旋桨顶部。为了便于分析比较,除主尺度相同外,两者的面积曲线保持一致。对应的实船参数如表 1 所示。

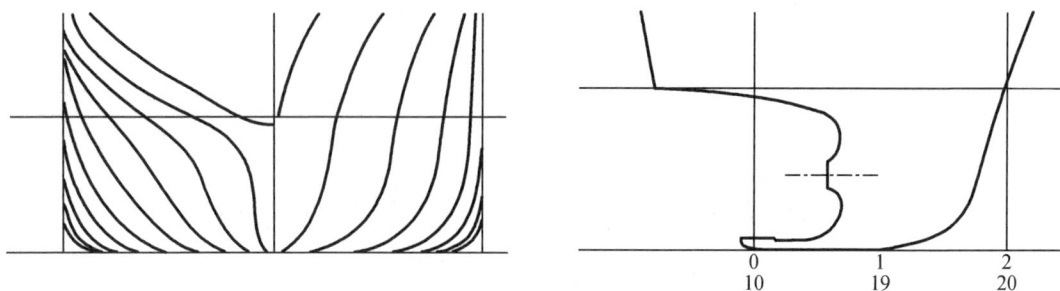

图 1　常规线型及艉艉轮廓

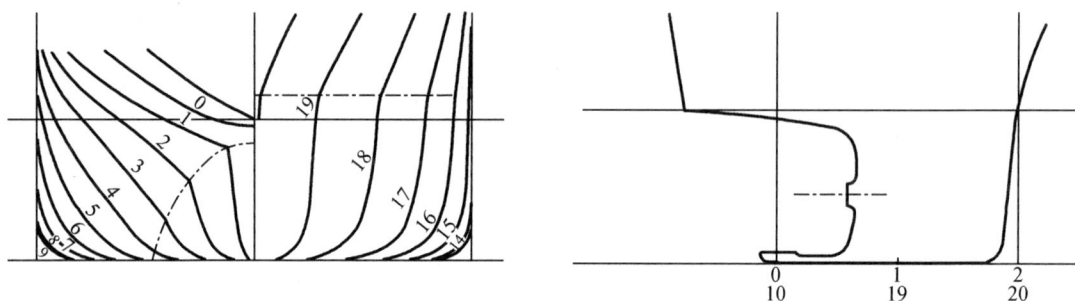

图 2　折角线型及艉艉轮廓

表 1　船体主要量度与系数

序号	名称	常规线型	艉艉折角线型
1	设计水线长 L_{wl}(m)	60.22	60.22
2	垂线间长 L_{bp}(m)	58.00	58.00
3	型宽 B(m)	11.60	11.60
4	设计吃水 T(m)	3.6	3.6
5	型排水体积 ∇(m³)	1 760	1 760
6	方形系数 C_b	0.726	0.726
7	舯剖面系数 C_M	0.99	0.99
8	水线面系数 C_w	0.826	0.809
9	浮心纵向位置 L_{CB}	1.79% L_{bp}(中前)	1.79% L_{bp}(中前)
10	平行中体长度 L_p	20% L_{bp}	20% L_{bp}
11	半进角 iE(°)	28°	25°

3　船模阻力及自航试验

船模的阻力试验和自航试验在七〇八研究所(后简称"七〇八所")船模试验池进行。

船模为木质,比例尺为1:18,船模水线长 3.346 m,在 19 站处置一条直径为 1 mm 激流丝。以满载和压载状态做阻力试验,而以满载状态进行自航试验。

阻力试验按傅汝德假定换算到实船,$C_{Ts} = (C_{Tm} - C_{Fm}) + C_{Fs} + \Delta C_F$,摩擦阻力系数采用 1957 年 ITTC 公式,实船粗糙度补贴取 $\Delta C_F = 0.4 \times 10^{-3}$,换算结果如表2所示。

表2 实船有效功率/kW

航速 V_S/kn	常规线型		艏艉折角线型	
	压载吃水/m $T_F = 0.7$;$T_A = 3.2$	设计吃水/m $T = 3.6$	压载吃水/m $T_F = 0.7$;$T_A = 3.2$	设计吃水/m $T = 3.6$
9	128.1	158.1	132.9	155.6
10	184.6	235.2	186.8	230.8
11	265.1	356.9	258.9	346.5
12	388.0	556.3	370.6	539.2

船模自航试验结果按等推力法换算至实船自航点的推进效率成分,其结果如表3所示。

从表2可见,按设计吃水在设计航速9.8 kn范围以艏艉折角线型稍优。而经自航试验表明(表3),船的后体采用折角线型可以使伴流较均匀,但伴流分数减小,推力减额增加,虽然相对旋转效率增高,但总的推进效率有所降低。在设计航速时,折角线型所需收到功率比常规线型高8.6%,权衡结果取常规线型用于实船。

表3 自航试验推进要素

名称	V_S/kn	DHP/kW	t	W_s	η_r	η_h
常规线型	9	214.4	0.264	0.453	0.941	1.345
	10	336.8	0.253	0.423	0.935	1.294
	11	573.8	0.260	0.407	0.919	1.269
	12	938.7	0.266	0.390	0.922	1.203
艏艉折角线型	9	229.6	0.279	0.403	0.987	1.207
	10	362.2	0.281	0.396	0.954	1.190
	11	600.1	0.311	0.407	0.947	1.160
	12	989.1	0.299	0.385	0.944	1.139

4 节能装置的选用

江海直达船型由于吃水浅,艉部比艏部更丰满些,而速长比并不高,因此船首兴波产生的阻力不大,而船尾易引起水流分离,产生旋涡,使黏压阻力增大。因此,欲提高阻力性能,重点应放在艉部水流的改善上。通常可以采用修改艉部线型或附加整流措施来达到目的，后者就是所谓加装节能装置。目前业已开发和正在开发许多节能装置。从水动力观点看，这些装置不外乎达到下列两方面目的：一为减少船尾水流分离，改善螺旋桨进流；另一则为回收螺旋桨尾流旋转中部分能量损失。艉部节能装置可采用组合的形式，以达到组合的效果，但一般而言，其收益的百分数并不是各自的代数和。针对本江海直达船型拟选用加装均流导管、桨前导流鳍、舵附整流罩三种节能装置方案，经模型试验后再行选定。现对其机理与构造进行简述。

4.1 均流导管

4.1.1 机理

所谓均流导管系装于桨前尾框上部两个半环形导管，使螺旋桨进流均匀加速，提高推进效率，减少螺旋桨收到功率。

（1）通常，当船舶方形系数（C_b）超过 0.6 后有可能出现艉部水流分离现象，C_b 愈大愈易产生分离，形成旋涡。因此，丰满船尾应注意满载水线的去流角（i_R）不得超过 20°，尤其需留心在桨轴中心线上方 0.875R 附近的各水线的曲率变化和去流角，因为它对推进性能影响较大。

（2）艉部水流分离会引起能量损失。若在桨前尾框区的左右两侧设置半环形导管，则当导管的机翼型剖面处于一定的攻角下，剖面上产生环流，这一环流使导管内水流加速，从而引导附近水流进入导管，并将前部水流压向船壳。结果水流紧贴船壳，减少分离，经过导管后能较均匀地流向螺旋桨。由于上半扇形面的导流更为重要，故常将导管置于轴线以上的部分，如图 3 所示。

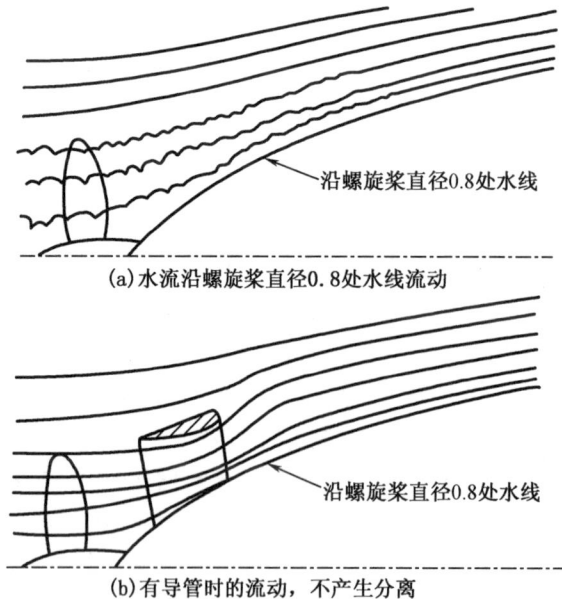

(a)水流沿螺旋桨直径0.8处水线流动

(b)有导管时的流动，不产生分离

图 3 流动简略图

（3）对于伴流情况,由于导管剖面的环流作用,使螺旋桨上下两半的速度分布发生变化,如图4所示。对较丰满船型,在螺旋桨上半部分原进流速度较低,有了导管后使螺旋桨进流加速。相反,在螺旋桨下半部分原先进流速度高却变为缓慢,实际上平均实效伴流并无大变化,但较均匀。

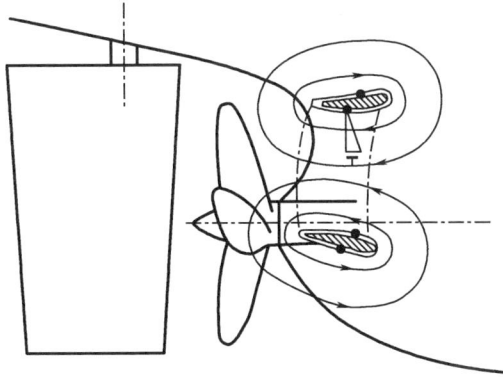

图4　垂直方向的环流

4.1.2　收益

（1）加装均流导管后能改善艉部流动分离,减少黏压阻力成分。

（2）由于增加轴向进流和桨盘上均匀速度分布,增加了螺旋桨效率和相对旋转效率。

（3）导管环流产生导管推力(图4),如果克服导管本身的摩擦阻力和导管与船体连接的结构阻力后尚有余裕,则可降低推力减额系数。

（4）水流的均匀流动和上部扇形面处,螺旋桨叶梢负荷的降低,可减少由螺旋桨引起的激振。

（5）对舵而言,作用于舵上有更多直向进流,可改善船舶的操纵性。

4.1.3　构造

均流导管为机翼剖面环形导管,其直径与长度均比普通螺旋桨导管小一半,因此质量较轻。通常以两个半环形状装于轴线上部、艉框左右两边的伴流场中。

导管的剖面形状要求并不严格,只要剖面拱度是向内凸的加速型导管即可。为了适应艉部来流并且能顺利地流向螺旋桨,导管横向有一个倾度;左右两半的导管中心对船的中纵剖面是不对称的,且有斜度,两者角度一般在10°以内。安装时可以插入艉框内成为一个整体,也可将两半环焊在艉框的两边。

4.2　桨前导流鳍

船尾由于黏性作用而减速流动,常引起界层分离,流态紊乱,同时在船尾艉部产生内旋的舭涡。若在桨前艉柱处安装导流鳍,则可使水流能水平地直向流入螺旋桨,提高螺旋桨效率。

导流鳍形似水平水翼,轮廓可为长方形或三角形,有一定剖面厚度。至于大小、数量与位置视艉部空间流动状况而定。通常导流鳍装于艉柱附近,设一片或几片。

4.3　舵附整流罩

由于螺旋桨的作用是使尾流产生旋转引起能量损失。若在舵上安装整流罩,则整流罩填充了涡流低压区的空间,改善乱流,使尾流中的轴向诱导速度增加,可提高推力和效率。

整流罩的外形为对称机翼剖面的旋转体,或近似于椭圆体,或做成宽而扁的形状,装于螺旋桨轴线的延长线上。整流罩的直径一般比螺旋桨毂径大 1.1 ~ 1.4 倍,长度为直径的 2.5 ~ 3 倍,或为舵宽。安装位置尽可能靠近螺旋桨,使效果更佳。故目前只要毂帽能够拆卸,罩的端部常伸出舵的导缘,而与毂帽靠得极近。

5　节能装置设计

本江海直达船型的长宽比(L/B)为 5.0;宽度吃水比为(B/T)3.22;C_b 为 0.726,为了改善浅水中的推进性能和提高经济性,拟选用上述三个节能装置方案。其形状与安装位置如图 5 所示。

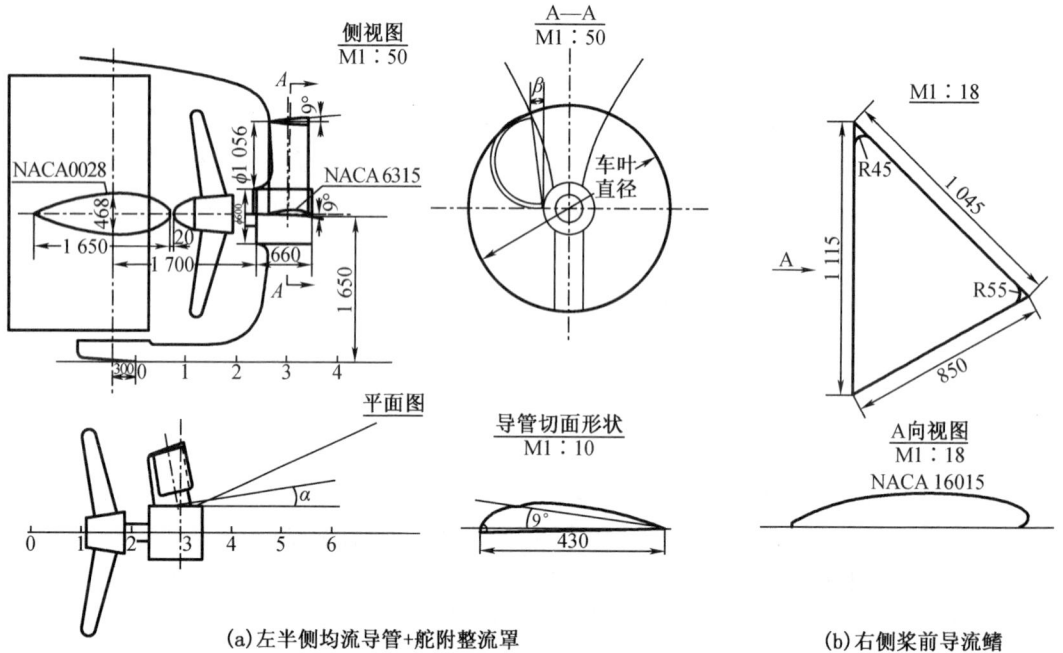

(a)左半侧均流导管+舵附整流罩　　　　　　(b)右侧桨前导流鳍

图5　节能装置形状与安装位置

5.1　均流导管

导管形状选用 NACA6315,导管拱度比为 0.06,厚度比为 0.15,设计直径为 1 056 mm,长度为 430 mm,最大厚度为 64 mm,纵向和横向安装角由试验时调定,半环下端置于轴线处,上端紧贴船壳板。

5.2 桨前导流鳍

该导流鳍为单片鳍,装于右侧轴线处,轮廓为三角形。选用 NACA16015 形状参数,厚度比为 0.15,最大切面弦长为 707 mm,厚度为 106 mm。由于前后宽度不同,故各处厚度有变化。

5.3 舵附整流罩

形状为对称机翼剖面旋转体,选用 NACA0028 形状参数,拱度比为零,厚度比为 0.28,设计长度 1 650 mm,最大直径 468 mm,比桨毂直径大 1.17 倍。整流罩安装在桨轴中心高度的舵板上,罩端伸出舵导缘 250 mm,与桨帽间隙为 20 mm。

6 模型试验与实船试航

6.1 模型试验

本船在节能装置方面经过对均流导管的安装角调定与左右侧变换,以及桨前导流鳍安装位置调整与尺寸变化,共进行 9 次阻力试验和 13 次自航试验。根据满载状态的试验结果,选出节能效果较好的两种方案(图 5)。

方案 1:左半侧均流导管 + 舵附整流罩;

方案 2:左半侧均流导管 + 舵附整流罩 + 右侧桨前导流鳍。

经与未加装节能装置的船模试验数据比较,得出如下结果:

(1)就阻力试验而言,加装节能装置后,在设计航速附近有效功率并无增加,见表 4。

表 4　实船有效功率

V_S/kn	原型(未装节能装置)/kW	方案 1(装节能装置)/kW	方案 2(装节能装置)/kW
9.5	189.1	191.9	195.4
10.0	235.2	234.5	238.5
10.5	290.0	289.0	291.25
11.0	357.1	358.6	355.15

(2)自航试验结果,其两个方案与未装节能装置的原型船比较可见推力减额(t)变化不大,伴流(W_s)变大,故船身效率 η_h 增加,同时,相对旋转效率(η_r)有明显增大,使推进效率(η_D)有所提高。结果在设计航速附近收到功率(DHP)可以分别减少 8%(方案 1)和 10%(方案 2),见表 5。

表5 自航试验推进要素

名称	V_S/kn	DHP/kW	t	W_s	η_r	η_h	η_D
原型	9.5	293.6	0.228	0.360	0.974	1.206	0.641
	10.0	360.2	0.200	0.346	0.973	1.221	0.650
	10.5	447.0	0.184	0.332	0.976	1.221	0.652
	11.0	559.1	0.193	0.324	0.985	1.093	0.638
方案1	9.5	267.1	0.223	0.402	1.020	1.298	0.717
	10.0	329.1	0.212	0.391	1.018	1.294	0.712
	10.5	414.0	0.205	0.380	1.014	1.282	0.699
	11.0	528.4	0.207	0.371	1.013	1.260	0.678
方案2	9.5	257.7	0.223	0.392	1.091	1.278	0.756
	10.0	321.0	0.207	0.377	1.078	1.273	0.743
	10.5	406.3	0.202	0.369	1.059	1.265	0.719
	11.0	519.1	0.219	0.377	1.039	1.253	0.684

6.2 实验试航

1 000 t级江海直达货船首批两艘分别在上海中华造船厂(建造"闽海101")及福州马尾船厂(建造"闽海102")。由于试验工作完成时,船的建造已接近下水阶段,考虑不延误工期,征得船东同意,最后只加装左半侧均流导管的一个节能装置。为了便于比较,仅在"闽海102"船上安装。船于1987年初先后建成,随即进行实船试航。"闽海101"以压载航行状态在吴淞口小九段试验。当时有风(风力6~7级)和浅水影响,所得数据需经风和浅水修正。"闽海102"也以压载航行状态,在福建三都澳试验,试验时风速小、水较深,故不做风和水深修正。两船试验结果见表6。

表6 两船实船试验结果

船名	排水量 Δ/t	试航航速 V_T/kn	功率 BHP_T/kW	修正后航速 V/kn	修正后功率 BHP/kW
"闽海101"	964	10.11	420	10.244	415.9
"闽海102"	864	10.802	428.8	—	—

根据两船试航数据换算到相同排水量和轴功率时对航速进行比较,结果可提高航速0.196 kn,即约0.2 kn。如换算到相同排水量和航速下,对轴功率进行比较,结果装有均流导管的可节省功率5.4%,见表7。

表 7　试航结果的比较

名称	"闽海 101"（未装均流导管）	"闽海 102"（装均流导管）
1. 换算到相同排水量和轴功率时的航速比较		
排水量/t	864	864
轴功率/kW	415.9	415.9
航速/kn	10.496	10.692
提高航速/kn	$\Delta V = 10.692 - 10.496 = 0.196$	
2. 换算到相同排水量和航速时的轴功率时比较		
排水量/t	864	864
航速/kn	10.496	10.496
轴功率/kW	415.9	393.4
节能效果/%	$\eta = (1 - 393.4/415.9) \times 100 = 5.4$	

均流导管是针对船船满载工况状态设计的，从压载工况实绩，可以预料"闽海 102"在满载工况下节能效果也较明显。

7　结　语

(1)阻力试验结果表明艉艉折角线型的阻力虽略低于常规线型，但自航试验结果常规线型较佳，所需功率低于折角线型的 8.6% 。

(2)艉部加装节能装置后与原船比较都有所收益，据自航试验数据，艉部加装"左半侧均流导管 + 舵附导流罩"方案与未装节能装置的原船比较可降低收到功率的 8% ，而加装"左半侧均流导管 + 舵附导流罩 + 右侧桨前导流鳍"方案，可降低收到功率的 10% 。

(3)为了不延误施工周期，在实船上仅安装左半侧均流导管。经两同型船实船试验换算，在压载状态加装节能装置的"闽海 102"可提高航速 0.2 kn；或在航速不变情况下，可节省功率 5.4% 。

特　殊　参　考　文　献

[1*]　H. Schneekluth：Ship Design for Efficiency and Economy，1987.

[2*]　C. N. Hughes：Ship Performance，1987.

[3*]　708 所 钱文豪、赵汉魂：江海直达 1000 吨货船模型实验报告(二)"加装补偿导管和导流罩推力鳍组合装置的节能效果"。

[4*]　708 所 沈玉林：1000 吨货船自航实验报告。

[5*]　708 所 五室：国内第一艘新船加装补偿导管的实船试航分析报告。

第五篇　拖船设计

隧道型尾拖船湿面积计算公式

船体湿面积是指船浮于静水中时船体表面与水接触部分的面积。在计算船体阻力和估算外板排水量时需要用到它。

船体表面是个光滑曲面,很难把它精确地展开,并计算其湿面积。通常计算湿面积有两种方法:一是根据型线图来进行计算,即按横剖面图的浸水部分量出各站剖面曲线的半围长,再用辛氏法或梯形法纵向积分而得。又因纵向曲度的关系尚需对船体表面进行纵向倾度的修正。本法所得结果比较精确,符合实际,但极为繁复。二是按近似公式进行计算,通常在没有型线图并且仅知船体尺度的情况下采用。计算公式很多,运用范围也不同,例如内河拖船,其主尺度和线型与一般海船不同,如用一般公式计算其湿面积,误差较大,对隧道型尾拖船则更甚,有时不恰当地选用公式其误差可达10%。本文目的就是寻求一个能较精确计算隧道型尾拖船湿面积的公式。

作者收集了十四艘拖船线型,其主要要素列于表1。在用上述第一种方法分别求出各船的湿面积后,同时用下列诸公式进行计算,把所得的数值进行比较,并列出其误差百分数(表2)。

表1 拖船主要要素

序号	船名	水线长 L/m	型宽 B/m	吃水 T/m	排水量 $\triangle$/t	方形系数 δ	船型情况
1	长江中下游推船	42.50	11.00	2.50	676	0.579	普通船型,浅隧道式艉
2	882 kW(1200 马力)港口拖船	41.20	10.80	3.00	682.6	0.527	普通船型,破冰式艏
3	1 949 kW(2 650 马力)推船	43.00	10.00	2.50	581	0.540	普通船型,近似雪橇型艉
4	822 kW(1 200 马力)拖船	40.00	10.00	1.40	319.2	0.570	艉微凹
5	380 kW(520 马力)沿海拖船	27.40	7.80	2.70	247	0.450	普通船型
6	662 kW(900 马力)港口拖船	28.50	8.00	2.70	273	0.468	普通船型
7	441 kW(600 马力)沿海拖船	25.50	7.60	2.70	241	0.460	普通船型
8	441 kW(600 马力)黄河中游拖船	30.00	7.50	1.00	147	0.653	破冰型首深隧道型艉
9	1.6 m 吃水拖船	26.00	6.00	1.60	144.4	0.578	普通船型,浅隧道式艉
10	184 kW(250 马力)沿海拖船	23.05	6.10	2.00	136	0.497	简易折角船型
11	55 kW(75 马力)拖船	18.50	4.70	1.45	64.93	0.515	普通船型
12	浅水急流拖船	19.00	4.80	0.60	33.38	0.610	普通船型,双隧道式艉
13	1.2 m 吃水内河拖船	26.00	5.70	1.20	112.04	0.626	普通船型,深隧道式艉
14	1 324 kW(1 800 马力)长江拖船	42.00	10.00	2.80	564	0.479	普通船型,带轴包架艉

1. 莫拉金公式

$$S = L(1.36T + 1.13B\delta) \tag{1}$$

$$S = L(0.8\delta + 0.2)(B + 2T)(不包括修正系数) \tag{2}$$

2. 丹尼公式

$$S = L(1.7T + B\delta) \tag{3}$$

3. 卡尔波夫公式

$$S = L(0.0074 L / T + 5.1)\nabla^{\frac{2}{3}} \tag{4}$$

4. 诺曼公式

$$S = L[1.5T + B(0.09 + \delta)] \tag{5}$$

$$S = 1.52L T + (0.374 + 0.85\delta^2) L B \tag{6}$$

5. 苟克

$$S = L(2T + \delta B) \tag{7}$$

由表 2 可见对于普通船型的拖船,其误差都比较大。因此,如用上述公式计算拖船湿面积甚为勉强,尤其是用来计算隧道型尾拖船的湿面积,其数值都比实际偏小,而且相差很多。这是由于该类船型底部上凹,展开后的湿面积要比普通船型偏大。故用上述公式计算是不恰当的。

表 2 湿面积比较表

序号	船名	湿面积 S/m²	莫拉金(1)		莫拉金(2)		丹尼		卡尔波夫		诺曼(1)		诺曼(2)		苟克		本书公式	
			S/m²	误差%	S/m²	误差%	S/m²	误差%	S/m²	误差%	S/m²	误差%	S/m²	误差%	S/m²	误差%	S/m²	误差%
1	长江中下游推船	497	451	-9.25	451	-9.25	451	-9.25	490	-1.41	472	-5.03	470	-5.43	483	-2.82	485	-2.0
2	882 kW (1 200 马力) 港口拖船	436	433	-0.69	430	-1.38	445	2.06	471	8.03	460	5.5	458	5.05	481	10.34	—	—
3	1 949 kW (2 650 马力) 推船	459	408	-11.1	407	-11.2	415	-9.58	446	-2.83	432	-5.88	431	-6.1	447	-2.61	—	—
4	882 kW (1 200 马力) 拖船	363	334	-7.99	336	-7.44	323	-11	336	-7.44	348	-4.13	345	-4.96	340	-6.34	365	0.5
5	380kW (520 马力) 沿海拖船	238	239	0.42	236	0.84	250	5.05	266	11.77	257	7.98	257	7.98	274	15.12	—	—
6	662 kW (900 马力) 港口拖船	232	225	-3.02	219	-5.6	237	2.16	247	6.46	242	4.31	245	5.6	261	12.5	—	—
7	441 kW (600 马力) 沿海拖船	206	194	-5.82	188	-8.72	206	0	226	9.7	210	1.95	212	2.91	227	10.2	—	—
8	441 kW (600 马力) 黄河中游拖船	227.5	207	-9.02	205.5	-9.68	198	-12.95	205	-9.9	212	-6.81	212	-6.81	207	-8.79	227.5	0

表2(续)

序号	船名	湿面积 S/m²	莫拉金(1)		莫拉金(2)		丹尼		卡尔波夫		诺曼(1)		诺曼(2)		苟克		本书公式	
			S/m²	误差%	S/m²	误差%	S/m²	误差%	S/m²	误差%	S/m²	误差%	S/m²	误差%	S/m²	误差%	S/m²	误差%
9	1.6 m吃水拖船	165.5	158.5	-4.24	158	-4.54	161	-2.72	174	5.14	166.5	0.6	166	0.3	173.5	4.83	169	2.0
10	184 kW (250 马力) 沿海拖船	154.5	141	-8.26	139	-10	148	-4.21	157	1.62	152	-1.62	152	-1.62	162	4.86	—	—
11	55 kW (75 马力) 拖船	95	87	-8.42	86	-9.47	90	-5.26	97	-2.1	94.8	-0.21	93	-2.1	98.5	3.68	—	—
12	浅水急流拖船	86	78.6	-8.6	78.5	-8.73	75	-12.8	77.4	-10	81	-5.81	80	-6.98	78.5	-7.82	86	0
13	1.2 m吃水内河拖船	156.5	147	-6.09	147.5	-5.75	146	-6.71	156	-0.32	153	-2.24	152	-2.88	155	-1	159	1.5
14	1 324 kW (1 800 马力) 长江拖船	433	387	-10.6	382	-11.8	402	-7.15	422	-2.54	415	-4.15	417.5	-3.58	436	0.69	—	—

注:表中序号 1、4、8、9、12、13 为隧道型尾拖船,湿面积一栏系按文中第一种方法求得。

在分析船舶湿面积时可以认为它由两部分组成,即两侧湿面积与底部湿面积之和。前者与 L、T 有关,后者与 L、B、δ 有关,因此可将湿面积用二项式来表达。国际上关于船体湿面积的一般表达式为

$$S = L(C_1 T + C_2 B\delta) \qquad (8)$$

$$\frac{S}{LT} = C_1 + C_2 \frac{B\delta}{T} \qquad (9)$$

此为直线方程,其系数和可以由实际数据来推导。今依据表1、表2中的实际资料算出 $\frac{S}{LT}$ 与 $\frac{B\delta}{T}$ 之值,并以该两值为纵横坐标,将诸坐标点连成直线(图1),从此直线可得截距 $C_1 = 1.30$,斜率 $C_2 = 1.28$。将此二系数代入式(8),即可获得隧道型尾拖船的湿面积计算公式,即

$$S = L(1.30T + 1.28B\delta) \qquad (10)$$

式中　S ——湿面积;

　　　 L ——设计水线长;

　　　 T ——设计吃水;

　　　 B ——型宽;

　　　 δ ——方形系数。

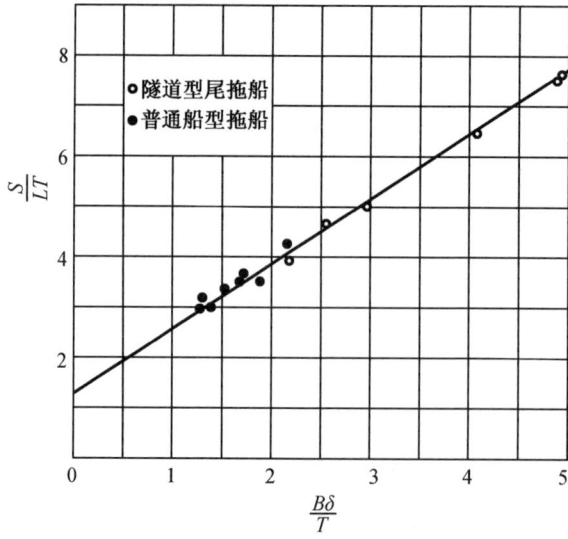

图1 拟合图

由式(10)计算所得的湿面积经与实际比较,证实精确度较高,其误差约为 2%(表 2)。

第六篇　油船设计

4 200 t 江海直达成品油船

1 引言

为了发展长江油运事业,走出长江通向海洋,积极开展外贸运输业务,南京长江油运公司委托我所设计 5 000 t 级成品油船。要求达到既能进江又能出海航行的江海直达新船型,以期逐渐替代旧的 5 000 t 级油船。

油船设计成江海直达型,可以减少货油运输的中转环节,其经济性是十分明显的,然而新船型有其本身的特点,从而增加了设计难度。该船研究设计完成后,由南京金陵船厂建造。船舶建成后,于 1992 年 11 月在吴淞口外小九段进行船舶诸项性能测试,试验结果表明达到预期要求,情况良好,交付使用。第二艘姊妹船在上海求新船厂完成建造。

2 船型、航区及用途

本船为钢质、单甲板、单底、单螺旋桨、柴油机推进的江海直达成品油船。艏柱前倾、方艉、单流线型平衡舵。

本船设艉桥楼及艏楼,通过步桥连接。机舱、货油泵舱、所有居住舱室及驾驶室均位于艉部。

本船以安庆—日本、安庆—香港航线为主,亦可航行于我国沿海,长江 A、B 级航区及近海国际航区。

本船可载运一级成品油。

本船船级:★ZCA★ZCM OIL TANKER F. P. ＜60°

3 主要量度及性能

3.1 主要尺度

总长	106. 68 m
垂线间长	100. 00 m
型宽	17. 60 m
型深	7. 05 m
设计吃水	5. 07 m
夏季吃水	5. 25 m

长江最大吃水	5.65 m
载重量	
吃水 5.07 m 时	4 560 t
吃水 5.25 m 时	4 830 t
长江吃水 5.65 m 时	5 260 t
总吨位	3 664 GT
船员	30 人

3.2 航速及续航力

在设计吃水 5.07 m 时,主机发出 2 205 kW(3 000 ps),试航航速 11.9 kn,续航力为 5 000 n mile。

3.3 稳性

本船稳性满足 ZC1986 年《海船稳性规范》I 类航区及 1985 年《长江水系船舶稳性规范》A、B 级航区的要求。

3.4 操纵性

在设计吃水时,满舵稳定回转直径约为 2.5 倍船长。

3.5 舱容

货油舱(包括污油水舱)	净容积 7 000 m³
渣油舱	净容积 110 m³
重柴油舱	净容积 110 m³
轻柴油舱	净容积 18 m³
清水舱	净容积 90 m³
压载水舱	净容积 550 m³

4 总布置

本船共设 10 道水密横舱壁,其中 3 道为槽形舱壁。本船在货油舱区设两道槽形纵舱壁。

全船共设 14 个货油舱(其中包括 2 个污油水舱)。

艉部上层建筑共四层,布置居住舱室、工作舱室、厨房、餐厅、浴厕室、驾驶室、报务室等。

艏部设艏楼,布置木工间、油漆间、液压控制室及缆索舱,本船总布置图如图 1 所示。

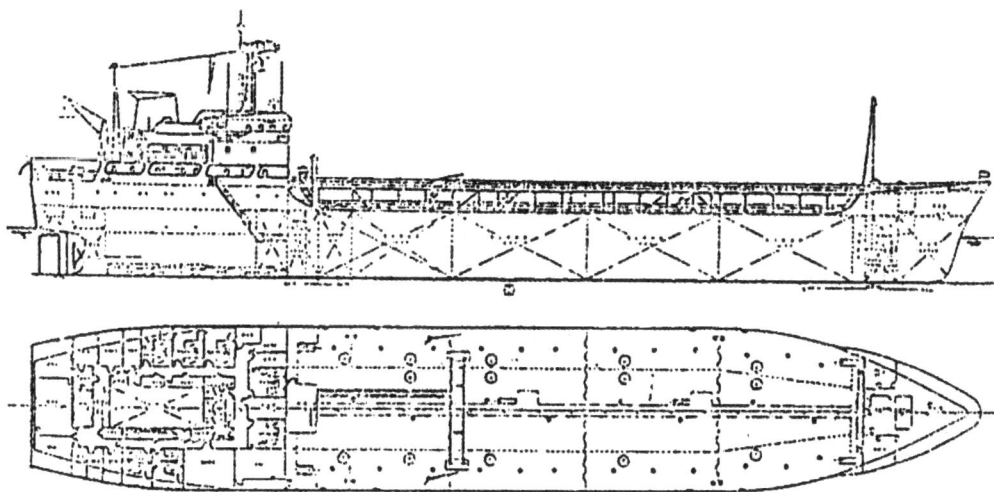

图1　总布置图

本船按 SOLAS 要求,采用 IC 法进行防火分隔。

5　规范及结构形式

本船按我国现行的海船规范进行设计,并符合 1974《年国际海上人命安全公约》及其 1978 年议定书和 1981、1983 年修正案,以及 1972《年国际海上避碰规则》及其 1982 年修正案的要求。

本船船体构件按我国 1989 年《钢质海船入级与建造规范》进行校核设计。船体结构采用纵横混合骨架形式。在货油舱区域的甲板、舷侧和船底采用纵骨架制;机舱和艏艉等部位采用横骨架制。在机舱区域设有双层底。货油舱区域设有两道纵舱壁,包括艏、艉尖舱舱壁在内,全船共有 10 道横舱壁。货油舱区域的纵舱壁为水平槽型舱壁;横舱壁为垂直槽型舱壁。其他部位的纵舱壁为带有扶强材和平板舱壁。

6　主机、副机和螺旋桨

主机　　　　6E　　34/82　　SDZC　　1 台

最大持续功率(MCR)　　　　2 205kW(3 000 ps)×205 r/min

常用功率(CSR)　　　　1 986kW(2 700 ps)×198 r/min

螺旋桨 B 型 4 叶整体式无键连接螺旋桨 1 只,直径3.152 m,材料为高锰铝青铜 ZQAL 12 – 8 – 3 – 2。

副机　　　　柴油发电机组　　　　3 台

柴油机　　　6DSb—18A

　　　　　　310 kW(420 ps)×750 r /min

发电机　　　IFC5—406

　　　　　　248 kW,750 r/min,400 V,50 Hz

长江现有油船采用惰性气体保护的分析研究

摘要 本文首先阐述长江现有油船现状和油船爆炸事故的发生,继而探讨油船消防的方法,并介绍油船惰性气体保护,经分析认为,采用船上补氮方法最为合理可靠,最后以三种油轮为对象,从技术经济角度进行可行性研究。

1 引 言

在长江航运中,由于情况错综复杂,破损事故屡有发生,沉船和人员死亡不断,经济损失巨大。据长江港航监督部门的统计,近年来海损事故有上升趋势(见表1)。交通事故直接影响航运企业的正常生产和经济效益,还严重危及国家财产和人命安全,必然引起人们的深切关注。

油船散装载运各种易燃易爆油类,比其他类型船有更大的不安全性。如果发生燃烧爆炸事故,势必威胁船上人员安全和航运业务,而且会污染水域,后果严重。通过几次事故的发生引起人们的深思:在复杂的长江航道环境中如何做到安全航行;现有船上设备能否抵御突发性事故的发生;采用何种措施能抑制油船燃烧爆炸等都是值得探讨与研究的问题。本文拟针对现有长江油船采用惰性气体保护,在技术经济方面进行探讨论述。

表1 几例长江交通事故统计表

序号	船名	时间	地点	事故原因	损失情况
1	油3045驳	1984年3月	黄石港附近	两船队相互碰撞,导致油3045驳爆炸起火	船员死亡1人,重伤3人,经济损失约13万元
2	油63023驳油63040驳	1989年1月2日	大兴洲附近	油驳彼此碰撞,导致爆炸起火	两驳烧毁,死亡8人,受伤8人,经济损失约154万元
3	油21019驳	1989年	枝城附近	停泊中受他船碰撞	船壳碰损、漏油,污染江面
4	江苏(客)0130号客船	1989年5月8日	南通附近	与长江"22035"推轮碰撞	死亡105人,失踪9人,经济损失约90万元
5	"东至挂114"小客渡船	1990年1月	安庆附近	与"大庆407"船雾中碰撞	船沉,死亡112人
6	8 829 kN(900吨力)浮吊船	1990年7月28日	武汉长江大桥4号桥墩	浮吊船断缆漂流,撞向大桥4号桥墩	桥墩大面积撞伤

2 油船安全与消防

2.1 长江油船

长江航行的油船和油驳主要隶属南京长江油运公司,它当时是我国较大的专业油运单位。全年运量占全国油运量约 1/4。其当时主要油运系依赖 5 000 t 级油船,2 400 t 级油船和 1 985 kW(2 700 马力)推轮与 3 000 t 级油驳组成万吨级船队来完成。后来建成数艘5 000 t 级分节油驳组成 20 000 t 级船队从事油运任务。

2.2 油船安全

上述油船在透气管道、货油管路设计、船舶结构和货油舱密封性等方面尚不十分完善,可能因液体货物蒸汽泄漏而遭遇明火,或操纵不当产生静电而起火。

同时,长江油运船舶长年航行在险情不断的航道上,频繁会船、过桥和航经瞬息多变的河床,使船舶碰撞、触礁、搁浅机会增多,而船的防火结构和消防设施又较简陋,以致易于酿成事故。

1989 年 1 月 2 日,"长江 62008"推轮船队在长江中游大兴洲附近触沙包,油驳彼此碰撞,爆炸起火,烧掉原油 4 400 t,两艘油驳(油 63023 驳、油 63040 驳)烧毁。

事故告诫人们,应从船舶设计和船舶消防安全技术方面采取措施,加强船舶预防火灾措施,提高船舶自身灭火能力。

2.3 油船消防

油船装载易燃油类,一旦引起油船着火或爆炸,灭火和逃生都是很困难的,所以油船必须具有良好的消防设备和防爆设施。

长江油船根据 1988 年《长江水系钢船建造规范》要求船上配置的固定消防系统有四种:

(1)水灭火系统;

(2)卤代烷灭火系统;

(3)二氧化碳灭火系统;

(4)固定式甲板泡沫灭火系统。

对于载运闪点低于 60 ℃ 的 2 000 t 级以上油船或 3 000 t 级以上油驳,在船上各部位所需配备的固定灭火系统及装置见表 2。

表 2 船上各部位所需固定灭火系统及装置

船舶类型	货油舱及其甲板区域	货油泵舱	机舱	起居及服务处所
≥2 000 t 油船 ≥3 000 t 油驳	1. 水 2. 固定式甲板泡沫系统	下列系统之一 ①二氧化碳 ②卤代烷 ③空气泡沫	1. 水 2. 下列系统之一 ①二氧化碳 ②卤代烷	水

当时的油船或油驳一般都是在 20 世纪 70 年代设计制造的,对照当时的要求显然陈旧而欠妥,很难抵御突发的燃烧爆炸事故。例如油船、油驳虽配置二氧化碳或卤化物灭火系统,但几次油驳货油舱爆炸起火案例已显露出原有消防手段的不足。特别是万吨级油驳船队,几个驳船绑扎相连,一旦出现险情不易解脱;而任何撞击摩擦极易引起着火爆炸。一艘驳船受灾,火势浸延邻船,若推船无强大的灭火能力,就难以控制和熄灭火灾,势必酿成严重后果。

虽然油船装有规定的消防设备,但是如果油船发生了燃烧爆炸事故,有限的灭火设备有时难以扑救大火,所以还应以预防为主,"防患于未然"。从消防安全技术来看,采用惰性气体保护系统是油船保护货油舱防火防爆的有效手段。惰性气体可使货油舱在装卸油、洗舱、驱气等各个工作环节,处于安全状态。

根据多年来的海上油船消防实践,国际上对油船货油舱相继采用惰性气体作为防火防爆的措施。1974 年国际海上人命安全公约 1978 年议定书(SOLAS PROT 1978)规定,对载重量达 20 000 t 的油船要求设置惰性气体保护系统。由于内河规范未规定油运船舶要设置惰性气体保护系统,因此,不论装载何种液体货物,均未要求设置惰性气体保护装置。内河油船由于环境复杂和消防设施薄弱等缘故,发生事故的概率要比海船大得多,造成影响也较为严重。因此,采用惰性气体保护系统和设备,控制货油舱氧气和油气的浓度,以达到防火防爆的目的不失为一个周全的方法。但是,增添消防设施将增加船舶造价和营运成本,故应从需要和可能、技术和经济等方面进行权衡处置。

3 油舱惰性气体保护系统

3.1 概述

在载运液态油品和化学制品的货舱内,液体货物在常温常压下挥发出多种含有碳氢化合物的可燃气体,该气体与同时存在的空气相混合,达到一定比例时,一旦遇上一定能量的火源即刻引起燃烧和爆炸。在混合气体中,碳氢化合物体浓度过高或过稀均不会起火爆炸。它有一个引起爆炸的浓度范围。

一般说,发生爆炸必须同时具备下列三个因素:(1)碳氢化合物气体浓度处于可爆范围;(2)有维持燃烧所需的最低氧气含量;(3)有一定能量的火源。油舱、货油舱同时存有上述爆炸因素的概率是极高的,油舱内油气和空气相混的可燃气体始终存在,而船上明火主要是因摩擦、碰撞产生的火花,静电发火甚至雷击以及其他至今无法充分了解的火种随时随地会引燃起爆。为此,油船若不采取一定防火防爆的措施,油舱起火爆炸实属必然的。

针对爆炸 3 个因素往往采用以下方法和措施:

(1)杜绝火种 船上明火可以加以控制,而舱内不明原因的火种却是难以防止的,目前还寻找不出一种充分可靠的方法来制止这类火种的产生。

(2)碳氢化合物气体浓度控制 可运用喷油等方法增加舱内油气浓度或利用通风降低舱内油气浓度,使舱内可燃气体浓度始终保持在可爆范围外。这种方法仅适用个别作业工况,如洗舱和驱气,而欲在所有营运过程中实施,恐怕在技术上难以实现。

（3）氧气浓度控制　通过向油舱充填惰性气体，使油舱内气体中的氧分低于11%，此时爆炸发生的概率等于零。这就意味，油船不管处于何种作业工况，如装油、卸油、洗舱、压载航行、驱气及除气，均处于非燃非爆的状态。

3.2　惰性气体装置的形式

惰性气体既不是正常燃烧过程中参与物，亦不是助燃剂。从化学角度来说，它具有不活泼性，且不能支持物质相互作用，进行化学反应。真正的惰性气体系指氦、氖、氩、氪、氙5种稀有气体，但其不具有实际使用价值。船用的惰性气体一般用N_2、CO_2或者两者混合气体，含氧量低于5%的空气亦可列入其中，这些气体在常温常压下均十分稳定。

产生惰性气体的方法有多种，而船上大多采用气态或液态的碳氢化合物的燃烧而获得。基本的化学反应式如下：

$$C_xH_x + (O_2 + N_2) \longrightarrow CO_2 + H_2O + N_2$$

这是纯碳氢化合物理想的燃烧状态，然而在船上，产生惰性气体所使用的燃料，以前是柴油，现在为燃油，它含有一定量的硫，实际燃烧过程极复杂，几乎所有的化学反应都不可能完全，燃烧产物中除了CO_2和N_2外，含有少量硫的氧化物，CO及H_2。这要求惰性气体装置具有去除氧化硫的功能，下列介绍的装置是船上依靠燃烧方式产生惰性气体的主要技术。

（1）烟气式惰性气体系统（图1）

燃烧良好的锅炉每耗1 kg燃油可产生10 m^3烟气，该烟气成分主要有CO_2为12% ~ 14%，N_2为80%，O_2为2% ~ 4%，NO_2为0.2% ~ 0.80%。

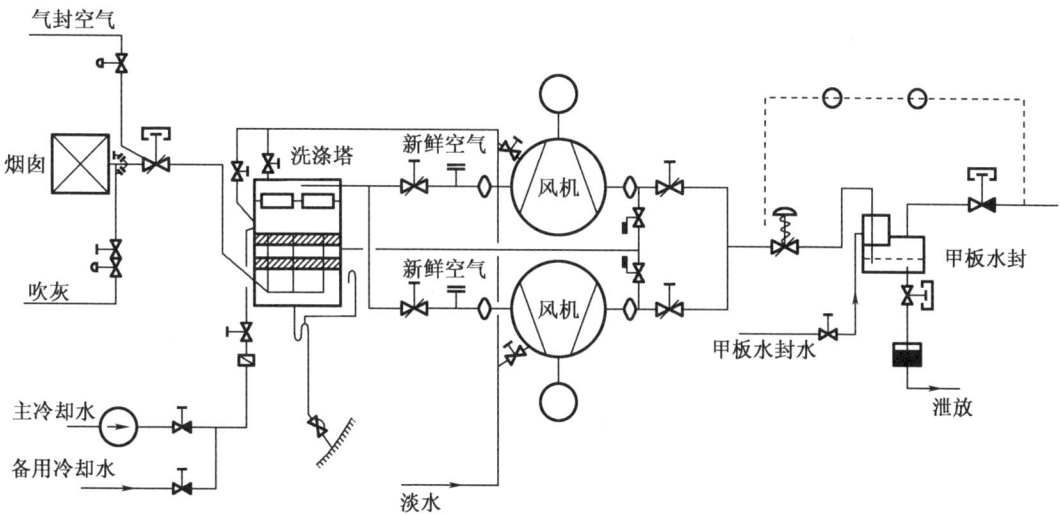

图1　烟气式惰性气体系统

从锅炉来的烟气，温度高达200 ~ 450 ℃，并夹带几百甚至几千毫克每立方米的烟粒，为此烟气需首先进入洗涤塔进行洗涤、净化和冷却，使烟气温度降至常温，烟中水蒸气冷凝，SO_2和烟粒亦被洗去，而N_2、CO_2和残留O_2保持不变。烟气在塔的顶部去湿器里离去水分，以相对湿度接近100%离开洗涤塔成为干净的惰性气体，然后由风机经甲板水封送至甲板总管,再通往各油舱。

此系统一般适用于装载原油的油船,要求锅炉燃烧质量较高,锅炉烟气中含氧量应低于 5%。系统的优点在于充分利用能源,但为了在航行中向油舱补气,需启动锅炉并将负荷升至一定值以上才行,这导致了燃料的浪费。

以国内引进的 MOSS 烟气式惰性气体系统为例,其主要技术指标见表 3。

表 3　MOSS 烟气式惰性气体系统的主要技术指标

项目	数值
NO_2 减值(体积浓度)	0.3% 至 0.03%
O_2 增值(体积浓度)	0%
烟粒去除率	95%
气体温度/℃	高于冷却水温度 5 ℃
海水消耗量/($m^3 \cdot Nm^{-3}$)	0.013 ~ 0.015
电力消耗量/($kW \cdot Nm^{-3}$)	0.006 ~ 0.008

(2)独立燃烧式惰性气体发生装置(图 2)

与烟气式惰性气体系统不同的是作为惰性气体的烟气来自装置本身的燃烧室,灼热的烟气首先在燃烧室内由海水夹套非直接冷却,再在燃烧室后部冷却室内实现主要的冷却。由于装置配备了特殊的燃烧器,获得精确的风油匹配,致使燃烧充分而不产生烟粒,甚至在低负荷时亦如此。

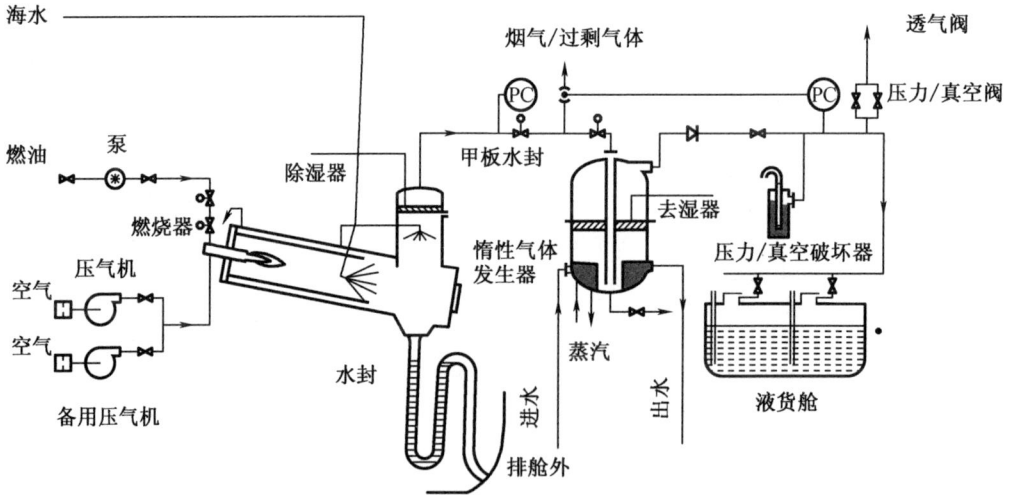

图 2　独立燃烧式惰性气体发生装置

这种装置的优点在于输出惰性气体质量较高,往往安装于成品油轮和化学品船上,小容量装置亦可作为原油轮补气装置。当然与烟气式相比这种装置要增加船舶能耗。

以国内引进的 MOSS 独立燃烧式惰性气体发生装置为例,其主要技术指标见表 4。

表4　MOSS 独立燃烧式惰性气体发生装置的主要技术指标

项目	数值
O_2（体积浓度）	0.5%
H_2/mg·L^{-1}	<100
CO/mg·L^{-1}	<100
SO_x/mg·L^{-1}	忽略不计
NO_x/mg·L^{-1}	10~50
CO_2（体积浓度）	~15%
N_2（体积浓度）	剩余部分
气体温度/℃	高于冷却水温度2 ℃
燃料消耗/kg·Nm^{-3}	~0.084
海水消耗/m^3·Nm^{-3}	0.05~0.07
电能消耗/kW·Nm^{-3}	0.01~0.03
气耗/Nm^3·h^{-1}	5~7

（3）后燃式惰性气体发生器及多功能惰性气体发生装置

锅炉和柴油机的排气,尤其后者含有过量的氧气,往往不能用作惰性气体,为此将烟气再次补燃使烟气中含氧量降低至船用惰性气体的要求,然后再对烟气进行如前所述处理。这种装置的优点是节约燃油,缺点是排气造成大面积污染,使维护工作量加大。

目前在后燃式惰性气体发生器基础上将4种方式组成一体:①利用锅炉烟气作为惰性气体;②利用燃油燃烧产生惰性气体;③利用柴油机或锅炉排气补燃后再产生惰性气体;④利用风机直接吸入空气对油舱进行除气,发展成多功能惰性气体发生装置(图3)。这种装置具有高度灵活性,能满足船上各种工况要求,但结构复杂,初期投资较大。

在液化气体船及化学品船上,经常利用氮气作为惰性气体充填货物舱的气相空间,这是由于纯氮杂质少,不与货物发生化学反应。尤其在气相空间低温情况下,CO_2 会结冰,所以必须使用 N_2。船上经常借助以下方法制氮。

（1）压力振筛吸收式制氮装置(图4)。该系统基于压力振筛吸收原理。空压机将高压空气供入,经冷却后进入碳分子筛吸收床,氧分子被完全吸收,而让氮分子通过。经一段时间后转入另一吸收床,该床减压再生,重复交替使用。本装置制氮的纯度可达98%以上,其主要技术指标如下(表5)。

表5　压力振筛吸收式制氮装置的技术指标

项目	数值
氮气纯度	≥98%
含水量/$mg \cdot L^{-1}$	<300
氮气出气压力/MPa	0.5
流量/$m^3 \cdot h^{-1}$	20
开机出氮时间/min	30
流量减至一半时的纯度	99%

（2）燃烧分子筛制氮装置如图5所示,该装置仍然依靠燃烧空气中 O_2 变为 CO_2 ,再利用分子筛除燃烧气体中 CO_2 和 H_2O ,提高 N_2 含量。由于二氧化碳吸收床不需加热即可再生,因此吸收床结构较简单。该装置主要用于一些对惰性气体品质要求较高的化学品船上。

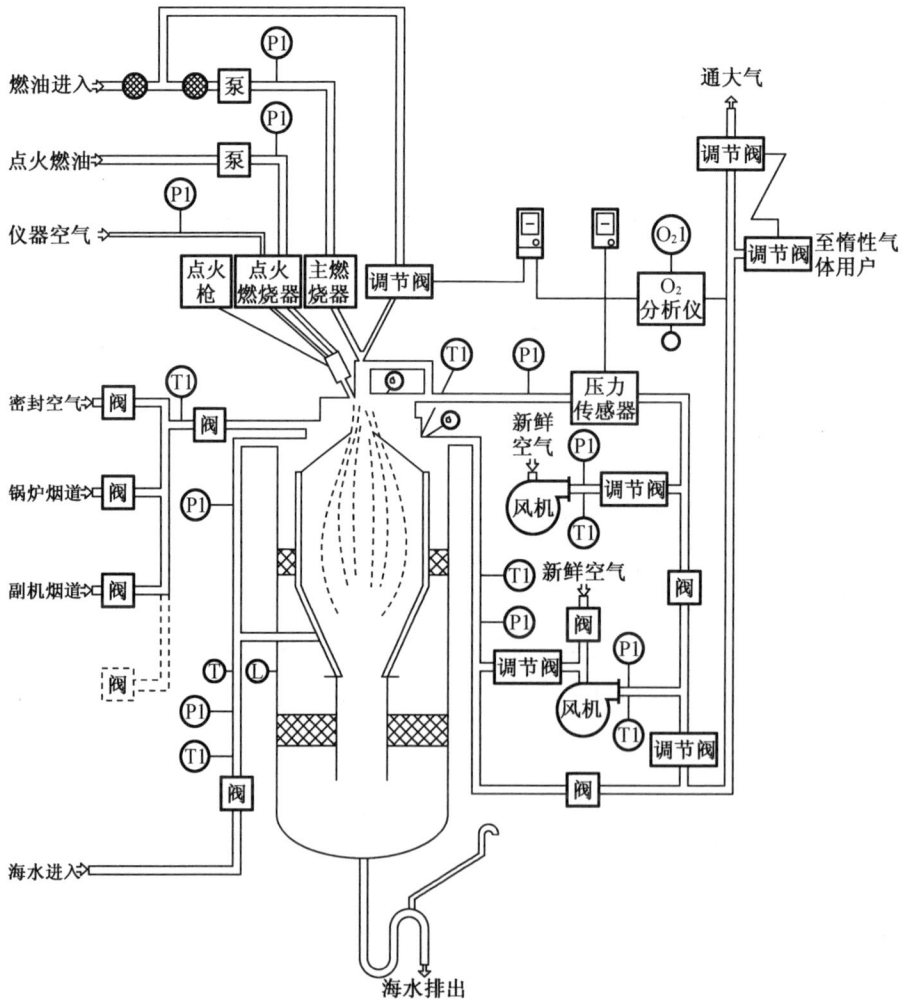

图3　多功能惰性气体发生装置

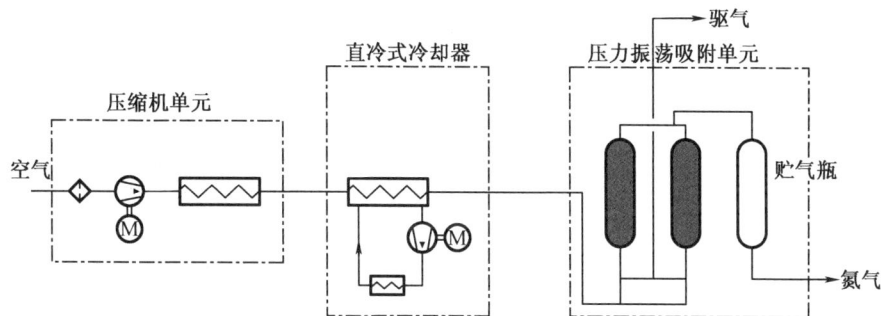

图4 压力振筛吸收式制氮装置

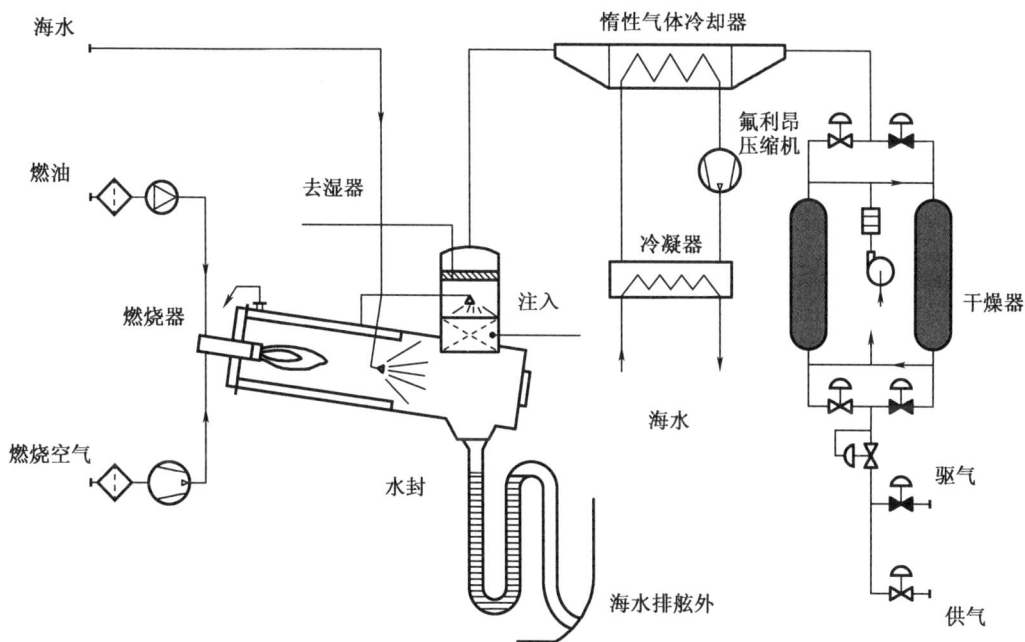

图5 燃烧分子筛制氮装置

(3)中空纤维分离膜制氮装置(图6)。该装置利用不同的气体在通过薄膜时具有不同的渗透率的原理将空气中的氮气和氧气分离。实用装置是采用高分子材料制成能渗透气体的中空纤维作为主体,再在其表面覆涂某种具有选择渗透性薄膜,然后再成束封装在管子内。

其主要技术指标见表6。

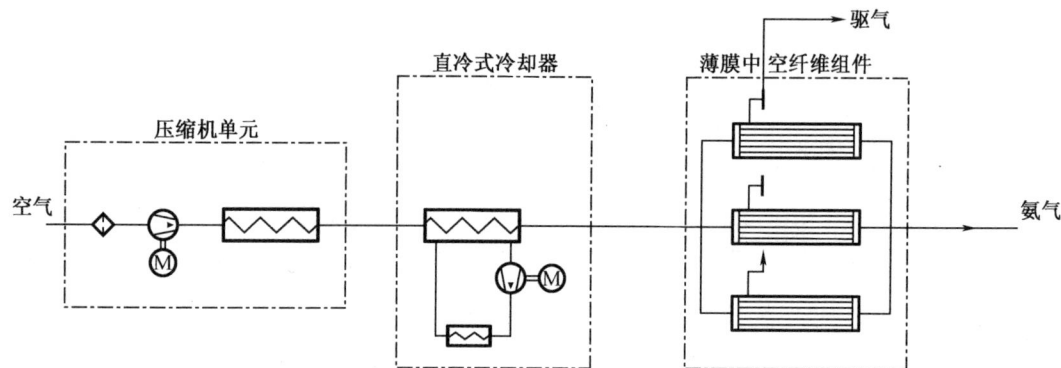

图6　中空纤维分离膜制氮装置

表6　中空纤维分离膜制氮装置的主要技术指标

项目	工况(1)	工况(2)
输入空气量/Nm³·h⁻¹	189	114
输入空气压力/MPa	3	3
输入空气温度/℃	50	50
输出气体含氮量/%	95	99
输出气体含氧量/%	5	1
输出气体含二氧化碳量/mg·L⁻¹	<5	<5
输出氮气流量/Nm³·h⁻¹	94	28
输出氮气压力/MPa	2.85	2.85
输出气体温度/℃	50	50
空压机功率/kW	39	24
冷却水量/l/min	37	23
单位耗电量/kW·Nm⁻³	0.415	0.86

4　长江油运船舶惰性气体保护的技术可行性和经济分析

国际海事组织的 SOLAS 及各国船级社均规定海上航行的载重吨为 20 000 t 级及 20 000 t 级以上载运闪点不超过 60 ℃的原油或石油产品的油船都必须安装惰性气体保护系统。内河航行同类型的油船由于河道复杂,船只繁多,发生事故的概率远远超过海船,造成影响也是较为严重的。目前有向 20 000 DWT 以下的船舶推广惰性气体保护的趋势。有关资料记载,美国航行于大西洋岸内航道及密西西比河专线的油分节驳船队的油驳采用了氮气封舱,且在一些吨位小的化学品船上普遍采用氮气保护。国外目前对此类船普遍采用两种惰性气体保护方式:一种是在船上设置船用惰性气体发生装置,可根据需要随时启动向油舱充气。另一种方式是由港口码头通过管道把惰性气体送入油舱,在船上设置补气装置,其中有氮气瓶充气系统,以供航行途中进行补气。

虽然长江船舶规范目前未对长江油船提出惰性气体保护的要求,但从长江所发生油船事故的危害性来看,人们不得不考虑设置的必要性。

南京长江油运公司主力船舶有 5 000 t 级油船,2 400 t 级油船和 3 000 t 级驳船上百艘。这 3 类船舶都建于 20 世纪 60~70 年代,船龄较长而消防设施又较薄弱,均十分有必要设置惰性气体保护,现选择此 3 型船舶作具体经济技术分析对象。

4.1　3 000 t 级油驳船队

由于 3 000 t 级油驳不具有动力装置、发电机组和锅炉,因此不可能安装任何形式的惰性气体保护装置。如考虑在推轮上设置惰性气体装置向驳船油舱充填惰性气体,则由于受到空间狭窄无法安装和推轮与驳船无固定搭配的原因,故只能采用码头和港岸供气和氮气瓶补气的方式。

4.2　2 400 t 级油轮

2400 t 级油轮虽然配有锅炉,稍加改进可提供合格的烟气,但是从机舱布置来看,要把洗涤塔、风机、控制板、洗涤泵和水封水泵等设备塞进狭窄拥挤的机舱内是根本不可实现的。从可装性分析,只能选独立燃烧式和中空纤维分离膜制氮装置。该型船舶现有货油泵卸油速度为 180 m³/h,约需 250 Nm³/h 容量的惰性气体装置,表 7 为两种装置经济性对比表。

表 7　两种装置的经济性对比

项目	独立燃烧式	中空纤维分离膜
惰性气体装备费/万元	38	100
铺设系统及改造费/万元	8	8
总投入费用/万元	46	108
年折旧费/万元	4.6	10.8
年能耗/t 及费用/万元	16.1/1.85	16.8/1.93
修理费/万元	2.07	4.86
年营运费/万元	8.52	17.64

从表 7 可知,该型船舶选独立燃烧式惰性气体发生装置为宜。

4.3　5 000 t 级油轮

以同样原因,有限机舱空间无法安置所有的烟气式惰性系统的设备,其货油泵卸油速度为 290 m³/h,惰性气体需要量约为 450 Nm³/h,无论是压力振筛吸收式或燃烧分子筛制氮装置均达不到此容量,对于中空纤维分离膜制氮装置其耗电量达 186.7 kW,该船电站总

容量仅为 3×200 kW,当两台货油泵运行时需 400 kW 左右,剩余的电站能力无法承担该装置的耗电量。因此只能采用独立燃烧式惰性气体装置,其经济分析估算见表 8。

表 8　经济分析估算表

项目	独立燃烧式
装置费用/万元	50
铺设系统及改装费/万元	10
总投入费用/万元	60
年折旧费/万元	6
年能耗/t 及费用/万元	37.3/4.29
修理费/万元	2.7
年营运费/万元	12.99

5　长江油运船舶由陆上供惰性气体的技术可行性和经济分析

根据本文第 4 节分析,制氮装置在目前现有的长江油运船舶安装的可能性被排除,而独立式惰性气体发生器价格较高,耗油较多而显得不经济,为此需要寻找一种新的方案:将卸油时所需惰性气体的来源与航行时小容量的补气所需的气源分开。因为卸油时无论驳船和油船都停靠码头,若将大容量的惰性气体发生器置于陆上,仅一套装置就可以应付所有停靠此码头装卸的油船。同时将数量不多的氮气贮存在高压容器内置放在船上用于航行中补气。该方案实施与否主要取决于它的可行性和经济性。

5.1　长江沿岸惰性气体源情况

油船运输的终点港绝大多数是炼油厂码头和油库码头。20 世纪 90 年代长江沿线主要有 5 大炼油厂以及扬子石化公司。长岭炼油厂、武汉炼油厂、九江炼油厂、安庆石化总厂、南京炼油厂及扬子石化总公司均具有一定能力的制氮站,除扬子公司外,其他各炼油厂目制氮站能力还不足以供给船舶使用。陆上主要依靠"空气分离装置"来制氮,其原理是利用气体的不同液化压力和温度,从空气中分离出不同的气体。可以通过与炼油厂或石化厂共同扩建或增设空分式制氮站并配置必要供气管道和压气机,即能实现对油舱灌充惰性气体和对气瓶充气。由于油轮对氮气品质要求不高,一般工业用氮(纯度 99.5%)都可以使用,所以成本不高,据测算仅为 0.196 元/m^3。对于一些油库或油码头,自身不具备制氮站,可以在近靠码头处盖一座 20 m^2 小屋并接上水源、电源、添置一台燃烧式制氮装置即可使用。南京长江油运公司调查长江沿岸各炼油厂,并估算实施岸上供气方案所需总投资约为 1 108.1 万元,每年营运费用约需 499.54 万元。

5.2　油船航行途中补气量的确定

油船在炼油厂码头卸油过程中充装惰性气体后,在航行途中,受昼夜温差和油舱漏泄等因素影响,需进行补气,以维持油舱内氧气含量低于 8%,确保安全。补气量究竟多少,只能根据经验和理论分析来估计,假定 5 000 t 级油轮从湖南岳阳附近的城陵矶炼油厂卸油完毕,油舱充气至 200 mm H_2O(1mm H_2O = 9.8 Pa)正压,在夏季白天高温 35 ℃下顺流而下,航行 964 km 经 50 h 到达南京,晚间最低气温为 25 ℃,经计算,此时舱内气压下降 23.5% 仍可维持正压而不补气。事实上大凡营运 10 年以上的油轮,货油舱密封性均较差,再顾及有时手工测量舱内惰性气体压力下降,还是需要贮备一定数量的氮气作为补充,根据海船使用经验推荐如下(表 9)。

表 9　推荐的氮气用量

船型	使用年限/年	总舱容/m³	补气率	每航次最大补气量/m³	氮气瓶数/瓶
5 000t 级油轮	12 ~ 14	7 643/18 只舱	0.015	120	20
3 000 t 级油驳	10 ~ 21	3 950/10 只舱	0.019	78	13
2 400 t 级油轮	8 ~ 10	3 600/10 只舱	0.011	42	7

我们推荐的氮气补气系统如图 7 所示。

◆氮气阀　⋈减压阀　●安全阀　▷截止止回阀　Ⓟ真空压力阀　⋈截止阀　Ⅱ软管接头

图 7　氮气补气系统原理图

整个系统由氮气瓶组、减压阀组、分配管路和截止阀组成。既不需甲板水封装置以及止回阀,也不需真空压力破坏器等附属设备,大大简化了系统,降低了成本,更主要的是没有火源,亦不需用电,可以随意装在货油舱甲板区域任何部分。油驳和油轮安装均不存在困难,唯一缺点是每次到达终点港需更换气瓶,增加一定工作量。

当然,若要对油船实施惰性气体保护,则必须对现有船舶的透气管系、测量系统作相应的变动,需追加一部分投资。

6　结论

现有的各种惰性气体装置无论从可适性、可装性及经济性都不能满足现有的 5 000 t 级油轮、2 400 t 级油轮及 3 000 t 级油驳的使用要求。唯有利用陆上现有制氮设备进行灌气并在船上设置一套氮气补气系统补气是可以采用的最经济、最合理、最可靠的方案。

特 殊 参 考 文 献

［1*］　中华人民共和国船舶检验局,《长江水系钢船建造规范》1988 年修改通报。

［2*］　中国船级社,《钢质海船入级与建造规范》,1989 年。

［3*］　国际海事组织,《1974 年国际海上人命安全公约,1978 年议定书》。

［4*］　R. C. Page, Petroleum Tankship Safety.

［5*］　IMO,"Inert Gas Systems for Ships Carrying Petroleum Products in Bulk".

第七篇　渔船设计

远洋渔船设计和营运中有关海事公约、规则、规范、法规的应用

摘要 本文论述海事公约、规则、规范、法规的范畴及其在远洋渔船设计和营运中的运用;引用实例阐明对上述文件的应用;介绍在该领域的工作情况;指出使用这些文件的注意事项。

1 引言

为了发展我国远洋渔业,1985 年起我国组建了一支外海、远洋渔船队。经过几年的试捕,在经济与社会效益上展现出了良好的前景。到 1987 年 6 月底,已有 40 多艘渔船在西非、北美等地域内的 12 个国家的水域从事渔业生产,共捕鱼 6 万多吨,运回国内 1 万多吨,取得了较好的经济效益。回顾我国当时的近海渔业,渔场拥挤、捕捞过度,渔业资源严重缺失。而走向外海,发展远洋渔业是一个重要的战略措施。

但在当时远洋渔船队的渔船配备尚不令人满意,它们有从国外购进的旧船或国内临时抽调的现有船。在性能、结构和技术装备上均不能适应外海、远洋渔业的要求。当时为了达到 2000 年的战略目标,亟待建立一支由各类船型组成的、具有一定规模的远洋渔船队。为此必须及早安排,在国内自行设计建造一批远洋渔船。

另外,当时在对外开放、对内搞活经济的方针指引下,自 1980 年以来,我国承接出口船订单已达 170 多万吨,其中包括渔船出口。在国际船舶市场持续萧条的情况下,我国取得如此吨位的船舶出口,引起世界造船业的注目。

我国与西非、北美、中东、我国香港等地区渔业公司船东有业务交往。截至 1989 年已有 50 多个国家愿与我国进行渔业合作,或获得我国出口的渔船。无论自行设计建造远洋渔船还是出口渔船,船东往往要按我国船检局或外国船级社的规范进行设计;并满足国际公约规则的有关要求,在船检局或船级社验船师的监督下进行建造,取得入级证书,以便投入使用。渔船设计除了技术先进、经济性好等要求外,尚需应用各种公约、规则、规范、法规作为设计依据。过去长期习惯于建造国内使用的,且局限在大陆架、近海作业的渔船,对于上述文件的应用似感生疏。为了做好远洋渔船的设计、建造和营运,需要不断了解和熟悉国际海事公约、规则、规范和法规。本文拟就与渔船有关的方面,根据工作实践和体会进行粗略探讨,以供参考。

2 公约、规则、规范、法规的范畴和组织概况

2.1 范畴

船在海上频繁地航行,促使国际海洋事业日益发展。为了考虑海上安全、海上通信、防止船舶造成污染、顺利通过人工水道、保障码头工人操作安全等问题,国际海事组织、各国政府或船级社研究制定各种公约和规则,作为国际航行船舶共同遵守的准则。所谓海事公约、规则、规范、法规的范畴或定义如下:

(1)公约——国际间关于经济、技术或法律等方面专门问题,基于共同的意愿,经集体讨论,规定共同遵守的事项。如国际海事组织制定的《1977年国际渔船安全公约》。

(2)规则——国家机关、社会团体、事业单位依据各种法例的授权,对某一事项制定的规章制度。如苏伊士运河当局制定的《苏伊士运河吨位丈量规则》。

(3)规范——对于某一专门技术,为达到一定的目的,所制定的标准或法则。如美国船级社的《玻璃钢船建造和入级规范》。

(4)法规——依据授权制定的文件。它系法令、条例、章程、决定、命令等法律文件的总称。如《加拿大航行法规》。

2.2 组织概况

船作为海上运输、作业的工具,穿海越洋、联系频繁、涉及面也广。除从事正常营运外,还会遇到很多变化,如租赁、海损打捞、拆船、海难仲裁等涉及很多国际组织和团体,名称林立、规约纷繁。今就与船舶设计与建造有关的主要组织团体及其制定的公约规则做一概述。

2.2.1 国际海事组织

国际海事组织(International Maritime Organization, IMO)原名为政府间海事协商组织(Inter-governmental Maritime Consultative Organization, IMCO),是根据联合国海运会议于1948年在日内瓦签订《政府间海事协商组织公约》时筹建,于1959年正式成立。其为联合国在海事方面的一个咨询与顾问性质的专门机构,总部设在伦敦。

其宗旨是促进各国政府间的航运技术合作,从海上人命安全观点出发,制定海上安全和适航的最高可行标准,提供海上技术资料及国际协议文件,负责保存国际航运公约、协定和文件,并向各国政府推荐。

根据1980年第11届大会决议,从1982年5月22日起将政府间海事协商组织(简称"海协")改名国际海事组织(简称"海组"),成为联合国组织中处理海事问题的一个专门机构,以加强该组织在国际海事方面的法律地位,使其在海事和海运技术领域内发挥更大的作用。

组织形式如下(图1):

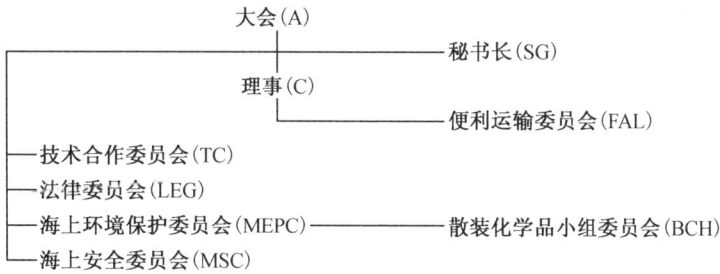

图 1　组织形式

大会由各会员国代表组成,凡是联合国的成员国都可以参加,大会是"海组"的最高权力机构,决定工作大纲,批准"海组"所作的所有建议案。

大会休会期间,由理事会行使一切职权,理事会由 24 个(现为 36 个)理事国组成。我国于 1973 年正式参加该组织,并于 1975 年当选为理事国。

海上安全委员会是"海组"的主要技术机构。下设若干小组委员会,处理"海组"的技术工作。

凡参加国际海事组织的各国政府,都要履行"海组"制定的各种公约规则的职责,并在自己的海事活动中贯彻执行。由"海组"制定的主要公约及其生效情况参见附录 1。

2.2.2　船级社

为了船舶安全航行,世界各主要航海国家都设有船舶检验机构(一般称船级社、船级协会、船舶登记局或船舶检验局),从事技术监督检验和办理船舶入级检验等工作。

资本主义国家的船级社系民间组织,经费来源于检验、入级等收入,凡为申请者提供的一切服务都要收取费用。

世界最早的验船机构系英国劳氏船级社(Lloyd's Register of Shipping,LR),建立于 1760 年。随着世界贸易的发展,海上航路的开拓,相继于 1828 年和 1861 年成立法国船级社(Bureau Veritas,BV)和意大利船级社(Registero Italiano,RI)等,至 20 世纪 80 年代末世界船级社或船舶检验机构约 25 个。

船级社原目的是为商人、船东、保险商服务,对商船进行分级登记。现在,其主要工作是从事船舶图纸审批与入级检验;接受政府授权处理法定检验,以及为陆上或海上工程提供技术检验和咨询服务工作。

船级社拥有一支由各种专家组成的相当庞大的技术力量(如劳氏船级社有 3 800 多人、法国船级社有 3 000 多人),从事科学研究、规范制定和技术检验等工作。详细掌握各类船舶的技术状况,运用先进手段,对船舶技术事故进行统计分析。在世界各主要港口设有分支机构并派驻验船师。

我国船舶检验局成立于 1956 年,其职责是对船舶执行技术监督,同时也办理船舶入级检验,因此它既是国家的技术监督机构,又具有船级社的性质。20 世纪 80 年代末我国已与世界 10 多个船级社签订相互代理检验与联合检验的协议,见附录 2。

2.2.3　法定机构[1]

船舶建造过程中除了入级检验外,尚需进行法定检验,由法定机构执行,船旗国(或船舶登记国、船籍国)政府参加联合国的国际海事组织作为缔约国成员,对于该组织制定通过的各种公约规则,船旗国政府应承担贯彻公约规则的义务。同时根据本国情况制定相应的法令法规。尚有某些航道与港口当局(都属法定机构)按特殊要求也制定各自的规章制度。上述这些公约规则、法令法规、规章制度对于营运船舶务必遵照执行,并由官方出面进行检验。这种官方的、强制性的、法律规定的检验称为法定检验。法定检验应由船旗国政府设立法定船检部门派人员进行,如我国船舶检验局、美国海岸警卫队、苏联船舶登记局等。有的国家对法定检验要求很严,如美国海岸警卫队对悬挂外国国旗船舶的防污染要求很严苛,并且也未授权船级社代表海岸警卫队签发证书。但是也有船旗国政府将这项检验工作委托指定的验船师或认可的社会团体办理。因此世界各船级社都接受船旗国政府或港口、航道当局委托,对船舶进行代理法定检验,并授权签发证书。方便船旗国家将所有法定检验工作都委托指定的船级社进行,并代发证书。

3 公约、规则、规范、法规在设计和营运中的作用和应用实例

3.1 作用

3.1.1 作为船级设计的准则、建造验收的条件

从事国际航行船舶,除了满足船级社规范要求外,还必须满足国际海事组织公布的各种国际公约要求和航道、码头、港口当局对船舶的有关规定。一艘船舶只有满足了各种规范公约规则等要求,并取得了各种证书后,才可投入营运,不受阻碍地到达世界各个港口。因此设计者应谙熟公约、规则、规范、法规,以便在船舶设计中应用,正确便利地为检验、验收创造条件。

3.1.2 达到航行安全的目的

国际海事组织制定的各项公约规则,旨在维护海运安全、防止海洋受到船舶污染、便利海上运输、提高航行效率以及明辨海事责任。而船级社制定船舶建造和入级规范,并按规范要求对船舶和机械设备的质量、结构强度、安全设施等从设计到施工进行检验,合格后颁发船级证书,使新建船舶达到安全航行的目的。

3.1.3 正常营运的手段

海上航行船舶,出入世界诸港口航道,更应满足国际通用的地域性的规范和规则。如果稍有疏忽,将会造成很多麻烦和损失。例如船舶欲要通过运河水道,但船上设备未能满足运河规则要求,就不能通过运河。又如驶向澳大利亚港口的船舶,不但要符合澳大利亚当局有关的规则法令,同时也要满足澳大利亚码头工人联合会的一些要求,否则不能入港装卸货物,延误营运周期[1*]。

3.1.4 违章受罚、遭受经济损失

自从几起油船事故引起海上污染以来,世界各国港口航道当局都按防污染公约制定各自相应规则要求。如果船上未安装处理废污物质的设施,在港内和运河中任意排放,导致违章受罚,该船对污染造成任何损失要负责赔偿,并为消除与减轻此污染支付所有费用。在美国的防止油污法规中,规定了罚款和监禁条例,如果船舶违禁排放,每次罚款 5 000 至 10 000 美元不等或监禁一年。

3.2 主要应用实例

我国初创的远洋渔船队主要是向东至美国的阿拉斯加水域,向西经苏伊士运河至西非水域。渔船远涉重洋进入他国 200 n mile 水域内捕捞,或在国外建立基地或寄泊点。因此需要遵守国际和所在国的有关各种公约规定。条文繁多,要求不一。今就与远洋渔船有关的公海航行、美国水域和通过苏伊士运河的要求列举主要应用实例如下:

3.2.1 公海航行

国际海事组织自 1959 年起为了海上船舶安全航行制定了许多公约规则。同时海上安全委员会(Maritime Safety Committee,MSC)下设的稳性载重线和渔船小组委员会专门研究渔船安全,并通过许多有关的决议案。远洋渔船的设计与营运都应予以贯彻执行。今列举几个主要公约规则如下,而决议案见表 1。

(1)1974 年《国际海上人命安全公约》1978 年议定书(SOLAS PROT 1978)。

(2)1973 年《国际防止船舶造成污染公约》1978 年议定书(MARPOL 1973/78)。

(3)1972 年《国际海上避碰规则》(COLREG1972)

(4)1966 年《国际船舶载重线公约》(LL1966)

(5)1969 年《国际船舶吨位丈量规则》(TONNAGE 1969)

表 1　国际海事组织有关渔船的决议文件

序号	编码	名称	通过日期
1	A130(Ⅴ)	关于渔船和小于 500 t 船舶引航梯的建议	1967 年 10 月
2	A132(Ⅴ)	关于近程捕鱼船舶使用附加信号的建议	1967 年 10 月
3	A168(ESⅣ)	渔船完整稳性的建议	1968 年 11 月
4	A207(Ⅶ)	船长不足 30 m 甲板型渔船暂行简化衡准的建议	1971 年 10 月
5	A208(Ⅶ)	影响船的稳性和船员安全的渔船构造的建议	1971 年 10 月
6	A267(Ⅷ)	关于渔船完整稳性精确性的实用规则	1973 年 11 月
7	A268(Ⅷ)	对渔船完整稳性建议的修正案 ——对可拆鱼舱隔板的建议规定	1973 年 11 月
8	A269(Ⅷ)	为确保船舶在结冰情况下的耐航性向渔船船长的建议	1973 年 11 月
9	A484(Ⅻ)	在渔船上执行航海值班应遵循的基本原则	1981 年 11 月
10	A539(ⅩⅢ)	长度等于和大于 24 m 渔船航行值班船长和主管船员的认可	1983 年 11 月
11	A576(ⅩⅣ)	在非限定和限定水域作业的长度等于和大于 24 m 渔船负责航行值班的船长和驾驶员的标准	1985 年 11 月

3.2.2 美国水域

对于悬挂外国旗帜的外籍船舶进入美国水域,美国海岸警卫队(United States Coast Guard,USCG)在灯光信号、通信导航方面有特别规定。尤其是由于 20 世纪 70 年代几艘油船在美国水域失事溢油,造成环境污染影响海洋生态,因此美国海岸警卫队对防污染要求很严[2]。船舶必须遵照执行的有:

(1)1970 年《联邦水污染控制法》;

(2)1974 年《深水港法》;

(3)《联邦政府法规》,第 33 篇:航行和可航水道;

(4)《联邦政府法规》,第 46 篇:航运;

(5)美国海岸警卫队,《航行规则》。

3.2.3 通过苏伊士运河[3]

船舶欲通过苏伊士运河,必须遵守运河当局制定的苏伊士运河航行规则。即过河船舶应按规则规定安装各种设备;并按净吨位缴纳各种费用(如过河费、泊位费、引航费、移泊费、拖轮费等);以及按指定的步骤引渡,船舶才能安全通过苏伊士运河,否则影响过河,违章尚需按规定缴纳罚款。今将船舶必须配置的设备阐述如下:

(1)船舶舱室要求——要为引航员提供适当的起居处所;并为 4 ~ 6 名系泊艇艇员和 2 名看管运河探照灯电工提供遮蔽处所。

(2)系泊索——在甲板上适当位置准备 6 根软性浮式系泊索以供急用;尚有两根救火钢丝索,分别绑在船首尾两端,并垂挂在舷外备用。

(3)指示器——在驾驶台应安装舵角指示器和主机转速表,并便于引航员不离开岗位而能读取。

(4)探照灯——一盏探照灯设置在船首尾轴线上,能探照运河前方 1 800 m 处,并能快速地分为左右 5° 两个光束,两光束间的暗区可以从 0° 调节到 10°;严格要求在一台发电机发生故障停机时,确保探照灯工作不中断。

(5)驾驶室翼桥探照灯——该探照灯安装在驾驶室两侧翼桥处,当过运河和系泊时能清晰地显示运河堤岸。

(6)污染

①严格禁止投掷废物。

②船舶不应排放或抛入任何被污染的压舱水、污油水、舱底水或其他会引起污染的物质。

③违反时,应对污染造成任何损失负责赔偿,并为消除污染支付一切费用。而且还要禁止船舶通过运河。

(7)舷梯和引航员软梯——应设引航员软梯,以便在运河外的南、北锚泊区便利引航员上下船。在运河、港湾、湖泊内应使用舷梯供引航员登船和离船,如船上没有舷梯,船舶将支付额外引航费。

(8)烟囱——必须照亮烟囱,以便在晚上识别船舶。

(9)按苏伊士运河吨位丈量规则计算船的吨位,以便过河时登记和支付各项规费。

4 海事公约、规则、规范、法规的检索

4.1 概况

随着航运、海洋工程、水产事业的发展,我国造船工业已具有相当大的生产规模。能自行设计建造吨位大、技术复杂的各类船舶。在此基础上又开展出口船业务,其中也包括渔

船出口。例如,向毛里塔尼亚出口 35 m 长拖网渔船,和在香港建造的 130 t 载重量的渔业冷藏船。同时,为了实现 2000 年我国人均消耗水产品达到 15 kg 的目标,我们必须建立一支由各类渔船组成的远洋渔船队。原有的技术资料已不能满足面向公海走向世界的要求,任务十分艰巨。尤其是对各国规范的检索与国际海事公约规则的使用都影响着船舶设计质量与建造周期。中国船舶工业总公司在组织有关部门从事规范、公约规则等的翻译出版方面做了不少工作,足可借鉴用于出口渔船和远洋渔船的设计。现对如何检索和如何应用上述出版物做一概略介绍,供参考使用。

4.2　世界六大船级社"钢船建造和入级规范"

自 1982 年起,由标准化研究所组织有关单位翻译出版世界六大船级社(即英国劳氏船级社、法国船级社、西德劳氏船级社、挪威船级社、日本海事协会和美国船级社)的钢船建造和入级规范。为了适应多种业务需要,以后又译出一些有关小船等建造和入级规范,见附录 3。有了上述规范的中译本,可使我国的造船工作增加灵便性。

4.3　世界主要船级社出版物目录[2*]

《世界主要船级社出版物目录》汇编由标准化研究所组织,中国船舶工业集团有限公司第十一研究所审校编辑。其目的是交流和利用总公司所属 20 个单位收藏的 9 个船级社出版物。共收集 468 种出版物资料。以卡片形式进行排印,条目内容包括:原文名称、参考译名、文种、页数、出版机构,出版年月及馆藏单位等。利用本目录汇编可向馆藏单位申请复制所需的资料。

4.4　有关国际公约,各国规则条令汇集[3*]

为适应国内设计和建造远洋船和出口船需要,自 1981 年起七〇八所受中国船舶工业集团有限公司委托翻译出版,为船舶设计所需的有关各国航运规则、港口码头安全法规、船级社指导性文件以及部分有关的国际公约,作为"远洋船、出口船设计参考资料"书刊形式,供造船界同行参考使用。该"汇集"至 20 世纪 80 年代末已出版至第 8 集。一般说,收集于该汇集的资料都属最新版本,内容实用。

4.5　国际海事公约和各国海事法令目录

《国际海事公约和各国海事法令目录》汇编由标准化研究所组织,中国船舶及海洋工程设计研究院审核编辑。其目的是为适应船舶法定检验需要,充分交流和利用总公司所属 20 个单位收藏的有关国际法定机构资料,选编成该"目录"。它收录了国际海事组织大会决议和公约,以及英、美、德等 11 个国家的海事法令以及苏伊士运河等著名运河、航道和港口的规则 800 种。其条目内容包括:原文名称、参考译名、文种、页数、出版机构、出版年月及馆藏单位等。本目录是上述《世界主要船级社出版物目录》的姊妹篇。前者为船舶法定检验需要,后者为船舶入级检验所需。

4.6　国际海事组织大会决议题录汇集[5*]

《国际海事组织大会决议题录汇集》由中国船舶及海洋工程设计研究院组织刊出。国际海事组织大会一般每隔两年召开一次,并通过相应的决议案。自 1959 年迄今共举行 14 届大会,有 595 项决议案。国际海事组织大会决议是造船、设计、航运、渔捞、检验、海事、管理等部门必须遵守的法定文件。如需用有关文件时,可以利用该"汇集"查找。"汇集"按决议案编码顺序排列。编码含义如下:

舶部:英文字母 A 表示国际海事组织大会。

舯部:阿拉伯数字表示决议编号。

艉部:括号内阿拉伯数字(或罗马数字)表示大会届数。

例如,A539(13),意为海大(13 届)第 539 号决议。

5　使用的注意事项

与远洋船舶设计有关的技术资料和技术文件的搜集任务,经过几年连续工作已具备一定的规模。上述出版物能较方便地用于远洋船舶设计中,但不是一劳永逸。使用时应注意的事项我们将在下文中进行阐述。

5.1　规范使用的时效性

世界科学技术的进步,使规范技术在不断修改中获得生命力。它本身存在着时效性,因此在使用时应注意规范的年份和后续性, 也就是要获得新版本或修订本。由于世界船级社对规范修订的方法与表达形式不尽一致,因此应明了各船级社规范的出版与修订程序。目前世界船级社钢船建造与入级规范的出版与修订有两种情况:

(1)每年或几年出版新规范——如德国劳氏船级社、美国船级社、日本海事协会等。美国船级社每年一季度供应新版规范,并在书末附有新旧版本修改对照表,查找十分便利,修订的条文每年 5 月开始生效[6*]。

(2)规范以活页形式出版,并不定期发布修改通报,撤旧换新,十分灵便。如英国劳氏船级社、挪威船级社、意大利船级社都采用这种办法。英国劳氏船级社的修改条文自通报发出后约半年生效,对于该船级社修改通报,我国已有中文译本出版。

5.2　注意公约规则的生效日期

国际海事组织所制定的公约规则,从其生效之日起缔约国政府将实施公约规则的各项规定。船舶设计者应十分清楚与造船有关的各项规定的生效情况(见附录1)。而且也要注意各项修正案的生效日期。回顾 1974 年《国际海上人命安全公约》通过时, 对公约修正案生效程序作了新规定,即采用"默认接受"的方法。该法已在国际海事组织的大部分技术文件上予以应用,加速了公约修正案的生效进程。该法的内容为如果修正案被国际海事组织海上安全委员会(简称"海安会")正式通过,即通知所有缔约国,自通知之日起两年期满;或由海安会确定的期限(不少于 1 年)届满时,则认为修正案已被接受,经过 6 个月后生效。如果在这期限内有 1/2 以上缔约国政府或拥有合计吨位不少于世界商船总吨数 50% 的缔约国政府提出反对,则修正案不能生效。例如,《国际海上人命安全公约》1983 年修正案至1985 年 12 月 31 日止未接到任何反对意见,为此从 1987 年 7 月 1 日起修正案自行生效。

可见修正案一旦被正式通过,即可推算出生效日期,便于船东、设计者、船厂做好准备工作,以便在新船中履行规定。

5.3 注意文中的差错

目前所用的中译本,由于涉及面广,难免有谬误之处,使用中遇有疑问时,及时查对原文,且应以原文为准。

6 附录

附录1 国际海事组织公布公约生效情况(截至1987年)

序号	公约名称	公约英文缩写	通过日期
1	1974年国际海上人命安全公约(经修正的)	SOLAS 1974	1980年5月25日
2	1974年国际海上人命安全公约1978年议定书(经修正的)	SOLAS PROT 1978	1981年5月1日
3	1972年国际海上避碰规则(经修正的)	COLREG 1972	1977年7月15日
4	经1978年议定书修正的1973年国际防止船舶造成污染公约,包括附则Ⅰ	MARPOL 1973/78	1983年10月2日
5	1965年国际便利海上交通公约(经修正的)	FAL 1965	1967年3月5日
6	1966年国际载重线公约	LL 1966	1968年7月21日
7	1969年国际吨位丈量公约	TONNAGE 1969	1982年7月18日
8	1969年干预公海油污事件公约	INTERVENTION 1969	1975年5月6日
9	1973年国际干预公海非油类物质污染公约议定书	INTERVENTION PROT 1973	1985年3月30日
10	1969年国际油污损害民事责任公约	CLC 1969	1975年6月19日
11	国际油污损害民事责任公约1976年议定书	CLC PROT 1974	1981年4月8日
12	国际油污损害民事责任公约1984年议定书	CLC PROT 1984	尚未生效
13	1971年特种业务客船协议和规则	STP 1971	1974年1月2日
14	特种业务客船舱室要求规则以及1973年议定书	SPACE STP 1973	1977年6月2日
15	1971年海上核材料运输民事责任公约	NUCLEAR 1971	1975年7月15日
16	1871年国际油污损害赔偿基金公约	FUND 1971	1978年10月16日
17	国际油污损害赔偿基金公约1976年议定书	FUND PROT 1976	尚未生效
18	国际油污损害赔偿基金公约1984年议定书	FUND PROT 1984	尚未生效
19	1972年国际安全集装箱公约(经修正的)	CSC 1972	1977年9月6日
20	1974年海上运送旅客以及行李公约	PAL 1974	尚未生效
21	海上运送旅客以及行李公约1976年议定书	PAL PROT 1976	尚未生效
22	国际海事卫星组织公约和管理协议	INMARSAT	1979年7月16日
23	1976年海事索赔责任限制公约	LLMC 1976	1986年12月1日

附录1(续)

序号	公约名称	公约英文缩写	通过日期
24	1977年国际渔船安全公约	SFV 1977	尚未生效
25	1978年国际海员训练、鉴定和值班标准公约	STCW 1978	1984年4月28日
26	1979年国际海上搜寻和救助公约	SAR 1979	1985年6月22日
27	1972年防止倾倒废物和其他物质造成海上污染公约(经修正的)	LDC 1972	1975年8月30日

附录2 我国与世界主要船级社签订检验协议一览表

序号	名称	简称	成立年份	所在地	签订日期
1	英国劳埃德船级社 Lloyd's Register of Shipping	LR	1760	伦敦	1977年11月
2	法国船级社 Bureau Veritas	BV	1828	巴黎	1974年11月
3	德国劳埃德船级社 Germanischer Lloyd	GL	1867	汉堡	1977年4月
4	挪威船级社 Det Norske Veritas	DNV	1864	奥斯陆	1977年3月
5	日本海事协会 Nippon Kaiji Kyokai	NK	1899	东京	1980年8月
6	南斯拉夫船舶登记局 Jugaslavenski Registar Bradova	JR	1949	—	1973年9月
7	意大利船级社 Registro Italiano Navale	RI	1861	热那亚	1978年10月
8	罗马尼亚船舶登记局 Romanian Register of Shipping	RN	1966	—	1973年5月
9	苏联船舶登记局 Регистр СССР	PC	1911	列宁格勒	—
10	波兰船舶登记局 Polski Regestr Statkow	PRS	1946	革但斯克	1963年6月
11	美国船级社 American Bureau of Shipping	ABS	1862	纽约	1981年3月
12	中华人民共和国船舶检验局 Register of Shipping of the P.R.C.	ZC	1956	北京	—

附录3 船舶建造和入级规范主要中译本一览表

序号	船级社	规范名称	出版年份
1	英国劳氏船级社(LR)	船舶入级规范和规则	1987
2		内河船舶入级规范	1985
3		游艇和小艇入级规范和规则	1984
4	美国船级社(ABS)	钢质船舶建造和入级规范	1982
5		近海装置建造与入级规范	1986
6		消防船的建造和入级指南	1983
7		玻璃钢船建造和入级规范	—

附录3(续)

序号	船级社	规范名称	出版年份
8	德国劳氏船级社(GL)	钢质海船入级和建造规范	1982
9		船长约40 m及以下的特种船舶建造规范	1984
10		船舶建造与入级的规范和章程	1982
11		玻璃钢船建造和入级规范	1986
12	法国船级社(BV)	钢质海船入级和建造规范	1982
13		玻璃钢船建造和入级规范	1983
14	挪威船级社(DNV)	钢质海船入级规范	1982
15		小艇建造和签证规范	1984
16		移动式近海装置入级规范	1986
17		近海辅助船	1983
18		潜水系统鉴定规范	1985
19		近海结构的设计、建造和检验规范	1985
20	日本海事协会(NK)	船舶建造与入级的规范和章程	1983

参考文献

[1] 葛兴国. 出口船设计中有关规范,入级、审图、检验诸问题[J]. 舰船科研与设计,1983:1.

[2] 仲豫明. SOLAS、MARPOL、USCG对船舶排水管系、消防和防污染要求[J]. 舰船科研与设计,1982:1.

[3] 葛兴国.有关公海、大湖、航道、运河公约规则对船舶设计的要求[J]. 舰船科研与设计, 1982:1.

特殊参考文献

[1*] "Retractable Hold Ladder Design" The Motor Ship, 1980,11.

[2*] 《世界主要船级社出版物目录》. 中船总公司标准化研究所,1983.

[3*] 《有关国际公约、各国规则条令汇集》(1-8集). 中国船舶及海洋工程设计研究院, 1981—1986.

[4*] 《国际海事公约及各国海事法令目录》,中船总公司标准化研究所.

[5*] "国际海事组织大会决议题录汇集",《国外舰船技术》,船舶类,1984,1;1985,12.

[6*] "Rules for the Construction and Classification of Steel Vessels". American Bureau of Shipping. 1987.

第八篇　科学调查船设计

远洋调查船"向阳红 10"号船型性能设计

摘要 本文阐述了远洋调查船船型性能设计的特点和内容,并结合模型试验和实船试航进行了流体动力学方面的研究和讨论。

1 引言

综合性远洋科学考查研究船"向阳红 10"号于 1979 年底建成并投入使用。该船可作无限航区航行、续航力长、自持力大、科研所需作业面积大、人员配备多,排水量在万吨级左右(主尺度如表 1 所示),主要承担调查各大洋的海洋水文、气象、水声、理化、地理物理、海洋生物等试验任务。

该船有三层连续甲板和中等长度的艏楼,艏柱前倾配以梨形球鼻,并有巡洋舰式船尾。上层建筑有五层(图 1),主辅机舱位于舯部,主动力装置为 GESDZ58/100 低速柴油机两台、双螺旋桨双舵,并设两台主动舵,以适应低速推进需要。在船体舯前舷部设一对减摇鳍。

表 1 "向阳红 10"号主尺度

总长 L_{OA}/m	156.1	方形系数 C_B	0.542
设计水线长 L_{WL}/m	140.0	棱形系数 C_F	0.577
垂线间长 L_{BF}/m	135.2	中剖面系数 C_M	0.94
型宽 B/m	20.6	水线面系数 C_W	0.729
型深 H/m	11.5	浮心纵向位置 LCB	1.59% L_{WL}(舯后)
设计吃水 T/m	6.8	满载吃水 T_F/m	7.79
设计排水量 D/t	10 895	满载排水量 D_F/t	13 090

图 1 "向阳红 10"号侧面图

2 设计依据

任务书中对总体性能的要求如下：
(1)活动海区为除极区以外的无限航区；
(2)正常排水量约 10 000 t；
(3)正常排水量时航速约 20 kn；
(4)航速 18 kn 时续航力为 18 000 n mile；
(5)自持力 120 天,饮水自带；
(6)稳性要求抗 12 级风；
(7)不沉性要求任何相邻两舱进水不沉,保证正值稳性；
(8)冰区加强参照三级冰区加强要求；
(9)操纵性全速满舵时回转直径为 4~5 倍船长；
(10)低速航行设 250 kW 主动舵装置两套,稳定低速为 2~5 kn；
(11)人员编制 300 人。

3 线型设计

海洋调查船的主要任务是运载科研人员和各种仪器设备,在海上进行考查。其优良的快速性、适航性、回转性、航向稳定性和海面停泊性能是对海洋调查船最主要的要求。

其线型设计应具有的特点是：
(1)有足够的干舷,特别在艏部要有一定的高度,以减少迎浪航行时甲板上浪。
(2)艏部舷侧适当外飘,艏端前倾适中,艏部甲板线平顺丰满,水线处有细脊的进流段,以保持甲板干燥和减缓纵摇。
(3)艏艉横剖面线型采用中 V 形,艏部加球鼻以增加纵摇和升沉阻尼,从而减少运动振幅。
(4)适中的舭部升高和较少的舭剖半径,配以适当小的舯剖面系数,以达到较佳的稳性和柔和的横摇。

该船线型如图 2 所示。

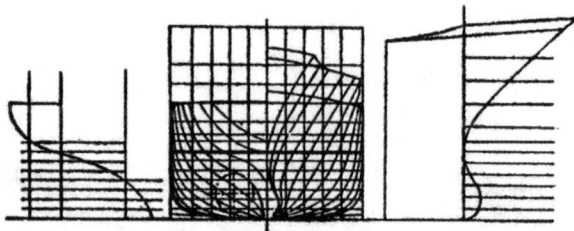

图2 "向阳红 10"号线型图

3.1 横剖面形状

该船设计之初曾参考过泰勒线型,但为了保证良好的适航性,横剖面采用了中 V 形,水线以上继续外飘到甲板线无困难,这样可以取得宽敞的甲板面积,使船在波浪中航行平稳。

3.2 艏艉脊弧

为了防止在迎浪航行时甲板上浪,艏部有较高的干舷。艏脊弧高 2 m,艏部甲板与水平面的倾斜度为 2.5°。由于总布置需要设有较长的艏楼甲板,故艏部干舷达 9.2 m,为船长的 6.6%。

以后经过船模适航性试验与实船在风浪中航行,甲板仍保持干燥。可见艏部干舷与脊弦高度是适当的。

为了直升机起落安全和绞车作业的方便,艉部停机坪宽阔平坦。船的艉脊弧高取为 0.5 m,梁拱为 0.5 m。

3.3 球鼻艏

本船配有一艘深潜器,用于深海调查、取样、摄影等。为了对深潜器进行水下跟踪搜索,在船首部设有一台搜索声呐装置。结合声呐的安装尺寸,采用较小的球鼻,球鼻横剖面积与船的舯剖面积比为 5%;伸出艏垂线长度 1.5 m,为水线长的 1.07%;球鼻在 20 站的剖面积形心距基线高 1.5 m,为设计吃水的 22%。经船模阻力试验表明球鼻可减少航行阻力。

3.4 轴包架和轴支架

本船采用双螺旋桨推进,且采用中等长度轴包架,船壳与轴包架连接尽量光滑和顺,包架倾度和船体基线成 45°角(图 3)。

轴支架(图 4)由双臂组成,一臂与纵中剖面平行,另一臂与水线面稍有倾斜,两臂间的夹角为 80°,截面为流线型,与船体的连接呈直角正交,并顺船的流线方向安装轴支架。

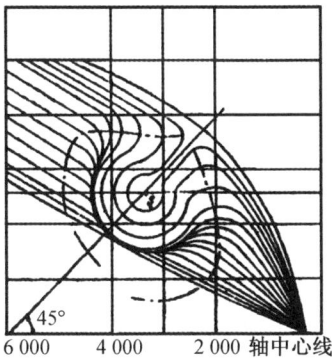

图 3　轴包架线型图

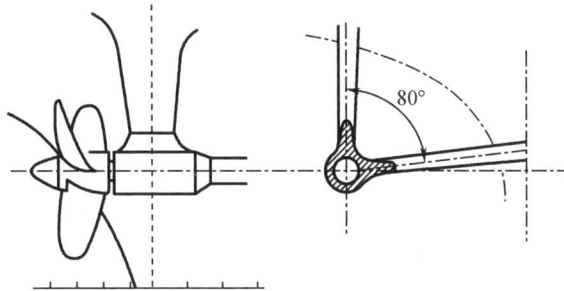

图 4　轴支架图

3.5 舵与艉部线型

（1）为了提高舵的灵活性和可靠性，该船采用双螺旋桨双舵。由于调查作业时需低速航行，故选用了主动舵推进方式。在舵板中部装有潜水电机情况下，若设计成悬挂舵，则构件尺寸较大，可能产生振动，因此采用流线型半悬挂舵形式，展弦比（λ）为 2.192。计算舵面积 $A = 2 \times 12.578$ m^2，为船体水下面积的 2.18%，平衡比 $k = 0.287$，厚度比 $\delta = 0.21$。船模试验和实船试航表明，该型舵的操纵性能是很理想的。经过多次的作业航行和远航，证明舵系统的各个部分是安全可靠的。

（2）艉部线型。艉部装有舵、螺旋桨和轴支架。艉部线型设计时认真研究了舵的位置，舵与螺旋桨的配合以及螺旋桨与船壳的间隙，以保证舵与螺旋桨能顺利拆装，其相对位置如图 5 所示。螺旋桨叶梢与该处船壳的间隙取 910 mm，为螺旋桨直径的 21.8%，为避免与船壳产生不利影响，此值大于推荐值，而且艉部设计水线也能盖住螺旋桨，达到良好的保护作用。

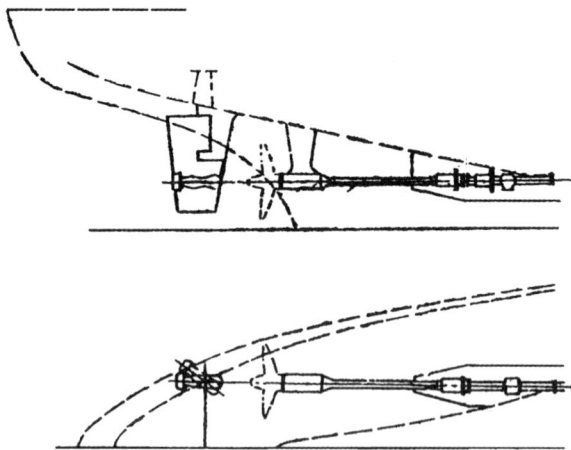

图 5　艉部侧影图

（3）呆木。呆木的大小对船的操纵性影响很大。该船呆木的末端厚度为 600 mm，比一般的小，侧面形状和顺类似普通船首形状，船前进或后退都能使水流均匀流动。倒航时航向极为稳定，这在实船航行时已获得了证实。

3.6 舭龙骨和减摇鳍

（1）减摇鳍。该船原准备选用主动式减摇水舱，由于功率大和设备复杂等问题，后改设一对减摇鳍。鳍的面积为 6 m^2。设计速度 18 kn，鳍角转动 $\theta = \pm 20°$，可获得升力 $L = 34$ t，由鳍产生的稳定力矩（$M = L \cdot r$）为 860 ~ 880 t·m，鳍的特征数 $\theta_{cr} = 57.3 \, M/D \cdot h = 3.43°$，$\theta_{cr}$ 表示在静态下减摇鳍所能抵抗有效波倾角的容量。

鳍孔的位置设于船体舭部 103 ~ 111 号肋骨处，船的舭部升高取为 0.4 m，配合较小的舭部半径，使舷侧底部形状比较平直，以便于收藏减摇鳍，使其发挥最大的减摇效果。

（2）舭龙骨。船的方形系数较小，舭龙骨宜设计得短而宽[14*]。经计算，舭龙骨宽度为

500 mm。由于舯部设有减摇鳍,故舭龙骨分成两段(图6)。

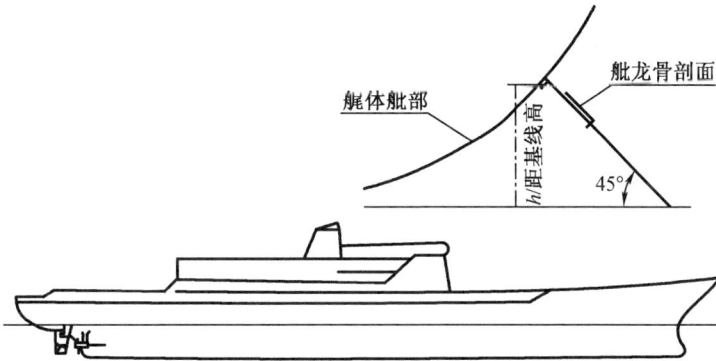

图6 舭龙骨布置图

为了达到与整体式同样的效果,经核算后舭龙骨宽度取 600 mm,为船宽的 3%,而长度为 47.25 m,是船长的 33.75%。舭龙骨的安装,横向与船壳垂直,纵向与船模流线试验提供的流线一致(表2)。舭龙骨的末端自 63 号肋骨,向前一直延伸到 136 号,而在 102 ~ 112 号肋骨处断开(计长 7.5 m)。

表2 舭龙骨安装位置

肋骨号	63	85	102	113	126	136
距基线高/m	2.71	1.63	1.62	2.26	2.96	3.73

4 阻力和推进

4.1 阻力

方案设计时,用泰勒系列图谱作阻力估算[1],经过船模试验,将所得之船模裸体阻力的有效功率与用泰勒法的结果相比较,两者甚为吻合(表3)。

表3 船模、裸体试验与泰勒图谱计算的有效功率比较(吃水 $T = 6.8$ m)

航速 V/kn	6	10	14	16	18	20	22
船模裸体试验的 EHP/马力	196	782	2 176	3 265	4 765	7 290	10 700
泰勒法计算的 EHP/马力	173	765	2 045	3 060	4 775	7 300	11 280

该船采用中 V 线型,加了球鼻后,使阻力减小,快速性达到泰勒系列标准。对于附属体阻力,一般认为带有常规附体的双螺旋桨船,取附件阻力为 17% 总阻力[19*]。鉴于该船的附体较多,故设计螺旋桨时,在总阻力计算中,取全部附体阻力为 21% 总阻力。

4.2　螺旋桨

螺旋桨按吃水 7.53 m、排水量 12 500 t 设计,选用 5 叶 MAU 型,其诸要素见表 4。

表 4　主螺旋桨及主动舵螺旋桨要素表

序号	名称	主螺旋桨	主动舵螺旋桨
1	类型	MAU	TROOST－B 型
2	设计转数 RPM/r/min	165	974
3	收到功率 DHP/马力	7 850	340
4	叶片数 Z/叶	5	4
5	每船螺旋桨数 S/只	2	2
6	盘面比 A_0/A	0.59	0.70
7	直径 D/m	4.18	0.86
8	螺距比 P/D	1.022	0.698
9	壳径比 D_b/D	0.18	0.18
10	效率 η_P/%	71.2	20
11	预计最高航速 V/kn	20.37	3.7
12	每只系柱推力 T/kg	50 900	4 250
13	后倾角 θ/(°)	10	0
14	旋转方向	左右旋各一	左右旋各一
15	材料	铸铝黄铜	铸铝黄铜
16	质量 W/kg	7 440	63.8

4.3　主动舵螺旋桨

调查船有一半以上的时间逗留在科研海域,以 2～5 kn 的速度进行各种作业活动,需要有较佳的低速航行性能。该船选用主动舵推进,可改善低速回转性能,也可作为辅助的操纵和定位装置。

主动舵螺旋桨采用三相交流鼠笼式感应潜水电动机,功率 250 kW,转速 1 000 r/min,带动一个有导流管的小螺旋桨。

据称,7 号导管设计最佳,导管剖面为 NACA5415 型,相对长度(L/D)0.5,厚舷比(S/L)0.15,剖面弦和螺旋桨轴线夹角(α)为 12.7°,螺旋桨叶梢与导管壁间隙 5 mm,导管与螺旋桨配合如图 7 所示。

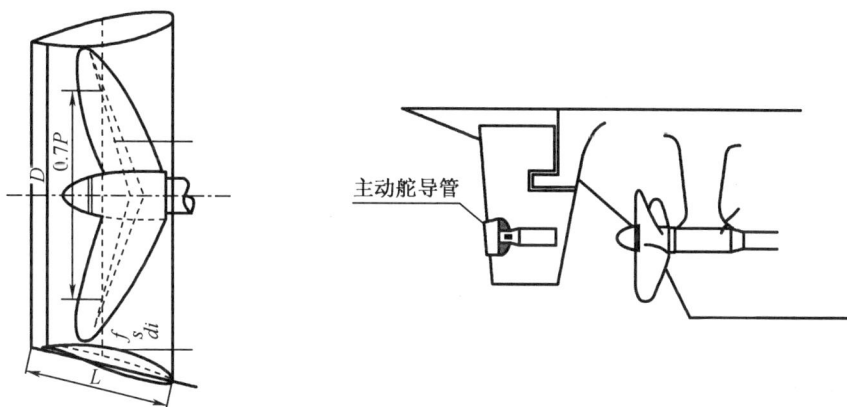

图7 导管与螺旋桨配合图

小螺旋桨为楚思德 B 型,4 叶。设计时,阻力数据无法从船模试验求得,低速时(2~6 kn)试验极不稳定,故按泰勒法计算阻力,再加空气阻力、海浪附加阻力、主螺旋桨引起的阻力,求出总阻力(表5),作为设计依据。经计算,螺旋桨要素为直径 0.86 m、盘面比 0.70、螺距比 0.698,材料为铸铝黄铜,最大航速 3.7 kn。

表5 低速航行时船的总阻力

航速/kn	2	3	4	5	6
船壳阻力(包括附体)R_1/kg	594	1 280	2 225	3 400	4 840
空气阻力 R_2/kg	2 560	2 765	3 010	3 250	3 500
海浪附加阻力 R_3/kg	108	243	433	677	948
主螺旋桨引起阻力 R_4/kg	692	1 552	2 270	4 325	6 240
总阻力 R_5/kg	3 954	5 840	8 438	11 652	15 528

5 稳性和抗沉性

5.1 稳性

根据我国海船稳性规范对 I 类航区船舶,其计算风压相当于海平面以上 6 m 处蒲氏风标 10 级,最大风压为 138 kg/m²。本船采用提高风压的方法,取海平面以上 6 m 处蒲氏风标 12 级的最大风压 229 kg/m²(对应风速 53 m/s,相当于 12 级风风速),横摇角按规范要求计算。一般认为所取的海况与其风级应是相当的。但在无海况资料情况下,横摇角取规范对无限区船舶的要求,而采取提高风压作为稳性计算的准则,实际上已超过海船稳性衡准,在计算风压力时大于规范数值的 65%。

依据上述条件核算各种装载情况下的稳性,除返航中途(25% 油水)至到港(10% 油水)

需加压载水外,其余均能抗 12 级风。

根据倾斜试验实测空船数据,进行各种装载情况和稳性的计算,证明稳性是适度的(表6)。

表6 典型装载情况及稳性要素表

序号	装载情况	空船	满载(100%油水)	正常(60%油水)	到港(10%油水)
1	排水量 D/t	7 437.5	13 690	10 900	8 366.4
2	重心高 K_G/m	9.47	7.625	7.924	3.88
3	初稳性高 G_M/m	0.25	1.615	1.35	0.65
4	最大静稳性力臂 L_M/m	0.204	1.020	1.000	0.540
5	最大稳性角 $\theta_M/(°)$	33.0	37.0	40.0	37.5
6	稳性消失角 $\theta_R/(°)$	50.0	78.0	74.0	59.6
7	倾复角 $\theta_C/(°)$	46.5	58.3	57.5	51.0

5.2 抗沉性

根据任务书要求,本船抗沉性应满足任何相邻两舱进水不沉。由于科研人员和船员多,考查环境复杂,从安全考虑,采用两舱制是必要的。事实上,船的储备浮力已为设计排水量的 1.02 倍。主船体内部油水舱占据很大舱位,采用两舱制后也不会因舱长缩短引起布置困难。计算结果两舱制抗沉性要求可得到满足,如图8所示。

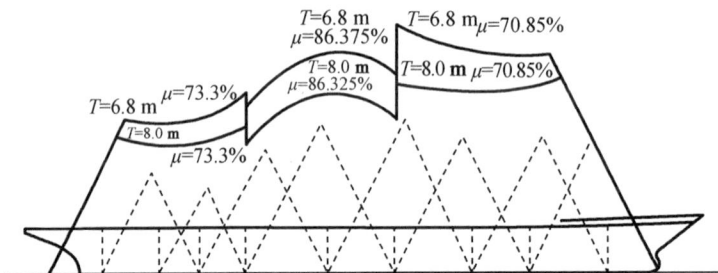

图8 进水长度曲线

6 船模试验

设计过程中为了使各指标达到预期要求,用船模进行了下列各项试验。

6.1 船模阻力试验和自航试验[18*]

6.1.1 模型

船模材料为木质,比例尺为 1:40,船模水线长 3.5 m,船首 $L/20$ 处缚有 1 mm 直径的激流丝一根,船模底部开有声呐孔,艏部左右两舷开防摇鳍孔。船体附件有双轴包架、双轴支架、双舵(舵板上镶有主动舵电机及小螺旋桨)及舭龙骨等。

6.1.2 试验状态

(1)裸体船模阻力试验在两种吃水状态($T=6.8$ m;8.0 m)下进行。

(2)附体阻力试验包括全部附件。

(3)做螺旋桨敞水试验时,右桨与左桨分别进行,试验转速约为 24 r/s,雷诺数为

$$Re = \frac{ND^2}{v} = 2.095 \times 10^5$$

(4)自航试验采用固定航速改变转速的方法,取三种吃水状态($T=6.36$ m;6.8 m; 8.0 m),相应的船速为 14~22 kn。

6.1.3 试验结果及分析

阻力试验分摩擦阻力和剩余阻力两部分。实船有效马力及自航试验计算采用两种方法,一种是采用普朗特－许力汀平板摩擦阻力公式,对实船附加 0.4×10^{-3} 的补尝,并换算到 15 ℃海水的标准状态。另一种是按 1957 年 ITTC 建议的相关线,对实船不加任何补尝(即 $\Delta C_f = 0$),并换算到 15 ℃ 海水标准状态。由于多次试验发现用后种方法求得的数值比前者小得多,故认为 $\Delta C_f = 0$ 对于该船不甚合理。常用速率时,雷诺数 Re 一般在 8×10^8 ~ 1×10^9,查寻平板摩擦阻力系数曲线发现此时用普朗特－许力汀公式计算与 1957 年 ITTC 公式计算数值极为接近[2]。据荷兰试验池推荐,在船长 150 m 以下,其 ΔC_f 一般应取 0.35×10^{-3} ~ 0.4×10^{-3} 而不是取 $\Delta C_f = 0$。如果取 $\Delta C_f = 0.4 \times 10^{-3}$,则上述两种方法的计算结果是一致的。为了便于分析,本文数据仍取以往常用的方法(即普朗特－许力汀摩擦阻力公式加 0.4×10^{-3} 的补尝)。

(1)螺旋桨敞水试验

左右两桨敞水试验所得的数据,按平均值求得性征曲线如图 9 所示。

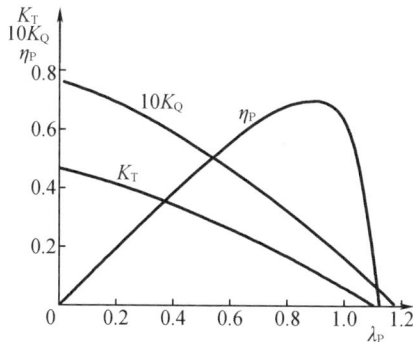

图 9 螺旋桨敞水试验性征曲线

按螺旋桨设计之进速系数 $\lambda_\rho = \dfrac{V_s}{ND} = 0.812$,查图 9 的性征曲线得 $\eta_p = 0.692$,与设计之

值 $\eta_p = 0.712$ 很为接近。

（2）阻力试验

带有全部附体的阻力试验结果见表 7。

在设计吃水状态（$T = 6.8$ m），航速 $V_s = 18 \sim 20$ kn 时，比较裸体试验与带附体试验的结果，EHP（带附体）/EHP（裸体）≈ 1.30，而附体阻力达到 30%，稍大于初始选用的百分数，这主要是鳍孔、侧深仪孔、主动舵装置等取值偏小。

（3）自航试验

自航试验结果及自航要素曲线分别如图 10 和图 11 所示。

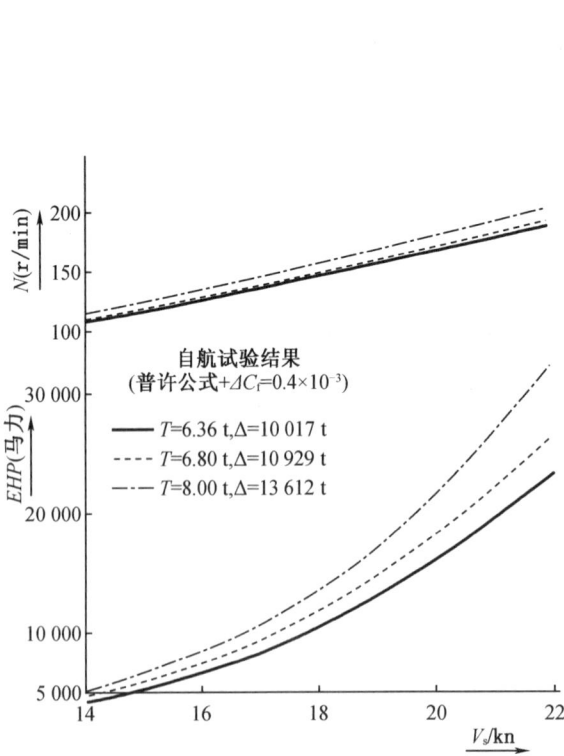

图 10　自航试验结果

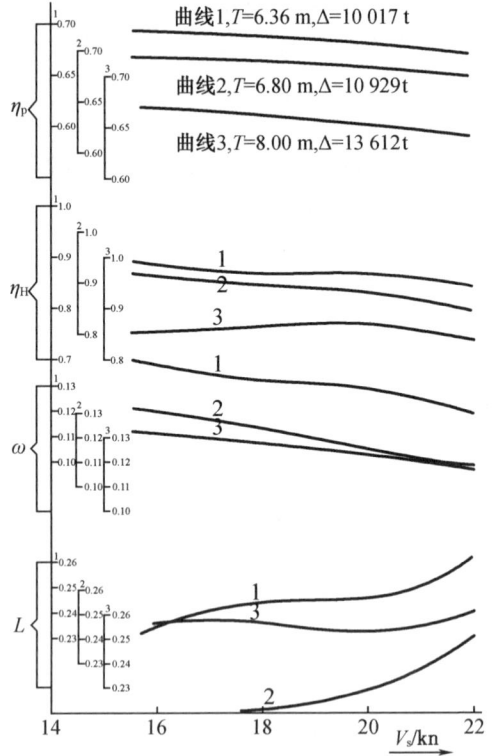

图 11　自航要素曲线

从图 10 可知，在正常排水量（$T = 6.36$ m）时，求得航速 $V_s = 20$ kn，螺旋桨转速为 163 r/min。实际船试验证实，船模自航试验的分析是正确的。

6.2　船模浅水试验[19*]

交船测速预定在长江口外花鸟山附近海域进行，该海区水深（H）22 m，试航吃水（T）6.36 m，水深吃水比 $H/T = 3.46$，有明显的浅水效应。按许氏法[3]计算，影响航速约 0.9 kn。为了弄清楚浅水对试航速率的影响，进行了浅水阻力试验和浅水自航试验（图 12 和图 13）。

表 7　试验时带全部附体的有效功率/马力（按普朗特 - 许力汀公式,并取 $\Delta C_f = 0.4 \times 10^{-3}$）

吃水 T/m	航速 V_s/kn				
	14	16	18	20	22
6.36	2 787	4 140	6 100	9 000	12 940
6.80	2 920	4 350	6 460	9 510	13 760
8.00	3 270	5 000	7 625	11 510	17 100

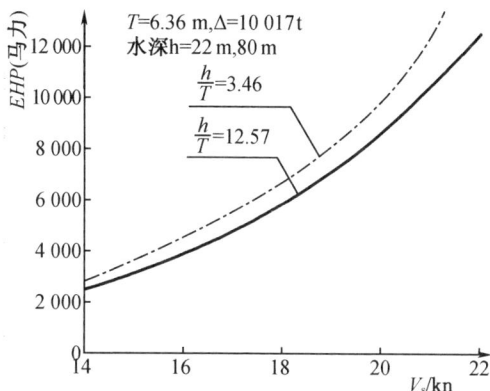

图 12　浅水阻力试验曲线

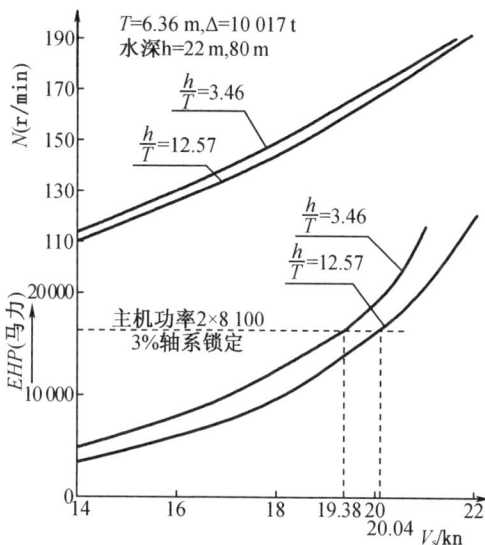

图 13　浅水自航试验曲线

由图 12 可知,当船速为 20 kn 时,在浅水中有效功率要比深水中大 1 150 马力。从图 13 可见,主机发出额定功率($BHP = 8 100$ 马力)时,浅水中的试航速率比在深水中低 0.66 kn。

6.3　船模倒航阻力试验[21*]

为了确切了解交船试验中船舶作全负荷后退时的主机转速,进行了船模倒航试验,以求取实船倒航阻力(图 14)。由图 14 可知,在 20 kn 航速倒拖的有效功率比顺拖大 2 200 马力,即增大 24.5%。

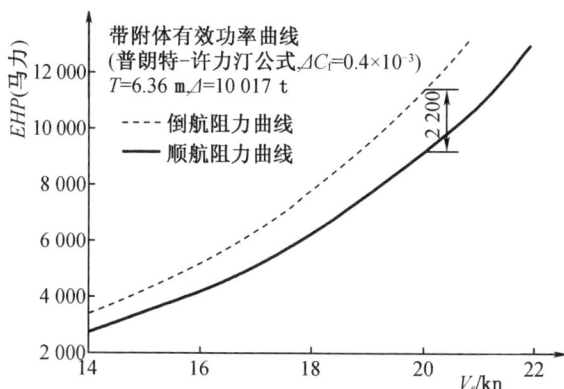

图 14　倒航阻力试验曲线

6.4 船模适航性试验[22*]

利用船模进行了在规则迎浪中的适航性试验及零速横浪试验。测量三个航速时的升沉、纵摇及艉部直升机降落位置上的垂向加速度的波浪中平均阻力增加的情况如表8所示。

表8　主要尺度及特征值(比例尺 1:40)

序号	名称	实船	船模
1	设计水线长 L_{WL}/m	140	3.5
2	船宽 B/m	20.6	0.515
3	吃水 T/m	6.8	0.17
4	排水量 D/m³	10 654	0.166 5
5	垂向重心高度 Z_G/m	7.73	0.193
6	纵向重心位置 X_G/m	−2.26(舯后)	−0.056 5(舯后)
7	方形系数 C_B	0.544	0.544
8	水线面系数 C_W	0.726	0.726
9	舯部面系数 C_M	0.939	0.939
10	自由横摇周期 T/s	12	1.9

将试验结果分别绘成升沉、纵摇、艉部垂向加速度、波浪中阻力增加以及零速横摇的频率响应曲线。根据圣丹尼斯和皮尔逊提出的线性迭加原理,对上述运动响应进行迭加,经过计算得出实船运动的单幅统计值的平均周期(表9)。

表9　船模适航性试验结果汇总表

航速/kn		浪级	5	6	7	8	9
		有义波高/m	2.652	4.545	6.439	8.333	10.62
升沉	6	$\frac{1}{3}$最大平均值/m	0.33	0.88	1.78	2.83	4.13
		平均周期/s	6.56	8.75	10.85	12.20	14.43
	12	$\frac{1}{3}$最大平均值/m	0.44	1.18	2.05	3.05	4.31
		平均周期/s	6.36	7.54	8.90	10.14	11.40
	18	$\frac{1}{3}$最大平均值/m	0.41	1.33	2.31	3.35	4.62
		平均周期/s	5.85	6.96	7.95	8.90	9.95

表9(续)

航速/kn		浪级	5	6	7	8	9
		有义波高/m	2.652	4.545	6.439	8.333	10.62
纵摇	6	$\frac{1}{3}$最大平均值/(°)	0.91	2.31	3.57	4.65	5.69
		平均周期/s	7.50	8.50	9.40	10.13	10.80
	12	$\frac{1}{3}$最大平均值/(°)	0.94	2.66	3.82	4.85	5.70
		平均周期/s	6.87	7.58	8.10	8.55	8.95
	18	$\frac{1}{3}$最大平均值/(°)	0.85	2.71	4.18	5.26	6.20
		平均周期/s	6.14	6.86	7.37	7.76	8.13
艉加速度	6	$\frac{1}{3}$最大平均值/g	0.01	0.03	0.04	0.05	0.06
		平均周期/s	7.73	7.85	8.80	8.85	9.25
	12	$\frac{1}{3}$最大平均值/g	0.02	0.05	0.01	0.08	0.09
		平均周期/s	6.28	7.23	7.67	8.10	8.69
	18	$\frac{1}{3}$最大平均值/g	0.02	0.06	0.08	0.10	0.12
		平均周期/s	5.71	6.28	6.97	7.30	7.60
功率增加	12	平均功率增加/马力	248	1 050	1 638	1 980	2 210
	18	平均功率增加/马力	447	12 360	4 150	5 360	6 300
零速横摇	0	$\frac{1}{3}$最大平均值/(°)	3.52	15.05	24.23	29.99	34.25
		平均周期/s	11.00	11.40	12.00	13.45	13.40

将上述结果与波高的关系绘成曲线(图15),可清楚地看出在不同航速下船的运动随波高的变化情况。由试验可知:

(1)船的升沉、纵摇运动在整个海况下变化缓和,而且其运动幅度也不大。

(2)一般认为,调查船上的仪器设备能承受运动加速度的工作极限为0.2 g;直升机安全起落的极限为0.5 g,同时横摇周期要求大于10 s,横摇单幅值小于5°[4]。艉部垂向加速度最大值为0.12 g;在直升机能起落的海况下(小于5级),仅为0.02 g,横摇周期11 s,横摇单幅值3.52°。可见船上的仪器与设施能保证正常工作。

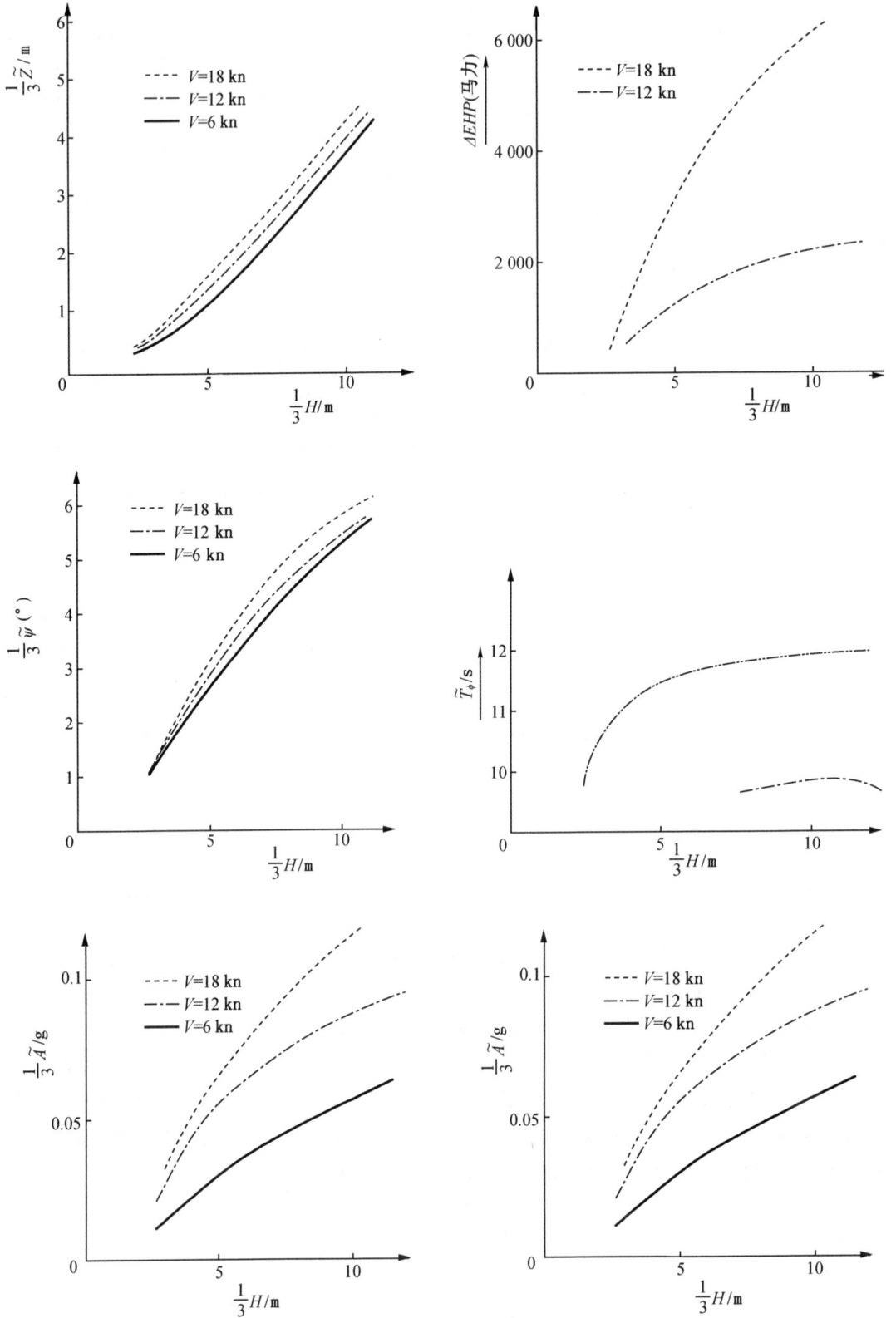

图 15　船随航速运动变化图

6.5　船模操纵性性能试验[23*]

该试验是在吃水 6.36 m,排水量 9 969.5 t 状态下进行的。直航速度 1.675 m/s(相当于实船 20.6 kn)和 0.725 m/s(实船 8.9 kn)时,进行回转试验、惯性试验、紧急制动试验和倒航。试验结果如下:

(1)回转试验结果(图 16)。对 35° 舵角而言,相当于实航航速 20.6 kn 的回转直径为船长的 2.7 倍;航速降为 8.9 kn 时,回转直径为船长的 2.4 倍。

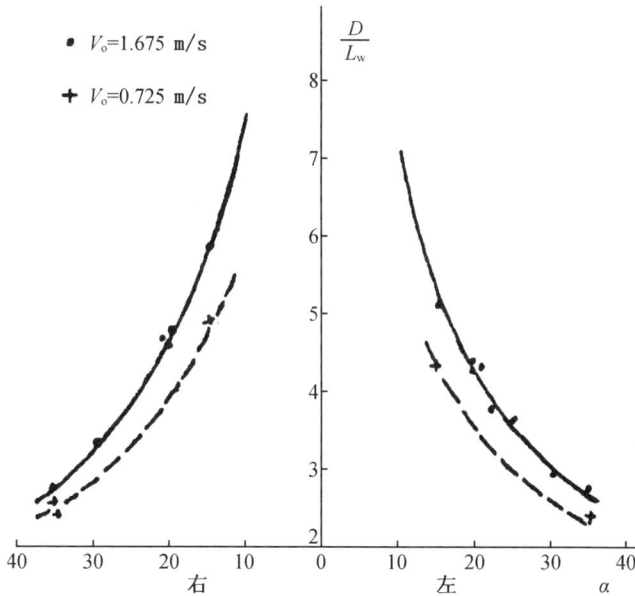

图 16　回转直径与舵角关系曲线

(2)惯性试验和紧急制动试验结果。表 10 中为停车或倒车后船模继续向前行驶的距离,以船长的倍数表示。

表 10　惯性及紧急制动试验结果

船模速率/(m/s)	相当实船速率/kn	惯性行驶距离/m	制动行驶距离/m
1.675	20.6	8.02 L_{WL}	3.3 L_{WL}
0.725	8.9	7.65 L_{WL}	3.3 L_{WL}

(3)倒航操纵性试验结果。当舵角为零时船模能保持直线后退。用左右 5° 舵角操舵,船的航向都有反应,可控制倒航航向,用小于 5° 舵角时,也会对航向产生反应。表明该船具有良好的倒航操纵性能。

7　实船试航

船建成后,经过多次实船试航和专业性试航,结果如下[24*]。

7.1 航速试验

在小平岛测速场(水深 40 m)主机在 25%,50%,75%,85%,100%共 5 种负荷下进行了测速试验,试验结果列于表 11。船首吃水 6.16 m,船尾吃水 6.44 m,平均吃水 6.31 m,排水量 9 842 t。

表 11 航速试验结果

序号	主机负荷/%	主动功率/马力	螺旋桨转数/ r/min	平均航速/kn	平均油耗率 /[g/(马力·h)]
1	25	3 819	104	13.338	188
2	50	6 992	130	16.187	138.5
3	75	11 432	150	18.578	172.7
4	85	12 324	156	18.870	171.8
5	100	15 201	165	20.06	176.9

7.2 惯性试验

在东海海区,测定各种航行状态下船的滑行行程、滑行时间和船首方位偏离。试验结果如表 12 所示。

表 12 惯性试验结果

序号	项目	滑行行程/m	船长倍数/m (×L)	滑行时间	船首方位偏离 /(°)
1	主机全速(165 r/min)前进到停车	1 617	11.55	7′ 56″	27.2
2	主机全速(165 r/min)前进到全速 (140 r/min)后退	1 259	8.99	4′ 40″	25
3	主机半速(130 r/min)前进到停车	1 479	10.56	7′ 35″	54.5
4	主机半速(115 r/min)前进到全速 (140 r/min)后退	991	7.07	4′14″	18

7.3 回转试验

在东海海区,船以 18 kn 和 12 kn 航速向左右摆舵35°,测定回转直径、时间和最大横倾角。并测定左右车叶正反转和反正转(正转 105 r/min,反转 90 r/min)情况下回转直径、时间和最大横倾角,结果见表 13。

表 13　回转试验结果

序号	项目	主机转数 /r·min⁻¹	航速/kn	舵角/(°)	回转直径 /n mile	船长倍数 (×L)	回转时间 (半周)	最大横倾角 /(°)
1	正车	95	12.5	左 35	0.29	3.838	3′31″	右 3.5
2	正车	95	12.5	右 35	0.28	3.7	3′37″	左 3
3	正车	148	18	左 35	0.28	3.7	2′16″	右 8
4	正车	148	12.5	右 35	0.30	3.97	2′19″	左 7
5	正反转	左 105 正 右 95 反	—	—	0.31	4.1	6′13″	左 1.5
6	反正转	左 95 反 右 105 正	—	—	0.31	4.1	6′32″	右 0.5

7.4　航向稳定性试验

在东海海区,测定主机全负荷时的航向稳定性。测定船在单机航行时,保持直线航行所需之最大舵角,结果见表 14。

表 14　航向稳定性试验结果

序号	主机情况	主机转数 /r·min⁻¹	航速/kn	自由航行五分钟后之 偏航角/(°)	保持航向不变之 最大舵角/(°)
1	双机正车	165	20	20.6	—
2	双机倒车	<165	(倒航)	50.3	—
3	单机正车	左 112 右停车	10	—	左 4.5
4	单机正车	左停车 右 112	10	—	右 4.5

7.5　主动舵试验

进行主动舵测速试验、回转试验、惯性试验,结果如表 15 所示。

表 15

序号	项目	负荷/%	功率/kW	转数/r/min	航速/kn	回转直径/m	滑行距离/m
1	测速试验	50	110/112	660/670	2.89	—	—
2	测速试验	100	220/220	835/835	3.77	—	—
3	回转试验	100	220/220	835/835	—	426	—
4	惯性试验	100	220/220	835/830	—	—	578

7.6 减摇鳍试验

1. 静倾试验

当航速 16 kn 时,将鳍放出,转动鳍角在一定位置,得船静倾角如表 16 所示。

表 16 船的静倾角

鳍角/(°)	左舷 5	10	15	右舷 5	10	15
静倾角/(°)	右舷 1.6	2.4	2.4	左舷 1.2	1.8	3.1

2. 生摇试验

当航速 18 kn 时,将鳍放出,转动鳍角,使船生摇,当转鳍角 $\theta_1 = 10° \sim 15°$ 时,产生摇摆角 $\theta_2 = \pm 8°$。

3. 实船试验

当航速 18 kn,海况 5~6 级时,将鳍放出,其减摇效果达到 70%。

经初步试验和使用,减摇鳍装置对船的稳定效果已达到预期目的,并为直升机的安全使用创造了有利的条件。

8 试验结果分析

根据船模试验和实船试航,得出结论如下:

(1)航速,经试航实测,在正常排水量、主机单机动率 7 400~7 800 马力、额定转速 165 r/min 时,船的最大航速 20.06 kn;主动舵单机功率 220 kW,转速 835 r/min 时,推进航速为 3.7 kn。

(2)惯性,全速前进、停车到停船、滑行距离为 11.6 倍船长,时间 7′56″;全速前进、倒车到停船,滑行距离为 9 倍船长,时间 4′40″;主动舵全速前进、停车到停船,滑行距离 4.1 倍船长,时间 2′32″。

(3)回转性,航速 18 kn 时满舵回转直径为 3.7 倍船长,横倾 7.5°;主动舵全速满舵回转直径为 3 倍船长。

(4)航向稳定性,全速航行,舵角保持零位,自由航行 5 min,测得正航向时偏航角为 20.6°,反航向时偏航角 50.3°。

9 远航

"向阳红 10"号交船试航完成后,进行了近海专业性扩大试验,并参加了我国首次向太平洋海域发射运载火箭的试验。根据航行记录,船在 8 级常风(风速 17 m/s)的海面上侧风傍浪航行,横摇角为 2°~4°。在 9 级常风(风速 19 m/s)时,以 18 kn 航速顶风浪航行,减速约 1 kn,艏部仅有一般飞溅,不上浪。船在波高 2.8~3.8 m 海面漂泊作业,横倾角在 3°以内。在 9 级风下漂泊,横摇角在 12°~15°,仍可进行正常作业。

1985 年,在首航南大洋考查中,遇到 12 级以上的南极强烈风暴的袭击,经受一场严峻考验,进一步证明该船型性能设计优良。

参 考 文 献

[1] GERTLER M. A Reanalysis of the Original Test Data for the Taylor Standard Series[M]. DTMB,1954.

[2] 七〇八所《船舶科技简明手册》编写组. 船舶科技简明手册[M].北京:国防工业出版社,1977.

[3] Lap A,MANEN J V. Fundamentals of Ship Resistance and Propulsion[M]. Nether Land Ship Model Basin,1956.

[4] ROSENBLATT L,Serim F K,GOODE R W. Ten Year of Proqress in Research Ship Resign:WHEC 701 Class Oceanographic Cutter[J]. Ship Motion,1970(04).

特 殊 参 考 文 献

[1*] "Redstone"? Shipping World Shipbuilder?,December 1967.

[2*] "Mikhail Lomonosov"? Jane's ocean Technology?, 1978.

[3*] "远洋调查船(向阳红十号船)交船协议书",1979 年 11 月.

[4*] "国外海洋调查船",海洋科技情报研究所,1974 年.

[5*] "Akademik Kurtschatow",Le Ship a Series of Five Research Ships for the USSR,SSR, Jan. 4,1968.

[6*] A. P. Powell, "OSS O1 Oceanographer and OSS O2 Discoverer", ? Marine Technology?,July 1968.

[7*] "海洋研究船白凤丸",《船の科学》,1967,Vol.20,NO.10.

[8*] "Cunard Adventurer",(Shipping World and Shipbuiler),December,1971.

[9*] "Eagle",First Pielstick PC3 Engine at Sea in Luxuvy Ferry,《Shipping World and Shipbuilder》,August,1971.

[10*] "Song of Norway",Finnish – built Cruise Liner,《Shipping World and Shipbuilder》, November 1970.

[11*] "Yaohua",French – built Ship for China,《Shipping World and Shipbuilder》,December 1967.

[12*] H. E. Saunders, "Hydrodynamics in Ship Design"Vol. 1 2, 1957.

[13*] O. Skjeture, Some Viewpoints Concerning the Use Bulbous – Bows Based on Model Tests on Two Bulk Carrier[J]. European Shipbuilding,1965,Vol.14,No.3.

[14*] 勃拉哥维新斯基. "船舶摇摆". 1959.

[15*] D. N. Wallece. "Queen Elizabeth 2," Shipping World and Shipbuilder》,1969. 1.

[16*] 宝田直之肋. 长距离大型フユソーボート基本设计ノートまソ"[J].《日本造船学会志》第 505 号,昭和 46 年 7 月.

[17*] J. D. Van Manen. "Recent Researh on Propellers in Nozzles",I. S. P. ,1957. 8.

[18*] 蒋乾纬, 等. "643 甲 –925 阻力和推进试验报告". 第 702 研究所,1976 年 6 月.

[19*] 赵汉魂等:"643 甲 –925 浅水阻力和自航试验". 第 708 研究所,1976 年 9 月.

［20*］　阿普赫金.“船在水中航行之阻力”中国造船工程学会 1955.

［21*］　赵汉魂,等.“643 甲 –925 船模倒拖阻力试验”第 708 研究所,1976 年 6 月.

［22*］　朱始树、金浩.“643 船模迎浪适航性试验及实船运动的估算”第 702 研究所. 1977 年 8 月.

［23*］　“643 模型操纵性试验”.第 708 研究所露天操纵水池试验室,1976 年 7 月.

［24*］　“试验项目情况表”.江南造船厂, 1979 年 9 月.

美国大学—海洋研究所体系的调查船使用

1 美国海洋调查船概况

1.1 海洋科学的研究

美国有 75% 以上的人口居住在邻接海洋和大湖的各州内。在 30 个沿岸州中,几乎有一半城市与大海相邻。法定海岸线全长为 12 283 mile①。伸向海中的大陆架蕴藏着可供开采的砂、贝壳、磷酸盐、石油及各种矿物资源。

以前,海洋环境仅用来作为国家安全、海上运输、水产生产方面的传统用途。到 20 世纪 60 年代,美国觉察到周围海洋的新价值及其危害,海底的矿产资源,特别是石油和天然气资源以及海洋环境的污染逐渐引起人们的关注。海洋科学的研究受到了进一步的重视,增加了调查研究的投资。1960 年制定的海洋科学技术十年规划,投资额为 4 亿 5 000 万美元;而 1970 年制定的十年规划,投资总额增至 80 亿美元。1977 年海洋科学在国家基金会的基础科学投资中占第一位(2 亿美元)。

在 20 世纪 50 年代,从事海洋学方面工作的机构近 100 个。到 20 世纪 70 年代,由于海洋开发展现出新的前景,从事海洋学方面工作的政府机关、教育与科研单位和工业部门的数目增加了许多倍,其机构数目达到了几百个。其中以各种方式从事海洋研究的政府机关有 20 多个。如海军海洋局、海军研究所、国家海洋大气局、国家科学基金会和海岸警卫队等。还有为数众多的科研单位,如著名的伍兹霍尔海洋研究所、斯克里斯普海洋研究所和拉蒙特－多尔蒂地质观测所等。有近 20 所对海洋调查做出贡献的高等院校。如得克萨斯大学、俄勒冈大学、罗德艾兰大学、华盛顿大学、约翰斯·霍普金斯大学和迈阿密大学等。

在美国有 80 多所专科大学和综合性大学讲授海洋学学科的全课程,进修者有权获得海洋学专业的学位。

1.2 美国的海洋调查船

从事海洋科学的研究首先要有调查工具。海洋调查船作为海洋研究的主要工具而发展起来。

1882 年美国建成第一艘海洋渔业调查船"信天翁"号,揭开海洋调查历史的序幕,比 1872 年英国建成"挑战者"号调查船晚了 10 年。1931 年建成第一代综合性调查船"阿特兰提斯"号。第二次世界大战前,美国海军陆续改装了许多测量船,成为当时海洋调查船的主力。在 20 世纪 50 年代,美国海洋调查船队仅由 40 多艘各种大小的调查船所组成,除了少

---

① 1 英里(mile) ≈ 1.6093 千米(km)

数几艘是专门为海洋研究、水文考察和渔业调查而设计的外,大部分是一些改装船和有一定海洋研究能力的辅助舰船。

美国在20世纪60年代建造了一批新船,同时也继续改建了一批调查船,使这个时期的调查船数量超过290艘。其中有三分之一是20世纪60年代到70年代的十年中专为海洋考查活动而设计和建造的。这个时期的海洋考查活动有很大的发展,这批船的建造起了主要的作用,其研究能力远超过它们的数量,并且在以后的年代里继续起着作用,其代表性船有"R. D. 康拉德"号(Robet D. Conrad)(AGOR-3),"阿特兰提斯 Ⅱ"号(Atlantis Ⅱ),"S. 本特"号(Silas Bent)(AGS-26),"梅尔维尔"号(Melville)(AGOR-14),"海洋者"号(Oceanographer)和"研究者"号(Research)等。

在20世纪70年代,虽然出现国际石油危机,但是由于海洋石油开发的需要,还是继续建造了一些船舶,不过为数不多,仍有部分是采用由其他船只改装。其代表性船舶有双体调查船"海斯"号(Hayes)(T-AGOR16),"大洋"号(Oceanus)和"新地平线"号(New Horizon)等。

在20世纪80年代,因为不断增加军事预算,而一再压缩其他预算,使海洋科学的研究受到严重影响。由于资金的限制只能建造少量中小型船舶。如"佛罗里达角"号调查船,船长仅41 m,自1971年开始建造,直到1981年6月完工,时间长达10年之久。另一方面由于缺少资助基金,使一些船舶暂时封存不用,或裁减一些旧船,令其退役。美国调查船的前景每况愈下。

20世纪80年代,美国的各种大小海洋调查船共计有300多艘。但是符合公法89-99条定义为海洋调查船、满足1966年《国际载重线公约》要求、船长在25 m以上的美国海洋调查船仅有113艘,其中属于联邦和州政府机关的43艘、大学和研究所的25艘、商业团体45艘。大船(60 m以上)多数集中在政府机关,只有20%的大船为其他部门所有。截至1985年政府机关掌握的船舶数量与上10年相比有所减少。

1.3　美国海洋调查船的特点

海洋调查船的优劣,在一定程度上反映出海洋调查的状况和水平。美国调查船的主要特点是:

(1)美国虽然拥有一支庞大的海洋调查船队,其特点是小船多,船龄长,改装船多。

(2)用经济观点考虑,远洋船船长不到百米,排水量3 000 t以下,航速一般在14 kn左右,仅有个别船舶排水量为5 000 t级。这些船只能航行世界各大洋以及两极海域和亚马孙河上游,至于中小型船舶则排水量与航速更小。

(3)续航力一般在12 000 n mile左右,船上所带的燃料和生活必需品可供海上停留几个星期。

(4)船舶性能上着重考虑适航性、稳定性和操纵性,船舶线型较佳。有的设有被动式减摇水舱和艏部推力器。

(5)船型一般采用升高的长艏楼和不对称的甲板室,船员和科研人员的生活舱室与工作区分开,以提高工作效率。

(6)船上采用减振措施、防噪音结构和隔音装置,并有空调设施,以拥有良好的适居性和工作环境。

（7）实验室、作业区和科研设备的布置重视便利性和灵活性。

（8）实验室数量少、面积大，可以综合利用和拆装。如"海洋学者"号设有 7 个实验室，总面积为 267 m²；"诺尔"号有 4 个实验室，总面积为 316 m²。科研仪器采用组装箱形式，用螺栓固定的方法，使船上的仪器设备便于更换和改装。

（9）作业甲板上除设有各种用途的绞车外，尚有可伸缩电动液压起重机、可伸缩吊杆、U 形架、J 形架等。

（10）船上装有先进的科研设备和电子仪器以及精确的导航设备，如卫星导航系统，用卫星接收机进行全球、全天候导航。

（11）主机为柴油机电力推进或可变螺距螺旋桨推进，机舱采用集中控制和自动化。

（12）船上配有电子计算机系统，进行船只操纵、观测和资料处理等工作。

（13）有的大型调查船设直升机和平台。

2 大学—海洋研究所体系

2.1 历史

第二次世界大战前，从事海洋学研究的美国学术船队，一般为政府所有，只有少数例外，如"卡乃奇"号（属卡乃奇研究所），"E. W 斯克里普斯"号（斯克里普斯海洋研究所）、"维勒罗"号（南加利福尼亚大学）、"阿特兰提斯 II"号（伍兹霍尔海洋研究所）和"堪脱雷斯脱"号（华盛顿大学）以及其他类似的船只，这些船只构成了在海洋研究方面民间船队的历史。

在第二次世界大战期间，由于时局的需要，海洋研究的重要性得到重视，尤其是在水声学方面的研究。战后，在联邦政府与大学系统中制定了国家海洋学计划。到 1950 年，由于剩余船舶数量众多，有十几艘船拨作研究单位使用。联邦政府支持基础学科的研究，并指定由海军研究署进行指导和支援海洋研究工作。

1960 年美国国家科学院海洋学委员会发表了一份有关未来的海洋学方面的报告。该报告建议在 1960—1970 年的 10 年中为大学使用的船舶要增加到 22 艘，并提出一份由政府资助的造船计划以替换战时使用的老龄船舶。1970 年以后，这支船队有 24 艘船舶，包括专为海洋学研究而建造 13 艘新船。以后，由于国家科学基金会的资助，学术研究船的使用成为一桩"大事情"，在船队间需要建立更加密切的关系。

早在 1969 年斯特拉顿委员会的报告中提出，为了规划海洋学研究和利用这种研究手段，建议成立一个更有效的体系。该体系由学术团体与联邦基金机构共同工作，以考察、协调和使用海洋学研究的设施。

1971 年经过联邦政府机构与学术团体的磋商，建立一个大学—海洋研究所体系（简称校所体系）。该体系的职能是协调调查船使用计划，并为科学家提供上船出海的机会。

1970—1980 年的 10 年中，证实校所体系是建立一支理想船队的十分有用的机构。它的作用包括制订联合使用船舶计划、费用分析、制定安全标准、内部检验和评价，新船建造计划以及为联邦政府收集统计资料等。在此期间有 8 艘新船交给船队使用。

参加校所体系的会员资格是那些手中掌握着由联邦政府提供基金的重大海洋学设施

的学术校所。目前有 18 个会员(表1),另外尚有 40 个左右的小型研究所室作为准会员身份享受海洋学设施的使用和规划。

在该机构中的调查船包含有从大型的可航行全球的船舶到小型的仅在白天工作的船舶。一般地说,加入海洋船队的船舶,船长要大于80 ft(约24 米),有持续航行调查的能力。这类船目前约有 25 艘(表1)。

表1 1982 年校所体系船队(船长大于 80 ft)

	船名	船长/ft	建造/改建/年	船员/科研人员/位	业主	使用单位
大型船	Melville	245	1970	22/26	海军	斯克里斯普海洋研究所
	Knorr	245	1969	24/25	海军	伍兹霍尔海洋研究所
	Atlantis II	210	1963	24/25	伍兹霍尔海洋研究所*	伍兹霍尔海洋研究所
	T. G. Thompson	208	1965	22/19	海军	华盛顿大学
	T. Washington	208	1965	19/23	海军	斯克里斯普海洋研究所
	Conrad	208	1963	25/18	海军	拉蒙特·多尔蒂地质观察所
中型船	Oceanus	177	1975	12/12	国家科学基金会	伍兹霍尔海洋研究所
	Wecoma	177	1975	12/16	国家科学基金会	俄勒冈州立大学
	Endeavor	177	1976	12/16	国家科学基金会	罗得艾兰大学
	Gyre	174	1973	11/18	海军	得克萨斯工农学院
	Columbus Iselin	170	1972	12/13	迈阿密大学*	迈阿密大学
	New Horizon	170	1979	12/13	斯克里斯普海洋研究所	斯克里斯普海洋研究所
	Fred H. Moore	165	1967/1978	9/20	得克萨斯大学	得克萨斯大学
	Kana Keoki	156	1967	12/16	夏威夷大学	夏威夷大学
小型船	Cape Florida	135	1981	9/10	国家科学基金会	迈阿密大学
	Cape Hatteras	135	1981	9/12	国家科学基金会	达克大学
	Alpha Helix	133	1965	12/12	国家科学基金会	阿拉斯加大学
	Ida Green	130	1965/1972	7/12	得克萨斯大学	得克萨斯大学
	Cape Henllpen	122	1975	6/12	特拉华大学	特拉华大学
	Velero IV	110	1948	11/12	南加利福尼亚大学	南加利福尼亚大学
	Ridgely Warfield	106	1967	8/10	约翰斯·霍普金斯大学*	约翰斯·霍普金斯大学
	E. B. Scripps	95	1965	5/8	斯克里斯普海洋研究所	斯克里斯普海洋研究所
	Cayuse	80	1968	7/8	国家科学基金会	摩斯仑兰海洋研究所
	Longhorn	80	1971	5/10	得克萨斯大学	得克萨斯大学
	Laurentian	80	1974	5/8	密执安大学	密执安大学

*表示由国家科学基金会提供资金。

2.2 组织

大学—海洋研究所体系是海洋学术团体的一种联合体,其任务根据"合约"规定是:

(1)在国家范围内通过学术研究团体的联合,建立一个机构以协调海洋设施的使用和计划,从而经过学术团体以及与基金机构的共同工作,促使海洋学设施的有效利用、评价和规划。

(2)提高联邦政府支持的学术海洋学的水平和稳定性,从而使国家海洋学发展纲要的优势得以持续和加强。

校所体系的组织机构如下(图1)。

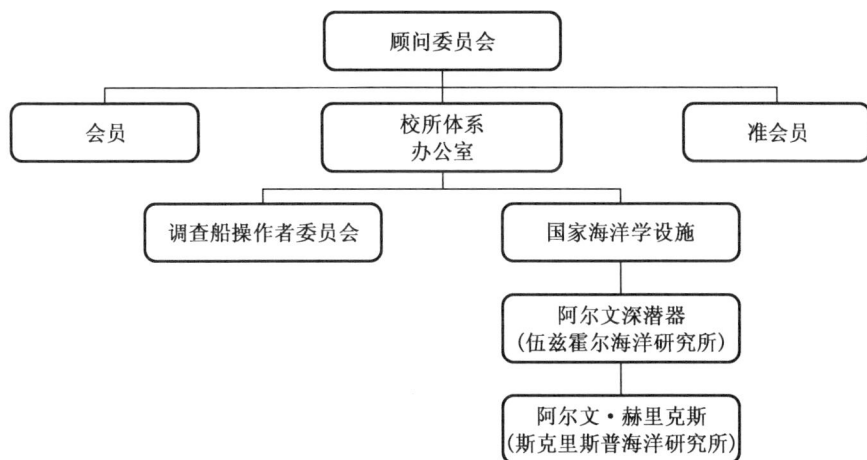

图1　校所体系组织机构框图

①会员和准会员——会员指使用重大固定海洋学设施的那些学术机构。其他学术机构是校所体系的准会员。

②顾问委员会——由校所体系的会员和准会员选举产生8名科学家组成。其目的是监督体系内的各种活动;督促对现有海洋学设施的有效使用,关心其他校所科学家使用联邦政府支援的设施的执行情况,以及判断是否需要更换、增加设施和有些设施是否过时或超过目前需要等。

③调查船操作者委员会——由校所体系的船舶人员组成。其作用是交流船舶操作和技术信息,以及为处理船上工程、检验和安全方面开展讨论活动。

④校所体系办公室——系提供职员和秘书工作的部门,代表各会员单位进行工作。由国家科学基金会、海军研究署、国家海洋大气局、环保局、地质调查局和能源研究发展局共同提供资金。

⑤国家海洋学设施——对不能驾驶深潜器或没有设施的科学家提供特种海洋调查船支援,并对需要使用专门和独特设施的学术研究单位或专家提供支援。目前,研究船"阿尔文·赫里克斯"号和深潜器"阿尔文"号作为国家海洋学设施予以保管。申请使用上述两个设施要通过专管人员或校所体系办公室办理。

2.3 船队

校所体系的船队按大小可以分三类：

（1）大船

船的长度一般为 200 ft 或 200 ft 以上。这类船舶共有 6 艘,三艘在西海岸,另外三艘在大西洋岸。这些船舶能进行远距离海洋考查,船上可载 20～25 名科研人员和相同数量的船员。每年在海上的航行能力达到 250～280 天,必要时可延长航行 25～35 天。这些船舶构成国家基础海洋学研究的主力。由于报废和预算限制,已由 1975 年的 9 艘减少到本文完成前的 6 艘。从 1980 年底起,这些船舶开始进入退役船龄。

（2）中型船

中型船船长 150～200 ft,可载 12～16 名科研人员和约 12 名船员。这类船计有 8 艘,是船队的中坚力量。它们在海上航行时间约 2～3 个星期。由于经营费用低,这些船舶普遍受到欢迎。不足之处是受海况条件的限制,不能进行远航。

（3）小船

小船船长在 80～150 ft,这类船舶计有 11 艘,属于沿海船性质。这类船舶可载 9～12 名科研人员,航程短,工作周期 1～2 个星期。所需费用低,因此这类船舶相当普遍地进行近岸小型课题研究。

至于那些船长不足 80 ft,长 40～65 ft 的大约尚有 70 艘,分布在东西两岸和大湖内,为 50 个左右研究单位所有,从事局部研究、学生训练和沿岸调查。

上述 25 艘船舶中的一半（几乎包括所有的较大船舶）都为政府所有。根据"租船契约",大学和海洋研究所对船舶进行托管使用。校所体系各类调查船数据见表 2。

表 2　校所体系各类调查船数据

船长	200 ft 以上	150～200 ft	80～150 ft
船舶数量/艘	6	8	11
平均船舶总长/ft	220	170	113
平均排水量/t	1 680	950	320
平均船龄/年	16	8	12
科研人员/人	22	15	10
船员/人	22	12	8
每年航行次数/次	9	12	22
平均续航时间/天	30	20	10
在海上总的时间/天	270	250	220
每年经营费用/万元	280	162.5	81.4
每天率/(元/天)	10 500	6 500	3 700
每天科研人员费用/(元/天)	477	433	370
平均每船替换费/万元	1 400	700	300

3 校所体系的调查船使用

3.1 调查船使用的计划大纲

计划大纲针对下一年度的调查船航行计划进行编制。其目的在于：

(1)将计划安排情况通知用船单位；

(2)将信息通知无用船时间的调研人员，以便根据提出的要求安排航行计划。该计划大纲由校所体系办公室汇编成册，分发各有关单位。

计划大纲的内容包括：

(1)给出各大学、海洋研究所的地址和接洽人姓名；

(2)详细列出大学和海洋研究所调查船性能数据。包括船名、船长、排水量、航行速度、建造年月、可容纳科研人员数目，并介绍舱位安排情况和船舶航行区域等信息；

(3)对每艘调查船列出具体作业计划，包括计划年度内的时间分配、作业海区和使命任务、首席科学家姓名和停靠港；

(4)绘出调查船航迹图；

(5)最后附有统一格式的用船时间申请表。

3.2 用船时间的申请

如果调研人员需要使用调查船，可以填写用船时间申请表，交与船舶所有单位或校所体系办公室，以便安排用船时间。

用船时间申请表的主要内容包括：

(1)船名(可指定所需船舶)；

(2)目的(课题名称和科研任务概况)；

(3)首席科学家和其他科研人员(姓名、职称、地址)；

(4)课题要求(包括对船舶的要求、船上需要配备的设备和仪器、技术人员支援情况、使用船舶的天数、最佳船期和作业海区等)；

(5)基金情况(提供基金的机构、批准号、经费总额和年份配额、开始使用日期和年限)。

3.3 经济考虑

作为一项海洋学设施——海洋调查船，其造价昂贵，民间海洋机构无力承造，只有依赖政府或海军的支援和合作，租借海洋调查船使用。但是船上设备的更换，以及船舶日常经营还需支付巨额费用。

在调查船上一些旧绞车已使用的时间，比有些操作人员的年龄还要大，亟待更换。一台新的水纹绞车费用为 16.5 万美元，而一台大型取芯和拖曳绞车达到 50 万美元。钢丝电缆一般经过 2~3 年需得调换，有时使用寿命更短。一卷 30 000 ft 长、0.68 in 粗的铠装同轴电缆需要 6.6 万美元。其他的设备仪器同样与上述较车的情况相似，一台装于船壳的海底测绘用相控阵精密回声测深仪,要 75 万美元,1n mile 长的拖曳声学系统为 25 万美元,而深海底拖曳扫描系统需 36.5 万美元。

船舶经营费用包括在整个海洋学研究经费内,但习惯上可以进行单独核算。一般地说,船舶经营费用占整个海洋学研究经费的 20% ~30% 。由各个政府机构资助的情况(表3)比较详细地反映了船舶的经营费用。

表3 船舶经营费用逐年资助情况

费用来源	1979 年/万元	1980 年/万元	1981 年/万元	1982 年/万元
国家科学基金会	1 650	1 820	2 100	2 020
海军研究署	260	330	310	340
其他(能源部,州政府,国家航空航天局)	420	380	470	480
总计	2 330	2 530	2 880	2 840

由于船上劳动力密集、燃料消耗,以及通货膨胀的影响,只得逾期保护和保养,以使得船舶经营费用的降低。表4 为 1980 年对 28 艘船舶经营费用的分析情况,由表中可知仅船员薪水、燃料及供应品与贮藏品三项,就占总费用的 67% 。可见美国调查船船员少,航速低的原因即在于此。

表4 船舶经营费用(1980 年 28 艘校所体系船舶)

项目	费用/万元	占比
船员薪水	909	36%
船上工作人员	151.6	6%
保养	101.1	4%
检修	126.4	5%
燃料	530.7	21%
伙食	126.3	5%
保险	63.8	2%
旅差	40.1	2%
供应品、贮藏品等	252.7	10%
管理费	277.4	9%
总开支	2 527.6	

3.4　校所体系调查船工作特点

美国大学和海洋研究所为学术团体,本身力量薄弱,经费有限,主要依靠政府机构资助。船的经营费用昂贵,因此使用船舶进行科学调查时,需作周密考虑和合理安排时间。

根据伍兹霍尔海洋研究所几艘调查船海上航行的实绩(表5)知,可采取船在海上做连续航行,而科研人员采取轮换的办法。船舶长期在海上航行,科研人员根据时间表事先在停靠港候船,一旦任务完成即可离船。科研人员不需要长途跋涉,忍受颠簸之苦,又可节约开支(表2)。为此设计时船上不需要布置很多科研人员舱室,船的吨位也可减小。

表5　伍兹霍尔海洋研究所调查船海上航行实绩(1979年)

船名	船长/m	排水量/t	航速/kn	航程/n mile	海上航行时间/天
"阿特兰提斯II"(Atlantis II)	64	2 300	12	10 933	84
"诺尔"(Knorr)	74.64	1 885	11.5	26 366	208
"大洋"(Oceanus)	54	962	15	31 183	232
"卢卢"(Lulu)	29.26	470	6	17 409	228

特 殊 参 考 文 献

[1*]　Jane's Ocean Technology. 1978, Jane's Yearbooks, London.

[2*]　R. Dinsmore. The University Fleet. Oceanus, 1983.

[3*]　UNOLS. 1981 Tentative Research Vessel Operating Schedules. UNOLS Office.

[4*]　UNOLS. Research Vessel Safety Srandards. 1976, UNOLS Office.

[5*]　Woods Hole Oceanographic Institution. Annnal Report, 1979.

"向阳红10"号远洋科学调查船设计历程

  1984年冬季,一艘全身洁白,昂首挺立的巨轮"向阳红10"号远洋科学调查船从上海码头启程远航,它与J121远洋打捞救生船一起首航南大洋,在那里进行科学考察,并在南极乔治岛建立我国第一座南极科学考察站——长城站。实现了我国首航南极的壮举。船在南极建站和南大洋考察历时142天,顶恶浪,抗巨涌,战胜十二级风暴,航行超过2.6万n mile,胜利完成各项任务,安然无恙地返回上海港,这在我国航海史上是首例。

  鉴于此,于1985年4月7日,文汇报记者以"冲破万里浪,方显构思功"为题报道设计南极考察船的七〇八研究所(图1)。

许学彦(右)所总工程师,葛兴国(中)向阳红10号远洋科学调查船总设计师,蔡体芬(左)J121远洋打捞救生船总设计师

图1 南极考察船的七〇八研究所人员

  文内说:"向阳红10"号建成后,曾参加过我国首次发射运载火箭、同步通信卫星试验等重大任务,令人信服地表明,船的设计建造达到了世界第一流水平。"

1 起程

  在20世纪60年代我国研制成功两弹(原子弹、氢弹)后,为了实现国防现代化继续进行人造卫星、洲际导弹、航天飞行器的研制,需要在海上建立试验平台。

  1965年周恩来总理主持召开中央专门委员会第13、14次会议,决定让远洋考察船队承担运载火箭飞行试验的海上落点测量及数据舱打捞回收,负责试验海域及航线的远洋水文气象调查等任务。

1967 年 7 月 18 日,国防科委邀请解放军总参谋部、国防工办、海军、中科院及有关部委负责同志进一步研究"远洋测量船队"(代号 718 工程)的研制计划,并上报毛主席、周恩来总理批准,正式开展研制工作。

1971 年 2 月,由国家海洋局提出《远洋调查船战术技术任务书》,并命名为"向阳红 10"号 远洋调查船。该船的使命任务:(1)勘察海上试验靶场;(2)为试验船队和火箭飞行试验提供水文、气象保障;(3)调查地球重力场、磁力场为弹道修正提供资料;(4)远洋通信保障和试验时的转信;(5)为火箭数据舱落水打捞提供水声资料;(6)承担直升机遥测。

"向阳红 10"号远洋调查船自 1971 年 2 月开始由七〇八研究所设计,江南造船厂建造,经过数百名科技人员的精心设计和上万名职工的精心施工,历时 8 年,经过多次试验与试航,于 1979 年 10 月建成交船。因其总体设计优良,1980 年获国防科委颁发的重大科研成果一等奖。

2 海上巨龙

"向阳红 10"号远洋调查船是世界上同类型船中最大,进行科学考察最为完善的一艘船舶。当时那些新建的,如美国的"海洋学者"号、苏联的"库米托夫院士"号、日本的"白凤丸"号,无论是吨位或规模上都不能跟它相比。

"向阳红 10"号:

总长	156.1 m	设计排水量	10 895 t
设计水线长	140.0 m	满载排水量	13 090 t
型宽	20.6 m	设计航速	20 kn
型深	11.5 m	服务航速	18 kn
设计吃水	6.8 m	低速	0～4 kn
夏季满载吃水	7.8 m	续航力	18 000 n mile

除双层底外,共有 10 个平面层,露天甲板以下四层,露天甲板以上 6 层,有 9 道水密横舱壁,将船划分成 3 个防火主竖区。上层建筑位于船的中部,艏柱前倾,配以水滴形球鼻,巡洋舰式船尾。主辅机舱设在船的中部,主动力装置为两台船用低速柴油机,双螺旋桨、双舵。设有主动舵两台,以适应低速推进需要。在船的艉部设减摇鳍一对,在前后桅顶上高高托着一对鱼骨状通信天线,桅顶距基线高 38 m,两桅相距约 80 m,天线直耸云端,蔚为壮观。在船的前甲板上设有吊放深潜器用起重机一架,吊重 28 t,吊臂如巨人手臂一样高高吊起。在船的后甲板上设有机库一座,紧挨着的是一片开阔的停机坪,面积超过 500 m²。船上一次补足粮食和供应品,足够全体人员食用 4 个月。如果船的燃料充足,可绕地球航行一周(图 2)。

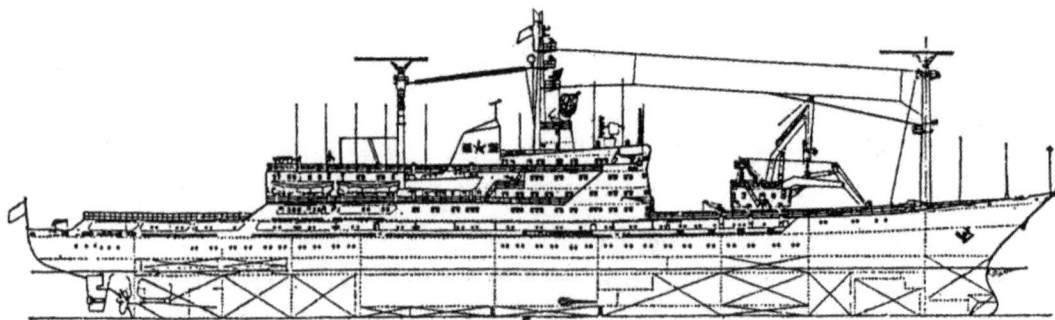

图 2 "向阳红 10"号远洋科学调查船

3 "全海空"作业能手

"向阳红 10"号设有先进的导航通信及海洋考察设备,可在极区以外各大洋进行水文、气象、水声、物理、化学、地球物理和海洋生物等多学科的综合考察。可收集有关海洋的众多资料,包括海上气象、海面波浪、潮汐、海流、冰层、海水的物理性质、海水的化学性质、海深、海底地形、矿物、地质、沉没物体、海底资源、地壳构造等。

船上设有各种学科的实验室和电子计算机室、辅助舱室 80 多间,配置各种科研仪器设备数百台,可以进行海洋科学考察和调查,以及数据的现场分析和整理。在船的两舷设有众多的吊杆和绞车,通过绕在绞车上的钢丝绳或电缆向海中取样或进行试验。例如投放颠倒式采水器,采集 200~6 000 m 深的各种水样,并记录其温度和盐度;也可以进行深水拖网以捕捞底栖生物,也可以采用柱状取样管向地壳表面捞取几米深的沉积物。如要了解深海地形,则可用万米测深仪测出超过 10 000 m 深的海底地形。至于地球物理的探索,例如对地球重力加速度的了解则可采用重力仪。重力实验室设在上甲板中部最平稳的地方。洲际运载火箭落点的位置取决于地球上该点的重力加速度值。要精确了解地球上某地重力加速度值,需要较大范围内连续测量。

"向阳红 10"号是一项庞大的系统工程。除了上述所列的调查考察作业外,尚设有一些比较完整的大型专业系统。

3.1 气象系统

本船按气象中心的职能要求,设置完整的气象体系,有气象火箭发射、氢气球探空,有为数众多的测风、测雨雷达,卫星云图接收,气象传真,高空气象观察等。可探测 30 000 m 以上高空大气要素和 500 km 范围内台风的形成和移动,能进行中短期天气预报,是海上的气象预报中心。在实际应用中本系统全部满足使用要求,气象预报准确可靠。

3.2 通信系统

本船按通信中心的职能要求,分成船岸通信、船间通信、气象传递通信和转信等任务。设置发射机室、收信机室、超长波机室、短波通信室、电台机室和接力机室。配备先进的 30 kW 大功率单边带发射机、超长波机、自动选频机以及单边带收信机,还配备自动跟踪对数周期天线等。

3.3 水声系统

本系统设有水声发射、接收测试、数据处理和水下通信,以及水声电源、水声器材和弹药贮存等各部分的舱室和仪器设备。该系统可进行海洋水声特性的测量和研究及水声设备的试验测试工作。本船采用低噪音柴油发电机组代替蓄电池作为水声试验的供电设备,大大提高了水声试验的经济性和全船安全性。

3.4 深潜系统

本船将深潜系统集中设在船的艉部,设有 28 t 起重机和千米级深潜器。在艉部球鼻罩内和舱底设有瞄准声呐和搜索声呐。在大舱内设有存放、系固等措施,并设有贮存间、检修间等。此深潜系统可以进行海底地质调查或水下照明摄影等多种作业。

3.5 直升机系统

本直升机装船系统包括直升机飞行员住舱和起居舱、机库、航空燃油的储存和输送、直升机导航指挥塔、停机坪结构和甲板防滑、直升机下降时甲板标识、夜间灯光照明和导航、防直升机落水的甲板围栏等。当时国内没有舰载直升机,也无舰载直升机的舰船,只能从国外的各种技术报告、出版刊物、专利文献和詹氏(James)舰船年鉴中检索查阅,结合本船实情进行设计,直至实船建成后进行直升机着船试验,发现问题进行改进,以臻完善。"直升机装船系统设计"曾获国防科委重大成果奖。此项成果相继推荐用于以后设计和许多舰船上。

4 船的总体性能

船舶的各项性能是否良好,是其能否有效工作的关键。在本船设计过程中,对船的稳性、抗沉性、操纵性、快速性、适航性等方面进行综合考虑和细心研究。为了证实设计的正确性,将实船按比例制成船模在水池中进行各种模型试验。根据试验结果,船的线型设计优良,在阻力上可以与世界著名的泰勒系列船模媲美,而在适航性和操纵性方面考虑更为周全。该船的稳性好,能抗 12 级风,相应风速为 53 m/s。万一船遇到意外危险,使其遭受破坏进水,能保持任何两个相邻舱室进水而不沉,其下沉水线均不超过安全限界线。

5 接受考验

1985 年 1 月 26 日,正在南极圈附近进行大洋调查的"向阳红 10"号遇到了 12 级以上南极强烈风暴,最大风速达 34 m/s,海面上像山似的涌浪一座接一座,浪高达 11～12 m,浪长为一百多米。一阵阵浪花水沫从三十多米高的驾驶台上方呼啸而过,考察船前后甲板不时被滔滔巨浪所覆盖,当船身被涌浪托起时,螺旋桨露出水面,船体最大倾角达 31°,并产生了很大的震动和响声。

一些考察队员冒着风浪奋不顾身地抢救和保护考察设备、仪器和标本。全体考察队员和船员与风浪顽强搏斗了二十多个小时,终于脱离险境安全返回。考察船经受了 12 级以上风暴的考验,这在中国科学考察史上还是首次。

经过七天严密的检修,证实船的操纵系统、动力机械、消防系统、船的结构、总体性能良好。

6 巨龙腾飞

"向阳红 10"号建成后,经过各种试验,满足使用要求,因其总体设计优良,1980 年获国防科委颁发的重大科研成果一等奖。

1980 年 4 月,参加我国首次向太平洋海域发射远程运载火箭全程飞行试验获得成功。

1984 年 4 月,参加我国首次发射地球同步定点试验通信卫星,获得成功。

1984 年 11 月,首航南大洋考察,队员在乔治岛上建立了中国南极长城站,五星红旗首次在南极洲飘扬。

1985 年 5 月,经国家科学技术进步奖评审会评定"向阳红 10"号远洋调查船荣获国家科技进步特等奖。该奖是当时并列在原子弹、氢弹、核潜艇等 23 个项目中的一项,如图 3、图 4 所示。

2006 年,"向阳红 10"号被评为中国十大名船。

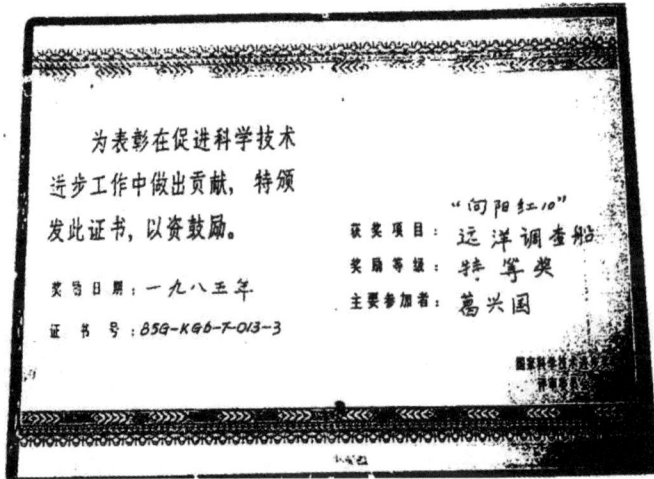

图 3 "向阳红 10"号远洋科学调查船荣获国家科学技术进步特等奖证书

国家级科技进步奖

荣获特等奖项目

大庆油田长期高产稳产的注水开发技术

南京长江大桥建桥新技术

渤海湾盆地复式油气聚集（区）带勘探理论及实践……以济阳等拗陷复杂断块油田的勘探开发为例

焦家式新类型金矿的发现及其突出的找矿效果

在复杂地质、陡峻山区修建成昆铁路新技术

葛洲坝二、三江工程及其水电机组

顺丁橡胶工业生产新技术

导弹、卫星无线电测控系统

"远望号"综合测量船

"向阳红10号"船

"长征三号"运载火箭

试验通讯卫星及微波测控系统

现代国防试验中的动态光学观测及测量技术

强击机

高空高速歼击机

新型履带车辆

战时特种武器伤害的医学防护

地地远程导弹及运载火箭

可返回型卫星及东方红一号卫星

潜地导弹潜艇水下发射

原子弹的突破和武器化

氢弹的突破及其武器化

核潜艇的研究设计

（新华社北京5月15日电）

图4　1985年新华社北京5月15日电

小水线面双体型远洋调查作业船设计

摘要 本文阐述一艘小水线面双体型远洋调查作业船的设计,并对设计要点,作一扼要介绍,以供参考应用。

1 引言

小水线面双体船是一种高性能、科技含量高的船舶,与单体船相比具有独特的性能和优点。

(1)在一定航速范围内阻力性能较好。船身因为有小的水线面面积,船体大部分体积深潜水下,使兴波阻力大大降低。

(2)耐波性能特别优良。垂荡、纵摇、横摇的固有摇摆周期长,在风浪中失速小。能适应横浪的干扰。

(3)具有宽大、方整的甲板面积,有利于总体舱室布置和甲板操作布置。

为此小水线面双体船型很适宜作为海洋调查、勘察、作业的船舶。

2 国内外相关技术研究和开发现状

2.1 概况

本文所述的是一艘小水线面双体型远洋调查作业船。顾名思义小水线面双体远洋调查作业船是比普通双体船的水线面更小的半潜水状的双体、作深远海航行、从事海洋科学调查和作业的船舶。它是专门用于需要宽敞甲板面积,而且要求非常稳定的船舶。由于其性能优良,但技术复杂、设计难度大,前期研究工作投入多。

2.2 国外情况

(1)日本

日本开发小水线面双体型船较早,但主要却是设计建造一些小型船舶,有交通船、小客船、工作船、水文测量船、渔业调查船等。具代表性的为 1979 年建造的"海鸥"号客渡船,排水量 340 t,能载客 446 人。

(2)德国

德国也有使用小水线面船舶的,比较大的为 WFES751 型小水线面双体水下武器电子系统研究试验船,总长 73 m,主甲板宽度 25 m,吃水 6.8 m,排水量 3 500 t,航速 15 kn,续航力

5 000 n mile,船员 25 人,科研人员 20 人,属军民两用船舶。

（3）美国

各国使用最多的是小水线面双体型船舶,而且大部分是军用的。早在 20 世纪 60 年代为了配合航天飞行计划,提出了小水线面船的设计,并于 1973 年建成,由美国海军海洋研究中心开发设计及使用,其命名为"凯梅里诺"号（KaimaLino）。总长 27 m,宽度 13.72 m,吃水 4.65 m,排水量 217 t,主机功率 2×1 545 kW 的燃气轮机,航速 25 kn,由于使用效果良好,从此小水线面船型引起人们的兴趣。

第二次世界大战后,美国迅速发展航母编队,当时苏联没有步美国后尘,而发展号称"深海蛟龙"的导弹核潜艇进行对抗。为了遏制苏联核潜艇的崛起,美国大量开发远程被动探测声呐系统,进行音响测定和监视,建造大批音响测定舰,包括"坚定级"舰 18 艘（单体型）、"胜利级"6 艘（小水线面双体型）和"无瑕级"舰 1 艘（小水线面双体型）。20 世纪 90 年代苏联解体,冷战结束,"坚定级"舰改为其他用途,而"胜利级"级舰和"无瑕级"舰仍作为军用。"无瑕级"舰长 85.8 m,宽度 29.2 m,吃水 7.9 m,排水量 5 370 t,舰速 12 kn,舰员 45 人,由美国哈尔特船厂建造,造价 1 亿美元。

近年来随着美军全球军事战略向亚太地区转移,美海军反潜作战重心也移向西太平洋。当前美国要求在我国南海航行自由,要对我国南海海域的水文、水声、地貌、地形进行侦察和测量,监视我国潜艇在南海海域航行活动。尤其是"无瑕级"音响测定舰驻地日本佐世保港,经常出没在我国南海专属经济区内进行非法军事活动,是我国家门口的一个"海上幽灵"。

2.3　我国情况

我国在 20 世纪 70 年代为了国防需要,上级下拨经费用于七〇八所、七〇二所进行小水线面船型的开发研究,但进展比较缓慢。改革开放以后,由于计算机技术的推广应用,软件的开发,采用了 CAD 和 CFD 等软件,使计算精度和设计速度的都有明显的提高,并配以船模试验,使小水线面船型得以开发成功。采用小水线面船型建造的船舶有海关领港船、油田交通艇、水声试验船、近海测量船（军用）、实验 1 号综合科学科考船。以上所列的属于中小型和专业化类船舶,这批船舶具有一定先进性,可与同时代国外船舶相媲美。

3　小水线面双体型调查作业船概述

小水线面双体型远洋调查作业船是一艘小水线面型可以在无限航区航行的从事各种调查作业的船舶,属于高性能船舶,可以进行:

（1）各种海洋调查仪器设备,尤其是水声设备的海试平台。

（2）深远海海洋科学调查研究。

（3）浮标、潜标的投放和回收。

（4）进行遥控潜水器（ROV）、自主遥控潜水器（ARV）、载人潜水器（HOV）的投放和作业。

（5）各种无人潜水器（UUV）的海上试验。

（6）深海水深测量。

由于它具有海洋工程装备的功能，可以为海洋油气勘察、海底敷管工程、石油钻井平台等服务和作业。能对各种无人潜水器进行试验、投放，且适合南海岛礁航道的水深测量，它的功能可以满足军用，以实现军民融合发展的需要。

船的主要量度为总长 64 m、型宽 22.5 m、片体中心距 16.8 m、设计吃水 5.7 m、设计排水量约 2 000 t。推进电机功率 2 × 1 000 kW，设计航速 12 kn，船员和科研人员 60 人（图 1）。

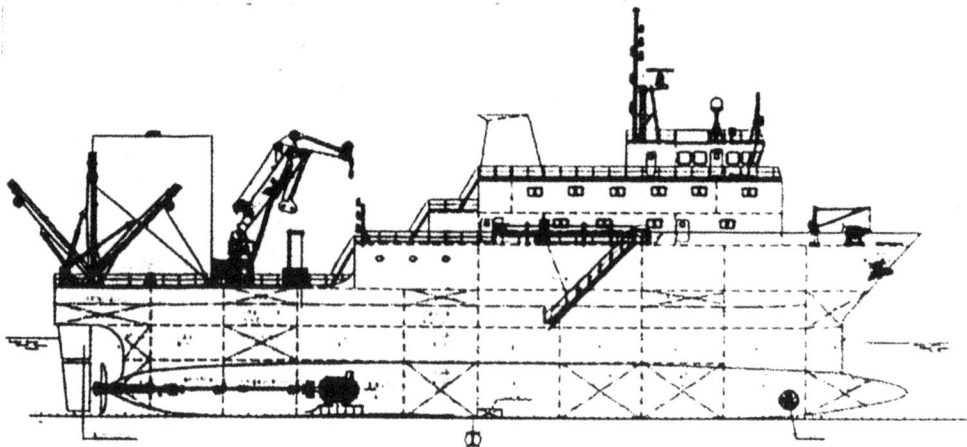

图 1　总布置侧面图

4　设计要点

4.1　线型

现今所说的小水线面双体船（Small Water Plane Area Twin HUll Ship，SWATH）也可称为半潜式小水线面艇（Semisubmersible Small Waterplane Craft，SSC）或半潜式小水线面平台（Semisubmersible Small Waterplane Platform，SSP）[1*]。整个船型可以分为三个部分：下面部分似鱼雷状筒体为上潜体；中间部分扁长条状为支柱体；上面部分长方体形状为箱体和上层建筑。

4.1.1　主潜体

这种船型是将左右两个主要潜体完全埋入水中航行，只有箱体露于水面之上。因此，两个主潜体不产生兴波阻力，只产尘摩擦阻力。主潜体横剖面形状可以为圆形、椭圆形、瓶形，中间部分采用方形等。这种船在航行时的主要阻力成分是摩擦阻力，约占总阻力的70% ~ 80%，因此水下部分在选择剖面形状时，要尽可能减少湿表面积，以减少总阻力。

若以纵向剖面为基础，采用横剖面直径、前体长度和后体长度三个变数，使用舰船计算机设计软件（Navcad）进行计算，得出艏艉较细、中间部分较粗的形状，在阻力和所需功率上，A、B 两种优于 C、D 两种形状（图 2）[2*]。此外，较粗的上潜体中间部分也有利于主机舱的布置。

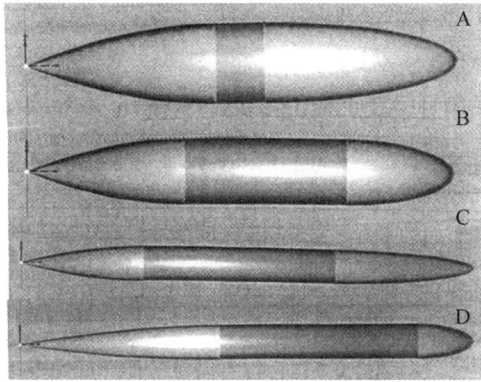

图 2　纵向剖面形状

4.1.2　支柱体

支柱体是指与水面接触的一段扁长体。水线面狭而长,因而称为小水线面,由此产生的波浪是很小的,而且左右片体间距较大,无首波干扰,因此航行时兴波阻力不大。需要注意的是,就阻力而言,支柱体的长宽比应大于6.0。稳性方面,支柱体的长与宽必须使其水线面积满足规范要求的初稳性高 $GM \geqslant 0.03$ m。在结构上,支柱体的骨架不应影响人员的出入,其宽度应该小于1.2 m,尤其在艏艉端要考虑人孔盖的设置。同时,支柱体内的横舱壁位置应与上部箱体和下部潜体横舱壁对齐。

4.1.3　箱体和上层建筑

所谓箱体,在结构设计时,称为连接桥箱体结构和上层建筑。对小水线面而言,连接桥箱体结构影响整船的抗扭强度和刚度以及船体的结构质量。至于线型方面,在支柱体向上延伸到连接桥箱体的横剖面线型,一般设计成一定程度的"外飘",在船的内侧"外飘"的程度大些,而在船的外侧"外飘"的程度小些。其目的是在内侧可使连接桥的有效跨距较小,以增加结构抗弯刚度。在外侧不会引起压浪航行,使波浪阻力小些(图3)。

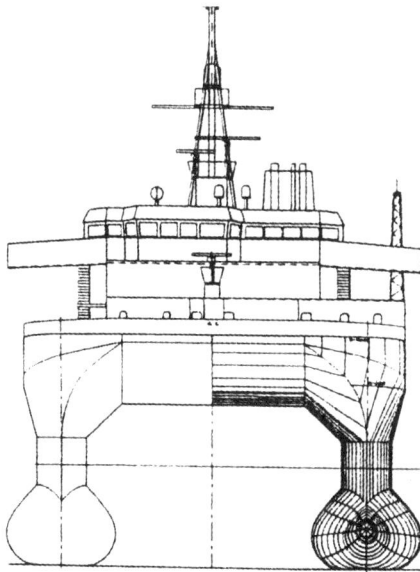

图 3　横剖面线型

4.2 质量重心控制

小水线面船设计的最大风险是对船的质量和重心的控制,如果失控,则影响整个船的性能和经济性。在设计过程中把控制质量和重心作为首要任务,随时注意调整。

小水线面双体船由于水线面积小,在静水力计算中每厘米吃水值和每厘米纵倾力矩值大大小于一般单体船。船上质量和重心略有改变时,对船的吃水和纵倾产生明显的影响。作为调查作业船,其露天甲板作业面积占整个主甲板面积达到43%,考虑船的正常作业,换装作业或改装作业时,船的浮态有明显的改变,因此在艏部像潜艇设计一样设平衡水舱,随时调整船的作业状态或航行姿态。

船在建造过程中,要严格控制质量,按图施工。尤其是船在下水后,停靠在舾装码头继续施工时,对设备、材料、成品上船时一定要派人设岗监控和称重。

4.3 柴电螺旋桨推进系统

(1)船舶适应性

小水线面双体型船与传统的单体船差别很大,由于其水下潜体体积小,柴油机装置和附件很难容纳在狭窄的机舱空间内,务必要放置在水上部分的露天甲板间舱内,因此船的推进系统要分层设置,将柴油发动机放置于甲板上,而推进电机置于水下潜体的主电机舱内,并采用通过轴系与螺旋桨相连的推进方式。

(2)推进系统的选择

因小水线双体型船不同于单体型船,在电力推进系统选择上也有所不同。

随着大功率交流电和变频调速技术日臻完善,出现了各种吊舱式和全方位舵桨合一的推进方式。但是由于国内成套化和设计能力不足,几乎都是采用西门子、ABB等公司的成套产品,而且产品价格高,构造上还很难适应本船型需要。因此从实际出发,采用柴电螺旋桨推进方式,其最大特点是成本低、推进效率高、经济性好。

(3)直流组网电力推进技术

以发电机、变频器和电动机带动螺旋桨旋转的推进系统,以往都采用交流组网技术,这是因为交流发电机没有碳刷和滑环,相比于直流发电机可靠性更高。但是交流组网技术相对复杂,并且整体体积较大。从2010年开始,整个行业逐渐从交流组网技术向更为先进的直流组网技术过渡。直流组网技术仍然采用成熟可靠的交流发电机组,但是采用电力电子设备将发电机组通过整流组成一个直流船用电网。在本船上与国内汾西重工公司合作研发"直流组网电力推进技术",不仅便于大小功率发电机组的并车与调速,并且免除了移相变压器和配电板的配置。这样使整个柴电推进装置的空间和质量都可减少约30%,该项技术不仅优化了系统布置,而且降低了投资成本。

为了提高推进装置的效率,部署研制大功率低转速(120 r/min)、小尺寸的永磁变频推进电机相匹配。

4.4 螺旋桨设计

(1)考虑到调查作业船的水声设备的使用和试验,螺旋桨必须是低噪音的。因此采用多叶片、带侧斜的螺旋桨使它在运转中水流更均匀。考虑制作中的难易,一般采用5叶片和25°侧斜度为宜。

（2）由于艉框裕度较大，采用大直径螺旋桨，提高敞水效率。

（3）用 MAU5 图谱[3*]初步确定螺旋桨诸要素。

（4）为了防止出现较多叶梢背空泡，适当加大盘面比[4*]，不致因水流扰动，产生环境噪音。

（5）按环流理论，用 CFD 工具做进一步分析提高。

（6）选择毂帽整流鳍（图4）作为节能措施[5*-6*]以提高推进效率。

（7）选用高强度处理，如高锰铝青铜以减轻质量，降低螺旋桨转动惯量，以期进一步减振、降噪。

（8）根据上述措施预计螺旋桨效率可提高约6%。

由此获得大直径、低噪音、无空泡带毂帽整流鳍节能的高推进效率的螺旋桨，将其用于小水线面型调查作业船上。

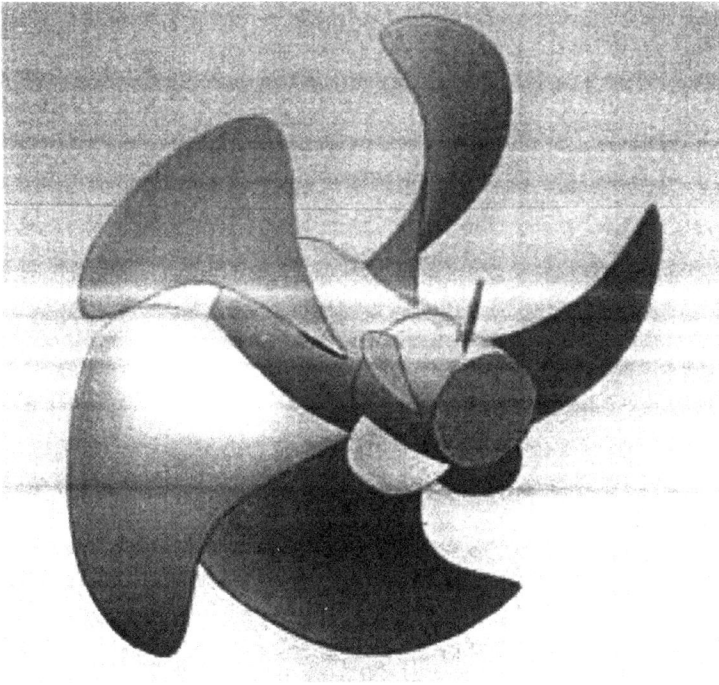

图4　带毂帽整流鳍节能螺旋桨

5　结　语

（1）小水线面双体型船是高科技高性能船舶，设计中运用 CFD 等技术外，还要通过船模试验进行校核，以防出现差错。

（2）小水线面双体型船作为调查、勘探、作业船型时，必然会遇到一些问题，上述提及的一些情况，仅供参考应用。

（3）由于小水线面双体型船具有单体船无法相比的优点，尤其是耐波性好，在海上如同一个稳定平台。因此可以适用于各种类别的客船、大洋钻探船、载直升机母舰、导弹发射母舰等。

特 殊 参 考 文 献

［1*］ Edward Numata, Predicting Hydrodynamic Behavior of small waterplane Area Twin HUll Ships, Marine Technology, January 1981.

［2*］ RDSO by Coupiing CAESES and Navcad, The NAVAL ARCHITECT, October2015.

［3*］ 葛兴国、刘旭岚编译，"船用螺旋桨设计参考资料"上海市 3203 信箱.

［4*］ 葛兴国著，"KC. 推进器组系及其他"，船舶及海洋工程设计研究论文集，2015. 10.

［5*］ 葛兴国，江海直达船型与节能装置设计，上海造船，1991. 4.

［6*］ H. Schneekluth, Ship Design for Efficiency and Economy, 1987.

第九篇　化学品船设计

国际散化规则对化学品船设计的要求

摘要 本文述及国际散化规则的制定过程和修正概况;逐节介绍规则的简要内容;最后阐述国际散化规则对设计和建造化学品船时的要求。

1 引 言

化学品船是指散装运输化学品的液货船。船上所载液货都属于危险或有毒液体化学品。这种液货系温度为 37.8 ℃时,其蒸汽压力不超过 0.28 MPa(绝对压力)的液体。由于化学品种类繁多,性质各异,设计该类船舶既要符合安全要求,又要满足防污染要求, 因此技术复杂,难度较大。

化学品船设计时,除了一般船舶必须符合的规范、规则、公约和法规外,尚需遵守下列规则和规范:

(1)《国际散装运输化学品船舶构造和设备规则》,(International Code for the Construction and Equipment of Ships Carrying Dangerous Chemicals in Bulk,IBC Code 简称国际散化规则或 IBC 规则)。

(2)73/78 防污染公约(MARPOL73/78)附则Ⅱ:《控制散装有毒液体物质污染规则》。

(3)各船级社规范有关散装运输危险化学品船的分册或专册。

由于世界各船级社在国际海事组织(IMO)中作为非政府组织,所以以咨询顾问的身份参加会议,共同讨论海事技术或提供资料进行咨询,为此,IMO 的各种决议和修正案都及时地在各船级社的规范或指导性技术文件中获得反应。但是对于散装运输化学品液货,其蓝本仍为 IBC 规则。由此可见 IBC 规则的重要性。

IBC 规则对化学品船设计影响很大,其对主尺度、船体结构、船舶布置、破舱稳性、液货舱内通道等要求都有规定。同时由于化学品种类发展很快,为了适应运输需要,IBC 规则常作频繁修正,所以设计者应谙熟规则内容,并注意修改动向。

本文按 IBC 规则对化学品船设计的要求做归纳性阐述,供设计化学品船时参考使用。

2 IBC 规则的制定和修正

2.1 制定规则的机构

IBC 规则像其他公约、规则一样是在国际海事组织直接领导下完成的。

国际海事组织是联合国的一个机构,主管海上航行安全,保护海洋环境防止污染和负责处理航运事务的专门机构。该组织下设 5 个委员会,负责全部技术工作,其中与制定 IBC 规则有关的为海上安全委员会和海上环境保护委员会(Maritime Environment Protection Committee ,MEPC)。

海上安全委员会是最早设立的一个最主要机构,其任务是研究 IMO 范围内与海上安全有关的技术问题,并提出各种建议、规则和指南等技术文件,供大会讨论形成决议案。

海上环境保护委员会于 1973 年 11 月设立。其主要任务是审议 IMO 范围内有关防止和控制船舶对海上污染的事宜,提供技术资料,提出有关建议、规则和指南等技术文件,供大会讨论通过,形成决议案。

国际海事组织的权力机构每年召开一届由全体缔约国政府参加的海事大会(Assembly)。会上通过各委员会的技术文件,形成该届大会决议,作为缔约国政府的主管机关贯彻执行的依据。

决议的编号:MSC.10(54),即第 54 届第 10 号决议。如属环保会提出的:MEPC.32(27),即第 27 届第 32 号决议。

2.2 IBC 规则的制定

最初的化学品运输是利用普通油船来完成。当时运输品种单一,船上设施简单。随着化学品的数量和品种日益增加,需要设计专门的化学品运输船。第一艘散装化学品运输船建于 20 世纪 60 年代,由于化学品品种繁多、性质各异、易燃且有腐蚀性,在船舶和人员安全方面要比油船严格。液货舱的分隔和液货管路的配置更为复杂,人们认识到设计成专用化学品运输船其技术要求很高,并且受到规则的约束。

有关化学物质的危险性早就受到人们的重视,有专门机构从事研究工作,其中参加的机构有美国国家科学院(National Academy of Sciences,NAS)和联合国海洋污染科学专家组(Group of Experts on the Scientific Aspects of Marine Pollution,GESAMP)。NAS 的研究主要是关于人员的安全;而 GESAMP 的工作则集中在化学品对海洋环境的影响,两者的研究成果都为国际海事组织所接纳,作为船舶设计和操作规程的基础。

1968 年国际海事组织着手拟定一项有关散装运输危险化学品船舶构造和设备的规则。在制定时,参考当时某些国家已有的化学品液货船的安全规范以及研究成果和当时出现的事故。1971 年 11 月,国际海事组织召开大会,以海大 A.212(Ⅶ届)号决议通过采用《散装运输危险化学品船舶构造和设备规则》简称散化规则(Code for the Construction and Equipment of Ship Carrying Dangerous Chemicals in Bulk,BCH Code)。

规则制定后,国际海事组织要求拥有化学液货船的国家实施规则要求。当时,有些缔约国政府将其当作本国法律贯彻执行;而另一些国家考虑该规则属建议性质,交由船东自行决定,仅在检验合格后,颁发一份适装证书;有些港口国家要求挂外国旗的船舶持有适装证书作为进入其港口的条件。可见规则在执行过程中宽严不一。特别在造船业中,对执行该规则引起不明确性。

国际海事组织的海上安全委员会(MSC)认为,规则在执行过程中处于混淆不清的法律地位是不妥当的,决定通过 1974 年的 SOLAS 的修正来使成为强制性规则。

同时,散化规则制定之后,曾修正过数次。由于制定这类性质的规则是第一次国际性文件,是在较为仓促的时间内制定的。同时新化学品种类不断出现,其运输安全问题需要研究,并且对装船要求需补充到规则中去,因此需要对原规则进行修正。

修订后的 BCH 规则共有 19 章(原为 7 章),为了将强制性规则与 A.212(Ⅶ届) 非强制性规则相区分,委员会同意将修正后的规则命名为《国际散装运输危险化学品船舶构造和设备规则》(IBC 规则),并适用于规则生效日或其以后建造的船舶。现有的 BCH 规则仍保留为非强制性规则,适用于在新的强制性规则生效日以前建造的任何尺度的船舶。

海上安全委员会(MSC)在其第 48 届会议上,以 MSC4(48)号决议通过 IBC 规则,并决定适用于在 1986 年 7 月 1 日或其后建造的任何尺度的化学品液货船。

与此同时,为了使规则通过 SOLAS,并作为公约的组成部分,成为强制性的规则。海上安全委员会在 1983 年的 SOLAS 的修正案中修订了公约的第Ⅶ章"危险货物的载运"的内容:新增 B 部分, 名为"散装运输危险液体化学品船舶的构造和设备"。公约明文规定:

(1)IBC 规则为 MSC4(48)决议通过的。

(2)适用于 1986 年 7 月 1 日或以后建造的化学品液货船。

(3)IBC 规则的要求应视为强制性要求。

从此,IBC 规则与 SOLAS 一样具有同等法律地位。参加 IMO 的缔约国政府必须遵照执行。

IBC 规则原来只考虑安全方面的要求,为了响应 1973 年国际海洋污染会议决议第 15 号文件,于 1985 年 12 月 5 日的海上环境保护委员会第 22 届会议上,以 MEPCI9(22)决议通过了经修正扩大后的 IBC 规则,包含了实施 73/78 防污公约的附则Ⅱ有关防止海洋污染方面的规定,并在 MARPOL73/78 公约的第 13 条中写明:1986 年 7 月 1 日或以后建造的化学品液货船,应符合《国际散装化学品规则》的要求。可见 IBC 规则又成为 MARPOL73/78 公约的一部分,符合强制性要求。

当时使用的 IBC 规则系经 2004 年修正, 并于 2007 年 1 月 1 日生效的最新版本。

3 IBC 规则的逐章简介

第 1 章 总则

本章为 IBC 规则的约束性内容,它明确规定规则的适用范围:从事散装运输危险化学品或有毒液体物质的船舶, 其温度为 37.8℃时,蒸汽压力小于 0.28 MPa 的液体,且适用于 1986 年 7 月 1 日以后建造的船舶。本章还明确规则涉及的货品危险性类型。对所用的名词给出了定义。指明船舶应遵循的程序、需作检验的形式和周期。还规定了适装证书的颁发,它是证明所建船舶已符合 IBC 规则的重要文件。

第 2 章 船舶残存能力及液货舱位置

本章涉及了为减少由于碰撞或搁浅而造成意外污染和安全方面的危险而制定的最为重要的要求。这些要求对船舶的结构设计和船舶布置具有重大的影响。

由于碰撞或搁浅造成船体损伤,从而引起液体货物的失控和释放,为此对货物制定三种程度不同的保护方式,即将船舶划分成三种船型。船型的确定要考虑货物的品种、性质和释放后对环境的危害程度。1 型船用于对环境和安全有非常严重危险的货物;为此,1 型船要求将货物置于船内距船舷 1/15 船宽以内和距船底 1/15 船宽以上的空间。2 型船适用于虽具有严重危险,但释放后没有大范围影响的货物,对此型船要求将货物置于船内距船舷至少 760 mm 以内和距船底 1/15 船宽以上的空间。3 型船适用于危险性较小的货物,在分舱要求上和常规的液货船相近,但对其残存能力的要求高于常规液货船。

本章还提出标准的碰撞和搁浅假定,以便确定船舶的残存能力。如果船舶达到规定的残存要求,就可认为该船能在假定破损条件下残存。其要求包括在浸水的任何阶段由于不对称浸水引起的最大横倾角,和达到平衡位置的稳性要求。

第 3 章　船舶布置

本章包含的内容较多。

在货物分隔一节中禁止彼此间会引起危险反应的各种货物积载在相邻液货舱内。禁止对这些货物采用共用的货泵管系和透气系统。还规定:液货舱应与机器处所和起居处所相分隔。

在起居、服务、机器处所和控制站一节中,规定这些处所不得设于货舱区域内。对起居处所面向或邻货舱区域的门窗做了规定。

在货泵舱一节中,对货泵舱的出入口以及货泵舱由舱底水系统的排放做了规定,舱底系统必须从货泵舱外进行操作。

其他尚有各节涉及:进入液货舱区域内各处所的通道开口;舱底和压载布置;泵和管路的识别;船首或船尾的装卸装置。

第 4 章　货物围护系统

对货物围护系统采用四个术语加以区别。液货舱可以是"独立"于船体结构之外;也可以是船体结构"整体"的一部分;可以是"重力"液货舱(当设计表压力不大于 0.07 MPa 时);也可以是"压力"液货舱(设计表压力大于 0.07 MPa 时)。各种货物的舱型是根据货物的危险性确定的,并规定在第 17 章中。整体重力液舱是最常用的舱型。

第 5 章　货物驳运

对液货管系做了详细的规定,包括:管子的最小尺寸;管路的布置;阀件的位置;管路连接的要求和限制法兰的使用;管系试验要求;货物软管的标准和试验。

第 6 章　构造材料

液货管系和液货舱所用的构造材料必须与其所装载货物相适应。主要关注的是货物的腐蚀作用、货物与材料之间可能的危险反应。

第 7 章　货物温度控制

受规则约束的某些货品要求加热以维持其液态运输,而其他某些货品要求冷却以减少货品的蒸汽压力。为此,载运这些货品的船舶需要在船上设置货物加热和冷却系统。本章规定这些系统的标准。

对于有毒货品人们关注的是货品可能会泄漏到加热或冷却系统中去。为了减少这种泄漏的危险性,这些货品的加热或冷却系统禁止让其他加热或冷却介质流经机器处所,除非先以试验证明这些介质未受毒质污染。为此应取样检查,并进行检测。

第8章　液货舱透气和除气装置

规定了液货舱透气系统的设计要求。许多化学品会释放可燃的或有毒的蒸气;因此液货舱的透气系统必须设计成不仅能确保液货舱的正常换气,且能及时将装货时释放出的有毒和可燃气体迅速排放且释放到远离船员处所和船上的进气口的一个安全距离;同时,必须有除气装置的保护,以防止甲板上的火焰进入透气系统和液货舱。

第9章　环境控制

明确规定某些货品所需的液货舱环境控制的形式。除了未受控制的大气状态,液货舱的环境控制可以采用惰性法、隔绝法、干燥法和通风法。该章对这些措施均做了规定。而第17章载明化学品是否要求专门的液货舱环境控制的规定。

第10章　电气设备

给出对可燃气体可能聚集处所的电气设备的要求:规定了电气设备的标准,并将用于危险部位的电气设备限制在适用于此种部位的安全形式。

第11章　防火与灭火

详述了对必须在货物区域设置的固定式灭火系统的要求。主要是:设置固定式甲板泡沫灭火系统以保护货物区域,以及对货泵舱设置 CO_2 系统。本章的基本要求取自 SOLAS 公约修正案的第 II-2 章,并使适用于化学品液货船。对于许多化学品为了使泡沫灭火系统发生效用,要求有较高的泡沫供给率。

第12章　货物区域的机械通风

在安全装卸货物过程中,对经常出入的处所(如货泵舱)和不经常出入的处所给出需设置通风系统的标准,包括:换气率、通风排气管道和进口的位置,以及为尽量减少火花危险而对风机设置提出限制规定。

第13章　测量设备

液货舱应设三种测量装置:开敞式装置、限制式装置和封闭式装置。蒸气探测设备对于易燃和有毒货物是必要的,以便船员了解蒸气的危险程度。第17章对各种货物规定了采用何种测量方法。

第14章　人员保护

货物的装卸作业要求采用防护服和设备,以避免与腐蚀性或有毒货品发生直接皮肤接触。本章对此种防护服和设备做了规定。同时还要求配置额外的设备,以便船员在可能发生应急情况中使用。此外还包括了对消防人员的装备、呼吸器、担架、15 min 应急逃生呼吸器、医药急救设备、眼冲洗和消防污染站的要求。

第15章　特殊要求

规则中包含的特殊要求可归纳为三类:

(1)某些单项货物的特殊要求;

(2)某些货物类组的特殊要求;

(3)对结构和设备的特殊要求。

某些化学品(如丙酮氰醇、二硫化碳、过氧化氢和环氧丙烷)需要有独特的要求;而某些化学品类组(如各种酸类、有毒货品)则需要对各类组提出独特的要求。本章还包括了以逐个审查的方式提出某些货品的特殊要求,包括溢流控制和特种货泵舱的要求。

第 16 章　操作要求

本章提出了对货物操作的有关要求。规定了 1 型货和 2 型货在单一液舱内最大允许装货量。同时还规定对货物资料、人员培训、液货舱开口和液货舱进入通道的要求,以及装运处于过热状态下的货物时所施加的限 制条件。

第 17 章　最低要求一览表

就适用范围而言,规则的要求可分为两类。第一类要求适用于化学品液货船,而不论其装载何种化学品。属于这一类的有对起居设备、电气设备和灭火系统的要求。第二类要求取决于某一特定货品的危险性。本章的目的是对某一特定货品如何适用不同要求做出规定。内容包括船型、液舱形式、液舱透气、环境控制、电气设备规格、测量、蒸气探测、呼吸和眼睛保护等。规则还明确了对某一特定化学品的特殊要求。

第 18 章　不适用本规则的货品名单

从安全和污染危害性方面进行审查,列出了其危害性尚不足以纳入规则适用范围的液体货品名单。

虽然列出的液体货品不属于规则范围,但主管机关对于运输这些货品仍需采取某些安全措施,并应规定一些合适的安全要求。

第 19 章　散装运输货品索引

散装运输货品索引,仅为提供信息。按英文字母循序排列,以便能方便地查找列于第 17 章或第 18 章的货品名称。

第一栏提供货品索引名称;第二栏为货品名称;第三栏表示 IBC 规则的有关章节;第四栏提供 2001 年 2 月前使用货品的联合国编号。

第 20 章　液体化学品废弃物的运输

液体化学品废弃物系指含有一种或多种受规则约束的物质、溶液或混合物,且认为已无直接用途,拟在海上以外地方进行倾倒、焚烧或用其他方式处理。

其运输条件很严,即:

(1)应按 X 类有毒液体物质进行处理;

(2)按 I 型船舶要求进行载运。

第 21 章　根据 IBC 规则确定载运规定的标准

本章详述 IBC 规则中如何确定载运规定的标准,包括:

(1)IBC 规则第 17 章规定的货品的最低安全和污染标准。

(2)确定最低运输规定必须符合 IBC 规则第 17 章规定的最低安全和污染标准。

(3)纳入 IBC 规则第 17 章"0"栏中的第 15 章和第 16 章特别要求的标准。

4　IBC 规则对化学品船设计的主要要求

4.1　适用范围

规则适用于各种尺度(包括小于 500 总吨)从事散装运输危险化学品或有毒液体物质的船舶。但是,不包括载运石油或下列类似易燃货物的船舶。

(1)具有重大火灾危险性的货物,其危险程度超过石油产品和类似易燃货物;

(2)除有易燃性外,还有其他重大危险性的货物,或虽没有易燃性但有其他重大危险性的货物。

规则所包括的液体是指那些温度为 37.8 ℃时,其蒸气压力不超过 0.28 MPa 绝对压力的液体。

就 SOLAS74 而言,规则适用于载运按安全特性被列入本规则第 17 章的"d"中指明为"S"或"S/P"的货物的船舶。

就 MARPOL 73/78 而言,规则适用于 MARPOL 73/78 附则Ⅱ第 1.16.2 条定义的 NLS 船,此类船舶载运的是列在本规则第 17 章"c"栏中指定为"X、Y 或 Z"的有毒液体物质。

规则适用于在 1986 年 7 月 1 日或以后安放龙骨的船舶。

4.2　船型分类

规则适用的船舶应按下列标准之一进行设计:

(1)1 型船舶系指用于运输第 17 章中对环境或安全有非常严重危险的货物的化学品船,需用最有效的预防措施消除此类货物的漏逸;

(2)2 型船舶系指用于运输第 17 章中对环境或安全有相当严重危险的货物的化学品船,需用有效的预防措施消除此类货物的漏逸;

(3)3 型船舶系指用于运输第 17 章中对环境或安全有足够严重危险的货物的化学品船,需用中等程度的围护以增加其在破损条件下的残存能力。

因此,1 型船舶是用于运输具有最大危险性货物的化学品船;2 型和 3 型船舶是用于运输危险性相继减少的货物的化学品船。运输各种货物所适应的船型,可在第 17 章"e"栏中查出。

4.3　船舶干舷和完整稳性

4.3.1　船舶干舷

IBC 规则适用的船舶可以是现行《国际载重线公约》核定最小干舷。但是,核定干舷所决定的吃水应不大于规则允许的最大吃水。

4.3.2　完整稳性

船舶在所有航海条件下的稳性达到主管机关可接受的标准。

在计算消耗液体的自由液面对装载状态的影响时,每种液体至少应假定有一对横向液舱或一个中间液舱存在自由液面,且所考虑的液舱或液舱组合应是自由液面影响最大的液舱。计算未破损舱室的自由液面影响,应使用主管机关可接受的方法。

固体压载通常不应使用在货物区域的双层底处所。但是,当出于考虑稳性的原因不可避免对这种处所使用固体压载时,其布置应根据需要进行调整,确保因底部破损引起的冲击载荷不会直接传递到液货舱结构。应向船长提供一本装载和稳性资料手册。包括典型的营运和压载状态、估算其他装载状态以及船舶残存能力的汇总详细资料。确保船长能安全适航地装载货物和操纵船舶。

4.4 船舶残存能力和液货舱位置

4.4.1 破损假定

假定最大破损范围见表 1

表 1 最大破损范围

1	舷侧破损	取值	船舶的其他部位
1.1	纵向范围	$L^{2/3}/3$ 或 14.5m,取小者	
1.2	横向范围	$B/5$ 或 11.5m,取小者(在夏季载重线水线平面上从舷侧沿垂直于船体中心线的方向向船内量取)	
1.3	垂向范围	向上没有限制(从中心线的船底外板型线量起)	
2	船底破损	距船舶首垂线 0.3L 范围内	
2.1	纵向范围	$L^{2/3}/3$ 或 14.5 m,取小者	$L^{2/3}/3$ 或 5 m,取小者
2.2	横向范围	$B/6$ 或 10 m,取小者	$B/6$ 或 5 m,取小者
2.3	垂向范围	$B/15$ 或 6 m,取小者(从中心线的船底外板型线量起)	$B/15$ 或 6 m,取小者(从中心线的船底外板型线量起)

若任何破损范围虽小于上述规定的最大值,但会引起船舶更为严重后果时,则对此类破损应以考虑。

4.4.2 液货舱位置

对液货舱位置的要求,是与所载运货物有关的船型而定。

液货舱应设在船内下述位置:

(1)1 型船舶:距舷侧外板应不小于表 1(舷侧破损)规定的横向破损范围,距中心线的船底外板型线应不小于表 1(船底破损)规定的垂向破损范围,但其任何部位距船体外板都应不小于 760 mm。但不适用于用作稀释洗舱污水的液舱。

(2)2 型船舶:距中心线处的船底外板型线应不小于表 1 规定的垂向破损范围,但其任何部位距船体外板都应不小于 760 mm 但不适用于用作稀释洗舱污水的液舱。

(3)3 型船舶:无要求。

除 1 型船舶外,安装于液货舱内的吸口井可以伸到表 1 中规定的船底破损的垂向范围内,但此类吸口井应尽量小,在内底板以下的伸入部分的深度应不超过双层底的 25% 或

350 mm,取小者。当无双层底时,独立液货舱吸口井的伸入部分的深度在船底破损上限以下应不超过 350 mm。

4.4.3　浸水假定

假定破损处所的渗透率如表 2 所示。

表 2　假定破损处所的渗透率

处所	渗透率
物料贮存处所	0.60
起居处所	0.95
机器处所	0.85
留空处所	0.95
用于装消耗液体处所	0 ~ 0.95*
用于装其他液体处所	0 ~ 0.95*

注:* 部分充装的舱室的渗透率应与该舱室所载运的液体总量相一致。

凡遇破损穿透的液舱,应假定其液体完全从该舱流失,并由达到最终平衡高度的海水所代替。

在最大破损范围内的每一水密分隔,如果在下节(4.4.4)破损标准所述的位置遭受破损,则此分隔应假定被穿透。

若采用诸如阀门或横通调平管之类设备作平衡装置,则该装置不应认为可用来减小横倾角或达到最小剩余稳性范围以满足下节(4.4.5)的残存要求。如需采用平衡装置时,在所有阶段均应保持足够的剩余稳性。

直接位于舷侧破损上方的任何上层建筑的浮力应不予考虑,但在破损范围之外的上层建筑未进水部位可以考虑。

4.4.4　破损标准

不同船型的船舶应在下述假定的破损部位破损,以计算其残存能力。

(1)1 型船舶,假定在其长度范围内的任何部位经受破损;

(2)2 型船舶,船长超过 150 m 的,应假定在其长度范围内的任何部位经受破损;

(3)2 型船舶,船长为 150 m 或以下的,应假定在其长度范围内除尾机型机舱边界舱壁之外的任何部位经受破损;

(4)3 型船舶,船长超过 225 m 的,应假定在其长度范围内的任何部位经受破损;

(5)3 型船舶,船长为 125 m 或以上,但不超过 225 m 的,应假定在其长度范围内除尾机型机舱边界舱壁之外的任何部位经受破损;

(6)3 型船舶,船长小于 125 m 的,应假定在其长度范围内除尾机型机舱之外的任何部位经受破损,但对机舱进水后的残存能力应由主管机关考虑。

对小型的 2 型和 3 型船舶,如不能全部满足上述（3）和（6）的要求,可采取能保持同样安全程度的替代措施,但需经主管机关认可。

4.4.5 残存要求

船舶在上述破损标准下,经受假定的最大破损范围,在稳定平衡状态下,应满足下述衡准。

(1)进水的任何阶段

下沉、横倾和纵倾后的水线应低于可能发生连续进水的开口的下缘。此类开口包括空气管和风雨密门或舱口盖作为关闭装置的开口,但可不包括用水密人孔盖和甲板齐平的小舱口盖、能保持甲板高度完整性的小型水密液货舱舱口盖、远距离操作的水密滑动门和非开启式舷窗作为关闭设备的开口。

由于不对称浸水引起的最大横倾角不超过25°,但若不出现甲板浸水,此角可增至30°。

(2)进水的最终平衡阶段

复原力臂曲线在超过平衡位置以外应有一个20°的最小横倾范围,且在20°横倾范围内的最大剩余复原力臂至少为0.1 m。在此范围内该曲线下的面积应不小于0.0175 m·rad。在上述横倾范围内未被保护的开口不应浸没,除非有关处所已被假定是浸水的。在此范围内上述(1)所列的任何开口和能被风雨密门关闭的其他开口均允许被浸没。

应急电源应能工作。

4.5 船舶布置

4.5.1 货物分隔

用于装运货物和货物残余物的液货舱应该用隔离舱、留空处所、货泵舱、泵舱、空液舱、燃油舱或其他类似处所与起居处所、服务处所、机器处所、饮用水舱和生活用品储藏室分隔开。

对于装有易与其他货物或货物残余物或混合引起危险反应的货物或货物残余物或混合物的液货舱:

(1)用隔离舱、留空处所、货泵舱、泵舱、空液舱或装有相容货物的液货舱与装有其他货物的液货舱分隔开;

(2)有独立的泵和不通过装有此类货物的其他液货舱的管系;

(3)有独立的液货透气系统。

货物管系不应通过任何起居处所、服务处所和除货泵舱或泵舱以外的机器处所。

4.5.2 起居、服务和机器处所以及控制站

起居处所或服务处所或控制站不得设置在货物区域内;液货舱或污液舱不应设置在任何起居处所的前端之后。

起居处所、服务处所、机器处所和控制站的入口、空气进口和开口不应面向货物区域。它们应位于不面向货物区域的端壁上,和/或距上层建筑或甲板室面向货物区域的端壁至少为船长(L)的4%,但不少于3 m的上层建筑或甲板室的外侧壁处,但该距离不必超过5 m。在上述限制范围内不得设门,但不通往起居处所、服务处所或控制站的那些处所如货物控制站和储藏室可以设门。如果设置这种门,该处所边界的绝热应达到"A-60"标准。驾驶室的门和窗可以设在上述范围内,但应确保驾驶室的门和窗能进行快速和有效地气密

和蒸气密关闭。面向货物区域和在上层建筑及甲板室两侧上述范围内的窗和舷窗应为固定型(非开启式)。在主甲板上的第一层舷窗上应设钢质或等效材料的内盖。

4.5.3 货泵舱

货泵舱的布置应确保:

(1)在任何时候都能从扶梯平台或从舱底板通行而不受限制;

(2)为货物装卸操作而设的阀,能让穿着保护服的人员不受限制地到达。

(3)应设有能用救生绳提升受伤人员的固定装置,提升受伤人员时应不受任何凸出物的阻碍。

(4)所有扶梯和平台上都应设栏杆。

(5)正常出入泵舱的扶梯不应垂直设置,而且应在适当间隔处设置平台。

(6)供货泵舱用的舱底管系应能从货泵舱外进行操作。

(7)应设有一个或几个污液舱(Slop Tank),用于储存受污染的舱底水或洗舱水。还应设带有标准通岸接头或其他设备,以便把污液输送至岸上的接收设备。

4.5.4 进入货物区域内各处所的通道

进入货物区域内的隔离舱、压载舱、液货舱和其他处所的通道应直接通向开敞甲板,并应能确保对上述舱室的全面检查。进入双层底处所的通道可以通过货泵舱、泵舱、深隔离舱、管隧或类似舱室,但其通风方面必须予以考虑。

对于以水平的开口、舱口或人孔作为出入口者,其尺寸应足以使携带自给式呼吸器及穿着防护服人员上下扶梯而无阻碍。同时,还应设置一无障碍开口,以便从该处所底部提升受伤人员,该开口最小尺寸不得小于 600 mm×600 mm。

对于以垂向开口或人孔作为出入口者(供该处所出入所需的长度和宽度范围内使用),其最小净开口不得小于 600 mm × 800 mm,且离底板的高度不大于 600 mm,除非设有格栅或其他脚踏板。

如果通过此类开口或搬移受伤人员的能力使主管机关满意,在特殊情况下,也可批准较小尺寸的开口。

4.6 舱型分类——货物围护系统

所谓货物围护系统系指货物在运输过程中需要对货物进行围护。按货物的性质提出不同围护要求,从而规则规定几种液货舱类型。

4.6.1 独立液货舱

独立液货舱系指不与船体结构相连接或不是船体结构的组成部分的货物围护容器。建造和安装独立液货舱是为了在所有可能的时刻,能消除因相邻的船体结构的应力或移动对液货舱造成的应力(或降至最小)。独立液货舱对船体的结构完整性不是必需的。

4.6.2 整体液货舱

整体液货船系指构成船体结构的一部分的货物容器,且以相同方式与邻近的船体结构一起承受相同的载荷。它通常是船体的结构完整性所必需的。

4.6.3 重力液货舱

重力液货舱系指其舱顶设计压力(表压)不大于 0.07 MPa 的液货舱。重力液货舱可以是独立液货舱或整体液货舱。对重力液货舱的建造和试验应按照公认的标准,且应考虑货物的载运温度和相对密度。

4.6.4 压力液货舱

压力液货舱系指设计压力(表压)大于 0.07 MPa 的液货舱,压力液货舱应为独立液货舱,对其结构的设计应按照公认的压力容器的设计标准。

对各种货物的舱型要求见本规则第 17 章《最低要求一览表》中的"f"栏。

4.7 每个液货舱的最大允许装货量

(1)需在 1 型船舱内载运的货物,其货物在任一液货舱内均不得超过 1 250 m³。

(2)需在 2 型船舶内载运的货物,其货物量在任一液货舱内均不得超过 3 000 m³。

4.8 构造材料

用于液货舱以及与其相关的管路、泵、阀、透气管及其接头的构造材料应适合所载货物的温度和压力,并应符合公认的标准,通常的构造材料为钢质。

选用构造材料时,根据需要应考虑下列要素:

(1)在作业温度下的缺口韧性。

(2)货物的腐蚀作用。

(3)货物与构造材料之间产生有害反应的可能性。

4.9 货物温度控制

如设有货物加热或冷却系统,其建造、安装和试验应使主管机关满意。温度控制系统中使用的材料应适合拟装运的货物。

用于对特定货物进行加热或冷却的介质应为经认可的类型。

在加热或冷却系统中应设有控制阀,以便隔断每个液货舱的加热或冷却系统,并可以用人工调节其流量。

在任何加热或冷却系统中均应配合装置,以确保在任何情况下均能保持该系统中的压力高于液货舱内货物作用于该系统的最大压力。

应备有测量货物温度的设施。个别货物要求采用限制式或闭式测量装置时,测量货物温度的设施应分别为限制式或闭式。

过热或过冷会导致危险情况时,应设有监测货物温度的报警系统。

对有毒货物在加热或冷却时,其加热或冷却介质在循环管路中运行要求如下:

(1)独立于船上其他用途系统,除为另一货物的加热和冷却系统外,不进入机器处所;

(2)在装运有毒货物的液体舱之外;

(3)介质循环到船上其他用途的系统或进入机器处所之前,应取样检查。

在第 15 章中所列的某些货物其附加要求可以从第 17 章表中的"0"栏内查出。

4.10 液货舱透气

所有液货应设置适合于所载运货物的透气系统,要求这些系统应独立于该船所有其他舱室的空气管和透气系统。液货舱透气系统应设计成能尽量减少货物蒸气在甲板聚集和进入起居处所、服务处所和机器处所及控制站的可能性,同时还能尽量减少易燃蒸气进入或聚集在有点火源的处所或区域的可能性。液舱透气系统应能防止水进入液货舱。同时,透气出口处应能使蒸气直接向上不受阻碍地喷射。

液货舱透气系统的设计和操作应能保证在货物操作期间液货舱内所产生的压力或真空不应超过液货舱的设计参数。

(1)液货舱透气系统类型

①开式液货舱透气系统——系指在正常操作期间,货物蒸气进出液货舱的自由流动(除摩擦损失外)无任何限制的系统。开式透气系统每个液货舱可设置单独的透气管,也可在考虑货物适当分隔下,将单独的透气管汇成一个或几个总管。但在任何情况下,在各个透气管总管上不得设置截止阀。

②控制液货舱透气系统——系指在每一液货舱设置压力和真空释放阀或压力/真空阀,以限制液货舱内的压力或真空。该系统的每个液货舱可设置单独的透气管,也可以考虑货物适当分隔下,将上述仅与压力有关的透气管组成一个或几个总管。但在任何情况下,在压力或真空释放阀或压力/真空阀的上面或下面不应设置截止阀。在某些操作条件下可以设有压力或真空释放阀或压力/真空阀的旁通装置。

控制式液货透气系统应由一个主透气装置系统和一个辅助透气装置系统构成,当其中一套装置发生故障时允许能完全释放蒸气以防止过压或欠压。

(2)控制式液货舱透气系统的透气出口的位置要求

①在露天甲板上的高度应不小于 6 m,如设在升高步桥的 4 m 范围内,则在升高步桥以上的高度应不小于 6 m。

②离开起居处所、服务处所和机器处所的空气进口或开口及点火源的最近水平距离至少为 10 m。

只要设有一个形式认可的高速透气阀,能将蒸气/空气混合物以至少 30 m/s 的出口速度向上自由喷射,则对(1)项所述的透气口在甲板上或升高步桥以上的高度可减至 3 m。

载运闪点不超过 60 ℃(闭杯试验)的货物的液货舱,其控制式透气系统中应设有防止火焰进入液货舱的装置。在设计该装置时,应充分注意该系统和附件在恶劣气候环境下会形成诸如货物蒸气的结冻、聚合物、大气灰尘或冰块堵塞的可能。为此,应注意火焰消除器和防火网易于堵塞的情况。

液货舱除气——液货舱装载不允许用开式透气货物的液货,具有除气装置应能使易燃或有毒蒸气在大气中的扩散危害或易燃或有毒蒸气混合物在液货舱中所造成的危害降到最低限度。此类蒸气放出就立即进行除气作业。

4.11 环境控制

(1)液货舱的环境控制,有以下四种方式

①惰化法——用不助燃且不与货物反应的气体或蒸气充入液货舱及其管系;

②隔绝法——用能使货物与空气隔绝的液体、气体或蒸气充入液货舱及其管系,来维持状态;

③干燥法——用大气压力下露点为 -40 ℃或更低的干燥气体或蒸气充入液货舱及其管系,来维持状态;

④通风法——进行强制通风或自然通风。

(2)当液货舱采用惰化式或隔绝法时的要求:

①除非岸上有惰性气体可供随时使用,船上应携带制造足够的惰性气体,供液货舱充注和卸货时使用。此外,船上还应备有足够的惰性气体随时补充运输途中的正常损耗;

②船上的惰性气体系统应能使围护系统内保持至少为 0.007 MPa(表压力);

③采用隔绝法时,隔绝介质的供应应与上述①②对惰性气体的要求相类似的装置;

④用于易燃货物的惰化装置或隔绝装置或二者兼用装置,在惰性介质充注时,应将静电减至最低。

当采用干燥法并以干燥氮气作介质时,对于干燥剂供应装置应符合上述①②③④要求。当液货舱的所有空气进口处用干燥剂作为干燥介质时,要考虑航行中每天的温度变化和预期的湿度,应携带足够的介质。

4.12 电气装置

IBC 规则规定要与 SOLAS 第Ⅱ-1 章 D 部分对电气装置的要求一致,适用于载运其本身易燃或与其他物质反应后易燃或对电气设备有腐蚀作用的货物的船舶。

电气装置的安装应尽可能将易燃货物发生和爆炸的危险减至最小。

电气设备、电缆或接线不得安装在危险处所内,除非该设备符合不低于本组织可接受的标准。

规则允许安装在危险区域内的电气设备应使主管机关满意,并且应具有主管机关认可的有关当局核发的可在第 17 章表中"i"栏内所列的可燃气体环境中作业的证明。

对各种货品的电气要求列于第 17 章表中的"i"栏内。

4.13 防火和灭火

4.13.1 货泵舱

在任何船舶的货泵舱中应设置 SOlAS 第Ⅱ-2/10 条规定的 CO_2 灭火系统。同时 SOLAS 所要求的报警装置,应能在易燃货物、蒸气/空气混合气体中安全使用。船上携带灭火剂的数量应足以供应相当于货泵舱总容积 45% 所需的自由气体。

如果拟载运的货物不宜采用 CO_2 或等效介质进行灭火,则货泵舱应设置固定的压力水雾系统或高倍泡沫灭火系统。

4.13.2 货物区域

每艘船舶应装设下列要求的固定式甲板泡沫系统。甲板泡沫系统的主控制站应设在货物区域外的适当位置,并应邻近起居处所。

泡沫溶液的供给率应不小于下列规定的最大值：

(1)按液货舱甲板区域面积，每平方米为 2 L/min。液货舱甲板区域面积是指船舶的最大宽度乘以液货舱处所范围的整个纵向长度。

(2)按具有最大水平截面积的单个液货舱的水平截面积，每平方米为 20 L/min；

(3)按最大泡沫炮所保护并完全位于该泡沫前方的区域面积，每平方米为 10 L/min，但应不小于 1 250 L/min。对于 4 000 DWT 以下的船舶，其泡沫炮的最小排量应经主管机关同意。

应提供足够的泡沫原液，以保证上述(1)(2)和(3)的最大泡沫溶液供给率，确保产生泡沫溶液至少能持续 30 min。

由固定泡沫系统提供泡沫炮和泡沫枪喷射的泡沫溶液，每具泡沫炮排量至少应为上述(1)或(2)所要求的泡沫溶液供给率的 50%。

从泡沫炮至其前方的保护区域最远端的距离，应不大于该泡沫炮在静空气中射程的 75%。

在尾楼前端左右两舷或起居处所面向液货舱的左右两舷，应装设一具泡沫炮和泡沫枪软管连接接头。

泡沫枪应能在消防作业中操作灵活，同时，该泡沫枪应能覆盖泡沫炮保护的屏蔽区域。任何泡沫枪的排量应不小于 400 L/min，且在静空气中的射程应不小于 15 m。每艘船配备的泡沫枪数量应不小于 4 具。泡沫总管出口数量和布置应能使至少从两具泡沫枪，喷出的泡沫直接射至液货舱甲板区域的任何部位。

应设有适用于拟装货物的手提式灭火器，并保持其良好工作状态。

4.14 货物区域的机械通风

4.14.1 货物操作期间经常进入的处所

货物操作期间经常进入的处所应做到以下几点要求：

(1)货泵舱和容纳货物装卸设备的其他围蔽处所，以及进行货物操作的类似处所应装设机械通风系统，且能在该处所外部进行控制。

(2)在舱室之外应设有需要进行通风的警告牌。

(3)按处所的总容积计算，通风系统应具有不小于 30 次/小时的空气交换能力。

(4)通风系统应为固定式，而且通常应为抽出式。

(5)在装有驱动货泵的电机的舱室内，通风系统应为正压式。

(6)货物区域内各处所的通风排气管道应向上排放，其排气口的位置与起居处所、服务处所、机器处所、控制站及货物区域以外的其他处所的开口之间的水平距离至少为 10 m。

(7)如果装运易燃货物，则驱动风机的电动机应安装在通风管道的外面。

(8)在通风管道的外部开口处，应设置单个网孔面积不大于 13 mm × 13 mm 的保护网。

4.14.2 经常进入的泵舱及其他围蔽处所

经常有人进入的泵舱和其他围蔽处所应设置机械通风系统，且能从该处外部进行控制。按上述处所的总容积计算，系统应不小于 20 次/小时空气交换。

4.14.3　不经常进入的处所

双层底舱、隔离舱、箱形龙骨、管隧、货舱处所以及可能积聚货物的其他处所应进行通风。若上述处所未设固定通风系统,应配备认可的可移式机械通风设施。对于货舱处所,由于布置需要,通风的主要管道应为固定式装置。其排量应满足 8 次/小时空气更换,而移动式通风系统为 16 次/小时空气交换。

4.15　检测设备

液货舱应设有下列形式之一的测量装置。

4.15.1　开式装置

利用液货舱口的开口进行测量,可以将测量仪表放置于货物或蒸气之中。例如空挡液位测量孔。

4.15.2　限制式装置

将此装置伸入液货舱内,使用时允许少量货物蒸气或液体逸入大气;不使用时这种装置是完全封闭的;其设计应确保在打开这种装置时不致使舱内货物(液体或气雾)发生危险外溢。

4.15.3　封闭式装置

将此装置伸入液货舱内,成为封闭系统的一部分,而且能防止舱内货物溢出,例如浮筒式系统、电子探头、磁性探头和带有防护装置的观察器等;也可采用不穿过液货舱壳板而与液货舱无关的间接式装置,如货物称重装置和管式流量计等。

蒸气探测:

对载运有毒和/或易燃货品的船舶至少应配备 2 套专为该类蒸气而设计并经校准的试验仪器,如果这种仪器不能兼用试验毒性浓度和可燃浓度,则应各备有 2 套单独的仪器。

蒸气探测仪可以是便携式的,也可以是固定式的。如果已安装一个固定的探测系统,则至少还应备有 1 套便携式探测仪。

4.16　人员保护

4.16.1　保护设备

为保护从事装卸货操作的船员,船上应有合适的保护设备,包括大围裙、带有长袖的特别手套、适用的鞋袜、用抗化学性材料制成的连衣裤工作服以及全封闭护目镜或面罩等。

工作服和保护设备应保存在易于到达的专用储存柜内,这些设备不应存放在起居处所内。

4.16.2　安全设备

船舶载运有毒货物时,船上应有足够数量(不小于 3 套)的安全设备,每套设备应保证使人员进入充满气体的舱室,并在舱室内工作至少为 20 min。整套安全设备包括:

(1)自吸式空气呼吸器 1 具(不使用储存的氧气);

(2)防护服、长靴、手套和全封闭护目镜;

（3）配有腰带的能随承受所载货物影响的防火救生绳索；

（4）防爆灯。

应至少有 1 套上述要求的安全设备存放在货泵舱附近易到达处，且有明显标志的合适储藏柜内。

4.16.3　应急设备

对从事载运在 IBC 规则第 17 章"n"栏内标有"Yes"的货物的船舶，应为船上每个人员配足在应急逃生时使用的合适呼吸防毒面具和眼保护设备。

根据 IMO 制定的《涉及危险货物事故的医疗急救使用指南》，在船上设有医疗急救设备，包括氧气复苏设备和供所载货物用的解毒剂。

适用于从货泵舱等处所抬起受伤人员的担架应放置在易于到达的位置。

在甲板上方便处应设置有合适标志的能消除污染的淋浴和眼冲洗设备。

4.17　特殊要求

规则中包含的特殊要求可归纳为三类：

（1）某些单项货物的特殊要求；

（2）某些货物类组的特殊要求；

（3）对结构和设备的特殊要求。具体内容可参见表 3。

特殊要求适用于 IBC 规则第 17 章"o"栏内列出的货物。这些特殊要求是对规则各章中所述一般要求的补充。

表 3　特殊要求综合表

规则序号	标题
15.1	丙酮氰醇和乳腈溶液（80% 或以上）
15.2	硝酸铵溶液（93% 或以下）
15.3	二硫化碳
15.4	二乙醚
15.5	过氧化氢溶液
15.6	内燃机燃油（含有烷基铅的）防爆化合物
15.7	磷（黄磷或白磷）
15.8	环氧丙烷及环氧乙烷/环氧两烷混合物，而有环氧乙烷的含量不超过 30%
15.9	氯酸钠溶液（50% 或以下）
15.10	液态硫
15.11	酸类
15.12	有毒货品
15.13	由添加剂保护的货物
15.14	在 37.8 ℃时其绝对蒸气压力超过 0.101 3 MPa 的货物

表3(续)

规则序号	标题
15.15	点燃温度低和易燃性范围宽的货物(已删除)
15.16	货物污染
15.17	增加通风要求
15.18	特种货泵舱的要求
15.19	溢流控制
15.20	硝酸辛酯(C7－C9),所有异构体
15.21	温度传感器

4.18 最低要求一览表(见表4)

制订此表的目的是对某一特定货品,对所载运船舶如何适应不同要求做出规定。包括:船型、液舱形式、液舱透气、环境控制、电气设备、测量、蒸气探测等,同时还明确规定某一特定货品的特殊要求。

IBC 规则第 17 章内共列出货品计 545 种,现列出部分货品作为实例,供参考(见表4),表4 中栏目的注释下如:

货物名称 (a栏)	任何散装运输货物的装船文件中应使用货物名称。任何附加的名称可放在货物名称后的括号内。货物名称有时可能与以前颁发的本规则中所提供的名称不一致
联合国编号 (b栏)	已删除
污染类别 (c栏)	字母 X、Y 或 Z 系表示按 MARPOL 73/78 附则Ⅱ所确定的有关每一货物的污染类别
危害性 (d栏)	S 系指本规则所包括的具安全危害性的货物; P 系指本规则所包括的具有污染危害性的货物; S/P 系指本规则所包括的既具有安全危害性又具有污染性的货物
船型 (e栏)	1 型船舶(见规则 2.1.2.1) 2 型船舶(见规则 2.1.2.2) 3 型船舶(见规则 2.1.2.3)
舱型 (f栏)	1:独立液货舱(见规则 2.1.2.1) 2:整体液货舱(见规则 2.1.2.2) G:重力液货舱(见规则 2.1.2.3) P:压力液货舱(见规则 2.1.2.4)
液货舱透气 (g栏)	Cont:控制透气 Open:开式透气

液货舱环境控制(h 栏)	Inpert:惰性法(见规则 9.1.2.1) Pad:用液体或气体作隔离法(见规则 9.1.2.2)Dry:干燥法(见规则 9.1.2.3) Vent;自然或强力通风法(见规则 9.1.2.4) No:本规则无特殊要求
电气设备 (i 栏)	温度等级(i')T1 至 T6 一无要求空白 无信息 设备分类(i")ⅡA、ⅡB 或 ⅡC 一无要求空白 无信息 闪点:(i‴)Yes:闪点超过 60 ℃(见 10.1.6) No:闪点不超过 60 ℃(见 10.1.6) NF:非易燃货物
测量 (j 栏)	O:开敞式测量(见规则 13.1.1.1) R:限制式测量(见规则 13.1.1.2) C:封闭式测量(见规则 13.1.1.3)
蒸气探测 (k 栏)	F:易燃蒸气 T:有毒蒸气 No:表示在规则中无特殊要求
防火 (l 栏)	A:抗乙醇泡沫 B:普通泡沫,包括所有非抗乙醇泡沫的泡沫,其中包括氟化蛋白质和水膜泡沫(AFFF) C:水雾 D:化学干粉 No:在本规则中无特殊要求
构造材料 (m 栏)	已删除
应急设备 (n 栏)	Yes:见规则 14.3.1 No:在规则中无特殊要求 特殊要求及操作要求(o 栏)当特别参照第 15 和/或 16 章时,这些要求应为任何其他栏内的附加要求。

最低要求一览表如表 4 所示。

表 4　最低要求一览表

No.	a	c	d	e	f	g	h	i'	i"	i‴	j	k	l	n	o
1	乙酸 Acetic acid	Z	S/P	3	2G	Cont	No	T1	ⅡA	No	R	F	A	Yes	15.11.2, 15.11.3, 15.11.4, 15.11.6, 15.11.7, 15.11.8, 15.19.6, 16.2.9
2	醋酐 Acetic anhydride	Z	S/P	2	2G	Cont	No	T2	ⅡA	No	R	F–T	A	Yes	15.11.2, 15.11.3, 15.11.4, 15.11.6, 15.11.7, 15.11.8, 15.19.6
3	丙酮氰醇 Acetone cyanohydrin	Y	S/P	2	2G	Cont	No	T1	ⅡA	No	C	T	A	Yes	15.13, 15.12, 15.17, 15.18, 15.19, 16.6.1, 16.6.2, 16.6.3

表4(续)

No.	a	c	d	e	f	g	h	i′	i″	i‴	j	k	l	n	o
4	乙腈 Acetonitrile	Z	S/P	2	2G	Cont	No	T2	ⅡA	No	R	F–T	A	No	15.12, 15.19.6
5	丙烯酸 Acrylic acid	Y	S/P	2	2G	Cont	No	T2	ⅡA	No	R	F–T	A	No	15.13, 15.19.6, 16.6.1,16.2.9

4.19 不适用 IBC 规则的货品名单(见表5)

表6的货品名单系统经安全和污染危害性方面审查并已确定其危害性尚不足以列入 IBC 规则适用范围的液体物质。

虽然所列出的液体物质不属于 IBC 规则范围,但主管机关仍应注意,为了安全运输,这些货品可能需要采取安全措施。

有些液体物质确定为 Z 类污染物质,因此在载运时还应满足 MARPOL 73/78 附则Ⅱ的某些操作要求。

表5 不适用 IBC 规则的货品名单

序	货物名称	污杂类别	序	货物名称	污杂类别	序	货物名称	污杂类别
1	丙酮	Z	12	甘油	Z	23	非有毒液体(12)	OS
2	含酒精饮料	Z	13	单油酸甘油	Z	24	聚氯化多铝溶液	Z
3	苹果汁	OS	14	乌洛托品溶液	Z	25	甲酸盐溶液	Z
4	正一丁醇	Z	15	己二醇	Z	26	碳酸丙烯	Z
5	仲一丁醇	Z	16	异丙醇	Z	27	丙二醇	Z
6	黏土泥浆	OS	17	高岭土浆	OS	28	乙酸钠溶液	Z
7	煤泥浆	OS	18	氢氧化镁浆	Z	29	硫酸钠溶液	Z
8	二甘醇	Z	19	葡甲胺溶剂	Z	30	四乙基硅酸单体/低聚体	Z
9	乙醇	Z	20	甲基丙基甲酮	Z	31	二缩三己二醇	Z
10	碳酸乙烯酯	Z	21	糖蜜	OS	32	水	OS
11	葡萄糖溶液	OS	22	有毒液体(11)	Z			

注:货品名称:任何散装运输货品的货运单据中应使用货品名称。任何附加的名称可放在货品名称后的括号内,在某些情况下,货品名称可能与以前颁发的 IBC 规则中所提供的名称不一致。

污染类别:字母 Z 系指按 73/78 防污染公约附则Ⅱ所确定的有关货品的污染类别。OS 系指该货品已评定并认为其污染类别不属于 X、Y 或 Z 类。

4.20　运载化学品废弃物船舶的设计

液体化学品废弃物系指提供载运的、其所含的或被污染的一种或多种成分是受 IBC 规则约束的物质、溶液或混合物,且认为它们已无直接用途,对其载运是为了能在海上以外的地方进行倾倒、焚烧或用其他方式处理。

适用范围——如果要求适用于使用海船以散装形式对液化化学品废弃物进行跨境运输,对 IBC 规则的所有其他要求也应一并考虑。

为了保护海洋环境,所有散装运输液体化学品废弃物,无论其实际被评估的类别如何,均应按 X 类有毒液体物质处理。

船舶及液货舱载运液体化学品废弃物,应符合 IBC 规则第 17 章中规定的对液体化学品废弃物的最低要求,除非有明确的理由表明废弃物的危害性,否则必须符合下列要求:

(1)按 1 型船舶要求进行载运;

(2)按规则中适用于该物质或其主要成分具有危害性的混合物的任何附加要求。

5　后记

以上所述为 IBC 规则为截至 2008 年的最新版本,于 2007 年 1 月 1 日起生效。

正如 IBC 规则前言中所述:"认识到化学品船的设计不仅是一门复杂的技术,而且还在快速发展,所以本规则不应保持不变。因此要考虑经验和技术的进一步发展,定期对本规则进行修正审核。"

海安会第 82 届会议通过 MSC.219(82)决议,即对 IBC 规则的修正(2006 年 12 月 6 日通过)。如按 SOLAS 公约第Ⅷ 条和 MARPOL73/78 公约第 16 条规定的程序予以通过,则生效日期为 2009 年 1 月 1 日。

新修正案内容为对第 11 章防火和灭火做了少量修改;对第 17 章、第 18 章增加少量货品名单。

设计化学品船除了谙熟 IBC 规则的要求外,尚需对修正动向予以掌握,避免不必要的差错,以便设计成一艘技术先进又符合规范、规则、公约、法令要求的化学液货船。

第十篇　内河船设计

开发新船型,发展长江航运

1 长江水系与上海经济区

1.1 长江水系

长江是我国第一大河,是世界上仅次于尼罗河和亚马孙河的第三长河。它发源于青海省可可西里山,流经八省,挟洞庭、潘阳两湖之水,汹涌澎湃直泻东海。全长 5 800 km,流域面积 180 万平方公里,居住在其周围的有近 3 亿人口,是我国经济与文化比较发达的地区之一。

长江,江阔水深,终年不冻;干支水流,纵横交错;大小湖泊,星罗棋布;构成一个巨大的水上运输网。可以通航里程约 7 万 km,其中可以通航船舶的有 1.8 万 km。

长江流域是我国工业发达地区之一,除上海、南京、武汉、重庆等重要工业城市外,还有马鞍山、芜湖、铜陵、黄石、沙市,宜昌等一批新兴的工业城市和地区。

中华人民共和国成立以来,长江航运事业有了长足的发展,整治航道、修筑码头,并建造相当数量的客船、货船、拖(推)船和驳船等投入营运。

1.2 上海经济区

上海自 1843 年开始起,就逐渐形成了港口中心但是在过去 106 年中发展缓慢。到 1949 年,年货物的吞吐量还只有 190 多万 t,仅相当于今日上海港一周的生产水平。

当今的上海港已被誉为世界大港,拥有 96 个泊位,其中有集装箱、散货谷物、煤炭、木材等机械化专业码头和三条水陆联运专线。外贸货物吞吐量占沿海港口吞吐量的五分之一以上,运输线直达欧、美、澳、非、日本、中国香港,并同 160 多个国家和地区的 400 多个港口建立了贸易运输联系。

在对外开放、对内搞活动经济的方针指导下,为了更好地发挥上海这个经济中心城市的作用,1982 年国务院决定建立由 10 个城市组成的上海经济区。最近又决定将上海经济区从原来 10 个城市扩大为苏、浙、皖、赣、沪四省一市。

上海经济区地处长江中下游和长江三角洲地带,河网交叉,岛屿众多。城乡经济的繁荣,外贸的开拓和人民的交往,都有赖于水上交通的发展。长江中下游广大地区,尤其是苏、浙、皖、赣等省,能源充足,物产丰富,因此,上海经济区的腾飞必将居于全国之首。

1.3 发展长江水系航运的意义

长江流域跨 18 个省、自治区、直辖市,流域有县市 787 个,具有优越的自然资源和经济条件,但是综合开发利用的程度还低,多年来国家对交通运输建设的重点放在铁路上,水运建设投资不多,也影响了长江水系航运的发展。

20世纪80年代对外贸易发展得很快,长江沿线诸省相继成立海运公司,筹建船舶,发展海运,独立地开展对外贸易,同时沿海诸省之间也增加了贸易交往。在当时,一系列航道治理和港口修建工程正在进行,如武汉河段的整治、芜湖朱家桥万吨新港的兴建、九江阎家渡外贸港和湖口码头的建设。这些都为发展长江航运创造有利的条件。联系到宁波北仑港矿砂码头的建成,矿石进江、煤炭出海,船舶起着纽带的作用,继十四个沿海城市的开放和长江的开发利用,更需要大量造船,"合纵连横",发展交通运输,加快经济建设。

2　20世纪80年代内河船型的状况和动向

2.1　内河船舶现状

在20世纪80年代,长江内航行的运输船舶有客船、货船、客货船、油船、自航驳船、拖(推)加驳船等。按其运输方式一般可归纳为单船和拖(推)驳船队。

随着交通运输的发展,虽补充了一些新船,但仍然跟不上形势的要求。在20世纪80年代船舶一般是船龄老,技术落后,运输效率低。它与"茫茫九派流中国"的客观现实相比极不相称。即使当时尚在续建中的航行于上海—武汉间的大班轮,仍存在不少问题,有待于完善。如:①在同样的装载量(旅客及货)情况下,主尺度可以进一步缩小,以降低造价;②主机油耗大,功率未充分利用,经济性差;③货物装卸方式落后,劳动强度大,效率低,停港时间长。

至于拖(推)驳船队是内河货物运输的主力,在长江水系中一般采用绑拖或梭顶方式。在当时,急需建造一批分节驳船以代替旧式驳船。因此,5 000 t级、3 000 t级分节驳及1 500 t级甲板驳配以1 320马力、3 640马力拖(推)轮组成较大的拖(推)驳船队,以解决大宗散货的运输任务。可是拖(推)驳船队在长江下游及河口地带,常受台风影响,在航时间少,经济效益不能充分发挥。

长江运输船型有待进一步研究和发展,其运输方式也有待于探讨。

2.2　江海通航

在20世纪80年代社会主义现代化建设中,我国中部有两个经济带,一个是从大连到广西壮族自治区北海的沿海经济带,一个是从重庆到上海的沿江经济带。在航运上长江可以被看成是沿海向内地的延伸,而长江又把内地的江河湖泊连成一片,交织成稠密的水运网,但现有船舶和运输方式不能适应发展的需要。如何把内地物资又快又好地运向沿海城市或如何把沿海城市的物资运向内地城市;何种运输方式在现阶段最为经济合理。今简析如下:

(1)载驳船队

在国外,20世纪70年代开始出现载驳船。按不同卸驳方式,有几个种类的载驳船,但都是属于子母船性质。通常在大河河口,如在莱茵河和密西西比河河口,将母船中货物通过船载驳船一艘艘地运向内河腹地。由于驳船都是新造的标准化船型，连同母船在内，其初始投资极大。同时必须建立一套新的管理经营体制。

（2）有连接机构的推驳船组

这种船组以推轮和驳船配成船组进行运输。推轮和驳船为嵌入式，纵向采用二锁式连接，能适应海上航行。这种船组可以节省停港时间，加快周转速度。由于驳船都是新设计的，因此初始投资费大。

（3）自航驳船

该船型为一种简易的货船，是值得研究和发展的船型。至于吨位大小要视所运的货种和航线而定。正确选择吨位和航速对经济效益影响很大。如果自航驳船需要出海，则对其操纵性和适航性的研究应予格外重视。

（4）江海直达船舶

一般说，海船直接进江或者江船直接出海，可以减少运输环节，提高航运效率，这种船的设计特点是：

①吃水浅，装载量大，有浅水效应；

②改进海船在江中航行的操纵性；

③改善江船在海中航行的适航性；

④上层建筑高度适应过大桥要求。

在现阶段，江海直达船舶无论在技术上和经济上都是可行的。溯自 1862 年武汉辟为通商口岸之后，即有铁壳海船代替内河木帆船直接驶入武汉。昔时吨位小，吃水浅的海船进入长江，现时洪水期有大吨位油船进入南京、武汉。浅吃水"浙海 117"号万吨级货船在非枯水期亦可到长江中下游港口卸矿装煤。以同样吃水常规船型与"浙海 117"号船相比，其载货量仅有 50%，可见浅吃水船具有一定的优越性。至于万吨级以上船型，设计时尚可做进一步探讨。

以往运输方式采用将沿线货物通过水路或陆路运至河口城市，再用海船向外运出，其缺点是货物周转时间长，资金积压，易造成货损，增加转口费用等。船舶设计成江海直达以后，业主可以将内地货物便利地直接运向沿海诸省，无中转环节。至于运向近洋、远洋的大宗货物，似仍由中转港用大吨位船舶输出为宜。

3 开发新船型，为繁荣内河航运服务

3.1 内河船设计

为了发展内河运输事业，船舶产品设计院我七〇八所在 1957 年成立内河船科，专门从事内河船设计。20 世纪 50 年代末全国木帆船技术改造期间，派出工作组面向全国，为地方服务。直至 20 世纪 80 年代来为长江、黄河、沅江、岷江、黑龙江、太湖、洪泽湖、西湖等设计了许多客船、客货船、驳船、推轮、拖轮、交通艇、游览船、测量船以及江海通用船舶（部分船舶要素见表 1 至表 7）。

表1　客船、客货船、货船、油船

船名	主要尺度/m				主机		航速/km/h	备注
	船长	型宽	型深	吃水	型号	功率×台数		
上海苏北线客船	67.5	12.5	3.55	2.8	—	600×2	22.2	—
长江中游客船	62.2	11.0	4.0	2.5	—	600×2	23	—
120 客位内河客船	30.0	6.0	2.5	1.0	6160—1	135×2	17	—
300 客位内河客船	40.0	8.5	2.4	1.4	B2－V12	300×2	20.4	—
昆仑号长江客船	84	13.4	3.4	2.4	6EDZ43/67	2 000×2	31.1	—
汉渝线中型客货船	71.2	12.5	5.8	2.4	—	1 200×2	26.9	—
300 t 内河煤船	59	10.4	3.0	1.2	12V135C	205×2	18.3	—
乌江机动粮食驳	27	6.0	2.2	1.1	12V135	240×2	19.5	—
10 t 内河运输驳	21	4.4	1.2	0.60	6150	150×2	19	—
岷江小货船	34	6.8	2.2	1.0	12V135	216×2	24	—
150 t 内河油船	45	9.0	2.0	1.2	12V135CaB	120×2	20	—

表2　推轮、拖轮

船名	主要尺度/m				主机		航速/km/h	备注
	船长	型宽	型深	吃水	型号	功率×台数		
黄河拖轮	25.95	5.2	1.4	0.9	—	150×2	15.7	—
1.2 m 吃水拖轮	27.62	5.7	1.6	1.2	—	180×2	17.6	—
150 马力内河拖轮	18	4.24	1.84	1.25	—	150×1	17.8	—
长江 1 800 马力拖轮	38.83	10	3.7	2.8	6350ZC	900×2	16.7	—
60 马力内河拖轮	12.4	3.2	1.3	0.7	6110	60×1	16	—
1 200 马力内河拖轮	42.5	11.0	3.7	2.6	—	600×2	13	—
1 800 马力长江拖轮	42	10	3.7	2.5	6350Z	900×2	24	—
4 000 马力长江拖轮	46.2	10	3.7	2.4	D39	2 000×2	26	—
甲型浅水拖轮	14	3.8	1.2	0.5	6135	120×2	16.2	—
乙型浅水拖轮	14	3.8	1.4	0.80	12V135	240×2	19.6	—
480 马力内河拖轮	26.8	5.6	1.6	1.0	12V135	240×2	20	—
2 400 马力长江推轮	46.15	10	3.7	2.4	8350ZC	1 200×2	24	—
1 480 马力长江推轮	42.4	9	3.3	2.1	8350ZC	1 200×2	23	—
0.65 m 吃水拖轮	21	3.9	1.2	0.65	6350	900×2	29	—
浅水拖轮	23.73	3.9	1.4	0.80	12V135	240×2	21.5	—
晋黄拖轮	17	3.8	1.35	0.75	12V135	240×2	16	—
300 马力推拖轮	21.5	6.0	2.0	1.0	6135ACa	150×2	10	—

表3 驳船

船名	主要尺度/m				主机		航速/km/h	排水量/t
	船长	型宽	型深	吃水	型号	功率×台数		
1 000 t 甲板货驳	72	13	2.8	1.8	—	—	—	1 390
550 t 货驳	56.6	10	2.5	1.8	—	—	—	756
60 t 舱口驳	15.9	4.0	1.8	1.5	—	—	—	78
120 t 货驳	25.57	5.8	2.1	1.6	—	—	—	173
50 t 散装油驳	23.8	4.42	1.85	1.25	—	—	—	86
100 t 散装油驳	28.0	5.7	1.55	1.2	—	—	—	138
70 t 自航油驳	23.35	5.4	2.1	1.4		150×1	13.9	127.4
1 000 t 长江砂石驳	62	11	3.5	2.25	—	—	—	1 310
550 t 构型驳	56.2	10	2.5	1.8	—	—	—	756
80 m³ 开底泥驳	30.2	7.0	1.8	1.2	—	—	—	208
90 m³ 石驳	28.3	7.4	2.4	2.0	—	—	—	322
80 t 散装油驳	23.8	5.2	2.0	1.5	—	—	—	120.4
甲型浅水货驳	14.0	3.8	1.2	0.50				17
乙型浅水货驳	23.3	3.8	1.5	0.75				45.7
5 t 浅水自动驳	14.0	3.8	1.0	0.7	CA30	110×2	16.4	14.3
30 t 浅水货驳	22.6	3.9	1.4	0.8				46.6
80 t 黄河自动驳	34.0	7.0	1.45	0.8	6135	120×2	14	149.7
100 t 舱口驳	34.4	7.0	1.4	0.8	—	—	—	152
100 t 甲板驳	34.4	7.0	1.4	0.8	—	—	—	152
100 t 内河油驳	35.08	7.7	1.3	0.8				161.5
200 t 机动货驳	40.0	8.0	2.83	1.9	12V135	240×2	16.7	366
200 t 黄砂驳	43.2	7.4	3.0	1.49	—	—	—	365
60 m³ 液压对开泥驳	25.0	5.2	1.7	1.4	—	—	—	164
130 t 内河油驳	31.0	6.8	1.7	1.2	—	—	—	199
100 t 内河油驳	33.0	7.4	1.3	0.8	—	—	—	161.5
100 m³ 对开泥驳	26.25	6.65	2.0	1.35	—	—	—	236
100 m³ 对开泥驳	32.2	7.4	1.8	1.2	—	—	—	266
20 m³ 对开泥驳	16.6	4.0	1.2	1.0	—	—	—	59.6
180 m³ 对开泥驳	40.8	9.6	2.5	1.35	—	—	—	450

表4　交通艇及其他小艇

船名	主要尺度/m				主机		航速/km/h	备注
	船长	型宽	型深	吃水	型号	功率×台数		
乙型交通艇	30	5.4	2.6	1.45	—	150×2	22.2	—
公安交通艇	26.4	4.2	2.4	1.15	3Д12	300×3	33.7	—
丙型交通艇	26.4	4.2	2.4	1.14	3Д12	300×3	35.2	—
小型交通艇	19	4.2	2.3	1.25	6135Z	120×2	19.4	—
25 t 交通艇	17.2	3.8	2.0	1.0	3Д6	150×1	18.5	—
边防检查艇	20.5	4.1	2.3	1.1	6135	120×2	21.3	—
公安检查艇	25	4.18	2.5	1.13	3Д12	300×2	35.2	—
镇江公安艇	17	3.3	1.5	0.8	6135	120×1	19.5	—
喷水推进边防巡逻艇	11.245	3.15	1.05	0.45	12150	400×1	57	—
洪泽湖公安艇	13.4	2.86	1.2	0.595	6120	160×1	23	—
太湖公安艇	17	4.0	1.65	0.85	6135ZCaB	170×1	19.88	—
边防巡逻艇	26.8	4.8	2.2	0.84	12V180	1 200×2	50	—
喷水推进边防巡逻艇	14.26	3.58	1.15	0.5	12V180	1 200×1	70	—
渔港巡逻艇	20.88	3.8	2.1	1.1	6135ZCa	150×2	21.3	—

表5　工作船

船名	主要尺度/m				主机		航速/km/h	备注
	船长	型宽	型深	吃水	型号	功率×台数		
内河航标工作船	18.1	4.0	1.5	1.2	6135CaB	120×1	16	—
三门峡水库测量船	28.0	6.4	2.8	1.5	6135	135×2	20.2	—
长江水产资源调查船	41.35	8.0	3.0	1.8	6230	200kW×2	20.2	—
黄河测量艇	19.0	4.2	1.3	0.65	6135Z	120×2	18.5	—
240 马力（176 kW）黄河勘测船	25.92	4.8	1.4	0.66	6135CaB	120×2	18	—
水文测量艇	22.53	4.6	1.8	0.98	6135CaB	120×2	20	—
东湖试验艇	18.0	4.10	1.6	0.80	12V135	240×1	21.9	—
大桥维修艇	25.9	4.8	2.10	1.20	3Д6	300×1	22.2	—
黄河测量艇	22.0	4.50	1.30	0.60	6135	120×2	20	—
黄河浅水测量艇	17.9	3.8	1.3	0.45	6135	120×2	20.9	—
黄河水文测量船	38.0	6.0	1.5	0.78	12V150CaZ	450×2	25	—
葛洲坝水文工作艇	32.04	6.0	2.30	1.10	12V150C	300×2	22.8	—

表5(续)

船名	主要尺度/m				主机		航速/km/h	备注
	船长	型宽	型深	吃水	型号	功率×台数		
洪泽湖破冰船	21.46	5.4	1.5	0.90	6135	120×2	19.6	—
黄河浅水测量艇	16.5	3.6	1.05	0.45	6135ZCaB	190×1	19	—
12 m 测量艇	12.38	3.3	1.2	0.7	6110	60×1	14.8	—
18.5 m 测量艇	13.0	3.0	1.4	0.62	6110	60×1	14.8	—
250 马力测量艇	29.5	6.0	3.0	1.6	187/270	250×1	20.7	—
5 m 巡测艇	5.598	1.834	0.74	0.205	67 型	30×1	30	—
120 马力喷水抛锚艇	19.765	4.2	1.3	0.6	6135 CaB	120×1	17.31	—
7.5 m 测量艇	7.5	2.06	0.85	0.266	67 型	30×1	59.3	—

表6 旅游船

船名	主要尺度/m				主机		航速/km/h	备注
	船长	型宽	型深	吃水	型号	功率×台数		
外宾游艇	22.5	4.6	2.0	0.875	M50Ф−3	600×2	29.6	—
松花江游艇	34.7	7.06	2.15	0.95	12V150	300×1	22	—
中型游览艇	22	5.0	2.2	1.0	6160	135×1	18.5	—
西湖游艇	4.725	1.5	0.65	0.4	Z2−21	0.8kW×1	6.5	—
西湖游艇	6.98	1.8	0.65	0.4	″	0.8kW×1	6.5	—
CS52 玻璃钢游艇	16	4.4	2.5	0.95	CAT3208T	300×2	30.6	—
13 m 玻璃钢游艇	13.84	3.4	1.35	0.50	6100C	90×1	16.7	—
漓江游览艇	26.8	5.4	0.85	0.43	—	—	—	—
漓江游览拖艇	17.85	3.2	0.8	0.42	6135ACaB	150×1	27.8	—

表7 江海通用船舶

船名	主要尺度/m				主机		航速/km/h	备注
	船长	型宽	型深	吃水	型号	功率×台数		
浅吃水万吨散货船	130	21	10.7	5.8(6.8)	6ESDZ43/82	3 000×1	21.2	—
1 200 马力拖轮	29	9.5	4.75	3.6	6300ZC	600×2	14.8	—
150 t 货轮	36.0	7.2	3.5	2.5	6D267/380	250×1	18.1	—
200 t 沿海货轮	33.84	6.7	3.0	2.5	6160A−12	185×1	16.5	—
500 t 沿海货轮	59.74	9.6	5.6	3.6	6135Z	900×1	22.7	—
800 t 沿海货轮	59	10.8	5.1	3.8	FIAT306S	950×1	21.3	—
300 t 小油轮	43.43	8.2	3.5	3.0	6D287/380	250×1	16.7	—
559 客位双体渡轮	45.25	12.6	4.4	2.8	6160A	250×2	20.0	—
沿海旅游船	40.85	7.4	3.3	2.15	12V135	207×2	21.5	—

3.2 几艘典型的内河船介绍

（1）长江高级客船"昆仑"号（图1）

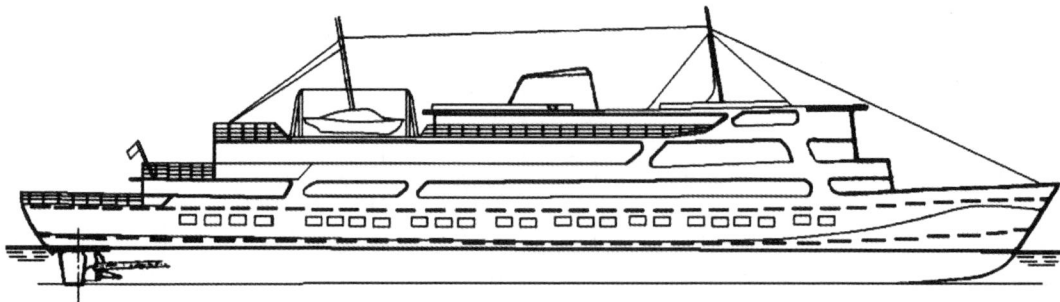

图1 "昆仑"号

该船为一艘快速长江客船。1960年设计,沪东船厂建造,1962年投入使用。可常年航行于长江全线,往返于上海重庆之间。船长84 m,型宽13.4 m,型深3.4 m,吃水2.4 m,排水量1 451 t,主机为6ESDZ 43/67油柴机,功率2×2 000马力,250 r/min,航速16.8 kn,载客77人,船员42人。

目前该船长期租给美国环球旅游公司,每天租金8 000美元。

（2）长江中下游2 400马力推轮"长江2029"号（图2）

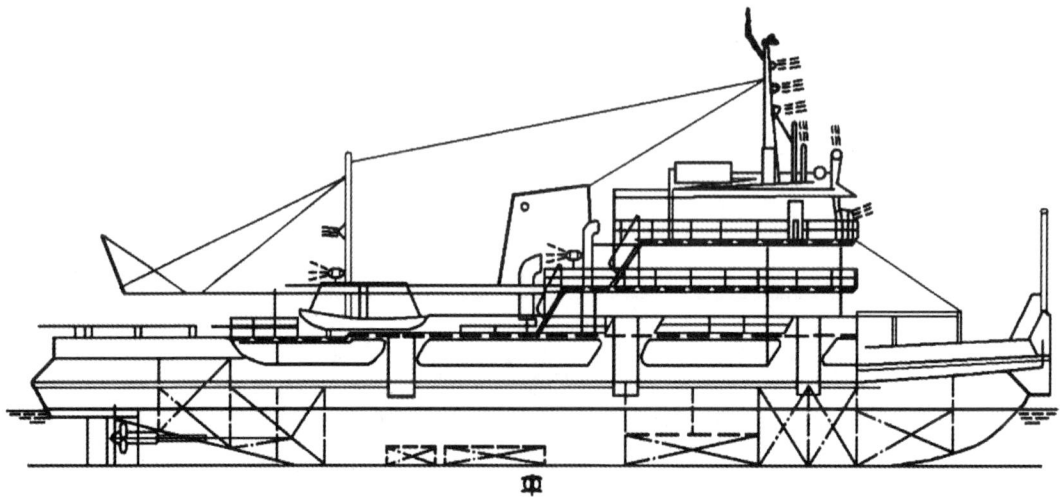

图2 "长江2029"号

该船为一艘双螺旋桨装有转动导管的内河推轮。由大连船厂建造,1971年投入使用。专用于长江中下游顶推（或梭顶）三艘载重3 000 t级驳船。船长44 m,型宽10 m,型深3.7 m,枯水期吃水2.5 m,洪水期吃水3.0 m,最大排水量832 t,主机为8-350Z型八缸四冲程增压柴油机,功率2×1 200马力,320 r/min,自由航速24.5 km/h,系柱推力约25 t,船员38人。

（3）浅吃水万吨级散货船"浙海 117"号（图 3）

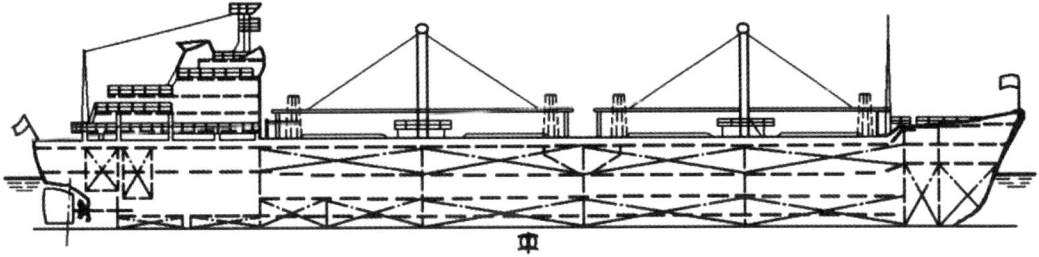

图 3 "浙海 117"号

该船为一艘浅吃水大吨位散装货船，航行于浙江沿海及秦皇岛、连云港、非枯水期进入长江中下游。由渤海船厂建造，1983 年底投入营运。船长 130 m，型宽 21 m，型深 10.7 m，设计吃水 5.8 m，最大吃水 6.8 m，最大排水量 15 226 t，载重量 11 128 t，主机为 6ESDZ 43/82B 低速柴油机，额定功率 3 000 马力，200 r/min，设计吃水时的航速 11.46 节。船员 47 人。

3.3 江海直达船型系列

鉴于对长江水系与上海经济区的水运现状与天然资源开发和利用的考虑，认为江海直达船型是一个发展方向。20 世纪 80 年代中期我们着手对货船与油船的开发，作了系列化研究和初步设计，提出系列船型（表 8）如下：

表 8 江海直达船型系列

船名	主要尺度/m				主机		航速/km/h
	船长	型宽	型深	吃水	型号	功率×台数	
1 150/1 500 t 货船	57.6	11.6	4.9	3.6/4.20	6300ZCd－1	600×1	18.2
2 100/3 000 t 货船	66	15	6.2	4.0/5.0	6350ZC	900×1	17.6
5 300/6 100 t 散货船	108	18.4	7.4	5.0/5.5	G6300ZC4	2 000×1	21.1
7 500/9 500 t 散货船	127	20	10	5.5/6.4	6ESDZ43/82B	3 000×1	21.7
1 100 t 成品油船	64.6	9.4	4.2	3.6	6L350PN	970×1	19.6
3 000 t 成品油船	89.2	14.8	5.5	4.5	G8300ZC6	2 000×1	21.7
5 400/6 000 t 成品油船	110	17.5	6.7	5.0/5.5	G6300ZC4	2 000×1	21.3

（1）货船系列

本系列由 1 150/1 500 t、2 100/3 000 t、5 300/6 100 t、7 500/9 500 t 四型船舶组成。每一船型一般有两种吃水，以利枯水期和洪水期航行。

①1 150/1 500 t 货船为一艘多用途船型，可以装载杂货、钢材、木材和大件货，并可装载 16 只标准集装箱。

设计吃水 3.6 m，可航行于江、浙、闽沿海岛屿间，并可常年航行长江至武汉。

②2 100/3 000 t 货船为一艘多用途船型，可以装卸杂货、煤和黄沙，并可装载 5 t 重集装

箱。

设计吃水 4.0 m,可航行于鲁、江、浙、闽沿海,枯水期有两个月作适当减载外,其他时间可直接进长江航行至武汉。

③5 300/6 100 t 货船为一艘散装货船,可装载煤、矿、砂、石、谷物。设计吃水 5 m,可航行于浙江沿海。也可装载北仑港的矿砂入长江至南京和武汉,回程时运裕溪口的煤至浙江沿海城市。

④7 500/9 500 t 货船为一艘散装货船、可装载矿、煤。设计吃水 5.5 m。可由浙江的海门、宁波、温州等港至秦皇岛、连云港或裕溪口装煤,或装北仑港的矿砂进长江。

(2)成品油船系列

本系列由 1 100 t、3 000 t 和 5 400 t 三型船舶组成,主要装运成品油,为了考虑沿江城市用大吨位游船运输时枯水期需一度停航,以采用灵活机动的中小型油船予以补充。船的吃水与货船相似,1 100 t 吃水为 3.6 m,3 000 t 吃水 4.5 m,5 400 t 吃水 5.0 m,航速一般约为 11 kn。

3.4 内河短途客船及游览船

针对长江干支流水系,各地内河水道以及出海的河口处日益增长的客运和旅游需要,开发了多种客船及游览船船型。计有高速双体船三型,水翼艇一型,一般的客船、游览船七型。这些船的共同特点是新颖、经济、舒适和结构合理(表9)。

表9　内河短途客船及旅游船

船名	主要尺度/m				主机		航速(km/h)
	船长	型宽	型深	吃水	型号	功率×台数	
120 客位高速双体船	22	7.8	3.0	1.2	TBD604V12	1 224×2	463
250 客位高速双体船	30	10.5	3.4	〃	MTU16V396TB93	2 180×2	556
320 客位高速双体船	30	11	3.6	〃	〃	2 610×2	556
100 客位水翼艇	28.72	6.07	2.2	0.875	K16E	1 400×2	75
5 人游艇	6.5	1.85	0.82	0.3	4100QA	70×1	3 875
10 人游艇	8.15	2.9	0.90	0.34	YT4102	75×2	3 675
20 人游艇	13.8	3.4	1.35	0.5	6100	69×1	16.775
50 人 游艇	34.7	6.8	2.15	0.95	12V150C－1	300×2	2 275
100 人游览艇	40.8	7.4	3.30	2.15	12V135C	207×2	2 075
200 客位游览船	32.0	6.6	1.6	0.95	6135ACaB₃	123×2	1 775

4　结　语

经济建设要依靠科学技术，科学技术为经济建设服务。为了加快经济建设的步伐，我们在各级领导支持下，继续开展内河船的研制工作，为把长江开发成黄金水道献计献策，为发展各地内河航运事业和繁荣上海经济区做出新贡献。

第十一篇　海洋工程船设计

浮式液化天然气生产储卸装置
(LNG FPSO)安全性要求研究

摘要 本文针对液化天然气特征和海上生产储卸装置的设计特点,按规范就安全性要求对防火防爆,防低温流体泄漏;防有毒物质污染和装置的海上良好稳定性等进行全面的阐述,并对液化天然气的装卸和人员的保护进行叙述。最后按照国际规则对结构防火、直升机消防、人员救生等强制性安全要求进行补充以臻完善。

1 引言

我国海上天然气储量丰富,随着海洋工程技术的不断发展,使海上气田开发成为可能。天然气由于燃烧时具有无味、无灰、无烟尘等特征,对环境没有污染,而且燃烧热值高,因此是一种高效清洁燃料,广泛用于工业企业中。

天然气液化后,体积为原来的 1/625,对天然气的储存、运输及合理使用十分有利。随着液化天然气(Liquefied Natural Gas,LNG)生产技术的不断改进,装置制造成本的降低,使浮式液化天然气生产、储存、卸载装置(Liquefied Natural Gas Floating Production Storage and Offloading,LNG FPSO)的开发具有很大吸引力。

但是 LNG FPSO 装置集天然气生产、储存、卸载于一身,使整个装置技术复杂,并具有一定的危险性。由于从生产井得到的天然气是轻碳氢化合物,其中主要成分是甲烷,还含有一些杂质成分,如水、碳氧化合物、汞和硫等,必须在液化前将其去除掉。

甲烷在常压下当其温度达到 $-161.5\ ℃$ 以下时即成为液化天然气(LNG),同样存在可燃气体,与空气的混合气在点燃时会发生爆炸。

可见,在 LNG FPSO 装置中产生主要危险因素有:

(1)设备及系统中可能散发出易燃易爆的天然气;

(2)设备及系统中可能泄漏出极端低温的流体;

(3)设备及系统中可能泄放有毒气体(如 H_2S、汞)。

另外,LNG FPSO 装置建成后,常年在海上作业、停泊会遇到恶劣的海上环境(如风与浪的作用),会对装置与人员的安全造成不利的影响。

为此,对 LNG FPSO 装置的安全而言须要防备的有:

(1)防火防爆——防止引起火灾危险;

(2)防低温流体泄漏——阻止金属结构脆裂;

(3)不让有毒物质污染——避免人身伤害;

(4)海上装置有良好稳定性——满足分舱与稳性要求;

(5)抵御海上装置受恶劣环境影响——防止人员罹难。

目前,LNG FPSO 技术尚处于起步阶段,世界上较大的石油开发公司都在进行联合研究,建成 LNG FPSO 装置的很少。而国内还没有单位开展研究,我七○八所正处于前瞻性研究阶段。

关于 LNG FPSO 有关安全性方面的规范规则,各船级社虽有一些,但稍欠详尽。以下列三项规范和规则做入手研究:

(1)法国船级社,"海上液化天然气终端站入级与发证",2005 年 11 月(BV,Classification and Certification of Offshore LNG Terminals,Novermber 2005)

(2)国际海事组织,《国际散装运输液化气船舶构造和设备规则》(IMO,International Code for the Construction and Equipment of Ships Carrying Liquefied Gases in Bulk,IGC Code)

(3)美国国家防火协会 59A,《液化天然气生产、储存和装卸标准》,2001 年版(NFPA 59A,Standard for the Production,Storage and Handling of Liquefied Natural Gas LNG,2001 Edition)。此标准很著名,是当时国际公认标准,世界船级社如挪威船级社(Det Norske Veritas,DNV)、法国船级社(Bureau Veritas,BV)和美国船级社(American Bukeow of Shipping,ABS)在制定有关海洋工程方面的规范都广泛地被引用。但由于针对陆上固定式装置,因此稍有欠缺,研究时可寻根追源,提供查考是十分有益的。

因此研究报告编写中将上述(1)与(2)的规范列为第一部分,设计时是需遵照执行,而将(3)列入第二部分供作参照应用。

另外在 LNG FPSO 装置安全中尚涉及结构防火、脱险通道、直升机消防和人员救生安全等,在 BV"海上液化天然气终端站入级与发证"中未作详述。上述消防与救生内容,有关于装置与人员的安全,其设施是需要强制性执行检查的,属于 SOLAS 范畴。通常国际海事组织(IMO)缔约国的主管机关,以 SOLAS 为蓝本,按照国情,由主管机关制定相应规则,实施法定检验。船级社无权制定相应规范,但在规范中可以进行解释和补充,并在缔约国主管机关的授权下实施代理检验和代发证书。IMO 考虑到海上油气田的开发,制定海上移动钻井装置构造和设备规则(MODU CODE),各船级社都遵照执行,当前即使海洋工程迅速发展,装置门类繁多,但仍以上述规则为依据。为了适应形势需要 MODU CODE 自面世后,不断进行修正,截至 2008 年最新版本为 MODU CODE 2001。BV 在"海上液化天然气终端站入级与发证"中对于救生设备、脱险通道、直升机消防等仍按 MODU CODE 规定(见原文第78、79 页),明确指出按上述规则作指南,BV 可予以接受。为此本文拟纳入 MODU CODE 内容将其列入第三部分,作为第一部分的补充,供 LNG FPSO 研究设计中参照使用。

第一部分　LNG FPSO 安全性要求

1　稳性、分舱和水密完整性

1.1　通则

1.1.1　适用范围
本章适用于浮式装置,但1.4.3节除外,该节也适用于固定式装置。

1.1.2　入级要求
装置的稳性和水密性应符合本章的适用要求,或按初始协议书要求,根据相同原则、相关的国家规则或国际规则制定的其他特定技术条件的要求。

本指导性文件包含了适合于浮式海上 LNG 终端站的破舱稳性要求。

1.1.3　法定要求
国家主管机关颁发的专门法律条款应予注意,该装置可能要符合所挂的旗帜、结构形式、大小、运营地点和预定用途以及其他特征和细节。

船东应提供与装置稳性和水密完整性有关的合适说明书和资料,并包含在操作手册内。

1.1.4　倾斜试验和载重量检验
每座装置建造完成后或以后的改装期间均应进行倾斜试验,以精确测定空载装置数据(质量和重心位置)。

倾斜试验应尽可能在接近完工时进行,验船师到场并对试验满意。试验大纲应在试验前提交给船级社验船师。

倾斜试验结果应提交给船级社供评价。

载重量检验的间隔期不超过5年,下列情况应进行倾斜试验:

(1)如载重量检验表明计算所得的装置空载排水量的变化超过工作状况下排水量的1%。

(2)如该检验表明该装置重心纵向位置的变化超过装置长度的1%。

对同一设计的后续装置或仅做少量改动的装置,可由本社酌定免除上述要求,并采用该系列中首建装置的空载装置数据,并免除倾斜试验,尽管在机械、舾装或设备上有较小差异,只要满足下述条件:

(1)载重量检验表明计算所得的该系列中首建装置的空载装置排水量的变化小于工作状况下排水量的1%。

(2)该检验表明所确定的重心纵向位置的变化小于该系列中首建装置的装置长度的1%。

1.2 稳性计算

1.2.1 通则

应对下列状态进行稳性计算并提交本社审阅:

(1)迁移出港和到港状况,锚在装置上,载有最大的相关甲板载荷;

(2)最大吃水时正常作业状况,载有最大的甲板载荷,设备处于最不利位置;

(3)狂风状况,假定质量与上述(1)相同,但做必要的压载调整,以使装置处于残存吃水,并尽可能卸载可变甲板载荷(如在操作程序中这样规定);

(4)狂风状况,假定质量分布与上述(2)相同,以及做必要的压载调整,以使装置处于残存吃水状况。在这种情况下:

①可拆的设备,如钻井装置的海底取油立管,假定已被拆卸;

②可拆的并存放在甲板上的设备,如铺管装置的托管架,假定已被拆下并固定在甲板上;

③有停放位置的设备,如起重机吊杆,假定已放在停放位置上。

大量的载荷假定存放在甲板上。如有规定,可考虑卸载可变甲板载荷。

1.2.2 最大许用重心距基线高(KG)曲线

应编制最大许用重心距基线高(KG)曲线,并提交本社审批,以本社规范的完整稳性和破舱稳性衡准为基础,按1.3节中规定,对整个作业吃水范围进行计算。

1.3 稳性衡准

1.3.1 完整稳性

一、稳性衡准

装置在每一作业模式(迁移—工作—狂风)中的稳性应满足以下衡准:

(1)对水面装置,至第二交点或进水角处的复原力矩曲线下的面积(较小者)超出至同一限定角处风倾力矩曲线下的面积应不小于其40%;

(2)对半潜式装置,至第二交点或进水角处的复原力矩曲线下的面积(较小者)超出至同一限定角处风倾力矩曲线下的面积应不小于其30%;

(3)复原力矩曲线从正浮至第二交点的所有角度范围内,均应为正值。

二、狂风状况

当装置为了满足极端环境风速下的完整稳性衡准而进行压载调整,使装置处于残存吃水状况时,该装置能在3小时内转变至上述吃水状况。

推荐程序和应对狂风条件所需的近似时间内既要考虑作业状况也要考虑迁移状况,且应在操作手册中注明。应能达到在狂风状况下无需将固体消耗备品或其他可变载荷拆下或移位。但在下述条件中,只要不超过许用的KG要求,本社可接受将装置加载到超过固定消耗备品必须在狂风状况下拆下或移位的这一点:

(1)在年度或季度的天气条件下不致使装置经历狂风状况更为恶劣的地理位置;

(2)要求装置在天气预报正好是良好的时间段内短时期装载额外的甲板载荷。

地理位置、天气条件和允许的载荷条件均应在操作手册中标明。

三、替代衡准

只要保持等效的安全等级,并能证实具有足够的正初稳性,本社可考虑替代稳性衡准。在确定接受这些衡准时,将考虑下述诸项:

(1)表示能适合十世界范围内多种工作模式下的实际的风(包括阵风)和波浪的环境条件;

(2)装置的动力响应。分析应包括风洞试验,波浪水池模型试验和非线性模拟(如适用)的结果。所使用的任何风谱和波谱包括足够的频率范围,以确保能得到临界的运动响应;

(3)在大浪中动力响应的进水的潜在可能性;

(4)考虑装置的复原能力及由于平均风速和最大动力响应所产生静力倾斜的倾覆敏感性;

(5)考虑一些不确定性所需的足够安全裕量。

1.3.2 分舱和破舱稳性

一、各种装置

(1)按其结构形式,符合"水面装置"要求的装置。这种符合应考虑到装置的尺寸比例和设计特征,以及破损舱室的布置和构型,由计算确定;

(2)通过排出或注入压载舱的水或使用系泊力等,以减少倾斜角的能力,不应视为放松此要求的证据;

(3)锚泊作业、舱底水和压载水系统、救生设备、脱险设施以及应急电源和照明均应能在最后浸水平稳状况下操作。特别是在最不利的破损状态下平稳时的角度,不应妨碍安全进入救生艇和救生筏,以及安全下放救生艇和救生筏。

二、水面装置

每一装置应具有足够的干舷,以及由水密甲板和舱壁所形成的分舱,以提供足够的浮力和稳性,以经受任一舱在任一操作状况(迁移状况、作业状况、狂风状况)中符合1.3.3小节中规定的破损假定的浸水。

该装置在破损条件下应具有足够的储备稳性以能经受来自任何方向、当风速为25.8 m/s(50 kn)时的风倾力矩。在这种条件下,由于风力作用引起浸水和横倾后的最终水线,应低于可能发生浮力舱继续浸水的任何开口的下缘。

这种开口包括空气管(不论是否关闭装置),通风吸气口、出口、通风筒、非水密舱口或不设水密关闭装置的门口。

三、替代衡准

如能保持等效的安全等级,本社可考虑替代的分舱和破舱稳性衡准,在决定接受此衡准时,应考虑下述诸项:

(1)1.3.3小节中规定的破损范围;

(2)对半潜式装置,此前所述的任何一舱进水;

(3)提供抵抗倾覆的足够裕量。

1.3.3 破损范围

一、水面式装置

在评定水面式装置的破损稳性时,应假定在有效水密舱壁之间的破损范围如下:

(1)垂直范围:自基线向上无限制;

(2)垂直于壳板的水平穿透为1.5m。

假定的水平穿透范围内的有效水密舱壁之间或其最邻近台阶部分之间的距离,应不小于3m;小于3m,则应假定一个或几个相邻舱壁不存在。

如小于上述(1)和(2)中规定范围的破损会导致更为严重的情况,则应假定这些较小的范围。

处于上述(1)和(2)中所述破损范围内的管路、通风系统、围阱等,应假定其均破损。按1.4.2小节,在水密限界面处应设置可靠的关闭设施,以防止其他原完整的处所继续进水。

1.4 水密性和风雨密性

1.4.1 通则

一、定义

凡能保持紧密,并能经受在使用中和1.3.2小节中所规定的破损情况下的静水压力的关闭设施为水密。在破损情况下的水头应为由风和浸水联合作用引起装置的下沉和倾斜。

凡能在任何海况下防止水穿透装置的关闭设施为风雨密。风雨密关闭设施并不要求在破损后的静水压力下保持紧密。

满足上述两段中任何一段要求的手控关闭设施不应视为水密或风雨密。除非下列情况同时发生:

(1)在操作手册中明确要求该关闭设施在装置的某一特殊操作模式中关闭。

(2)入级申请方已经查明该设施的关闭是完全可行的,并与装置的该特殊模式相兼容,浮力处所系指其浮力计入稳性计算的处所。

风雨密围壁系指浮力处所以上的具有足够强度的围闭舱壁的甲板结构,其上的任何开口均设有风雨关闭设施。满足1996年国际载重线公约要求的封闭式上层建筑应视作风雨密围壁。

此中提到的开敞的系指海水、溅水和雨水的直接开敞的或不受风雨密围壁保护的。

二、浮力处所

除另有说明外,在稳性计算中视作浮力的处所应符合下列要求:

(1)凡破舱稳性计算中视作浮力的处所,其所有不设水密关闭设施的开口均应位于最后破损水面以上。

(2)凡完整稳性计算中视作浮力的处所,该处所内的所有开口(在完整复原力矩曲线下的面积所要求的横倾角达到前可能已浸水),应设有风雨密关闭设施或由风雨密围壁保护。此外,对第一相交平稳角前可能已浸水的开口应设有水密关闭设施。

(3)所考虑舱室、处所及其关闭设施的水密和风雨密界限面处,必须具有按本规范适用要求所确定的足够强度。

1.4.2 水密完整性(浮式装置)

一、一般要求

所有装置均应以适当数目的水密甲板和舱壁进行恰当分舱,以满足本规范破舱稳性要求。

水密分舱上的开口数目应在与装置设计和正常作业相协调的情况下保持最少。如通道、管路、风管、电缆等必须穿过水密甲板和舱壁,则应采取措施,以保持封闭式舱室的完整性。

为了将继续浸水的风险降至最低,管路和管道的布置应尽可能绕过可能发生 1.3.3 小节中定义的破损区域。如管路和通风管道设置在这些可能发生破损的区域,并超过一个舱室时,应在每一通过的舱室设有阀门,而非水密通风管道应在每一水密限界面贯穿处设有一水密阀。

如在水密限界面处设有保持水密完整性的阀门,则这些阀门应能从泵舱或其他通常有人处所、露天甲板或浸水后最终水线以上的甲板处进行操作。对半潜式装置,这种操作处所则是中央压载控制站。在遥控站应设阀位指示器。

对自升式装置,当其处于漂浮状态时,为保持水密完整性要求设置的通风系统的阀门应保持关闭。在这种情况下,应采用认可的替代方法进行必要的通风。

二、舷窗、进口和卫生水排放口

舷窗、进口和排放口应满足下列要求:

(1)舷窗和从浮力处所穿过外板的排放口应具有一只在最终破损水线以上可到达的位置处具有可靠关闭设施的自动止回阀,或两只自动止回阀,其上面一只应设在使用时总是可以到达的位置。

(2)在有人值班的机器处所内,与机器操作有关的海水进口和排放口可由在易于到达位置上设置的就地操纵阀进行控制。

(3)对以上(1)或(2)中所述的阀,应设置显示关闭或开启的指示器。

(4)非浮力处所的舷窗应通向舷外。

三、溢流

溢流管的位置应适当考虑破舱稳性和最不利破损水线的位置。应避免溢流管造成继续浸水,除非在破舱稳性审查中已作特别考虑。

如溢流管在假定浸水处所之外或之内终止,该相应的舱柜也应视作浸水。如舱柜视作破损,则溢流管在其之内终端的处所也应视作浸水。

来自不考虑为浸水(由破损引起)并位于最终浸水线以上的舱柜的溢流可要求设有自动关闭设施。

如来自载有相同或不同液体的各舱柜的溢流被连接至一共用总管,则应规定要防止在不同的舱柜之间在卸空或注入液体时的移动期间液体互窜的风险。

溢流管排向舷外的开口,一般应置于载重水线以上,如必要,应在外壳板上设置止回阀或其他具有类似功效的设施。

四、内部开口

确保内部开口水密完整性的设施应符合下述规定:

（1）装置在漂浮作业时使用的,确保水密完整性的门及舱口盖,应能从中央压载控制站进行遥控,且也能从两侧就地进行操作。在控制站应设置开启/关闭指示器。

（2）装置漂浮作业时常闭的,确保水密完整性的门或舱口盖,应设有一个报警系统(如灯光信号),向就地和中央压载控制站的人员显示门或舱口盖处于开启或关闭状态。应在这种门和舱口盖上贴上一块"装置漂浮时不得开启"的通告。

装置漂浮作业时保持永久性关闭的,确保内部开口水密完整性的设施应符合下述规定:

（1）应在每个关闭设施上贴上一块"装置沐浴时应保持关闭"的通告。

注:本要求不适用于有水密螺栓固定盖的人孔。

（2）对自升式装置,应在正式的航海日志或值班报告(如适用)中登记,注明所有这些开口在装置浮于水上以前均已经过检查,确证业已关闭。

五、外部开口

在任何完整和破损条件下,当装置倾斜到复原力矩曲线和风倾力矩曲线的第一交点时,其下缘浸水的所有水下进水开口应设有合适的水密关闭设施,诸如间距很近的螺旋固定盖。

如锚链舱或其他浮力容积浸水,这些处所上的开口应视作水下进水点。

1.4.3　风雨密性(浮式和固定式装置)

一、适用范围

在"浮式装置的指定条件"中规定的条件适用于能在非遮蔽水域中操作的浮式装置。如装置拟使用在遮蔽水域中,只有在检查每种特殊情况后,才能规定出替换的要求。

船东和/或入级申请方应注意《移动式近海钻探装置构造和设备规则》和1966年《国际载重线公约(ILLC 1966)》中的适用要求。

二、浮式装置的指定条件

（1）指定条件适用于通向在完整稳性计算中视作浮力处所的开口,风雨密关闭设施和风雨密围壁,如要求在破损条件下的浮力,则应满足1.4.2节中的适用要求。

（2）按"浮力处所"要求,设置在以上条款中所述涉及的处所或围壁的开敞甲板和舱壁上的风雨密界面和关闭设施,应符合法国船级和《船舶入级规范和规则》B篇第9章中的强度要求。

注:本要求特别关注门、舱口盖、机舱棚和通风筒围板。

（3）风雨密围壁的开敞舱壁上的所有出入口均应设置可从舱壁两侧操纵的钢质门或等效材料的门。紧固这些风雨密门的设施应包括衬垫和夹紧装置或其他等效设施,并应永久安装于舱壁或门上。除另有规定外,开敞舱壁上出入口的门槛高度应高出甲板380 mm。

（4）在上述(1)中涉及的处所或围壁的开敞甲板上的舱口和其他开口,应设有围板和带衬垫和夹紧装置的风雨密的钢质或其他等效材料的舱口盖。通常要求的舱口围板高度应不小于600 mm,但可以降低;或者在每一特殊情况下,考虑到装置的结构形式和稳性特征、开口朝向的处所、处所的尺寸和位置后,经本社认可,此围板可完全免除。

（5）位于开敞甲板上或不考虑风雨密的围壁之中的人孔和平舱口,应由能形成水密的坚固的盖关闭。除非有间距很小的螺栓固定,该盖应永久性地安装。

通向上述（1）中涉及的处所或围壁的通风筒应符合下列规定：

（1）应设置具有足够强度的钢质或其他等效材料的围板，并与甲板有效连接。穿过非风雨密围壁的通风筒、围板应设置在浮力处所的开敞甲板处。

（2）围板在浮力处所甲板上的高度至少为 900 mm，在风雨密围壁的甲板上高度至少为760 mm。对自航式水面装置，通风筒围板如设在开敞的干舷和船尾升高甲板上，以及设在离该装置首垂线 1/4 装置长度内的封闭式上层建筑甲板上，其高度应至少为 900 mm。

（3）通风筒开口应设置永久性安装的风雨密关闭设施，或经本社认可，该设施可方便地存放在应予安装的通风筒附近。但如通风筒围板高度超过甲板 2.3 m，且经过稳性计算显示该通风筒开口在达到所需面积比的横倾角前并不浸水，则可不要求设置风雨密关闭设施。

压载舱和在完整稳性计算中视为浮力的其他舱柜的空气管的暴露部分应具有坚固的结 构，并应设有永久安装的风雨密关闭设施。其从开敞甲板至水可能进入点的高度在浮力处所的甲板上应至少为 760 mm，在风雨密围壁的甲板上应至少为 450 mm。本社考虑到稳性计算，对每种情况检查后，可接受降低该高度。

机器处所的开口应由风雨密围壁或具有等效强度和风雨密性的钢质栅保护。1.3.2 小节中"各种装置"的(3)中所述适用于具有应急设备的机器处所。

2 生产处理、储存和输送系统

2.1 进口和气体处理设施

2.1.1 气体质量

通常，从生产井得到的天然气是轻碳氢化合物的混合物，其中主要产品为甲烷。此外，还含有一些不需要的成分，例如水、甲醇、碳氧化合物、水银和硫，它们必须在液化前去除。

2.1.2 气体处理

必须进行预处理操作，以去除天然气中的杂质成分，诸如水、甲醇、碳氧化合物和硫的成分，因为它在液化过程中会凝固，导致主流程堵塞。水银将严重侵蚀铝质部件，例如在热交换器中，会导致热交换器故障，因此必须从系统中去除。

2.2 液化装置

液化处理的目的是从天然气取出可感觉到的热和潜在的热，使它从高温的气态转变到在接近大气压的压力下的 −162 ℃低温的液态。

海上装置选择最适合的液化循环主要取决于下列因素：

（1）机器构型和有效的驱动机；

（2）动力要求；

（3）热交换器形式和表面面积；

（4）便于操作/起动/切断；

（5）空间和质量的要求；

（6）如为浮式装置，此种生产处理对运动和加速度的敏感性。

液化设备、冷藏箱、冷却液体和隔热材料应作恰当选择和设计，以确保生产出来的 LNG 能储存和保持在可接受的压力和温度的范围内。

如为浮式装置，应特别注意海上终端站的运动，以确保对运动敏感的处理设备具有允许的操作条件。只要有可能，这些敏感设备应布置在紧靠浮式结构的重心处。

2.3 液化天然气储存罐

2.3.1 通则

下列规定适用于薄膜液舱和独立液舱两种类型的储存罐。但这些一般原则的采用应根据两种类型储存罐中每一种的具体情况来确定。

2.3.2 设计原则

储存罐的设计应适当地确保下列功能：

（1）安全地能容纳低温下的液化气及其相应的蒸发气

（2）允许气体的安全进/出输送

（3）允许安全去除蒸发

（4）阻止任何空气或湿气的侵入

（5）将热传输率降至最低

（6）能承受工程说明书上规定的有害的外部突发因素的影响

2.3.3 薄膜舱（整体舱）

应检查静载荷和动载荷作用下薄膜舱的结构强度，以验证薄膜和相关的隔热材料承受塑性变形和疲劳的适用性。

主屏壁和次屏壁，包括角隅和接头应设计成能支持预期的由静载荷、动载荷和热载荷引起的组合应变。

薄膜的设计应特别注意屏壁间处所的过压作用，货物舱的可能真空，壳体的晃动应力和振动，以避免屈曲。

通常，金属薄膜由 SS304 奥氏体不锈钢或因瓦合金（INVAR）制成。薄膜舱的设计方法应提交本社认可。

非金属次薄膜通常由三层组成。这些舱的设计方法应提交本社认可。

2.3.4 隔热

通常，隔热所用的材料应符合规定的标准。

所选的材料必须表明其合适的热特性，这是由工程项目的特殊限制（主要与蒸发率有关）所决定的。

另外，隔热材料必须按设计条件提供适合于其拟承载载荷的机械能力。其他的材料特性也应予以考虑，例如，它们的抗腐蚀性，或限制蠕变过程的防潮性，以及可能的阻燃性。

2.3.5 舱罐监测设备

每个储存罐应设有适合的测试仪表系统，使能在投入使用、使用状态和退出使用状态下安全可靠地工作。至少应考虑下列各方面：

(1)液位:建议使用高精度和独立的测量液位设备,可连续测量,并可进行高位探测,以启动紧急切断(ESD)。

(2)压力:每一舱应在适当的位置上安装压力表,能使:

①实施压力的连续测量;

②探测过压;

③探测过低压(直到真空);

④在隔热处所不与内舱相连的情况下,探测不同的压力;

(3)温度:每一舱必须在正确的位置上安装温度传感器,使能测量:

①不同深度(至少每隔 2 m)的温度;

②气象温度;

③主舱和次舱舱壁和底部温度。

(4)密度:应对整个液体深度内的 LNG 密度进行监测(除另外规定外)

2.3.6 安全设备

一、抗剧烈横摇系统

应采取措施防止发生液体分层。在可能的规定中,推荐下列各项:

(1)对底部灌注,应至少提供下列诸特征之一

①喷嘴设在舱底,方向朝液面;

②垂直管的部分或全长穿孔;

③在管端处设置开孔的喷管以便喷射灌注。

(2)再循环系统

(3)气化监测系统

(4)温度/密度测量系统

二、避雷系统

液货船及其附属设备应对雷电的有效防护。

三、浸水系统/水幕

(1)浸水系统常用于冷却目的,以避免失火逐步扩大的风险;

(2)供水量应由使用风险分析结果(如有)来确定;

(3)应评估所设计的浸水系统将使水量均匀地分布在暴露表面上。

水幕系统的设计应将 LNG 蒸气云的气体密度快速降低至空气中气体为"燃烧下限"之下。该系统通过 LNG 蒸气与水滴的接触将热量传送至冷天然气云中。此外,水幕将便于 LNG 云扩散,水幕设计应由使用经实验证明的有效的模型来评估。

四、漏泄探测(一般)

可使用下列两种漏泄探测器:

(1)直线型低温热探测器,在危险区域之内,例如在下部舱罐的管汇和阀的区域,建议设有 TV 监测系统。

(2)在漏泄风险特别高的位置(如管汇区域)的气体探测器,这种探测器应总是置于锥形集管下方。

2.4　管系

2.4.1　腐蚀

管子的设计应使得在装置的寿命期间,防止因腐蚀或点蚀所引起的任何漏泄。材料选择和腐蚀裕量应按运行和环境条件确定。如必要,应强制采取特殊措施,如阴极保护或特种涂层。

2.4.2　管子接头

管子接头通常为焊接型,应尽实际可行地限制法兰接头数。应限制螺栓接头的直径至50 mm 为止。如使用填料,其应为耐火型,与所输送的产品相容。

2.5　装/卸系统

2.5.1　通则

LNG 输送系统的设计应确保将 LNG 安全可靠地从 LNG 海上装置输送至 LNG 运输船,或从 LNG 运输船输送至 LNG 海上装置。应考虑围护完整性的要求;现场环境条件及最大有义波高和终端站与穿梭船之间发生相对运动的范围。

终端站和穿梭油船的一些有关位置必须予以考虑,包括不同的水深和环境条件,并始终记住该系统需要有高度的适应能力,并也考虑到能适应接受各种不同的穿梭船。根据不同的现场条件,应考虑采用边靠边或一前一后布置的 LNG 输送模式,后者适宜于更为严酷的现场气候条件。

2.5.2　系统说明

装/卸系统由任何海上输送系统组成,设计成能补偿和平稳存在于输送系统中的机械作用力,特别是由终端站与穿梭船之间相对运动造成的机械作用力。根据不同的现场特征,结构部分可包括下面列出的一个或几个项目:

(1)套管结构与转盘,锚泊至海底或直接固定在 LNG 海上终端站上。

(2)水下或悬吊的钢臂,一端与套管转盘相铰接,另一端终止在浮力圆柱上或是机械连接的结构上。

(3)LNG 装载和输送系统。

(4)锚泊地结构式的浮式结构可接受 LNG 运输船,与单点系泊(Single Point Morring,SPM)系统相连接,且设有一简易的动力定位(Dynamic Positioning,DP)系统。

(5)液流输送管线。

2.5.3　液流输送管线

液流输送管线工作参数,一般考虑如下:

(1)低温温度为 -162 ℃ 左右。

(2)工作压力为 -0.3 bar ~ +30 bar[①]。

(3)隔热要求,确保 LNG 流量达到 10 000 m/hr 的合适直径,以及专用的蒸气回流管

---

① 1 bar = 10^5 Pa

线。通常,标准的液流输送系统由三条输送管系组成,两条为 LNG 输送用,第三条则用于蒸气回流。(所有三条输送管系一般按相同的基础进行设计,这样它们就完全可互换)

邻近低温输送管系的结构部分应充分保护,以防止任何可能发生的产品漏泄造成脆性断裂。此外,它们应设有合适的低温材料屏壁,探火设备(特别在接近总管的区域中)以及合适的电气绝缘,以免任何电流流过输送系统的部件(亦参见 SIGTTO"气体输送指南"和"气体操作程序",ENl474,和 OCIMF 等)。

2.6 火炬头/排气头

火炬头/排气头应按它们拟传送的最大流量来设计。该流量可造成以下工作环境:

(1)LNG 运输船在无气体回流时卸载;

(2)关闭蒸发气回收压缩机;

(3)一台潜液泵在整个再循环回路中工作;

(4)LNG 运输船舱罐的冷却(用于输至终端站)。

火炬头的布局选择应考虑现场特定的风向分布,以使可燃气体可能到达点火源的风险降至最低。灭火设备和冷却设备可作为最后方法采用。

3 电气设备

3.1 通则

3.1.1 适用范围

本章中的要求除实施法国船级社《钢质海船入级规范》C 篇第 2 章的要求外,对气体运输船,更专门实施下列章节的要求:

(1)第 12 节[7.5];

(2)第 11 节[5];

(3)第 3 节[10]。

本章所列的要求应理解是对 IGC 规则的补充。

3.1.2 定义

气体危险处所和区域系指:

(1)在货物区域内,未装置或配备认可设备的处所,因而不能确保该处所内的空气在任何时候均处于安全状态的处所。

(2)货物区域以外有含有液体或气体货物的任何管系通过或终止的围蔽处所,但已装有适当的装置能防止货物蒸气逸入该处所内的处所除外。

(3)货物围护系统和货物管系:

①要求设置次屏壁的货物围护系统的货舱处所;

②不要求设置次屏壁的货物围护系统的货舱处所。

(4)以单层钢质气密周界与本条 1.3.1 和 7.4.1 所述货处所相隔离的处所。

(5)泵货舱和货物压缩机舱。

（6）在开敞甲板上或在开敞甲板上的半围蔽处所内,离液货舱出口、气体或蒸气出口、货物管法兰或货物阀门,或离开货泵舱或货物压缩机舱的入口或通风口 3 m 范围内的区域。

（7）在货物区域内的开敞甲板上和在开敞甲板上货物区域前后 3 m 内,直至露天甲板上 2.4 m 高度范围内的处所。

（8）距该货物围护系统露天表面 2.4 m 范围内的区域。

（9）内部含有货物管路的围蔽或半围蔽处所。但利用蒸发气体作为燃料并符合《国际散装运输液化气体船舶构造和设备规则》（简称"IGC 规则"）则第 16 章要求设有符合"IGC 规则"13.6.5 要求的气体探测设备的处所,应不认为其是气体危险处所。

（10）储存货物软管的舱室。

（11）其开口直接通向气体危险处所或区域的围蔽处所或半围蔽处所。

3.1.3　应提交的文件

除了法国船级社《钢质船舶入级规范》中 C 篇第 2 章第 1 节表 1 中要求的文件外,下列图纸文件应送审:

（1）危险区域平面图;

（2）表明安装在危险区域内电缆的类型和设备安全特性之细节的文件。

3.1.4　所配备的电气装置应能使易燃货品失火和爆炸的危险降到最低程度

3.1.5　电气设备或电缆不得安装在危险处所或气体危险区域内。除非是为了作业目的而必需时,允许例外地按照 IGC 规则 10.2 的规定办理

3.1.6　船体回路的接地系统

参照 IGC 规则:第 10 章 10.1.1。

不允许采用船体回路的接地系统,但如本社同意,下列各项除外

（1）外加电流阴极保护系统;

（2）有限的和局部的接地系统,例如内燃机的起动和点火系统。只要任何可能产生的电流不直接流过任何危险区域;

（3）绝缘等级监督装置,只要该装置在最不利的条件下的环流不超过 30 mA。

3.1.7　非船体回路的接地系统

参照 IGC 规则:第 10 章 10.1.1。

不允许采用非船体回路的接地系统,但下列各项除外

（1）BV 满意的接地的本质安全电路和此后的其他系统;

（2）在非危险区域内的电源、控制电路和仪表电路,在此区域内因技术和安全的原因,排除了使用不接地的系统,只要在船体中的电流,无论在正常条件或故障条件下,均限制在不超过 5A;

（3）有限的和局部的接地系统,例如通过次级绕组接地的隔离变压器供电的厨房和洗衣间的配电系统,只要任何可能产生的船体电流不直接流过任何危险区域;

（4）电压有效值（均方根值）（线对线）为 1 000 V 及以上的交流电网,只要任何可能产生的电流不直接流过任何危险区域;为此目的,如配电系统延伸至远离机器处所的区域,则

应设置隔离变压器或其他合适的设施。

3.1.8 接地保护

危险区域中电路的监测,参照 IGC 舰则:第 10 章 10.1.1。

拟连续监测所有配电系统绝缘等级的装置也应监测连接至危险区域内之设备的所有电路(本质安全电路除外)或穿过这些区域的所有电路。在有人值班位置,当绝缘等级异常低时,应发出声光报警。

3.1.9 电气安装的预防措施

对气体或蒸汽进口的预防措施参照 IGC 规则:第 10 章 10.1.2。

应提供合适的布置,以使法国船级社满意,防止气体或蒸汽通过电缆或其管道的走线,从气体危险处所至其他处所的可能性。

3.2 危险位置和设备类型

3.2.1 气体危险处所和气体危险区域的一般规定

可将本质安全型电气设备及电缆安装在上述 3.1.2 定义的所有气体危险处所和气体危险区域内。

3.2.2 在气体危险处所和区域中允许的电气设备(表1)

(1)参照 IGC 规则:第 10 章 10.2

表 1 中规定的电气设备可安装在所表明的气体危险处所和区域内。

(2)参照 IGC 规则:第 10 章 10.2.5.3

具有直接开口(包括通风用开口)通至任何危险区域的围蔽或半围蔽处所内(不含危险源)应设计成与开口所在区域为相同的危险区域。

电气设备应符合对此开口所通达的处所或区域的要求。

(3)参照 IGC 舰则:第 10 章 10.2.5.4

由空气开关所保护的处所内的电气设备应为合格安全型设备,除非其设置成在该处所内过压丧失时不带电。

表1 在气体危险处所和区域中允许的电气设备

危险区域	处所		电气设备
	编号	说明	
0 区	1	参照 IGC 规则:第 10 章 10.2.2 货物围护系统	a)参照 IGC 规则:第 10 章 10.2.1 合格的本质安全型设备 Ex(ia); b)简单的电气装置和组件(例如热电偶、光电元件、应变仪、开关装置),包括不会储存或产生超过有关规范和相应的主管机关可接受的极限的电力或电能的"ia"类本质安全型电路; c)特别为 O 区使用设计,且经相应主管机关认为合格的设备; d)照 IGC 规则:第 10 章 10.2.2 可安装在货物围护系统中的潜液的液货泵电动机及其供电电缆。

表1(续)

危险区域	处所编号	处所说明	电气设备
0 区	2	参照 IGC 规则:第 10 章 10.2.3.1 在要求有次屏壁的货物围护系统中载运货物的货舱处所	a)参照 IGC 规则:第 10 章 10.2.1 合格的本质安全型设备 Ex(ia); b)简单的电气装置和组件(例如热电偶、光电元件、应变仪、开关装置),包括不会储存或产生超过有关规范和相应的主管机关可接受的极限的电力或电能的"ia"类本质安全型电路;c)特别为 O 区使用设计,且经相应主管机关认为合格的设备; d)参照 IGC 规则:第 10 章 10.2.3.1 潜液的液货泵电动机的供电电缆。
1 区	3	参照 IGC 规则:第 10 章 10.2.3.2 在不要求有次屏壁的货物围护系统中载运货物的货舱处所	a)参照 IGC 舰则:第 10 章 10.2.1 考虑在 O 区使用的任何类型; b)参照 IGC 规则:第 10 章 10.2.1 合格的本质安全型设备 Ex(ib); c)简单的电气装置和组件(例如热电偶、光电元件、应变仪、开关装置),包括不会储存或产生超过有关规范和相应的主管机关可接受的极限的电力或电能的"ib"类本质安全型电路; d)根据 IGC 规则 10.2.3.1,穿过这些处所的电缆; e)参照 IGC 规则:第 10 章 10.2.3.2.2 灯具应具有正压的外壳 Ex(p)或应为防爆型 Ex(d)。照明系统应至少分成两个支路。所有开关和保护设备应切断所有各极或各相,且应设置在气体安全处所内; f)根据 IGC 规则 10.2.3.2.3,船体属具包括用于外加电流阴极保护系统的阳极或电极,或回声测深或计程仪系统的传感器所用的接线端或船体外板贯穿件,只要这种属具为气密结构或包装在气密外壳内,且并非设置在邻近液货舱舱壁处。这些属具或其外壳和电缆进入设施的设计,以及确定其气密的任何试验均应使本社满意。
1 区	4	参照 IGC 规则:第 10 章 10.2.3.2 与在要求(有单一气密钢质限界面组成的)次屏壁的货物围护系统中载运货物的货物处所分开的处所	参照 IGC 规则:第 10 章 10.2.1 考虑在项目 3 的处所中的任何类型; 参照 IGC 规则:第 10 章 10.2.3.2.4 货物或压载系统中用于阀门工作的防爆电动机;和参照 IGC 规则:第 10 章 10.2.3.2.5 防爆的通用报警声指示器
1 区	5	参照 IGC 规则:第 10 章 10.2.4 液货泵和液货压缩机室转塔中的封闭处所再气化装置	a)参照 IGC 规则:第 10 章 10.2.1 考虑在 0 区使用的任何类型; b)参照 IGC 舰则:第 10 章 10.2.1 合格的本质安全型设备 Ex(ib); c)简单的电气装置和组件(例如热电偶、光电元件、应变仪、开关装置),包括不会储存或产生超过有关规范和相应的主管机关可接受的限值的电力或电能的"ib"类本质安全型电路;

表1(续)

危险区域	处所 编号	处所 说明	电气设备
			d)参照 IGC 规则:第 10 章 10.2.4.1 灯具应具有正压的外壳 Ex (p)或应为防爆型 Ex(d)。照明系统应至少分成两个支路。所有开关和保护设备应切断所有各极或各相,且应设置在气体安全处所内;
			e)参照 IGC 规则 10.2.4.2,驱动液货泵或液货压缩机的电动机应通过气密舱壁或甲板与这些处所分隔。在驱动设备及其电动机之间的轴应设有弹性联轴节或其他设施,以保护对中,此外,在轴穿过舱壁或甲板处应设有合适的填料函。这些电动机和相关设备应设置在符合 IGC 规则第 12 章要求的舱室内;
			f)参照 IGC 规则:第 10 章 10.2.4.3. 如因操作或结构的要求使 e)中所述方法不可能符合,则可安装下列合格安全型电机: ·参照 IGC 规则:第 10 章 10.2.4.3.1 具有防爆外壳的增安型 Ex (de);和 ·参照 IGC 规则:第 10 章 10.2.4.3.2 正压型 Ex(p);
			g)根据 IGC 规则 10.2.4.4,合格安全型的光和/或声指示器(例如:通用报警、灭火介质施放报警等);
			h)气体探测系统的合格安全型的传感器;
1 区	6	参照 IGC 规则:第 10 章 10.2.5.1 开敞甲板上或开敞甲板上非遮蔽处所中,在任何液货舱出口、气体或蒸气出口、货管路法兰、液货阀或通向液货舱和液货压缩机舱的入口和通风开口的 3m 距离之内的区域。其还包括: ·转塔中的非遮蔽处所 ·装/卸系统	a)参照 IGC 规则:第 10 章 10.2.1 考虑在 0 区使用的任何类型; b)参照 IGC 规则:第 10 章 10.2.1 合格的本质安全型设备 Ex (ib); c)简单的电气装置和组件(例如热电偶、光电元件、应变仪、开关装置),包括不会储存或产生超过有关规范和相应的主管相关可接受的限值的电力或电能的"ib"类本质安全型电路; d)根据 IGC 舰则 10.2.5.1.1 合格的防爆型 Ex(d); e)根据 IGC 舰则 10.2.5.1.1 合格的正压型 Ex(p); f)根据 IGC 舰则 10.2.5 1.1 合格的增安里 Ex(e); g)根据 IGC 规则 10.2.5.1.1 合格的封装型 Ex(m); h)根掘 IGC 规则 10.2.5.1.1 合格的充砂型 Ex(q); i)根据 IGC 规则 10.2.5.1.1 合格的特殊型 Ex(s); j)根据 IGC 规则 10.2.5.1.2 穿过这些处所的电缆。

表1(续)

危险区域	处所		电气设备
	编号	说明	
1 区	7	参照 IGC 规则:第 10 章 10.2.5.1 货物区域上方开敞甲板以及开敞甲板上货物区域前、后 3m 以及高度至该甲板以上 2.4m 的区域	与编号 6 的处所中允许诸项相同。
1 区	8	参照 IGC 规则:第 10 章 10.2.5.1 暴露在大气中的货物围护系统外表面的 2.4 m 内的区域	与编号 6 的处所中允许诸项相同。
1 区	9	开敞甲板上或开敞甲板上半遮蔽处所内,在任何液货舱卸压阀排气口的 3m 距离之内的区域	与编号 5 的处所中允许诸项相同。
1 区	10	参照 IGC 规则:第 10 章 10.2.5.2 液货软管舱	a) 参照 IGC 规则:第 10 章 10.2.1 考虑在 O 区使用的任何类型; b) 参照 IGC 规则:第 10 章 10.2.1 合格的本质安全型设备 Ex(ib); c) 简单的电气装置和组件(例如热电偶、光电元件、应变仪、开关装置),包括不会储存或产生超过有关规范和相应的主管机关可接受的限值的电力或电能的"ib"类本质安全型电路; d) 参照 IGC 规则:第 10 章 10.2.5.2.1 灯具应具有正压的外壳 Ex(p) 或应为防爆型 Ex(d)。照明系统应至少分成两个支路。所有开关和保护设备应切断所有各极或各相,且应设置在气体安全处所内; e) 根据 IGC 规则 10.2.5.2.2 穿过这些处所的电缆。
1 区	11	参照 IGC 规则:第 10 章 10.2.5.2 设置含有液货管路的围蔽或半围蔽处所	与编号 10 的处所中允许诸项相同。
2 区	12	编号 9 中规定的 1 区处所周围 1.5m 的区域	a) 考虑在 1 区使用的任何类型; b) 确保在正常工作期间不会产生火花、电弧和"热点"之类型的电气设备; c) 经试验专门用于 2 区的电气设备(例如"n"型防护); d) 封装型和本社可接受的电气设备。
2 区	13	编号 9 中规定的 1 区以外 22 m 或 $(B-3)$ m(取小者)之内的处所	与编号 12 的处所中允许诸项相同。

3.2.3　潜液的液货泵

参照 IGC 规则:第 10 章,10.2.2。

不允许潜液的液货泵与下列货物相连接:

(1)二乙醚;

(2)乙燃基乙醚;

(3)环氧乙烷;

(4)氧化丙烯;

(5)环氧乙烷和氧化丙烯的混合物。

3.2.4　潜液电动机

参照 IGC 规则:第 10 章,10.2.2

(1)如使用潜液电动机,应提供设施(例如通过 IGC 规则 17.6 中规定的装置),以避免在货物装载、输送和卸载的过程中形成爆炸性混合物。

(2)应作出安排,使液位低时能自动关闭电动机。这可与监测泵的排出压力低、电动机电流低或液位低一起执行。这种关闭应在货物控制站处报警。液货泵电动机应能在除气操作时与其电源相隔离。

3.3　产品温度等级和爆炸组分类

参照 IGC 规则:第 10 章和第 19 章

温度等级和爆炸组数据只对甲烷作出规定(表 2)。

表 2　湿度等级及爆炸组数据对甲烷的规定

产品名称	温度等级	爆炸组
甲浣	T2	11A

如为其他产品,参见法国船级社(BV)《钢质船舶入级规范》D 篇第 8 章第 19 节的表 2。

4　公用设施

4.1　氮供应

氮主要用于气体处理(热值调整)、增压,LNG 罐隔热处所和管系驱气,干燥和充惰,快速扑灭火焰、排气口和燃烧处,冷却,形成制冷循环。

氮应具有低温特性。其可在现场生产,或可由船舶在加压下或液化状态下传输。液化氮的管系应采用按专用标准(例如:EN1160)选用的低温材料。

4.2 压缩空气流程

压缩空气流程中通常包括仪表空气、服务空气和呼吸空气。就仪表空气而言,建议:
(1)在提交使用前,空气应干燥;
(2)最小的冗余度为设置两台压缩机,每台均能提供全部的需要量。

4.3 污水处理

应特别注意有毒污水的处理,特别是含汞污水的安全储存和再循环。

4.4 生活和技术舱区

生活和技术舱区应按照公认的标准进行设计和建造,要符合基于环境条件,包括地震分析(如适用)的涉及公共安全的当地规则。

如无当地规则,须采用(AP1 RP‐2A)。

4.5 脱险通道和救生

应特别注意下列各方面要求:
(1)应特别仔细地进行通道布置的设计,以确保脱险行动和救助人员易于进入,且考虑到急救设备,包括受伤人员运出的可能。入口处可能要求设置既水密又气密的门,脱险通道的支持设施必须确保在突然事件中有足够的通风。
(2)脱险和救生设施的一般要求应符合SOLAS 第 11‐2 章/13 条的要求
①应提供安全的脱险通道;
②脱险通道应保持安全状况,无障碍物;
③应提供其他必要的辅助逃生设施,确保其易于到达,标志清晰,设计能满足紧急情况需要。其目的在于使人员能够安全迅速撤向救生艇和救生筏登乘甲板。
(3)安全和保护设备应按《钢质船舶入级与规范》D 篇第 9 章的有关要求设置。
(4)对在领土水堰内作业的这些装置,应符合国家主管机关的现有规则以及附加要求。

4.6 保安

该设施的经营者应提供一套目的在于限制进入某些特别规定的保安系统。只对授权人员开放的现场区域。

在终端站的进口处应严格控制人员的进出(到达和离开)。

5 消 防

5.1 通则

火灾危险是此类装置的主要危险。安全规则的主要目标是减少此类意外事件发生的可能性。记住大量被限制住的 LNG 要在海上 LNG 终端站中进行储存、处理、装载和卸载。

对于终端站的设计和建造,使在终端站中或邻近终端站的人员暴露于不可接受的安全危险中的可能性应降低至由主管机关的协议书中规定的较低的水平。

执行消防安全系统的主要目的是,要使得终端站中或在邻近区域中的人员由于任何意外失火而引起伤害的可能性降低。

以下提及的是这些由于失火引起伤害的危险:

(1)发生失火或爆炸;

(2)由失火或爆炸对发生点以外区域的冲击;

(3)由失火或爆炸引起的实物部件的坍塌;

(4)消防安全系统失去预期的功能;

(5)在失火紧急期间人员撤离至安全区域的延迟或被阻滞。

消防安全功能要求是:

(1)将意外着火的危险降至最低;

(2)限制失火或爆炸的烈度和影响;

(3)阻止失火在发生点以外区域的影响;

(4)阻止由于失火作用引起的事故或坍塌;

(5)从失火影响中保护应急排放设备;

(6)从失火影响中保护通告、抑制和应急响应的设施;

(7)应急时便于随时将人员送至安全地点;

(8)及时通告各人员在应急时所需采取的行动;

(9)便于作应急响应;

(10)及时通告各应急责任人在应急时所需采取的行动。

如为浮式结构,通常参见法国船级社《钢质船舶入级规范》D 篇第 9 章第 11 节。

5.2　被动保护

5.2.1　通则

如在一被限制的区域内,LNG 温度升高会引起蒸汽膨胀力的升高。大量的气体(1 升液体有 600 升气体)被释放,这可能快速形成爆炸性气体/空气的混合物。

为避免大多数的突发事件,推荐下列四种被动保护方法:

(1)防止和探测液化气漏泄;

(2)如漏泄,通过将漏泄限制在接头内(可隔开的区域和液化气体回收系统)以限制 LNG 的蒸发量;

(3)将者火源从可能漏泄区域移开,将其安置在离这些现场具有最低安全距离处;

(4)被动消防结构。

安全距离的概念应予充分遵照,尤其在 LNG 储存罐之间,以及其他碳氢化合物储存罐之间。此安全距离概念的目的在于防止火灾从一个舱罐逐步扩大到另一舱罐。合适的安全距离的确定应经专门论证,包括受管理的要求,规则和标准的建议以及风险/危险分析结果的论证。

5.3 探火和液化气体回收系统

5.3.1 液化气体漏泄探测

可以使用下列两种漏泄探测器：

(1)低温热探测器,建议在危险区域(在液舱下部的总管、阀)设置 TV 监测系统;

(2)在具有特别高漏泄位置处(如:总管周围区域)的气体探测器。这些探测器总应是置于锥形收集器下方。

5.3.2 火焰探测

火焰探测器通常只用于与储存装置有关的生产流程区域内。

5.3.3 液化气体回收系统

液化气体回收系统的泵应为低吸入高度的(最高为 50cm),并能吸入双相混合流而不发生任何气蚀问题。

应设置能承受气体失火达 1 个小时的安全壁,以适当地保护回收管系和控制室。

5.4 消防

5.4.1 供水和消防总管

消防总管中的水压应适合于洒水器喷头的正常工作(压力取决于所安装的喷淋喷头的型式和喷水的有效水量,但决不能低于有效压力 4 bar)和消防水带的正常工作(有效压力为 7 bar)。在不使用时,消防总管内的有效压力应维持在 5 ～ 6 bar。

消防总管应包括：

(1)抗水击设备(水击对喷淋喷头不利);

(2)隔离阀,以便将受损的管路段隔开。阀的设置位置和适当保护应防止热辐射总管和泵的构成材料应耐腐蚀的,特别是海水腐蚀。

5.4.2 喷淋喷头系统

开式喷淋喷头的布置应通过控制站,包括：

(1)一只带位置指示器(在控制站处显示其位置)和锁定装置(正常使用中阀门锁定在打开位置)的直通闸阀;

(2)一只自动快开阀,能就地操作或自控制室操作。

阀门手动控制装置应设在海难时易于到达处,应提供超过 20 LUX 的照明,以照亮该装置(作为维持生存所必需的功率消耗)。

5.4.3 泡沫灭火系统

泡沫系统应具有足够容量,以覆盖最大的主要泄水面积和相关联的船舶。应注意选择泡沫膨胀率和泡沫排放率。

泡沫系统应从控制站或通过低温控制进行遥控(控制室中有报警信号显示)。

发泡液体应有足够的储量,以能覆盖所有被保护项目表面 10 次(被覆盖的表面约 0.8 L/m^2)。

对固定式泡沫灭火系统,如增加由控制室控制的泡沫炮或发泡支管,并与 TV 监测系统结合,则更为有利。

5.4.4　灭火系统的试验

火火系统应进行定期试验,以检查:

(1)管路或喷淋喷头未被堵塞;

(2)以设计压力的排水率按要求和正确地分布至各喷淋喷头处;

(3)喷淋喷头和消防栓的水压力符合要求;

(4)失火探测器和遥测、探测和控制系统运行正常。

5.4.5　干粉灭火系统

每一储存区域均应设置干粉灭火系统。灭火干粉应与所用的泡沫相兼容,此外,释放阀的手动排气头应由足够容量的干粉系统适当保护。

5.5　测试仪表

灭火系统的下列信息应在控制室显示:

(1)止回阀的位置;

(2)自动阀的操作;

(3)电源失火控制电路中的故障。

此外,应能从控制室打开自动阀。对所有的电缆连接应根据其重要性设有连续监测系统,且电缆应为耐火或不燃型。

5.6　人员防护

除防护隔离服外,人员尚应通过设置在适当位置,特别是设置在储存罐附近通道的轴线上的隔板进行保护,防止幅射热。

6　人员保护

6.1　保护设备

为了保护从事作业的人员,在考虑了货品的特性后,应对人员提供包括眼睛保护在内的合适的保护设备。

6.2　安全设备

6.2.1　除按 SOLAS l983 修正案第 1I—2 章第 17 条要求的消防人员的5 套消防员装备以外,还应对每一个允许进入充满气体的处所内工作的人员提供足够的且不少于 2 整套的安全设备。

6.2.2　一整套安全设备应包括:

(1)1 具不用储存氧气的自给式空气呼吸器,其容量至少为 1 200 L 的自由空气;

（2）保护服、长靴、手套及紧配的护目镜；

（3）配有腰带的钢芯援救绳；

（4）防爆灯。

6.2.3 应配备能提供足量的压缩空气的设施，并应由下列两者之一的设施组成：

（1）为由本节6.2.1所要求的每1具呼吸器配1套充满空气的备用空气瓶：1台适用于供应所需纯度的高压空气的特种空气压缩机：和1个能对被用于本节6.2.1所要求的呼吸器的备用空气瓶进行充气的充气阀箱；

（2）为由本节6.2.1所要求的每1具呼吸器配备具有自由空气总容量至少为6 000L的充满空气的备用空气瓶。

6.2.4 作为替代措施，主管机关可接受一种适合于本节6.2.1所要求的呼吸器使用的具有软管接头的低压空气管路系统。此系统应提供足量的高压空气，通过减压装置供应足够的低压空气以便能使2人在气体危险处所至少工作1h而不需使用呼吸器的空气瓶。应配备能适合于供应所要求纯度的高压空气的特种空气压缩机对固定空气瓶和呼吸器空气瓶进行再充气的设施。

6.2.5 应将6.1所要求的保护设备和本节要求的安全设备适当地保存在位于容易接近的且具有明显标志的柜子内。

6.2.6 对于压缩空气设备，应由负责人员至少每月进行1次检查，并将检查结果记录在工作日志内。且对此项设备，至少每年进行1次检查和试验。

6.3 急救设备

急救设备配备如下：

6.3.1 应在易于接近之处放置担架，以便能从甲板以下的处所用其抬起受伤人员；

6.3.2 应配备医疗急救设备，包括氧气复苏设备和用于所载运货品的解毒剂。

6.4 人员保护要求

人员保护应做到：

6.4.1 应在甲板上的方便之处设置标有适当标志的洗除污染的喷淋头和眼睛冲洗设备，对于这些设备，应在所有环境条件下均可予以使用；

6.4.2 为防止人员受到主要货物释放的影响，应在居住区域内提供一个安全处所，对其设计和配备应使主管机关满意。

第二部分 防火、安全、保安和装卸

（据美国国家防火协会 59A 液化天然气生产、储存和装卸标准）

7 防火、安全和保安

7.1 基本要求

7.1.1 本章涉及的设备和程序,系设计用于减少 LNG、易燃致冷剂、易燃液体、可燃气体在按本标准所建和所布置的设施上泄漏所带来的后果。这些规定扩大了其它章节中泄漏控制的规定。本章还包括了生产区内保安的基本规定。

7.1.2[*] 所有 LNG 设施应有防火措施。防火措施的程序应根据合理的防火工程原则、设施内具体条件和危险的分析、对暴露建筑物或其他财产进行评价。评价至少应确定以下内容:

(1)检测和控制明火、LNG、易燃致冷剂、可燃气体泄漏和溢出需要的设备类型、数量和地点。

(2)检测和控制潜在的非工艺和电气着火需要的设备类型、数量和地点。

(3)为保护设备和结构免受暴露明火的影响的必要的方法。

(4)消防水系统。

(5)灭火和其它消防设施。

(6)应纳入事故切断(ESD)系统的设备和工艺,包括子系统的分析,以及当火灾时特殊储罐或设备卸压的必要性。

(7)需要自动起动事故切断系统或其子系统的传感器的类型和地点。

(8)当事故发生时生产区内人员的个人作用和责任和外部配合人员的作用。

(9)[*]生产区内人员个人所需防护设备、专门培训和资格,按 NEPA600《企业消防队标准》明确其有关应急责任。

7.1.3 本标准涉及的 LNG 设施的规模、设计和地点范围很广,无法列入综合应用于所有设施的详尽防火规定。

(注:数字前面的星号"＊"可在本文后面附录中找到其注释。)

7.2 事故切断系统

各 LNG 设施应包括事故切断(ESD)系统,当该系统运行时,就会切断或关闭 LNG、易燃液体、易燃致冷剂或可燃气体来源并关闭将加剧或延长事故的设备继续运行。任何设备除满足本标准指示的要求外,应允许满足 ESD 系统的要求,如在本标准其他章节规定的阀和控制系统。

如果关闭设备会引起附加危险或导致设备的重大机械伤害,在易燃液体继续泄放影响得到控制时,允许从 ESD 系统中取消该设备及辅机的关断功能。

ESD 系统应具有失效保护设计或应安装、布置、或保护正常控制系统,当故障或事故时,失效的可能最小。没有失效保护设计的 ESD 系统,应将被控制设备在 15 m 距离以内的所有组件,按下述方法之一防护:

(1)安装在或布置在不可能暴露于火中的地方;

(2)暴露在火中时,至少保护 10 min 不失效。

标明的应急控制点和操作规程的作业指南应显著地设置在设施区内。ESD 系统应能手动、自动或手动自动同时起动,要根据按 7.1 中的评价结果来确定。手动起动器应位于事故时能到达的地区,至少离所保护设备 15 m,并应显著地标出其设计功能。

7.3 防火和防漏

对潜在可燃气体集中区域、LNG 或易燃致冷剂溢出和火灾区域,包括封闭的建筑物,应按 7.1 评价要求进行控制。

不间断控制的低温传感器或可燃气体检测系统应在生产区内,且当生产区不是常年有人值班时,应在经常有人的地方发出警报。可燃气体检测系统应在测到气体和蒸气不高于爆炸下限的 25% 时,发出声光警报。

火焰探测器应在生产区内,当生产区不是常年有人值守时,火焰发生时应在经常有人的地方发出警报。另外,如按 7.1 评价要求确定,火焰探测器应能起动部分 ESD 系统。

按 7.1 评价要求确定的探测系统,应按 NFPA72《国家火灾报警规范》或 NFPA1221《紧急通讯系统的安装、维护及使用标准》进行设计、安装和维护。

7.4 消防水系统

为保护建筑物暴露面、冷却储罐、设备和管道,并控制未点燃的 LNG 等的泄漏和溢出,应设置一套供水、配水系统。

另外:如按 7.1 节评价确定,不需要用水或不可能用水时。供、配消防水系统的设计应同时提供固定消防设施,包括控制喷嘴,应按生产区一次最大预期火灾的设计用水量和压力,并加上裕量 63L/s 进行设计,对于移动式水枪的延续供水时间,不能少于 2 小时。

7.5 灭火和其他消防设备

7.5.1* 厂家推荐用于气体灭火的手提或推车式灭火器应按 7.1 节中确定配置在 LNG 设施和槽车内的关键位置。这些灭火器应按 NFPA10《手提式灭火器标准》进行配置和维护。

7.6 消防设备的维护

对所有生产区内的消防设备、设施作业者应准备并实施维护计划。

7.7 人员安全

7.7.1 应配置不受暴露于 LNG 影响的防护工作服,并应置于设施的易接近处;

7.7.2 按7.1.2节中确定的参加应急活动的人员,应配备必要的劳保工作服和设备,并按 NFPA600《企业消防队标准》应有资质;

7.7.3 应编制书面实际操作和程序,避免人员进入禁区或危险区的危险;

7.7.4 应至少配备 3 台手持可燃气体指示仪。

7.8 保安

做好保安工作要做到:

7.8.1 设施操作者应配备一套有控制进入的保安系统,以防止未授权人员进入;

7.8.2 在 LNG 生产区内,应有保护遮蔽物,包括围栏、围壁或自然隔离物,围绕主要生产区内组件,如下列组件:

①LNG 储罐

②易燃致冷剂储罐

③易燃液体储罐

④其它危险物品储存区

⑤室外工艺设备区

⑥工艺或控制设备车间

⑦陆上装卸设施

7.8.3 在 7.8.2 中的规定允许围成一个或几个独立的场地。当围场面积超过 1 250 ft^2(116 m^2)时,至少应设 2 个出口,以便在紧急情况时,人员能迅速撤离;

(4)LNG 设施的保护围场附近和有必要提高设施安全的其他区域,应配备照明。

7.9 其他作业

7.9.1 在安全需要的地方,应有手动事故卸压措施。生产区与储罐或其他供应源隔离的部分可以向大气放空卸压。应向远离人员和设备的方向排放。

8 装卸

8.1 船舶装卸

8.1.1 LNG 或可燃液体通过管道系统转运的过程中,散装货船或其他非 LNG 专用船不应进入转运接头 30 m 以内。

8.1.2 装卸管汇时应设切断阀及液体和气体回流管线用于排放口接头,以便软管和装卸臂断开连接之前能锁止、排空、泵出和减压。液体切断阀及口径不小于 200 mm 的气体切断阀应能手动操作和电动操作。电动阀应能就地关闭和在离管汇区至少 15 m 远的远距离控制站遥控关闭。该阀断电若不能自动关闭,应保护阀的执行机构、阀 15 m 内的电源,火灾时至少防护 10 min,防止造成操作中断。阀应设在软管或装卸臂与管汇的接口处。排放口或放空口应通向安全的区域排放。

8.1.3 除装卸管汇时要有切断阀外,每条气体回流管线和液体转运管线还应设一个易接近的的切断阀,布置在码头附近的岸上。当涉及到多条管道时,切断阀应集中在一处。阀应标识其功能。不小于 200 mm 的阀应能手动操作和电动操作。

8.1.4 卸船管线上,仅应在管汇上邻近管汇切断阀的地方设一个止回阀。

8.1.5 用来装船的海上终端应设一条蒸汽回流管线,设计成与船上的蒸气回流管线接着相连。

8.2 装卸作业

装卸工作要做到以下几点:

(1)装卸作业时,至少有一名有资格的人始终在现场;

(2)有效的书面操作程序,应包括所有转运作业和在紧急与正常情况下的操作程序。应及时更新,且所有转运作业人员可使用;

(3)在转运过程中,任何火源,如焊接、明火及非标电气设备不允许在装卸现场出现;

(4)在装卸区应设置"禁止吸烟"的警示牌;

(5)当在同一地点装卸多种产品时,装载臂、软管及管汇应标识或标记,以表明各系统处理哪种或哪几种产品;

(6)转运之前,应读取仪表读数或确定存货量,以确保不会把接收的储罐装得溢出。在转运过程中,应检查液位;

(7)在使用之前,应检查转运系统,以确认阀处于正确的位置上。在转运的过程中,要经常观察压力和温度等条件;

(8)在使用之前,应先检查转运系统,以确认阀处于正确转运的位置上。转运过程开始应缓慢进行;如果压力或温度出现任何异常变化,转运应立即停止直到查明原因并予以纠正为止。在转运操作中应始终观察温度和压力条件。

第三部分 结构防火、脱险通道、直升机消防和救生设备

9 消 防

9.1 结构防火

9.1.1 这些要求主要是对具有钢质的壳体、上层建筑、结构型舱壁、甲板和甲板室的平台制定的;

9.1.2 用其他材料建造的平台也可接受,只要主管机关认为这些材料具有等效的安全标准。

舱壁和甲板的耐火完整性:

9.1.3 除应符合本节和 9.2 节中对舱壁和甲板耐火完整性的具体规定外,舱壁和甲板的最低耐火完整性应按以下的表 3 和表 4 的规定办理;

9.1.4 各表应按下列要求予以应用:

表 3 和表 4 分别适用于分隔相邻处所的舱壁和甲板。

为了确定应用于相邻处所之间分隔面的相应耐火完整性标准，这些处所按其失火危险程度分为下述 1 至 11 类，每类中所述的只是举例而不是限制，每类前面括号内的数字，系指表中相应的"列"或"行"数。

①"控制站"指无线电设备或主要航行设备或应急电源所在的处所，或者是火警指示器或失火控制设备，或动力定位控制系统中的处所，灭火系统所在的处所；

②"走廊"指走廊和休息室（前室）；

③"起居处所"指用作公共处所、住室、办公室、医院、电影院、游艺室以及类似的处所。公共处所是指居住处所中用作大厅、餐室、休息室以及类似的固定围蔽处所；

④"梯道"指内部梯道、升降机、自动扶梯（完全设在机器处所内者除外）以及其环围。至于仅在一层甲板设有环围的梯道，应视为未被防火门与之隔开的处所的一部分；

⑤"失火危险较小的服务处所"指不存放易燃材料的橱柜、储藏室和工作间、干燥室和洗衣间；

⑥"A 类机器处所"指设有下列设施的处所：

（a）用作主推进的内燃机；

（b）作其他用途而其合计总功率不小于 375 KW 的内燃机，或任何燃油锅炉或燃油装置；以及通往这些处所的围壁通道。

⑦"其它机器处所"指一切 A 类机器处所和一切其他设有推进机械、锅炉和其他燃烧设备、燃油装置、蒸汽机和内燃机、发电机和主要电力机械、加油站、冷藏机、防摇装置、通风机和空调机械的处所和类似处所以及通往这些处所的围蔽通道；

⑧"危险区"指凡是由于可能存在作业所产生的易燃气体而在使用机械或电气设备时未加适当考虑以致可能引起火灾危险或爆炸的区域；

⑨"失火危险较大的服务处所"指存放易燃材料的橱柜、储藏间和工作间、厨房、设存炊具的配膳室、油漆间和不是作为机器处所组成部分的修理间；

⑩"露天甲板"指露天的甲板处所，但危险区域除外；

⑪"卫生和和类似处所"指公共卫生设备如淋浴室、浴室、盥洗室等，以及设有炊具的隔离配膳室。用于一个处所且只能从该处所进入的卫生设备应作为该处所的一部分。

表 3 分隔相邻处所的舱壁的耐火完整性

处所		(1)	(2)	(3)	(4)	(5)	(6)	(7)	(8)	(9)	(10)	(11)
控制站	(1)	A-0 ④	A-0	A-60	A-0	A-15	A-60	A-15	A-60	A-60	*	A-0
走廊	(2)		C	B-0	B-0 A-0 ②	B-0	A-60	A-0	A-0	A-0	*	B-0

表3（续）

处所		(1)	(2)	(3)	(4)	(5)	(6)	(7)	(8)	(9)	(10)	(11)
起居处所	(3)			C	B-0 / A-0 / ②	B-0	A-60	A-0	A-0	A-0	*	C
梯道	(4)				B-0 / A-0 / ②	B-0 / A-0 / ②	A-60	A-0	A-0	A-0	* / *	B-0 / A-0 / ②
失火危险较小的服务处所	(5)					C	A-60	A-0	A-0	A-0	*	B-0
甲板机器处所	(6)						* / ①	A-0 / ①	A-60	A-60	*	A-0
其他机器处所	(7)							A-0 / ①③	A-0	A-0	*	A-0
危险区	(8)								—	A-0	—	A-0
失火危险较大的服务处	(9)									A-0 / ③	*	A-0
露天甲板	(10)										—	*
卫生间和类似处所	(11)											C

表4　分隔相邻处所的甲板的耐火完整性

甲板下处所 ＼ 甲板上处所		(1)	(2)	(3)	(4)	(5)	(6)	(7)	(8)	(9)	(10)	(11)
控制站	(1)	A-0	A-0	A-0	A-0	A-0	A-60	A-0	A-0	A-0	*	A-0
走廊	(2)	A-0	*	*	A-0	*	A-60	A-0	A-0	A-0	*	*
起居处所	(3)	A-60	A-0	*	A-0	*	A-60	A-0	A-0	A-0	*	*
梯道	(4)	A-0	A-0	A-0	*	A-0	A-60	A-0	A-0	A-0	*	A-0
失火危险较小的服务处所	(5)	A-15	A-0	A-0	A-0	*	A-60	A-0	A-0	A-0	*	A-0
甲类机器处所	(6)	A-60	A-60	A-60	A-60	A-60	* / ①	A-60	A-60	A-60	*	A-0
其他机器处所	(7)	A-15	A-0	A-0	A-0	A-0 / ①	* / ①	A-0	A-0	A-0	*	A-0
危险区	(8)	A-60	A-0	A-0	A-0	A-0	A-60	A-0	—	A-0	—	A-0
失火危险较大的服务处	(9)	A-60	A-0	A-0	A-0	A-0	A-0	A-0	A-0	A-0 / ③	*	A-0
露天甲板	(10)	*	*	*	*	*	*	*	—	*	—	*
卫生间和类似处所	(11)	A-0	A-0	*	A-0	*	A-0	A-0	A-0	A-0	*	*

附注：根据情况适用于表3和表4两个表。

①如果一个设有应急电源或应急电源部件的处所与一个设有日用电机或日用发电机部件的处所相邻，则这两个处所之间的边界舱壁或甲板应为 A - 60 级分隔。

②为明确哪条附注适用，见 9.2.1 和 9.2.3。

③属于同一类别且标有角注③的处所，只有当相邻处所用途不同时，例如在(9)类中，才要求表中所示等级的舱壁或甲板。相邻的厨房之间不要求舱壁，但油漆间相邻于厨房则要求 A—O 舱壁。

④分隔驾驶台的海图室与无线电室的舱壁可以是"B - 0"级。

＊表中出现星号处，表示分隔应是钢质或等效材料，但不需要甲板级标准。如有电缆、管子和通风管穿通甲板时，该处应做密闭的，防止火焰和烟雾通过。

9.1.5　可以接受与有关甲板或舱壁相连的连续"B"级天花板或衬板作为所要求分隔的隔热和完整性的全部或部分。

9.1.6　在批准结构防火详图时，主管机关应考虑到所需隔热层在交界面和终点处热传递的危险。

9.1.7　窗和舷窗(驾驶室的窗除外)应为永闭式的。驾驶室的窗如设计为能迅速关闭的，可以是开启式。主管机关可准许危险区以外的窗和舷窗为开启式的。

9.1.8　门的防火阻隔应尽可能与安装该门的分隔相等效。上层建筑和甲板室的外部门，应至少按"A - O"级标准建造，如可行，应为自闭式的。

9.2　起居处所、服务处所和控制站的保护

起居处所，服务处所和控制站的保护应该做到：

9.2.1　要求"B"级分隔的所有舱壁、除非舱壁两侧都装有连续的"B"级天花板或衬板，否则应从甲板延伸到甲板，并延伸到甲板室侧壁或其它边界，在这种情况下，该舱壁可在连续的天花板或衬板处终止。在走廊舱壁、卧室、公共处所、办公室和卫生处所的门上和下面可开通风孔口，且只能设在门的下半部。当这些开口设在门上或门下面时，任何一个或所有开口的总净面积不应超过 0.05 m²。当门上开孔时，应装设不燃材料制成的格栅。在构成梯道围壁分隔的门上不应设这种开口。

9.2.2　梯子应用钢或等效材料建造。

9.2.3　只穿过一层甲板的梯道，至少应在一层甲板处用"A"级或"B"级分隔和自闭式门予以保护，以限制火焰从一层甲板迅速传播至另一层甲板。人员升降机围壁穿过一层以上甲板，应在各层甲板处用"A"级分隔环围并用自闭式门予以保护。自闭式门不应安装门背钩，但若门背钩装有故障安全型遥控脱开装置，则可以使用。

9.2.4　封闭在天花板、镶板或衬板后面的空隙，应以安装紧密且间距不超过 14 m 的挡风条予以分隔。

9.2.5　除冷藏舱的绝缘物外，隔热材料、管子和通风管包套、天花板、衬板和舱壁应是不燃材料制成的。冷却系统管路的隔热材料以及与隔热材料一起使用的防潮层和黏合剂

不必是不燃材料,但使用应保持在最低数量,且其外露的表面应具低播焰性①。在油品可能渗透的处所,隔热层表面应是油或油气不能透过的材料。

9.2.6 舱壁的构架包括基板和连接件,以及衬板、天花板和挡风条,均应为不燃材料。

9.2.7 走廊和梯道环围内所有外露的表面,以及在起居处所、服务处所和控制站内隐蔽处或不易到达处的表面应具有低播焰性。起居处所、服务处所和控制站内,外露的天花板表面也应具有低播焰性。

9.2.8 舱壁、衬板和天花板上可以装有可燃的镶板,这种镶板的厚度不应超过 2mm;但装在走廊、梯道环围和控制站内者除外,在这些处所内,镶板厚度不应超过 1.5mm。另一方面,主管机关可以接受对所使用厚度的区域内热值不超过 45mJ/m² 的镶板,其厚度可不予考虑。

9.2.9 如使用甲板基层敷料,则应是经认可的材料,它不易着火或在温度升高时不会产生有毒或爆炸的危险②。

9.2.10 用于外露的内部表面上的油漆、清漆和其他表层涂料,不应有主管机关认为会发生不当的失火危险,具不应产生过量的烟。

9.2.11 通风导管应是不燃材料的。对于一般长度不超过 2 m,横截面面积不超过 0.02m²。的通风短管,可以不是不燃材料的,但应符合下述条件:

根据主管机关的意见,这些通风短管应是失火危险小的材料。这些通风短管只可用于通风装置的末端。

从穿过"A"或"B"级分隔之处(包括穿过连续"B"级天花板之处),沿通风导管量起,在小于 600 mm 距离内,不应安装这种短管。

9.2.12 除非通过舱壁或甲板的导管在通过处附近是钢质的,否则具有流通截面积超过0.02m²的通风导管通过"A"级舱壁或"A"级甲板时,其开口处应镶有薄钢板套筒,且在该位置的管子和套管应符合下述要求:

①套筒厚度应至少 3 mm,长度至少 900 mm。当套筒通过舱壁时,在舱壁两侧的长度最好分为各为 450 mm。这些导管或镶在导管外的套筒应是耐火的,其耐火程度至少和管子通过的舱壁或甲板有相同的耐火完整性。经主管机关同意,可以使用等效的穿过保护。

②除用于危险区者外,具有流通截面积超过 0.075 m² 的导管,除按照上述①的要求外,还须安装挡火闸。挡火闸应能自动启闭,并能从舱壁或甲板两侧人工关闭。挡火闸应装有一个表示其关还是开的指示器。

如果导管通过由"A"级分隔环围的各处所而不是用于这些处所的,那么只要这些导管与其穿过的分隔具有相同的耐火完整性,就不需要挡火闸。主管机关可以特别考虑允许挡火闸仅从分隔的一侧启闭。

9.2.13 用于 A 类机器处所、厨房和危险区的通风导管不应通过起居处所、服务处所和控制站。但除了用于危险区的通风导管不得通过起居处所、控制站和厨房外,如果导管符合下述情况,主管机关可以允许放宽这一要求。

---

① 参照国际海事组织 A.653(16)决议"舱壁、天花板和甲板饰面的表面燃烧性的经改进的耐火试验程序的建议",以及 A.166(ESⅣ)决议"评定材料火灾危险导则"和附则 I 国际耐火试验程序应用规则(FTP code)第一部分

② 参照国际海事组织 A687(17)决议"甲板基层敷料点燃性的耐火试验程序"。

①导管是钢质的,其宽度小于等于 300 mm 时,厚度至少为 3 mm;其宽度大于等于 760 mm 时,厚度至少为 5 mm。若导管的宽度或直径在 300 mm 和 760 mm 之间,厚度用内插法求得;

②靠近穿过的限界处安装自动挡火闸;

③导管从机器处所或厨房到每个挡火闸以外至少 5 m 隔热为"A - 60"标准。或者;

④导管是钢质的,并符合上述 a);

⑤起居处所、服务处所或控制站全部隔热为"A - 60"标准。

9.2.14　用于起居处所、服务处所或控制站的通风导管不应通过甲类机器处所、厨房和危险区。但除了不得通过危险区外如果符合下述情况,主管机可以允许放宽这一要求。

①按照 9.2.13 中①通过 A 类机器处所或厨房的通风导管是钢质的;

②靠近穿过限界处安装自动挡火闸;

③穿过处保持机器处所或厨房限界的完整性;

④按照(13)中①通过 A 类机器处所或厨房的通风导管是钢质的;

⑤在机器处所或厨房内的导管隔热到"A - 60"级标准。

9.2.15　通过"B"级舱壁流通截面积超过 0.02 m² 的通风导管,除非这段导管是钢质的,否则应用长度 900 mm 的薄钢板套筒加固,套筒在舱壁每侧最好各为 450 mm。

9.2.16　厨房炉灶的排气管通过居住处所或存有易燃材料的处所时,应相当于 A 级分隔的耐火完整性。每个排气管应装有:

①容易取出清洗的油脂收集器;

②位于导管下端的挡火闸;

③在厨房内可操作的关闭排气风扇的装置;

④固定的管内灭火设备。

9.2.17　所有通风系统的主进气口和出气口应能从该通风处所的外部关闭。

9.2.18　起居处所、服务处所、控制站、机器处所和危险区的动力通风,应能从这些处所外部易于到达的位置关闭。应特别考虑这个位置在该通风处所失火时的可接近性。机器或危险区动力通风的停止设施应与其他处所的停止通风设施完全分开。

9.2.19　在面向钻井区域,要求符合"A - 60"标准的限界上的窗和舷窗应是:

①建造成"A - 60"标准;

②由水幕保护;

③安装钢质或等效材料的窗盖。

9.2.20　起居处所和控制站的通风布置,应防止从周围区域侵入易燃的、有毒的或有害的气体或烟雾。

9.3　脱险通道

9.3.1　在起居处所、服务处的控制站内,应适用下列要求:

①在每一经常有人或人员居住的一段区域内,至少应有彼此尽可能远离的两个分开的脱险通道,使人员能易于到达露天甲板和登艇站。但主管机关对这些处所的性质和位置以及在这些处所通常可能居住或工作的人数作适当考虑后,可例外地允许只有一个脱险

通道；

②梯道通常应用作竖向的脱险通道；但当梯道安装不可行时，可以用垂直梯子作为脱险通道之一；

③每条脱险通道应易于到达，不受阻碍，且沿通道所有出口应容易开关。不允许有长度超过 7m，一端不通的走廊。

9.3.2　每一 A 类机器处所，应按下述方法之一设置两条脱险通道：

①尽可能远离的的两部钢质梯子通向该处所上部同样远离的门，由这些门可到达露天甲板。一般说来，其中一部梯子应从该处所下部至该处所以外的一个安全地点提供连续的防火遮蔽。但是，如果由于机器处所的特殊布置或尺度，从该处所下部设有一条安全的脱险通道，则主管机关可以不要求这样的遮蔽。这种遮蔽应是钢质的，必要时应予隔热达到主管机关满意，并在下端装设一个自闭式的钢质门；

②一部钢质梯子通向该处所上部的一个门，由此门可到达露天甲板；另外，在该处所下部远离上述梯子的位置装设一个能从两面开关的钢质门，由此门可进入从该处所下部到露天甲板的安全脱险通道。主管机关仅对该处所的性质和位置以及对通常可能在该处所工作的人数作适当考虑后，可以例外地允许只设一个脱险通道。

9.3.3　类以外的机器处所，其脱险通道的设置应考虑到该处所的性质和位置以及该处所通常是否有人工作，并使主管机关认为满意。

9.3.4　升降机不应视为构成所要求的脱险通道之一。

9.3.5　主管机关应考虑上层建筑和甲板室的位置，使在钻台万一失火时，至少有一条通往登乘位置和救生艇筏的脱险通道具有尽可能防止这种火焰辐射影响的保护。

9.4　消防泵、消防总管、消火栓和消防水带

消防泵、消防总管、消火栓和消防水带应做如下的要求：

9.4.1　至少应设置 2 台独立的动力驱动的消防泵，每台的布置应能直接从海中抽水并输送到固定的消防总管。但在高吸程的装置上，可以安装增压泵和中间水柜，这种布置应符合 9.4.1 至 9.4.2 的全部要求。

9.4.2　所要求的这种泵中，至少有一台专用于消防，并随时可用。

9.4.3　这些泵、海水吸入口和动力源的布置，应保证在任何一个处所失火时不致使所要求的两台泵失去效用。

9.4.4　所要求的泵的排水量，应适应从消防总管供水的消防工作。如果设置的泵数多于所要求的数量，则它们的排量应得到主管机关的同意。

9.4.5　每台泵应至少能同时从任何两个消火栓通过消防水带和 19 mm 的水枪各输送一股水柱，并使任一消火栓保持 0.35 N/mm^2 的最低压力。另外，如备有用于保护直升机甲板的泡沫系统，则泵应能在泡沫系统中保持 0.7 N/mm^2 的压力。如果对其他任何防火或灭火耗用的水量超过直升机甲板泡沫系统的水量，那这个耗水量在计算需要的消防泵能力时应是确定的因素。

9.4.6　如果所要求的两台泵的任一台位于经常无人管理的处所，而主管机关又认为其离工作区较远，则应有对该泵遥控起动和对其相联的吸入和排出阀遥控操作的设施。

9.4.7　除9.4.2中的规定外,卫生泵、压载泵、舱底泵或通用泵,如果不是通常用来泵油,均可作为消防泵。

9.4.8　连接于消防总管的每台离心泵,应安装一个止回阀。

9.4.9　所有连接于消防总管的泵,如果其压力可能超过消防总管、消火栓和消防水带的设计压力,则应对这些泵装设安全阀,这些阀的分布和调节,应能防止消防总管系统中发生超压。

9.4.10　应设置一个固定的消防总管,其设备和布置应符合(10)至(20)的要求。

9.4.11　消防总管和消防水管的直径,应足够有效地向同时工作的所要求的消防泵传输所需的最大出水量。

9.4.12　在所要求的消防泵同时工作的情况下,消防总管内所保持的压力应使主管机关满意,并足以使其供水的所有设备安全而有效地工作。

9.4.13　如属可行,消防总管应避开危险区,且其布置应能最大限度地利用装置的结构所提供的热屏蔽或自然保护。

9.4.14　消防总管应装设隔离阀,其分布位置应使之在总管的任何部分发生机械损坏时,能得到最佳的利用。

9.4.15　除为消防所需用外,消防总管不应有其他的连接。

9.4.16　为保护消防总管不冻,应采取一切可行的措施使水畅通无阻。

9.4.17　受热易于失效的材料,除非有充分的保护,不应用作消防总管和消火栓。管子及消火栓的位置应使消防水带易于与之连接。

9.4.18　应为每一消防水带设一个旋塞或阀门,以便在消防泵工作时可以拆卸任何消防水带。

9.4.19　消火栓的数目和位置,应至少能将两股不是由同一消火栓发出的水柱射至装置,在航行时或钻井作业时通常可以到达的任何部位,而其中一股水柱应仅用一节消防水带。每个消火栓应配备一根消防水带。

9.4.20　消防水带应以主管机关认可的材料制成,其长度是足以将一股水柱射至可能需要使用的任一处所。其最大长度应取得主管机关的同意。每根消防水带应配有一支两用水枪和必需的接头。消防水带与其必要的配件及工具一起存放应随时取用,并存放在供水消火栓或接头附近显著的位置。

9.4.21　水枪应符合下述要求:

①标准水枪尺寸应是12 mm、16 mm和19 mm,或是与之尽可能相近的尺寸。经主管机关同意,可允许使用较大直径的水枪。

②在起居和服务处所内,不需使用尺寸大于12 mm的水枪。

③在机器处所和其外部地点,水枪尺寸应能从最小的泵在本节9.4.5中所述的压力下,从两 股水柱获得最大的出水量,但不需使用尺寸大于19 mm的水枪。

9.4.22　船式装置至少应配备一个符合经修正的1974年安全公约第Ⅱ—2章19条3和4规定的国际通岸接头。

9.4.23　应有使这种接头在平台的任何一侧均能使用的设施。

9.5 机器处所和设有燃烧设备处所的灭火系统

9.5.1 装有燃油主锅炉或辅锅炉及其他具有同等热功率的燃烧设备的处所,或设有燃油装置或沉淀柜的处所,应配备:

①下列固定式灭火系统之一:

a)符合经修正的 1974 年安全公约第Ⅱ-2 章第 10 条规定的压力水雾灭火系统;

b)符合经修正的 1974 年安全公约Ⅱ-2 章第 5 条规定的气体灭火系统;

c)符合经修正的 1974 年安全公约第Ⅱ-2 章第 9 条规定的高膨胀泡沫灭火系统。

如果机器处所和设有燃烧设备的处所没有完全隔开或燃油能从后者流入机器处所,则机器处所和燃烧设备处所两者应作为一个舱室看待。

②在每个设有燃烧设备的处所和每个装有部分燃油装置的处所,至少设置两个认可的手提式泡沫灭火机或等效设备。此外,每个燃烧器还应至少有一个容量为 9 L 的同型灭火机,但任一处所中附加灭火机的总容量不必超过 45 L。

③一个容器内装砂子、浸透苏打的锯木屑或其它认可的干燥物,其数量可由主管机关规定或者也可用一个认可的手提式灭火机来代替。

9.5.2 在设有用作主推进或其它用途的内燃机的处所,如内燃机的总输出功率不少于 750 kW,应配备下列灭火设备:

①在上述中所要求的固定装置之一;

②在每一机器处所应有一个容器不少于 45 L 的认可的泡沫型灭火机或等效设备,以及对机器输出功率每 750kW 或其零数应配备一个认可的手提式泡沫灭火机。这样配置的手提式灭火机的总数,不应少于 2 个,但也不必多于 6 个;

9.5.3 主管机关应对未设固定灭火装置并由水密舱壁与锅炉舱隔开的汽轮机所在处所内的灭火设备给予特别的考虑;

9.5.4 在 9.5.3 中对灭火设备未作明确规定的任何机器处所,如主管机关认为存在失火危险,则应在该处所内或其附近,设置一认可的手提式灭火机或主管机关同意的其他灭火设施。

9.6 起居处所、服务处所和工作处所的手提式灭火机

起居处所、服务处所和工作处所,应配备主管机关满意的,认可型手提式灭火机,认可的灭火机应符合修正的 1974 年安全公约第Ⅱ-2 章第 6 条的规定。

9.7 探火和报警系统

探火和报警系统应满足:

9.7.1 应在所有居住处所和服务处所内装设自动探火和报警系统。对于设有卧室的居住区应装设探烟器。所有本款要求的系统和设备,应符合修正的 1974 年安全公约第Ⅱ-2 章第 13 条的规定。

9.7.2 应在整个装置的适当位置设置足够的手动失火报警站。

9.8 气体探测和报警系统

气体探测和报警系统应满足:

9.8.1 应设置固定的自动探气和报警系统,并使主管机关满意,其布置应能连续监测钻井装置上一切可能积聚易燃气体的围蔽区域,并能在主控制台以声、光信号显示气体积聚的出现和位置。

9.8.2 至少应配备两个手提式气体监测器,每个均应能精确地测定易燃气体的浓度。

9.9 消防员装备

消防员的装备应满足:

9.9.1 至少应配备两套符合修正的1974年安全公约第Ⅱ-2章17.1和17.2要求的消防员装备和两套个人装备,每套包括上述公约第17.1.1.1、17.1.1.2和17.1.1.3规定的项目。

9.9.2 每套供氧设备应配备主管机关满意的备用氧气。

9.9.3 消防员装备一般应存放易于到达并可随时取用的位置,如适用,其中一套装备应存放在靠近直升机甲板的地方。

9.10 机器处所和工作处所的布置

机器处所和工作处所的布置应该满足:

9.10.1 应配备停止机器处所及工作处所的通风机和关闭所有通向这些处所的门道、通风筒、烟囱周围的环状空间和其他开口的设施。在失火时,这些设施应能从各该处所的外部进行操纵。

9.10.2 强力送风机与抽风机的驱动机械,电动强压式风机、燃油驱运泵、燃油装置用泵以及其他类似的燃油泵,应在各该处所的外部设遥控装置,以便当其所在处所失火时能将其关掉。

9.10.3 设在双层底上方的储油柜、沉淀柜或日用柜的每一吸油管上,应装设一个旋塞或阀门,该旋塞或阀门应能在这些油柜所在处所失火时从该处外部予以关闭。在深舱位于轴隧或管隧内的特殊情况下,深舱上应装设阀门,但在失火时的控制,可由加装在管路上或隧道外管路上的阀门来实行。

9.11 直升机设施的配备

直升机设施的配备要同时满足:

9.11.1 钢质、铝质或其它不燃材料制成的直升机甲板,其构造应使主管机关满意,并应至少为"A-0"级。直升机甲板须有防止积存液体和防止液体流落到平台其他部分去的设施。主管机关可以接受甲板室顶与直升机甲板下表面之间留1m的空隙来代替"A-0"级要求。直接位于直升机甲板下面的甲板室顶部不应有开口。

9.11.2 对于任何直升机甲板,应在通往该甲板的通道附近配备和存放:

①总容量不小于45kg的干粉灭火器至少两具。

②由炮式喷射器或泡沫发生支管组成的一个适当的泡沫应用系统,该系统能够对以 D 为直径的圆周内的面积,按每平方米每分钟不少于 6 L 的速率,至少持续 5 min,喷射泡沫溶液到直升机甲板的所有部分。D 是指单旋翼直升机的跨过主翼和尾旋翼的前后向距离和双翼直升机的跨过两个旋翼的距离,以米计。主管机关可以接受其他至少与要求的泡沫应用系统具有相同灭火能力的灭火系统。

③总容量不小于 18 kg 的二氧化碳灭火机或等效设备,其中一台应能使之射至使用该甲板的任何直升机的发动机区域。

④至少两个两用型水枪和足以在达到直升机的任何部分。

9.10.3 应指定存放燃油柜的区域,该区域应:

①尽可能远离居住处所,脱险通道和登艇站;

②与含有油气着火源的区域适当隔离。

9.10.4 燃油储存区应设有收集漏油并将其排放至一个安全地点的装置。

9.10.5 油柜及相联的设备,应有防止机械损坏和免受相邻处所或区域火灾影响的保护。

9.10.6 当使用可移动的燃油储存柜时,则应特别注意:

①柜的设计适合其预定的用途;

②座架和制牢设备;

③电气接地;

④检查程序。

9.10.7 储存柜的燃油出口阀,应有在失火时能从某一安全遥控位置予以关闭的装置。当安装重力输油系统时,应提供等效的关闭装置。

9.10.8 燃油泵唧装置1只,应连接于一个油柜,油柜与泵唧装置之间的管路应为钢质或等效材料,尽可能短,并有防损坏保护。

9.10.9 保护指定区域的灭火设备,应使主管机关满意。

9.10.10 电动燃油泵唧装置及相关的控制设备,应为适合其所在位置和潜在危险的型式。

9.10.11 燃油泵唧装置应包括一个能防止其输出或注入软管受到超压的装置。

9.10.12 加油作业时的程序和预防措施应符合公认的良好作法。

9.10.13 对用于加油作业的所有设备,应注意电气接地。

9.10.14 应在适当位置标示"禁止吸烟"。

9.12 气瓶的存放

9.12.1 如果同时载有一瓶以上的氧气和一瓶以上的乙炔时,这些气瓶应按下述方法布置:

①固定的氧乙炔管系是可以接受的,但其设计要适当考虑主管机关同意的标准和实用规则。

②如果有两瓶或两瓶以上的上述不同气体要放在围蔽处所,则每种气体应配备单独的专用储存室。

③储存室应用钢材建造,通风良好,并可从露天甲板进入。

④应有能在失火时可将气瓶迅速移出的措施。

⑤气瓶储存室应标示"严禁吸烟"。

⑥如果气瓶存放在露天场所,则应采取如下措施:

a)保护气瓶和相联的管路免受机械损坏;

b)尽可能少暴露于碳氢化合物中;

c)确保适当的排水。

9.12.2 保护存放这些气瓶的区域或处所的灭火布置,应得到主管机关的同意。

9.13 杂项

9.13.1 应固定展示一个符合经修正的 1974 年安全公约第Ⅱ-2 章第 20 条规定的防火控制图。

9.13.2 灭火设备应保持良好状况并随时立即可用。

10 救生设备和用具

10.1 总则

10.1.1 定义:除另有明文规定者外,本章中所用有关救生设备的术语均按照"规则"第三章第 3 条[①]的定义。

"临时人员"是指不定期派遣到装置上来的人员。

10.1.2 救生设备应按照"规则"第三章第 4 条和第 5 条的规定进行鉴定、试验和认可。

10.1.3 一切救生设备都应符合"规则"第三章第 30 条之第 2 款的要求。

10.2 救生艇筏

救生艇筏需要做到:

10.2.1 每座装置应在每舷配备一艘或多艘符合规则第三章第 46 条要求的救生艇,其总容量应能容纳船上人员总数。

10.2.2 另外,每座装置应配备一只或多只符合规则第三章第 39 条或第 40 条要求并能从装置任何一舷下水的救生筏,其总容量应能容纳装置上人员总数。倘若,这些救生筏不能容易地移送到装置任何一舷降落下水,则每舷所备救生筏的总容量应能足以容纳装置上的人员总数。

10.2.3 如果救生艇筏的存放地点距装置首部或尾部超过 100 m,则每座装置除配备 10.2.2 中规定的救生筏外,应在合理和可行范围内增加一只救生筏,尽量靠前或靠后放置,

---

① 本章内所提按照的"规则"系指 1998 年 7 月 1 日前生效的 1974 年国际海上人命安全公约的规则。自此日期起对第三章全面修正业已生效(MSC 47(66)决议通过以及 MSC 48(66)决议通过"国际救生设备(LSA)规则"

或一只尽量靠前,另一只尽量靠后。不管 10.5.6 中如何要求,这种救生筏的系牢能用人工解脱。

10.3　救生艇筏集合与登乘布置

救生艇筏集合与登乘布置应满足:

10.3.1　若集合地点与登乘地点分开,集合地点应设在靠近登乘地点。每个集合地点应有足够的场所,以容纳指定在该地点集合的所有人员。

10.3.2　集合与登乘地点均应设在容易从起居和工作处所到达的地方。

10.3.3　集合与登乘地点应有应急照明灯充分照明。

10.3.4　通向集合与登乘地点的通道、梯道和出口应有应急照明灯充分照明。

10.3.5　吊架降落式救生艇筏集合与登乘地点的布置,应能使担架病人抬进救生艇筏。

10.3.6　救生艇筏登乘布置应设计使得:

①救生艇的全部定员能在发出登艇指令之时起三分钟内登上救生艇;

②救生艇可从存放处直接登艇和降落;

③吊架降落式救生筏能从紧邻存放处的位置或从在降落前移送至 10.5.5 所述的位置登乘并降落;

④如有必要,应设置能将吊架降落式救生筏移至靠近装置边缘并使之系定的设置,以便人员安全登乘。

10.3.7　应配备至少两个从甲板延伸至水面并相互远离的固定金属梯子或梯道。在金属梯子或梯道及其附近海面处应有应急照明灯充分照明;

10.3.8　若不能安装固定梯子,应提供有足够能力使甲板上全部人员安全降落至水面的其他脱险设施。

10.4　救生艇筏降落站

降落站的位置应确保救生艇筏安全降落方便,应特别注意避开任何暴露的螺旋桨。降落站应尽可能设在使救生艇筏能从装置边缘的平直部分降落下水,除了:

①特殊设计的自由降落下水的救生艇筏;

②装有与下部结构留有间隙的结构上的救生艇筏。

10.5　救生艇筏的存放

10.5.1　每艘救生艇筏的存放应:

①使该救生艇筏及其存放装置均不妨碍任何其他降落站的救生艇筏或救助艇的操作。在安全和可行的情况下尽可能靠近水面;

②处于随时准备使用的状态,使二名船员能在 5 分钟内完成登乘和降落的准备工作;

③按照 1974 年安全公约第三章要求配齐属具。但是,主管机关认为某些属具在装置作业水域为不必要时,主管机关可以允许免除这些项目;

④在可行范围内,存放在安全和有遮蔽的地方,并加以保护免受火灾和爆炸的损坏。

10.5.2　如适用,装置的布置应对在存放位置的救生艇加以保护,使其免受巨浪造成的损坏。

10.5.3　救生艇的存放应附连于降落设备。

10.5.4　救生筏的存放应能用人工将救生筏从其系固装置上解脱开来。

10.5.5　吊架降落式救生筏应存放在吊钩可达到的范围内,但备有某种移动设施者除外,这种设施在第三章对破损状态规定的纵倾和横倾范围内或由于装置摆动或动力失效时,不致造成无法操作。

10.5.6　除10.2.3所指增加的救生筏外,每个救生筏的存放应以其系筏索的弱链固定系连在装置上,并应具有符合规则第三章第38条之6要求的自由漂浮装置,使救生筏在装置沉没时能自由浮起,如果救生筏为气胀式,还应能自动充气。

10.6　救生艇筏的降落和回收装置

救生艇筏的降落和回收装置应做到:

10.6.1　一切救生艇和吊架降落式救生筏均应配备符合"规则"第三章第48条之(1)和之(2)、之(4)和之(6)(适用时)要求的降落装置。

10.6.2　降落与回收装置应使该设备的操作人员在救生艇筏降落期间以及在救生艇回收期间,能随时在装置上观察到救生艇筏。

10.6.3　装置上配备的同类救生艇筏应使用同一型式的脱开机械。

10.6.4　在任一降落站,救生艇筏的准备工作和操作应不妨碍任何其他降落站的救生艇的迅速准备工作和操作。

10.6.5　吊艇索使用的长度,应在装置处于不利情况下,诸如在最大间隙、最轻载转移或作业状态,或第三章所述的破损情况下,能够使救生艇筏能到达水面。

10.6.6　在准备和降落过程中,对救生艇筏、降落设备以及降落的水面,应有应急照明灯充分照明。

10.6.7　应备有在放弃装置的过程中防止任何排出的液体排入救生艇筏的设施。

10.6.8　放弃装置时,装置上所有定额人员总数所需的全部救生艇,应能在发出放弃信号起10 min内,载足全部乘员及属具,降落水面。

10.6.9　应使人工制动器一直作用着,除非操作人员或操作人员动用机械,使制动器控制在"脱开"位置。

10.6.10　每只救生艇筏的布置应使其在装置处于转移状态,装置上人数已减少时,主管机关可以允许减少要求的救生艇筏总数。在此情况下,应有足够的满足本章要求(包括10.2)的救生艇筏可供留守在装置上的人员使用。

10.6.11　在第三章所指的任何破损情况下,总容量不少于100%装置上人员的救生艇除满足本章对下水和存放的一切其他要求外,应能避开任何障碍物下水。

10.6.12　应根据海上移动式装置的设计来考虑救生艇筏的位置和排放方向,同时考虑到救生艇筏的容量,以使装置上人员能在有效和安全的状况下获得全部撤离。

10.6.13　不管规则第二章第48条2.6的规定如何,降落速度不需大于1m/s。

10.7　救助艇

每座装置应配备至少一艘符合IBC规则第三章第47条规定的救助艇。如果救生艇也符合救助艇的要求,则可同意将此救生艇作为救助艇。

10.8　救助艇的存放

救助艇的存放应:

10.8.1　处在 5 min 以内能降落下水的准备使用状态;

10.8.2　处在适宜降落和回收的地方;

10.8.3　使该艇及其存放装置均不妨碍任何其他降落站的救生艇筏的操作;

10.8.4　救助艇兼作救生艇,则应符合 10.5 的规定。

10.9　救助艇的登乘、降落和回收装置

救助艇的登乘、降落和回收装置应做到:

10.9.1　救助艇的登乘和降落装置应在尽可能短的时间内能登艇并降落。

10.9.2　降落装置应符合 10.6 的规定。

10.9.3　当救助艇载足人员和属具时,应能迅速地回收。如果救助艇兼作救生艇,则当载足救生艇属具及经认可的至少为 6 人的救生艇乘员定额时,应能迅速地回收。

10.10　救生衣

救生衣的装配应满足:

10.10.1　应为装置上的每个人员提供一件符合"规则"第三章第 32 条 1 款或 2 款要求的救生衣。另外,应当在适当位置存放足够数量的救生衣,以供可能在不易取到救生衣处工作的人员使用。

10.10.2　每件救生衣都应配备一盏符合"规则"第三章第 32 条 3 款的要求的灯。

10.11　救生服

救生服的配备应满足:

10.11.1　每座装置应为装置上每个人员配备一件符合"规则"第三章第 33 条要求的救生服。另外,应在适当位置存放足够数量的救生服,以供可能在不易取到救生服处的工作的人员使用。

10.11.2　如果装置一直在温暖气候区域作业,主管机关认为救生服不必要,则不需配备。

10.12　救生圈

救生圈的配备应满足:

10.12.1　每座装置上应配备至少 8 个符合 IBC 的规则第三章第 31 条要求的救生圈。救生圈的数量和放置位置应使得能从露天地点易于取得。长度大于 100 m 的浮式装置配备救生圈的数量,应不少于下表中的规定(表5)。

表 5　浮式装置配备

装置长度 L/m	最少救生圈数
$100 \leqslant L < 150$	10
$150 \leqslant L < 200$	12
$L \geqslant 200$	14

10.12.2　不少于总数一半的救生圈应配备符合 IBC 规则第三章第 31 条 2 款要求的认可的电池型自亮灯。其中不少于 2 个还应配备符合 IBC 规则第三章第 31 条 3 款要求的自发烟雾信号,并能从驾驶台、主控制站或操作人员易于取用的地方迅速抛投。装有自亮灯的救生圈和装有自亮灯及自发烟雾信号的救生圈应相等地分置在装置的两侧。

10.12.3　配备救生索。

10.12.4　应至少在两个相互远离的救生圈上各装一条可浮救生索,其长度至少应为从其存放甲板至轻载水线距离的 1.5 倍,或 30 m,取大者。

10.12.5　每个救生圈应用大写罗马字母在方框内标明其所其属装置的名称和登记港。

10.13　救生无线电设备

10.13.1　双向甚高频无线电话设备

每座装置上应至少配备三部双向甚高频无线电话设备。这些设备的性能标准应不低于国际海事组织采用的性能标准[1]。如在救生艇筏内装有一固定的双向甚高频无线电话设备,此设备所符合的性能标准应不低于本组织采用的性能标准[1]。

10.13.2　雷达应答器

浮式装置应在每舷配备至少 1 台雷达应答器。雷达应答器应存放在能将其迅速放入任何一艘救生艇筏 10.2.3 中要求的救生筏除外)的地方,或者替换地,在每艘救生筏内(10.2.3 中要求的救生筏除外)各存放 1 台雷达应答器。雷达应答器所符合的性能标准应不低于国际海事组织采用的性能标准[2]。

10.14　遇险火焰信号

应配备不少于 12 支符合规则第三章第 35 条要求的火箭降落伞式火焰信号,并应保存在驾驶台或其附近。如果装置上没有驾驶台,火焰信号应保存在主管机关认可的地方。

10.15　抛绳设备

应配备一具符合规则第三章第 49 条要求的抛绳设备。

10.16　应急警告

应急警告应满足:

---

①　参照国际海事组织 A.809(19)通过的决议"救生艇筏双向甚高频无线电话设备性能标准"及可适用于装置的海上人命安全公约规则第三章 6.2.12。
②　参照国际海事组织 A.802(19)通过的决议"用于搜索和救助工作的救生艇筏雷达应答器的性能标准"。

10.16.1　每座装置应装设一个使该装置各个部分都能清楚听到的总报警系统。起动警报的控制站的安装,应取得主管机关同意。所用信号的数量应限于:总的应急信号、火警信号和放弃装置信号。这些信号应在应变部置表中予以说明。

10.16.2　经由总报警系统发出的警告信号,应通过有线广播系统的指示予以补充。

10.17　操作须知

应在救生艇筏及其降落操纵器的上面或附近设置告示或须知,并且应:

10.17.1　说明此操纵装置的用途及此项设备的操作程序,并提出有关的须知或警告:在应急照明情况下,易于看清。

10.17.2　使用符合国际海事组织建议的符号。

10.18　使用准备、维护保养与检查

10.18.1　使用准备:

装置离开港口前及整个作业和转移时间内,所有救生设备应处于正常状态并立即可用。

10.18.2　维护保养:

应备有符合IBC规则第三章第52条要求的船上维护保养须知并应按须知进行维护保养。

10.18.3　主管机关可以同意用包含IBC规则第三章第52条各项要求的维护保养计划代替10.18.2中所规定的须知。

10.18.4　应将降落所用吊索的两索端相互调头,间隔不超过30个月。由于吊索损坏而认为有必要时,或在不超过5年的间隔期时,应予换新,取其较早者。对于不能相互调头的绳索,应在使用24个月后进行细致的检查。如果检查表明绳索没有缺陷,可继续使用24个月。但是,不能相互调头的吊艇索一般应在不超过4年的间隔期时更换。

10.18.5　备件和修理设备:

对救生设备及其易损或易耗必须定期更换的部件,应有备件和修理设备。

18.18.6　每周检查:

每周应进行下列试验和检查:

①一切救生艇筏、救助艇和下水设备应进行外观检查以确保立即可用;
②一切救生艇和救助艇的发动机应进行正车和倒车运转,总时间不少于3 min;
③试验总报警系统。

10.18.7　每月检查:

每月应按IBC规则第三章第52条之一规定的检查表检查救生设备,包括救生艇属具和应急照明,确保这些设备完整无缺并处于良好状态。检查报告应载入作业日志。

10.18.8　气胀式救生筏、气胀式救生衣和气胀式救助艇的检修:

每只气胀式救生筏和每件气胀式救生衣应进行检修:

间隔期限不得超过12个月。但是,凡外观正常和适用的,主管机关可展期到17个月;在认可的检修站进行检修,该检修站应胜任检修任务,各有适当的检修工具,并雇用受过正

规训练的人员①。

10.18.9　气胀式救助艇的一切修理和保养应按制造商的说明进行。应急性修理可在装置上进行。但是,永久性修理应在认可的检修站完成。

10.18.10　静水压力释放器的定期检修

静水压力释放器应进行检修:

①间隔期限不超过 12 个月。但是,凡外观正常和适用的,主管机关可展期到 17 个月;

②在认可的检修站进行检修,该检修站应胜任检修任务,备有适当的检修工具,并雇用受过正规训练的人员。

11　结束语

天然气是一种碳氢化合物,其主要成分是甲烷。在常压下当其温度达到 −161.5℃ 以下时即液化成为液化天然气,其特点易燃易爆、有毒、低温等,是一种危险性很大的物质。因此对 LNG FPSO 装置的研究,其装置安全性是值得关注的。另外,由于在海洋环境中作业、停泊、海浪与风的作用,装置与人员的生存力与自持力也是值得重视的。为此本文经过深入探索与研究后得出几点结论于下:

(1)根据装置工作对象的特点着重收集防火防爆、防低温流体泄漏、防有毒物质污染以及装置稳性要求和人员的安全保护要求。除了法国船级社的"海上液化天然气终端站入级与发证"规范外,还对美国国家防火协会的液化天然气生产、储存和装卸标准作了研究介绍,以及用 MODU Code 法定规定对国法船级社规范作了补充,使内容更充实,为 LNG FPSO 装置的研究提供安全性设计依据。

(2)随着海洋工程的开发,要求很多新颖装置为其服务,门类繁多、功能各异。目前 IMO 制定的各种公约规则,除了 MODU Code 以外,SOLAS、MARPOL、IGC Code、ILLC 也逐渐在海洋工程中被使用,尤其是 SOLAS 的内容在海洋工程装置中被大量地应用着,因此设计时除了入级规范外,上述公约规则也应谙熟和区别地应用。

(3)在我国 LNG FPSO 装置研究工作还刚刚开始,其安全性研究也仅作初步探索,随着 LNG FPSO 装置研究的深入,安全性内容也会得到充实与完善,以便为将来 LNG FPSO 装置的设计生产提供有力的技术保障。

12　附录 A 条文说明

A.7.1.2　关于灭火系统的信息,可参阅:

NFPA 10　　　　　　　《手提式灭火器标准》

NFPA 11　　　　　　　《低倍数泡沫标准》

NFPA 11A　　　　　　《中倍数和高倍数泡沫系统标准》

NFPA 12　　　　　　　《二氧化碳灭火系统标准》

---

① 　参照国际海事组织通过的决议 A.761(18)"气胀式救生筏检修站的认可条件建议"

NFPA 12A	《卤代烷 1301 灭火系统标准》
NFPA 13	《喷淋系统安装标准》
NFPA 14	《立管、室内消防栓和水带系统安装标准》
NFPA 15	《消防用固定喷淋水系统标准》
NFPA 16	《泡沫－水喷洒系统和泡沫－水喷雾系统安装标准》
NFPA 17	《干粉灭火系统标准》
NFPA 20	《固定式消防泵安装标准》
NFPA22	《私用消防水罐标准》
NFPA 24	《私用消防总管及其附件安装标准》
NFPA 25	《水基消防系统的检查、测试与维护标准》
NFPA 68	《爆燃通风指南》
NFPA 69	《防爆系统标准》
NFPA 72	《国家火灾报警规范》
NFPA 750	《水雾消防系统标准》
NFPA 1961	《水龙带标准》
NFPA 1962	《带接口及水枪的水龙带保养、使用、操作测试标准》
NFPA 1963	《水龙带接头标准》
NFPA 2001	《洁净气体灭火系统标准》

A.7.1.2(9)　在本标准中不要求设立生产区消防队。若生产区决定设立消防队,关于防护设备和训练可参阅 NFPA600《企业消防队标准》。

A.7.51　一般最好是利用干式化学灭火器。固定式灭火器和其他类型火灾控制系统,防范按 7.1.2 节确定的特殊灾害。

A.7.7.1　日常液体转运作业中的防护服应包括防低温手套、护目镜、面罩和连身衣或长袖防护衫。

A.7.7.3　有关入口限制的做法及程序方面的信息可在美国联邦法典第 29 专题 劳动第 1910.146 部分(1－14－1993,生效 4－15－93)及加拿大联邦雇用及劳务条例第Ⅱ部分,和任何地方、州或省实施要求和标准中找到。

A.7.7.4　在工艺设备中的天然气、LNG 和烃类致冷剂通常都是无臭味的。通过嗅觉不能发现它们的存在。当要求第三个检测仪备用时,两个便携式的检测仪宜可用于监视。配备一台备用的检测仪以备主检测仪失灵,同时如果两台主检测仪计数不同,也可用作检验手段。

A.7.8　当天然气必须间歇或紧急泄放时,向上而且以高速排放将安全驱散气体。更好是将多个安全阀排放气集中在一个公用管汇内单独排放。如果条件准许,在 LNG 生产区内可设火炬。

如果一个 LNG 设施设计在无人操作处,推荐把警报线接到邻近最近的有人工作的设施内,以指示异常压力、温度或其他问题的征候。为此通常使用杠杆式安全阀。

13　附录 B 规范和规则

以下规范和规则为基础性文件,在装置的设计中都是适用的。

13.1　IMO 公约规则

(1)国际海上人命安全公约(SOLAS)
(2)国际防止船舶造成污染公约(MARPOL 73/78)
(3)国际载重线公约(ILLC)
(4)国际海上避碰规则(COLREG)
(5)Code for the Construction and Equipment of Mobile Offshore Drilling Units ,
2001(MODU Code 2001)

13.2　规范

(1)BV, Rules for the Classification of Offshore Units
(2)BV, Rules for the Classification of Steel Ships

特 殊 参 考 文 献

[1*]　法国船级社:海上液化天然气终端站入级和发证(BV,Classificatlon and Certification of Offshore LNG Terminals)

[2*]　IMO,International Code for the Construction and Equipment of ships Carrying Liquefied Gases in Bulk

[3*]　NFPA 59A,Standard for the Production,Storage and Handling of Liquefied Natural Gas (LNG),2001 edition

[4*]　IMO,Code for the Construction and Equipment of Mobile Offshore Drilling Units,2001 5) BV Rules for the Classification of Offshore Units

[6*]　BV,Rules for the Classifications of Steel Ships

[7*]　DNV, Offshore Standard, DNV – OS – C503 Concrete LNG Terminal Structures and Containment System,October 2004

小水线面双体型海上风电运维船开发设计

摘要 本文阐述我国海上风电发展现状;引述海上风电运维船的应用,以及存在的问题;推荐使用高性能小水线面双体船型;以实例进行海上风电运维船的开发设计。

1 引言

电力工业是国民经济发展中最主要的能源产业,是国计民生第一基础产业。但在运行中会产生环境污染,对社会造成不利影响。为了实现绿色环保,应向低碳方向转型。要以清洁、低价为目标,因此积极面向海洋索取能源。

在海上有风能、潮汐能、太阳能。它们是自然界可循环再生,取之不尽、用之不竭的再生能源。从而在海上有风力发电、潮汐发电和太阳能发电。但以开发海上风力发电最具优势。它具有资源丰富,不占用耕地,不消耗水源,可大规模开发的特点。是无污染、零排放的产业。

我国疆域辽阔,东南部临着渤海、黄海、东海和南海。海岸线长达 1.8×10^4 km;海中岛屿星罗棋布,有 5 000 多个。我国近海风能资源丰富,而用电负荷中心大多集中在东南沿海地区,因此开发海上风电场具有广阔的前景。

2 海上风电场发展

风力发电是世界上发展速度最快的新能源产业。尤其是海上风电技术日趋成熟,设备可靠,安装容易,维护便捷。因此不少国家和地区海上风电场规模不断扩大。主要市场集中在欧洲、亚洲和北美洲,尤其是欧洲的英国、德国和丹麦,近期开发大容量发电机组。

我国的海上风电产业起始于本世纪初,由于海上风资源储量丰富,东部沿海特别是江苏、浙江沿海滩涂及近海区域具有风机开发的有利条件。

根据我国气象局对风能资源的初步调查,我国 5 ~ 25 m 水深浅海区,在海平面以上 50 m 高度风电可装机容量约为 2×10^8 kW; 70 m 以上高度可装机容量约为 5×10^8 kW。可以实现规模化生产。

21 世纪初,在上海市东海大桥东侧的海域开发国内首个海上风电场,它是亚州第一座大型海上风电场。装规容量 100 MW,即单机容量为 5 MW,共布置 20 台风电机组,于 2010

年建成投产。此后我国东南沿海诸省相继开发海上风电场。至 2019 年我国海上风电持续稳定增长,累计超过 5×10^6 kW,成为全球海上风电装机增长最快的国家。

目前国内建成的海上风电场绝大多数为近海风电场,待近海风能资源逐步开发趋向饱和后,海上风电必然向深远海发展,以获得更大的装机容量。

海上风电产业是一项系统工程。由风力发电机组及机舱;叶片及轮毂;塔筒及基础结构;海上风电安装平台和风电运维船等组成一体化工程。

由于海洋风速离陆地愈远风速愈大,如果上列要素都配合得当,则风电场的装机容量会大大提高,经济效益增长十分显著,发展前途无可限量;

(1)目前国内已有自主研制 8 ~ 10 MW 的海上发电机组。

(2)为适应 10 MW 电机,国内已能制造风机叶片长度约 90 m,风翰直径 175 m,扫风面积 2.39×10^5 m²,采用全玻璃纤维材料结构设计。

(3)我国 10 年来风电场发展如雨后春笋,从东海到南海,从浅海到深海不断延伸。

(4)为了进行海上风机塔筒和基础结构的建设及安装,有很多单位投资建造形式多样的海上风电安装平台。仅以七○八所而言,自 2012 年—2019 年为一些单位设计建造安装平台(船),供深远海开发创造条件[1],如表 1 和图 1 所示。

表 1　海上风电安装平台

序	船名	建造年	使用单位	主要装置
1	"海洋 36"风电作业船	2010	江苏南通海洋水建公司	350 t 回转起重机
2	"海洋 38"风电作业船	2010	江苏南通海洋水建公司	250 t 回转起重机
3	"精钢 01"自升式风电安装平台	2018	广东精钢海洋工程公司	800 t 主起重机
4	"福船三峡"海上风电作业平台	2017	中铁福船海洋工程公司	1 000 t 主起重机
5	"海洋 069"自升式风电安装平台	2018	南通海洋水建公司	500 t 主起重机
6	"黄船 33"自升式风电安装平台	2019	中船黄浦文冲船舶公司	800 t 主起重机
7	"铁建风电 01"自升式风电安装船	2019	中铁建港航局集团公司	1 300 t 主起重机
8	"振江"号自升式风电安装平台	2019	尚和(上海)海洋工程设备公司	1 200 t 主起重机

(5)由于远海的水深不同于近海,原来固定式塔筒基础结构不适应深远海环境要求。国内有很多单位都在进行海上浮式风电基础设施开发研究。

(6)根据当时存量,风电装机以及未来新增装机为风电市场带来稳定和需求空间,因此给风电运维工作带来巨大机遇。但是当时风电运维船是一个短板,无论从规模、数量和使用要求远远跟不上形势需求。

图1　建造安装平台

3　风电场运维船开发

3.1　海上风电场运维和巡检

我国沿海辽宁、河北、山东、江苏、浙江、福建、广东和广西诸省逐渐建立海上风电场,发展速度较快,已初具规模。今后,在营运周期数十年间,经济效益日渐显现。但设备会逐渐老化,从运行和管理角度考虑,需要不断运行、维护和巡检。

根据我国在2012年颁发的《海上风机作业平台指南》和2019年实施的《风力发电机组运行及维护要求》标准,对风电场提出要求:

(1)定期检查风电机组的维护和换油操作;

(2)风机无线监控;

(3)塔筒检损、外壁除锈、涂装作业施工;

(4)叶片因盐渍腐蚀,造成表面开裂破损,需进行勘查修补。

上述工作必须由运维人员和运维船予以实现。

3.2　海上环境对运维人员的影响:

海上环境对运维人员可能造成以下影响:

(1)人员有恐高症;

(2)会晕船和呕吐;

(3)船和塔筒过驳时有一定风险和不安全性;

（4）对塔筒高梯爬登有困难；

（5）不适应海上海浪和台风环境；

（6）生活和工作条件艰辛。

3.3 对运维船的要求

目前海上使用的运维船是单体船或普通双体船，既少而小，无法适应上列运维人员的需求。船的颠簸剧烈，无法在风浪情况下出航作业，如图2所示。

图2 风浪中颠簸的作业船

根据长期实践考验证实，只有一种船型即小水线面双体船型作为海上风电运维船，能在海上6级风速和4级海况下能安全航行和平稳作业。

4 小水线面双体船特点

船舶的水线面是指船体与水面接触的表面。与单体船和普通双体船相比其所占水线面最小，所以称为小水线面；因为是由两个单体组成的船，故称为小水线面双体船（Small WaterArea Twin Hull Ship，SWATH），也有称为半潜式双体船（Semi – Submerged Catamaran，SSC）[2]。

小水线面双体船从结构上分为三个部份：下面部分似鱼雷状筒体为主潜体；中间部分扁长条状为支柱体；上面部分扁平长方形状为连接桥结构和上层建筑，如图3所示。

（1）主潜体：这种船型将左右两个主要潜体完全埋入水中航行，只有连接桥和上层建筑露出水面。因此两个潜体只产生摩擦阻力，不产生兴波阻力。

（2）支柱体：是指与水面接触的一段扁长体，水线面狭而长称为小水线面，产生的波浪是很小的，而且左右片体间距较大，无首波相互干扰，船在航行时兴波阻力不大，不易受波浪外力的冲击，因此失速小，波浪中的航速较高。支柱体内侧有前后两对稳定鳍，调节和抵销船首浪的影响，因此船的垂荡；纵摇；横摇都很小；船的耐波性能特别优良，故船的晕船的概率极低。而且能在恶劣的海况下平稳地航行，风浪中出航率高。

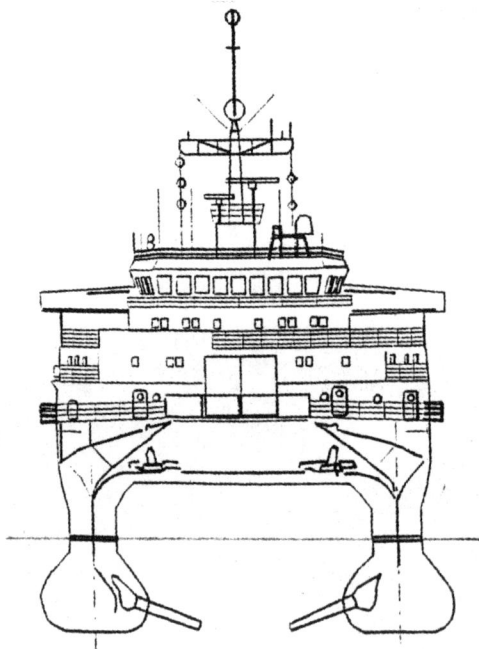

图 3　小水线面船的结构

（3）由于船的左右两个片体的间距大，产生较大的水线面惯性矩，有很好的静稳性。并且因为连接桥的存在，使船具有较好的完整稳性和破舱稳性，以及存在较大的储备浮力，提高船的抗沉性和生命力。

（4）由于船的两个螺旋桨间距较大，当舵在操作时舵效较高。操纵灵活，航向稳定性好。特别是在低速航行时，舵的回转性较好。

5.因甲板面较宽，易于总体布局。

根据上列特点，可将船视为一个海上稳定平台，特别适合海上风电场的运维需要。

5　国内外小水线面双体船开发

5.1　国外

一种船型的开发有赖于它在恶劣海况下的性能。因此改善船舶的适航性能是船舶设计及研究中很重要的因素。半潜式小水线面船或平台，在波浪起伏的海上若能获得平稳航行或停泊作业才能有发展前途。小水线面双体船型（SWATH）和半潜式钻井平台（Semi - Submersible Drilling Unit,SSDU）就是经过长期摸索和改进后逐渐成熟和推广的，如图 4所示。

（1）美国:1965 年，美国为了配合当时宇航发展需要，提出小水线面船的设计。于 1973年建成第一艘"凯梅里诺（Kaima Lino）"号小水线面实船。总长 27 m,宽度 13.72 m,排水量217 t,航速 25 kn,设有直升机飞行甲板，进行直升机起降试验。在此之后有"无暇"号作水声侦察试验用的小水线面双体船等。

图 4 半潜式钻井平台

（2）日本：小水线面双体船开发较早，一般为排水量较小的交通船、小客船、工作船等。具代表性的为 1979 年建成的"海鸥"号客渡船。船长 35.9 m，排水量 340 t，航速 27 kn，载客 402 人。使用 10 年后，于 1989 年三菱重工公司再次建成"海鸥 2"号客渡船。船长 39.3 m，航速 30 kn，载客 410 人。

（3）德国：小水线面双体船开发使用时间较晚。设计技术由美国引进。直到 1999 年，建成第一艘小水线面杜赛（DÖSE）号引航船。船长 25.65 m，排水量 129 t，航速 18 kn。以后陆续建造一批排水量比较大的小水线面船。例如：有 WFES751 型小水线面双体水下武器电子系统研究试验船，总长 73 m，船宽 25 m，排水量 3 500 t，航速 15 kn，属军民两用船舶。

5.2 我国

我国是小水线面双体型船开发最早国家之一。20 世纪 80 年代初，高等院校和科研单位的教师和科研人员从事理论研究发表论文，并尝试小型船舶的设计研制。以后陆续投入使用的就有海关引航船、油田交通艇、水声试验船和近海测量船（军用）等。其中系统持续开展研发的单位有：

（1）七〇八所：早在 1965 年为了国防需要，由上级下拨经费，七〇八所在高性能船艇中选择气垫艇和小水线面双体船二型船艇进行立题研究。前者以伯努利定理为理论基础，后者以兴波阻力理论为基础，为当时国防最前沿的科研方向。

气垫艇研究开始时只有两人，后发展成科，再后成为专业室，大张旗鼓地开展研制工作，并以淀山湖为试制艇基地，验证实艇性能。经过数十年的努力，制造出大批性能优良军民用的垫升式气垫艇和侧壁式气垫艇，名闻遐迩。而小水线面双体船同时起步，以曹永清工程师为首的研制组，经过数年理论推索，但缺乏模型试验池配合，和 CAD 计算手段，于以实践提高，进展缓慢。但以后有几型小水线面测量船闻世。

（2）七〇二所：20 世纪 70 年代后期开始小水线面船型研究，主要着重于水动力性能方面研究。

在 20 世纪 80 年代初继续与高等院校合作开发和模型艇试验研究。于 2000 年设计建造出我国第一艘排水量 228 t 小水线面双体型海关监管艇。

由于继续深入的开发研究和计算机技术的推广,采用了 CAD 和 CFD 等软件,使计算精度和速度予以提高,并配以船模试验的校核,使小水线面船型得以开发成功[3]。2004 年以葛纬桢研究员为首的设计团队,设计我国第一艘小水线面双体型综合科考船"实验 1"号,于 2008 年在渤海湾海上交船试航并一次成功[4],又于 2014 年设计了一艘小水线面双体型"沈括"号远洋科学调查作业船,于 2018 年建成后在舟山试验成功[5]这艘船的处女航行到南太平洋马里亚纳 11 000 m 海沟,载仪器试验考察。返航后船长反映,此船航行中不晕船。"实验 1"号和"沈括"号两船主要量度见表 2 其外观如图 5 所示。

表 2 小水线面双体船型(SWATH)科学考察船

序	主要量度	SWATH"实验 1"号综合科学考察船	SWATH"沈括"号深远海科学调查作业船
1	总长 L_{oa}/m	60.90	63.00
2	型宽 B/m	26.00	23.00
3	型深 H/m	10.50	9.42
4	设计吃水 Td/m	6.50	5.70
5	设计排水量 Δd/t	2 568.85	2 194.00
6	设计航速 Vd/km	15	12
7	船员 Pe/人	27	20
8	科研人员 Ps/人	45	40

图 5 实验 1 号与沈括号

现今,正在设计中有渤海湾小水线面双体型豪华游览船,以及大连、大丰、舟山的海上风电运维船开发设计。

6 小水线面双体型海上风电运维船设计

6.1 概述

本设计船的主要用途为检修人员开展海上升压站和海上风电机组的运行、维护、巡查和检修;叶片腐蚀开裂的遥测;风电机舱备品、备件、工具、滑油的供应等。

由于海上作业环境的恶劣,尽量保护运维人员登船、登塔梯的安全,以及达到船内环境设置的舒适性。

6.2 海区

我国沿海和远海航行,能在 8 级蒲氏风级时航行,4 级海况下作业。

6.3 主要量度

总长	约 31.00 m
型宽	13.00 m
型深	5.00 m
吃水	2.60 m
排水量	约 250 t
航速	16 kn
船员	6 人
运维人员	12 人

6.4

续航力	500 n mile
自持力	5 天

6.5 布置

上甲板:艏端左侧设 2 t 起重机 1 台
　　　　艏端中间设登塔平台和扶拦
　　　　艏端右侧设可伸缩舷梯 1 架(按需)
驾驶室:艏窗:大尺度窗框,能前视宽敞清晰
　　　　后窗:能后视甲板作业操作
舱室:休息室一间,设坐躺二用航空椅 12 座
　　　会议室一间,设会议桌、椅一套
　　　卧室(按需配置)
厨房、冷藏、厕所、盥洗、储藏等配置齐全

6.6 侧面总布置图

本船设计的侧面总布置图如图6所示。

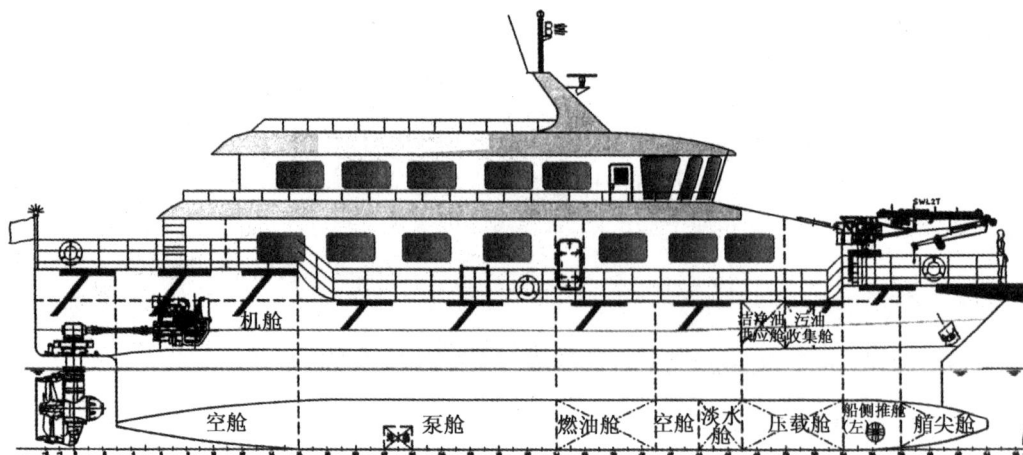

图6 侧面总布局图

7 结 语

(1)小水线面双体型船是一种高性能高技术船舶,经过多年和多船的航行使用证实,它比单体船和一般双体船具有良好的耐波性,风浪中失速小,抗风能力强,操纵性能好,甲板面积大等优点。并且其纵、横摇幅值小于$2°$,垂向加速度约为$0.1g$。在风浪中晕船概率低,因此很宜作海上风电运维船使用。

(2)我国海上风电场开发是朝阳产业,创业时间不长,维护人员不留惯海上航行和上塔筒维护风机。为了防止登梯失足,落海溺水等事故发生,可在舷侧设救生电梯。

(3)为了扩大装机容量,电场向外海扩展,随着叶片直径的增长,必然增加塔筒高度。为了适应塔筒基础平台高度的改变,便于人员登塔,在风电运维船上拟可配置可伸缩舷梯。

参 考 文 献

[1] 金赢.引领创新筑梦海洋[M].上海:中国船舶及海洋工程设计研究院,2019.

[2] EDWARD N., Predicting Hydrodynamic Behavier of Small Water plane Area Twin Hull Ships[J]. Marine Technology,1981(1):69—75.

[3] 葛兴国.小水线面双体型远洋调查作业船设计[J].船舶,2017(5)23-27.

[4] 葛兴国.船舶及海洋工程设计研究论文集[G].中国造船,2015.

[5] 卢云军,葛纬桢,葛兴国.一艘新颖深远海科学调查作业船投入使用[J].2018.

第十二篇　江海直达船设计

发展长江航运积极开发江海直达船型

摘要 长江为我国最具航运利益的内河航道,是连接各大经济区和工农生产的运输纽带。在当时,中央领导同志对开发长江、综合利用长江十分重视和关注,因此深入研究长江水运、开发新船型显得甚为重要。

本文首先阐述长江水系的水文与地理环境,继而分析适合航运发展的货源、港口码头和航线条件。为应顺客观需要,开发一组江海直达船型,并提出了船型系列型谱。

1 长江水系

长江是我国第一大河,是世界上仅次于尼罗河和亚马孙河的第三长河。它发源于青海省可可西里山,流经八省,挟洞庭、潘阳两湖之水,汹涌澎拜直泻东海。全长 6 300 km,流域面积 180 万平方公里,居住在这里的有三亿多人口,工农业总产值占全国 40%,是我国经济与文化比较发达的地区之一。

长江,江阔水深,终年不冻;干支水流,纵横交错;大小湖泊、星罗棋布;构成了一个巨大的水上运输网。可以通航的里程约 7×10^4 km。约占全国内河通航里程的 2/3,其中可以通航船舶的有 1.8×10^4 km。

长江自重庆至宜昌为上游,俗称川江;宜昌至汉口为中游;汉口以下为下游。川江航道长 660 km;水位差 120 m;流急滩险;多涡漩;行船甚为艰险;自葛洲坝工程兴建后,情况有所改观,青滩流态也有改善。中游段水位差较小;由于航道迂回曲折;水流较平缓;枯水期常有淤浅现象。下游水位差更小;水流缓慢;江水较深。

通常,川江航道标准水深 2.9 m,枯水期船舶限制吃水 2.4 m。中游航道标准水深 2.9 m,枯水期受淤浅影响因而船舶吃水限制在 2.4 m。下游航道标准深度 4 m,枯水期由于张家洲等处的水深受到限制,船舶吃水 3.6~3.8 m。南京附近航道水深达到 10 m,可停靠万吨船舶,南通地处长江出口,属于河口港,各海船出入无甚影响。

2 长江现状和开发

长江流域是我国工业发达地区之一,除上海、南京、武汉、重庆等重要工业城市外,还有马鞍山、芜湖、铜陵、黄石、沙市、宜昌等一批新兴的工业城市和地区。

长江流域跨 9 个省、市、自治区,流域内县市 787 个。流域中盛产稻米、矿藏、森林资源极为丰富,并拥有我国最大的水利资源,这一切为发展工业提供极其优越的条件。

长江虽有优越的自然资源和经济条件,但是综合开发利用的程度还很低。一般而言,水路运输的能源消耗低,能够获得很大的经济效益。根据资料,各种货物运输方式的能源消耗情况如表 1 所示。

表 1　各种货物运输方式的能源消耗情况

各种货物运输方式	燃料/(t·km/L)
水路运输	122
铁路运输	98
公路运输	28
航空运输	2

除了水路运输能够节省能源外,尚有运量大、成本低、水运建设投资省、耗材少等优点,但是由于对发展水路运输的重要性认识不足,多年来国家对交通运输建设的投资重点放在铁路上,水运建设投资不多,也影响了长江水系航运的发展。党的十一届三中全会以后,实施对外开放,对内搞活的经济方针,使长江面貌有了新的变化,可以从下面几方面予以说明。

2.1　流域宽阔、水运四通八达

长江是我国东西走向的大动脉,是一条主要的战略水道,与嘉陵江、岷江、乌江、湘江、汉水、赣江等 53 条主要支流和水系相通,并有成昆、川黔、焦枝、京广、京沪等铁路横跨而过。沿江有汽车渡口 23 处,因此长江干支直达和进行水路、铁路、公路联运极为方便。按照规划,以长江、淮河、京杭运河、珠江(赣粤运河)为骨架,构成全国内河交通网,使水路四通八达,对全国的经济建设必然会产生巨大的影响。

2.2　货源充沛、客运日增

长江,是连接各大经济区和工业生产的运输纽带,沿江诸省资源极为丰富,都可汇集两岸由水路运出。沿海城市物资也可经长江运向内地。下行物资有钢材、磷矿、化工产品、水泥、纺织品、丝绸、转口的煤。农副产品有粮油、食品、茶叶、榨菜、药材、辣椒、麻、蚕丝、羽绒等。上行物资有机械设备、原油、成品油、轻工产品、日用百货、化肥、电子器材,以及进口的铁矿砂和机电设备等。

至于长江沿线随着经济的搞活,商品交易的频繁,人民生活的改善,使客流量逐年增加。根据实际统计,每年平均按 4.5% 增加,截至 1990 年大约为 4 500 万人次,在当时为要适应这种形势,只有大量造船才是出路。

2.3 改革管理体制、活跃长江航运

长江具有极为优越的航运条件。但是在当时由于管理体制和其他方面的原因,使长江水运的潜力未能得到充分发挥,对长江水系的自然条件和货物流通过程中的经济因素缺少考虑,而按行政区域划分管理范围,结果航运仅局限于长江干流,而地方航运大多限于支流,而且沿江码头为各单位专有,因此造成货运输不流畅;船不能直达的现象。为了充分发挥长江水运的潜力,自 1983 年起全面开放长江水系,并对管理体制实行改革,鼓励各省、市、地、县的船队入江,经营直达运输,并且扶持集体和个体航运企业。目前,长江水系的国营、地方、集体航运企业以及个体专业户已近千家。其代表性企业有长江轮船总公司;扬子江轮船股份有限公司;晴川轮船股份有限公司;武汉惠通实业股份有限公司;湖北省江夏轮船公司;重庆民生轮船公司;大通实业股份有限公司;长江联运联营总公司等。长江沿线诸省也先后成立海运公司,筹建船舶发展江海直达运输,独立地开展对外贸易,并与沿海诸省增加贸易交往。

2.4 港口建设与航道整治

近几年来,对原有港区进行大规模的改建和扩建,同时新建了大批新港区。长江全线已有 25 个主要港口,码头泊位增加了数百个。南京港、张家港、南通港等港口建设规模更大。

南京的新生圩港已建成两个万吨泊位和一个万吨集装箱泊位,年吞吐能力达到 1.1×10^6 t。第二期工程完成后将有 16 个泊位,有约 1×10^7 t 年吞吐能力。

张家港作为江苏省外贸出口基本港和上海港的主要分流港,目前已建成万吨级深水泊位两个,年吞吐能力 7×10^5 t。在"七·五"期间将建成 1.2×10^7 t 年吞吐能力的泊位码头。

南通港是长江下游一个天然港,深水岸线长约 30 km,码头前沿水深 15 ~ 17 m,可以通航 $3 \times 10^4 \sim 5 \times 10^4$ t 海船。现有 2 000 ~ 25 000 t 级的泊位 9 个,客运站 3 个。南通港扼长江入海咽喉,处于江海联运枢纽地位。南通港可为上海港分流,成为进出长江口的中转港。

再如芜湖朱家桥万吨级新港的兴建,九江阎家渡外贸港和湖口码头的建设,以及武汉河段的整治,这一系列航道治理和港口修建的掀起,都为发展长江航运创造了有利的条件。

联系到宁波北仑港矿砂码头的建成和投入使用,以及山西、河南、安徽的煤通过枝城、武汉、裕溪口、南京等港口沿长江运出,这样矿石进港,煤炭出海,船舶起着纽带的作用。继 14 个沿海城市的开放,上海经济区的扩大以及沿江各省之间开展联合经营,更需要大量造船发展交通运输。

3 运输船型发展的探讨

3.1 长江运输船的回顾

清末时期中国由于受帝国主义和官僚买办势力的控制,航运发展缓慢,虽也建造了一

些钢质船舶,但为数寥寥。客货船有"蜀亨"号、"隆茂"号、"民本"号、"民俗"号、"明泽"号、"江新"号、"江华"号等。货船建造很少,有用登陆艇改装的,如"人民 2"号、"人民 8"号。拖船自己建造的为数不多,有在国外建造的如"生辉"号、"生民"号等,并配以小吨位的驳船,开展长江拖带运输。

解放后,长江航运事业有了长足的发展,整治航道,修筑码头,并建造相当数量的客货船、货船、拖(推)船和驳船等,投入营运。

(1)客货船

解放初期,建成载客 900 人的"民众"号川江客船和载客 400 人的"江峡"号川江客船,并对航行于武汉上海间的"江新"号、"江华"号、"江顺"号、"民主"号、"江平"号、"江亚"号等大型客货船进行改装,使几十年前建造的老船整旧如新,以新的姿态投入营运,成为长江下游客运的主力。20 世纪 50 年代后期相继建造"江蓉"号川江客货船五艘,载客 700 人,载货 400 t,可终年航行川江,提高了川江的运力。20 世纪 60 年代以后建成"昆仑"号客船,可航行长江全线,往返于上海重庆间。船长 84 m,航速 16.8 kn,载客 600 人。目前该船长期租与美国环球旅游公司作游览船使用,航行于中游区间的有"东方红 327"号。航行于下游区间的有"新中"号、"东方红 411"号等。在长江口有申崇线 1500 客位双体客船于 1970 年投入使用。为了缓和下游日益增长的客运需要,1975 年起连续建造"东方红 II"号船舶数艘。近年来,除了继续建造"东方红 II"号大班客船外,为了适应旅游事业的发展,观览三峡风光,相继建造 60 客位"神女"号、100 客位"峨眉"号、200 客位"长城"号等川江游览船。

(2)货船和油船

在长江航行的货船和油船数量不多,1954 年建成载货量 1 600 t 的"大众"号川江货船和载货量 1 300 t 的"人民 I"号货船,以及将陈旧的登陆艇改装凑合使用,发展缓慢。油船有航行川江载油量 800 t 的"大庆 401"号,航行宜昌至汉口段载油量 2 400 t 的"大庆 407"号和在罗马尼亚建造的航行长江下游的载油量 5 000 t 的"大庆 424"号。继而由沪东厂建造的一批载油量为 2 400 t 的油船投入营运。

(3)拖(推)船和驳船

在 20 世纪 50 年代航行于长江上游的有 1 471 kW 浅水蒸汽机拖船"长江 2002"号,航行于下游的有 515 kW 马力蒸汽机拖船"长江 706"号,配合 1 000 t 货驳、1 000 t 砂驳、2 000 t 煤驳,采用绑拖航行。20 世纪 60 年代以后,推广顶推船队运输,推船向功率力发展,由 1 089 kW、1 324 kW、1 765 kW、1 942 kW,发展到 2 943 kW 的长江推船。相应的驳船也趋向大型化,从 1 000 t 级发展到 3 000 t 级和 5 000 t 级。至 20 世纪 70 年代为了加大运量,建造 1 000 t 级和 5000 t 级的分节驳,实现分节驳顶推船队,一次可顶推一万多吨货物,船队长 250 m 左右;并相继从美国购进 4 413 kW 马力推船,可推运大约 2×10^4 t 货物。

3.2 对目前船舶的认识

在当时,在长江内航行的运输船舶有客船、货船、客货船、油船、自航驳船、拖(推)船和驳船等。按其航行方式一般可归纳为单船和拖(推)船驳船队。

随着交通运输的发展,当时虽然补充了一些新船,但仍然跟不上形势的要求。例如来往于汉口上海间客船,由于客运的增多,从每天一班增加到每天三班,并设快班船,从 7 天往返班期,缩减为 6 天。1985 年的五一劳动节,自武汉去九江的旅客竟有数万人。生产的发展和人民物质文化水平的提高,客货运量将会长期地较大幅度地增长,这也是当时形势发展的主流。但是也要看到,当时船舶的船龄老、技术状态落后、运输效率低。它与"茫茫九派流中国"的客观现实相比极不相称。即使在当时尚在续建中的航行于上海武汉间的大班轮,仍存在不少问题,尚有待于完善。如:在同样的载重量(旅客及货)情况下,主尺度可以进一步缩小,以降低造价;主机油耗大,功率未充分利用,经济性差;货物装卸方式落后,劳动强度大,效率低,停港时间受影响。

至于拖(推)驳船队,虽然近年来建造一批分节驳,并配以大功率推船,开展大型化船队运输,但拖(推)驳船队在长江下游及河口地带常受台风影响,在航时间减少,经济效益未能充分发挥。

20 世纪 90 年代末航运企业的船舶,有相当数量是购自国外的旧船,主要由于船价较低。这些海船大多功率偏大;主机油耗率高;不经济;零部件容易损坏;国内一时又难现配,影响营运。而且海船吃水深,上层建筑高,不适应长江航行。从眼前和企业观点而言有利可图,但从长远和全局观点而言无甚优越。世界旧船涌向远东市场,使我国重新拥有一批技术落后,船龄老的船队,影响水运技术改造的进程。

以上所述仅是一个侧面,随着经济改革和经济化建设的深入,更新旧船和建造新船,发展水上运输是问题的主流。

至于在新形势下建造何种船型,有待进一步研究和发展,其运输方式也有待于探讨。

3.3 江海通航的研讨

当时在我国的现代化建设中的两个经济带,一个是从大连到广西省北海的沿海经济带,一个是从重庆到上海的沿江经济带。在航运上,长江可以看作是沿海向内地的延伸,而长江又把内地的江河湖泊连成一片,交织成稠密的水运网。现有船舶和运输方式不能适应江海通航发展的需要,如何把内地物资又快又好地运向沿海城市,或沿海城市的物资运向内地城市,在现阶段以何种运输方式最为经济合理,对此简析如下:

(1)载驳船队

在国外,20 世纪 70 年代开始出现载驳船。按不同卸驳方式,有四种类型的载驳船,但都是属于子母船性质。通常在大河河口,如在莱茵河和密西西比河河口将母船中货物通过船载驳船一艘艘地运向内河腹地。一般地说,以海上航程长的为经济。由于驳船都是新造的标准化船型,连同母船在内其初始投资极大,因此必须建立一套新的管理经济体制。

(2)有联接机构的推驳船组

这种船组以推船和驳船配成船组进行运输。推船和驳船为嵌入式,纵向采用二销式联接,能适应海上航行。这种船组可以节省停港时间,加快周转速度。由于驳船都是新设计的,因此初始投资费大。

(3)江海直达船舶

散货船、液货船、滚装船、集装箱船都可以作为江海直达船舶。在国外,如俄罗斯、德

国、美国等都积极发展河海直达船舶,并制订成标准化和系列化船型。俄罗斯新近建成的
4 000 t 载重量;河海型干货船"日古利"号实现直达运输,减轻海港负担,缩短运输周期,在
外贸航线上显示了很好的经济效益。德国业已建成三艘中的一艘 3 000 t 载重量;河海型集
装箱船"不来梅阿切兰斯号",已营运在不来梅至挪威西部的航线上;该船两柱间长 86.5 m,
吃水 4.46 m,航速 11.5 kn 可载运 158 个标准集装箱。

一般说,海船直接进江或者江船直接出海,可以减少运输环节,提高航运效率。这类船
舶除了本身固有的特性外,其共同的设计特点是:

(1)吃水浅,转载量大,有浅水效应;

(2)改进海船在江中航行的适航性;

(3)改善江船在海中航行的适航性;

(4)提高船员的适居性和避免振动现象;

(5)上层建筑高度要适应过大桥要求;

20 世纪 80 年代末在我国,江海直达船舶无论在技术上和经济上都是能解决的和可行
的,溯自 1862 年武汉辟为通商口岸之后,即有铁壳海船代替内河木帆船直接驶入武汉。昔
时吨位小、吃水浅的海船进入长江,现时洪水期有大吨位油船进入南京和武汉。浅吃水"浙
海 117"号万吨级货船在非枯水期亦可到长江中下游港口卸矿装煤。以同样吃水的常规船
型与"浙海 117"号船相比,其载货量仅有 50%,可见浅吃水船具有一定的经济性和优越性。
在 20 世纪 90 年代初,发展和使用江海直达船型可以说已到了水到渠成的时候。

4 开发江海直达船型

4.1 概述

以往运输方式采用将沿线货物通过水路或陆路运至河口城市,再用海船向外运出。其
缺点是货物周转时间长;资金积压;易造成货损;增加转口费用等。船舶设计成江海直达以
后,业主可以将内地货物便利地直接运向沿海诸省,无中转环节。至于运向近洋、远洋的大
宗货物,似仍由中转港用大吨位船舶输出为宜。

在 20 世纪 80 年代末至 90 年代初随着经济体制改革的深入和沿江港口的开放,以经营
干支直达、江海直达运输为业务的国营、地方、集体航运企业纷纷设立,开展江海直达运输
的条件终于成熟。

20 世纪 80 年代,有些航运企业积极开展江海直达运输业务。例如,1985 年 9 月上海远
洋运输公司的"宽城"号轮从日本将 90 只 20ft 标准集装箱试运九江,又把集装箱从上海试
运抵武汉,开辟了集装箱江海直达航线。1986 年 10 月武汉江汉轮船总公司的"江汉号"轮
从海南岛满载 5 200 t 橡胶、矿石及杂货,通过台湾海峡安全到达武汉。这已是 1986 年开展
江海直达航线以来的第 7 个航次。同月,中海凯达航运公司的"凯达"号轮正式投入南通至
福州航线的货运航班业务。预计今后的江海直达运输将更为频繁。

长江的拖(推)驳船队由于运量大、成本低一直是货运的主力,但是存在运输速度慢、易

造成货损和不能出海的缺陷。在整个运输结构中,单一的运输方式是不够的,除了继续发展大功率大分节驳顶推船队以外,必须配以其他的运输方式。在20世纪80年代末至90年代初,以江海直达船型最为灵便、经济和适宜。

在20世纪80年代末至于发展何种船舶则取决于货物的种类、性质和要求。例如:第二汽车制造厂年产10万辆汽车,除了大部分依赖铁路和自行驾驶外,部分需依赖水运,在当时现有汽车驳船远远不能适应,这就需要开发滚装船型。该汽车制造厂襄樊基地建成后,将年产6万辆载重汽车。南京汽车工业公司在七·五期间建成后也将年产轻型汽车6万辆,使滚装船的开发更具有迫切性。根据长远分析,通过长江干流的货物有大宗的煤、水泥、矿石、化肥、磷矿、原油、成品油、钢材、有色金属、机械、电气设备、纺织品、丝绸、工艺品、药材、粮油食品、土特产、轻工产品和日用百货;这些货物一般可分为散装货和箱装货,可以采用专业化散货船、集装箱船和多用途船进行运输。

4.2　江海直达船型系列

本船型,从对长江航运现状和前景的考虑,对长江航行特点和港口条件的了解,以及对所论船型的可实现性的探讨,结合设计海船与长江船的实践和经验而提出。本系列分为货船、集装箱船、油船三种。供有关部门制定规划或用船单位参考和采用如表2所示。

表2　江海直达船型系列

船类	船名	主要尺度/m				主机		航速/kn
		船长	型宽	型深	吃水	型号	功率(kW)×台数	
货船	1 150/1 500 t 货船	57.6	11.6	4.9	3.6/4.2	6300ZCD-1	600×1	9.8
	2 100/3 000 t 货船	66	15.0	6.2	4.0/5.0	6350ZC	900×1	9.5
	5 300/6 100 t 散货船	108	18.4	7.4	5.0/5.5	G6300ZC4	2 000×1	11.4
	7 500/9 500 t 散货船	127	20.0	10	5.5/6.4	6ESDZ43/82B	3 000×1	11.7
集装箱船	770 t 集装箱船	65	11.4	5.4	3.6	6350ZC	900×1	12.0
	2 700 t 甲板集装箱船	73	17.1	6.1	3.8	G6300ZC	1 350×2	11.5
	250 箱集装箱船	110	18.0	8.5	5.0	6PC2-6	4 480×1	14.6
油船	1 100 t 成品油船	64.6	9.4	4.2	3.6	6L350PN	970×1	10.6
	3 000 t 成品油船	89.2	14.8	5.5	4.5	G8300ZC6	2 000×1	11.7
	5 400/6 000 t 成品油船	110	17.5	6.7	5.0/5.5	G6300ZC4	2 000×1	11.5

一、货船系列

本系列由1 150/1 500 t、2 100/3 000 t、5 300/6 100 t、7 500/9 500 t四型船舶组成,每一船型有两种吃水、以便于在枯水期和洪水期航行。下面就每一船型进行具体说明:

(1)1 150/1 500 t货船为一般多用途船型。可以装载杂货、钢料、木材和大件货,并可装载16只标准集装箱。

设计吃水 3.6 m,可航行于江、浙沿海岛屿间远至武汉,并可常年航行于长江,在洪水期可至重庆。

(2)2 100/3 000 t 货船为一艘多用途船型。可以装载杂货、煤和黄砂,并可装载 5 t 重集装箱。

设计吃水 4.0 m,可航行于鲁、苏、浙、闽沿海。枯水期有 2 个月作适当减载外,其他时间可直接进长江航行至武汉。

(3)5 300/6 100 t 货船为一艘散装货船。可装载煤、矿、砂、石、水泥、谷物。设计吃水 5 m,可航行于浙江沿海及装北仑港的矿,入长江至南京和武汉,回程时可运输裕溪口的煤至浙江沿海城市。

(4)7 500/9 500 t 货船为一艘散装货船。可装载矿、煤。设计吃水 5.5 m,可由浙江的海门、宁波、温州等港至秦皇岛、连云港或裕溪口运输煤,或运输北仑港的矿砂进长江。

二、集装箱船系列

20 世纪 80 年代末,长江货运有采用集装箱运输的,但开展尚不普遍。随着出口贸易的增多,属于适箱货的出口商品要逐步实现集装箱化。以免货物倒载,减少货损;加速货物装卸、缩短停航时间;节省包装费用、简化理货手续;减少营运费用、降低运输成本。考虑到当时集装箱船运输尚未全面推广的情况下,以小吨位船为适宜。本系列以 770 t 载重量集装箱船、2 700 t 载重量集装箱船和 250 箱集装箱船三型船舶组成。

(1)770 t 载重量集装箱船为全集装箱船型。考虑到与铁路和公路联运,船上装载 5 t 型集装箱 130 只。设有起吊设备,可在无吊装设备的码头装卸集装箱。

设计吃水 3.6 m,可航行于鲁、苏、浙、闽沿海,并可常年航行长江远至武汉。洪水期间可至重庆。

(2)2 700 t 载重量集装箱船为甲板集装箱船型,可装载集装箱 190 TEU。为了适应甲板集装箱的装卸,设有甲板起重机和尾跳板。该船型可作为大型集装箱船的供应船,既可出海,又可沿长江航行至装卸港,依靠自备的起吊设备和尾跳板进行集装箱的装卸,极为灵便。

设计吃水 3.8 m,可航行于鲁、苏、浙、闽沿海,并可沿长航行至南通、南京、武汉等地。

(3)250 箱集装箱船为全集装箱船,适用于我国沿海和长江中下游、闽江、珠江各港口以及远至日本、中国香港、东南亚的近海国际航线进行直达运输。专门装运货物集装箱250TEU。该船型既可进行门对门运输,也可参加国际集装箱联运,属 I 类航区航行的集装箱船。

(3)成品油船系列

本系列由 1 100 t、3 000 t、5 400 t 三型船舶组成,主要装运成品油。考虑沿江城市用大吨位油船运输时在枯水期需要停航,以采用灵活机动的中小型油船予以补充,船的吃水与货船相似,1 100 t 吃水 3.6 m,3 000 t 吃水 4.5 m,5 400 t 吃水 5.0 m,航速一般都在 11 kn 左右。

5 结 语

(1)长江为我国最具航运利益的内河航道,但是在当时基本上仍处于自然状态,通航程度差别很大，需要辛勤的努力，不断地开发和建设，才能使水道变黄金，为社会主义经济建设服务。

（2）我国制订的"七·五"计划给我们展现出一幅可喜的前景。"七·五"计划期间，规划在重庆、涪陵、宜昌、沙市、武汉、黄石、九江、芜湖、南京、镇江、张家港、南通等港口建成一大批外贸码头、20 多个客运码头和 8 个集装箱码头。

（3）当时在南京、镇江、张家港、南通等长江下游港口的 12 个海船深水泊位相继竣工投入使用，长江下游已成为南京以下货运量最大的江河海联运水道。

（4）自 1986 年起，治理长江浩大工程拉开帷幕，分期整治长江干线和 33 条支流，逐步形成以干线为主体、干支相通、江海直达的航运网，这些都为大量造船创造了客观条件。

（5）自从顺应形势需要，开发了一组江海直达船型以来，目前已建成和正在设计的江海直达船舶已有一定数量，可见该船型有其发展前途。今后有待继续研究与提高，使该船型更趋完善。

江海直达船型与节能装置设计

摘要 本文阐述江海直达船型特点及考虑采用节能装置的必要性;针对江海直达船舶选择适宜的节能装置,并叙述拟采用的其他形式的船尾和节能装置。

1 引言

随着经济建设和改革开放的深入进行,水路运输发展很快,沿海港口的货物亟待运向内地,而长江、闽江、珠江水系的沿江城市的货物需直接运向沿海、中国的香港,澳门、日本等地。尤其是长江水系,由于外向型经济不断扩大和外贸码头的先后建成,许多航运部门对江海直达运输进行尝试和营运,取得了良好的效果。

江海直达运输是当前我国内河航运发展的一个趋势,虽然起步较晚,但势头很好。以经营干支直达和江海通航的国营、地方、集体航运企业纷纷设立,备船揽货。其中不少直接筹建江海直达新船已经适应发展的需要。

一般说,海船直接进江或江船直接出海,可以减少运输环节,提高航运效率。而散货船、液货船、滚装船、杂货船、集装箱船都可以作为江海直达船舶进行建造。但是与常规船型相比,江海直达船型有其本身的特点, 在船舶性能上存在相互矛盾,宜作权衡设计,才会获得良好的营运效果。

另一方面,设法降低船舶功率,减少油耗,提高航运经济性,常为造船和航运部门所重视。而设置节能装置是节省燃油的有效措施。

当前节能技术发展很快,节能装置形式多样,针对江海直达船型配以何种装置较为适宜,这是令人关注的问题,今以设计实例进行比较性探讨和介绍。

2 江海直达船型的特点

2.1 比较

我国发展江海直达船型是顺应形势的需要,并从中小型规模开始。20 世纪 70 年代我国沿海陆续建成一批中小型船舶,在山东、浙江、福建等沿海港口与岛屿间来往频繁,是短途运输的主力。在"改革开放"方针指引下,航运企业希望把船从海上深入江河湖泊,直接承揽货源,增加货运量。要求在原有装载量不变的情况下,减少船的吃水,以增加运输的灵活性。

另一方面位于长江、珠江、闽江等沿江城市也希望将货物直接由水路运向沿海城市,以减少中转环节,提高营运经济。因此浅吃水江海直达船型应运而生,并提出综合节能等要求。

今以 1 000 t 级货船为例(见表 1),设计成江海直达船型要比常规定型船优越,故有其发展前景。

表 1　江海直达货船与常规货船的比较

序号	名称	江海直达 1 000 t 货船	常规定型 1 000 t 货船	相差数
1	两柱间长 /m	58.00	59.25	减小 2.1%
2	型宽/m	11.60	10.80	—
3	型深/m	5.00	5.35	—
4	设计吃水/m	3.60	4.20	减小 14.2%
5	最大吃水/m	4.20	4.50	—
6	方形系数(C_b)	0.726	0.64	增大 13.4%
7	长宽比(L/B)	5.00	5.49	减小 8.9%
8	宽度吃水比(B/T)	3.22	2.57	增大 25.4%
9	载重量(设计吃水)/t	1 193.00	1 160.00	相同吃水时
10	载重量(最大吃水)/t	1 545.00	1 318.00	增加 33%
11	货舱长度/m	38.40	33.60	增加 14.3%
12	货舱容积/m³	1 945.00	1 641.00	增加 18.5%
13	主机功率/kW	600.00	900.00	—
14	航速/kn	9.80	11.30	—
15	千吨公里油耗/kg	9.60	12.50	降低 23.2%
16	舵面积比/%	2.68	2.00	增大 34%

2.2　船型设计特点

在船舶设计中,由于对主尺度选择、阻力推进、操纵性和总体布置等方面作了研究、试验及多方案比较,从而开发设计出新 1 000 t 级江海直达货船。它与常规货船比较,可以归纳成以下主要设计点:

(1)主尺度的选取上采用增加船宽,缩短船长的方法,以减少船体钢料、降低建造费用;

(2)设法缩短机舱长度,加大货舱长度,增加装货容量;

(3)在同样吃水情况下,设法增加载重量;

(4)优化线型设计,尤其是精心设计艏艉线型,以获取低阻船型;

(5)在艉部形状不受影响情况下,选取适宜的齿轮箱速比,以加大螺旋桨直径,提高螺旋桨效率;

(6)艉部加装节能装置,改善螺旋桨进流,回收尾流能量,达到节能效果。

江海直达船舶是一种不同于一般江船和海船的特殊船型,设计时需同时考虑两者的不同要求,协调矛盾,权衡处之。这类船舶除了上述设计特点外,其共同的特性是:

(1)吃水浅,装载量大,有浅水效应;

(2)改进海船在江中航行的操纵性;

(3)改善江船在海中航行的适航性;

(4)提高船员的适居性和避免振动现象。

2.3 主尺度和线型

一、主尺度

从20世纪70年代开始,由于世界货运的发展,为了提高营运经济性,使船的载重量不断增加,船的主尺度也相应地加大,而港口与航运水深条件对大型船舶的发展产生消极的影响。为此,世界主要造船国家着手研究低速肥大船型或低速浅吃水船型。所谓低速肥大型船,其特征为傅氏数 $F_r < 0.20$,方形系数 $C_b = 0.75 \sim 0.85$。而低速浅吃水船的一般特征为长宽比 $L/B = 4.5 \sim 6.5$,宽度吃水比 $B/T > 3.0$。一般地说,中小型浅吃水船舶常常未达到肥大型程度,所以这类船舶通常按低速浅吃水船的要求进行设计。中小型江海直达船型也属于这个范畴。

至于同样是浅吃水船,在同等排水量或载重量下,有两种设计途径,一为加大船长;另一为增加船宽。前者对减少阻力有利,但会增加建造费用;后者虽在快速性、适航性和操纵性方面需要协调外,但可减少钢料,降低造价,仍为造船与航运部门所采用。在设计中可作如下考虑:

(1)在限定吃水情况下,根据一定排水量,可作选择的是长宽比(L/B)与方形系数(C_b)。初步选定 L 后,B 宁可取大些,而 C_b 宜略小,这样对阻力有利。

(2)在选择船宽时,还应考虑船在海上的适航能力。一般可经横摇周期或横摇加速度的校核予以确定。前者应以所在航线上遭遇正常波浪周期为依据;后者可采用我国海船安全技术法规或苏联海船建造规范推荐的横摇加速度衡准值。

(3)船在江中航行时,由于 L/B 的减小,C_b 又较大,使操纵性受到影响,尤其是航向稳定性变差。为此通过无因次操纵指数 K'、T' 的估算,以校核选定的 L、B 和 C_b 值。

二、线型

江海直达船舶为宽浅吃水船,与常规线型相比,舯剖面为宽扁形,两端形状显得较丰满。为了不使阻力大增,设计时需考虑艏艉形状对推进性能的影响。

(1)船首形状

前部横剖面形状常为中 U 形或中 V 形,当 F_r 在 $0.18 \sim 0.25$ 时,可采用中 U 形,对阻力有利;

(a)总长受到各种因素限制时,可用较小前倾的艏柱,艏柱下端以较小半径的圆弧与龙骨相接;

(b)如条件许可,可采用球鼻艏船型,它会对阻力起着有利的影响。球鼻大小可视 F_r 而定,F_r 愈小球鼻愈大。

(c)如大型船舶,也可采用椭圆艏线型,其特点是艏部水线形状为具有短轴等于船宽的椭圆形水线。为了改进水流情况,将龙骨和艏柱间的轮廓线做成小圆形。对小的 L/B 和大的 B/T 船舶,采用椭圆线型艏有其优越性。

(2)船尾形状

对于低速浅吃水船型,船尾形状的考虑比船首形状更为重要。通常在低 F_r 时,船首阻力成分中兴波阻力所占比例比摩擦阻力小得多,因此船首形状优劣对总阻力影响相对较小,而船尾形状尚涉及螺旋桨与舵的配合,因此除阻力外尚有推进效率等影响。其要点是:

(a)横剖面形状:艉部形状对推进效率的影响比阻力的影响要大,单桨船采用 U 型可以节省较多功率,双桨船则采用 V 型使阻力特性较好。

(b)采用球形艉:可使艉部水流均匀,从而减少螺旋桨引起的振动;同时均匀进流使推进效率获得提高以抵销球形艉的阻力增加。

(c)艉部水线的曲度不能过大,去流角不要太大,不然会引起尾流分离,尤其在满载水线附近,曲度要平缓,水线与船的纵轴夹角不应大于 20°

(d)增加螺旋桨导边与螺旋桨柱之间的水平间隙。尽管阻力有些增加,但可降低振动和改善船身效率(η_H)。

(e)对于船尾宽的船,可考虑采用双艉(或双艉鳍)船型。由于它能提供较大的有效平均伴流,外侧水流以较小的夹角进入螺旋桨,内侧水流沿纵剖线流动,因此其阻力与船身效率都比常规双桨船型为好。

(f)由于这类船型艉部线型较特殊,为了避免艉流分离,防止引起艉部振动和改善推进效率,常采用各种艉部节能装置以弥补上述的不足。

3. 节能装置的使用

3.1 概述

船舶线型的优劣,影响船舶水动力性能,随着主机功率和燃料费用的不断增长,人们常设法改进船体线型和螺旋桨设计以期提高推进效率和节省能耗。

对于在无限水深,均匀水流中工作的单独推进器而言,根据动量理论,理想效率 η_i 可表达为

$$\eta_i = \frac{2}{1 + \sqrt{1 + C_T}} \tag{1}$$

式中 C_T——推力系数;

$$C_T = \frac{T}{\frac{1}{2}\rho V_e^2 \frac{\pi}{4}D^2}。$$

但是实际螺旋桨系置在有限水深,非均匀水流的船后,这样螺旋桨直径不能设计很大,同时由于存在摩擦损失,旋转损失,非均匀进流影响,考虑空泡和脉动压力的影响,因此实际螺旋桨效率不可能达到 η_i 值(图 1),与 B4－55 推进器系统理想效率值比较也存在着差别。

可见在船体线型与螺旋桨设计中给予改进和提高尚有潜力可挖,而设法加装节能装置实不失为一种简便方法。

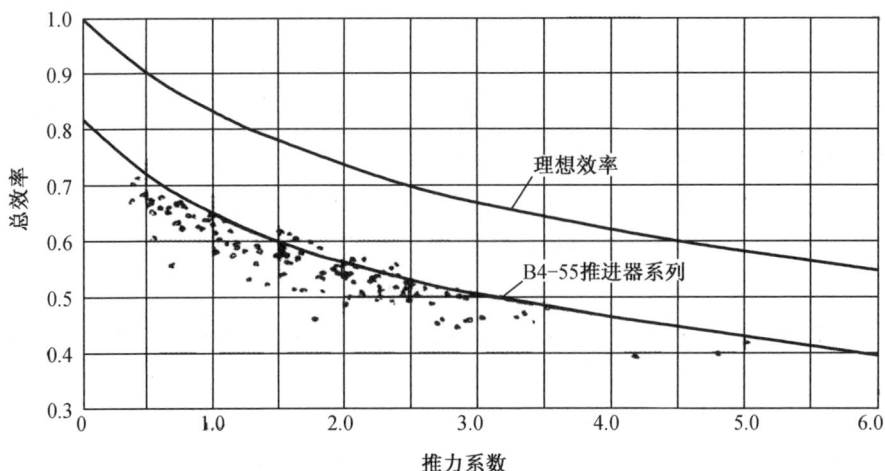

图1　实际设计效率与 B 系统理想效率的比较

3.2　节能装置

节能装置按其置于螺旋桨前后位置可分为三种类型:

(1)螺旋桨前部:有均流导管、桨前导流鳍、前置导管、水动力导流片等;

(2)螺旋桨处:有无梢涡螺旋桨、对转螺旋桨、叠叶螺旋桨、葛兰姆叶轮、毂帽整流片等;

(3)螺旋桨后部:有后置导管、附舵推力鳍、附舵整流罩等。

从水动力学观点看,一些节能装置一般地达到下列两方面目的:一为减少船尾水流分离,改善螺旋桨进流;另一为回收螺旋桨尾流旋转中部分能量损失。

艉部节能装置可采用组合的形式,以达到组合的效果,但一般而言,其收益的百分数并不是各自的代数和。

4　江海直达船舶的节能装置设计

江海直达船型由于吃水浅,外型因扁而显得较宽大,艉部比艏部更丰满些,而速长比并不高,因此船首兴波产生的阻力不大,而船尾易引起水流分离,产生旋涡,使黏压阻力增大。故欲提高阻力性能,重点应放在艉部水流的改善上,通常可以采用修改艉部线型或附加整流措施,后者就是所谓加装节能装置。针对江海直达船型拟选择适用的节能装置方案,经模型试验后再行选定。

4.1　三种节能装置

一、均流导管

所谓均流导管,系装于桨前艉框上部两个半环形导管,均匀加速水流,以提高推进效率。对于方形系数较大船舶,艉部水流常有分离现象,引起能量损失。若在艉框区的左右两侧设置半环形导管,则当导管的机翼型剖面处于一定的攻角下,剖面上产生环流,这一环流使导管内水流加速,从而引导附近水流进入导管,并将前部水流压向船壳,结果水流紧贴船壳,减少分离,经过导管后能较均匀地流向螺旋桨。由于上半扇形面的导流更为重要,故常将导管置于轴线以上部分。均流导管为机翼剖面环形导管,其直径与长度均比普通螺旋桨导管小一半,因此重量很轻,船尾安装均流导管后其作用是:能改善艉部流动分离,减少黏压阻力成分;由于增加轴向进流和桨盘上均匀速度分布,增加了螺旋桨效率和相对旋转效率;导管环流产生导管推力(图2)。

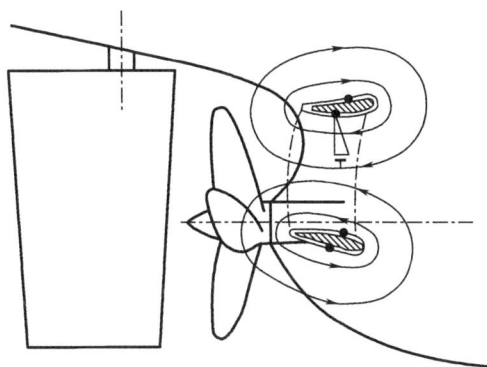

图2　垂直方向环流

二、桨前导流鳍

宽大的船尾由于黏性作用而减速流动,常引起界层分离,流态紊乱,同时在船尾艉部产生内旋的艉涡。若在桨前艉柱处安装导流鳍,则可使水流能水平地直向流入螺旋桨,提高螺旋桨效率。导流鳍形似水平水翼,轮廓可为长方形或三角形,有一定剖面厚度。至于大小、数量与位置视艉部空间流动状况而定。通常导流鳍装于艉柱附近,设一片或几片。

三、舵附整流罩

由于螺旋桨的作用使尾流产生旋转引起能量损失。若在舵上安装整流罩,则整流罩填充了涡流低压区的空间,改善乱流,使尾流中的轴向诱导速度增加,可提高推力和效率。整流罩的外形为对称机翼剖面的回转体,或近似于椭圆体,或做成宽而扁的形状,装于螺旋桨轴线的延长线上。整流罩的直径一般比螺旋桨毂径大 1.1~1.4 倍,长度为直径的 2.5~3 倍,或为舵宽。安装位置尽可能靠近螺旋桨,使效果更佳。故目前只要毂帽能够卸得下,罩的端部常伸出舵的导缘,而与毂帽靠得极近。

4.2　1 000 t 级江海直达货船节能装置设计

一、本船的节能装置介绍

本船型长宽比(L/B)5.0;宽度吃水比(B/T)3.22;C_b 为 0.726,为了改善浅水中的推进性能和提高经济性,拟选用上述三个节能装置方案,其形状与安装位置如图3所示。

(1)均流导管

导管形状选用 NACA6315,导管拱度比为 0.06,厚度比为 0.15,设计直径 1 056 mm,长度 430 mm,最大厚度 64 mm,纵向和横向安装角由试验时调定,半环下端置于轴线处,上端紧贴船壳板。

（2）桨前导流鳍

该导流鳍为单片鳍，装于右侧轴线处，轮廓为三角形。选用 NACAl615 形状参数，厚度比为 0.15，最大切面弦长 707 mm，厚度 106 mm。由于前后宽度不同，故各处厚度有变化。

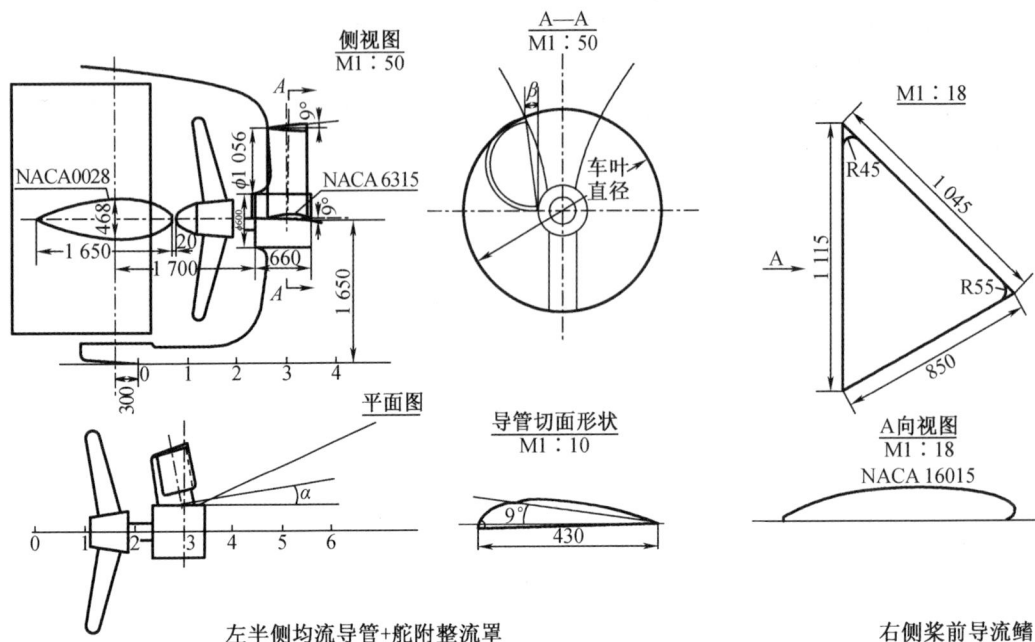

侧视图 M1：50 · A—A M1：50 · M1：18

NACA0028 · NACA 6315 · NACA 16015

平面图 · 导管切面形状 M1：10 · A向视图 M1：18

左半侧均流导管+舵附整流罩 · 右侧桨前导流鳍

图3　节能装置形状与安装位置

（3）舵附整流罩

形状为对称机翼剖面回转体，选用 NACA0028 形状参数，拱度比为零，厚度比为 0.28，设计长度 1 650 mm，最大直径 468 mm，比桨毂直径大 1.17 倍。整流罩安装在桨轴中心高度的舵板上，罩端伸出舵导缘 250 mm，与桨帽间隙为 20 mm。

二、模型试验

本船在节能装置方面经过对均流导管的安装角调定与左右侧变换，以及桨前导流鳍安装位置调整与尺寸变化，共进行 9 次阻力试验和 13 次自航试验。根据满载状态的试验结果，选出节能效果较好的两种方案，即

方案 1：左半侧均流导管 + 舵附整流罩；

方案 2：左半侧均流导管 + 舵附整流罩 + 右侧桨前导流鳍。

根据自航试验结果，其两个方案与未装节能装置的原型船比较，可见推力减额（t）变化不大，伴流（W_s）变化大，故船身效率（η_h）增加。同时相对旋转效率（η_r）有明显增大，使推进效率（η_D）有所提高。

结果在设计航速附近收到功率（DHP）可以分别减少 8%（方案 1）和 10%（方案 2）如表 2 所示。

表2　自航试验推进要素

名称	V_s(kn)	DHP/KW	t	W_s	η_r	η_h	η_d
原型	9.5	293.6	0.228	0.360	0.974	1.206	0.641
	10.0	360.2	0.201	0.346	0.973	1.221	0.650
	10.5	447.0	0.184	0.332	0.976	1.221	0.652
	11.0	559.1	0.193	0.324	0.985	1.193	0.638
方案1	9.5	267.1	0.223	0.402	1.020	1.298	0.717
	10.0	329.1	0.212	0.391	1.018	1.294	0.712
	10.5	414.0	0.205	0.380	1.014	1.282	0.699
	11.0	528.4	0.207	0.371	1.013	1.260	0.678
方案2	9.5	257.7	0.223	0.392	1.091	1.278	0.756
	10.0	321.0	0.207	0.377	1.078	1.273	0.743
	10.5	406.3	0.202	0.369	1.059	1.265	0.719
	11.0	519.1	0.219	0.377	1.039	1.253	0.684

三、实船试航

1 000 t级江海直达货船首批两艘为"闽海101"号、"闽海102"号船。由于试验工作完成时,船的建造已接近下水阶段,考虑不延误工期,最后只加装左半侧均流导管的一个节能装置。为了便于比较,仅在"闽海102"号船上安装。经过压载试航,并将两船数据换算到相同排水量和轴功率时对航速进行比较,结果可提高航速0.196 kn。即约0.2 kn;如换算到相同排水量和航速下,对轴功率进行比较,结果装有均流导管的可节省功率5.4%,如表3所示。

表3　试航结果的比较

名称	"闽海101"号(未装均流导管)	"闽海102"号(装均流导管)
1.换算到相同排水量和轴功率时的航速比较		
排水量/t	864	864
轴功率/kW	415.9	415.9
航速/kn	10.496	10.692
提高航速/kn	$\Delta = 10.692 - 10.492 = 0.196$	
2.换算到相同排水量和航速时的轴功率比较		
排水量/t	864	864
航速/kn	10.496	10.496
轴功率/kW	415.9	393.4
节能效果/%	$n = (1 - 393.4/415.9) \times 100 = 5.4$	

均流导管是针对船舶满载工况状态设计的,从压载工况实绩,可以预料"闽海 102"号在满载工况下节能效果也较明显。

4.3　5 000 t 级江海直达油船节能装置设计

本船系航行于长江至近海国际航线,船的长宽比(L/B)5.68;宽度吃水比(B/T)3.47;C_b 为 0.753;吃水浅。为了防止船尾水流分离和减少艉部激振,采用了左右舷各安装半环形均流导管节能装置。如图 4 所示。

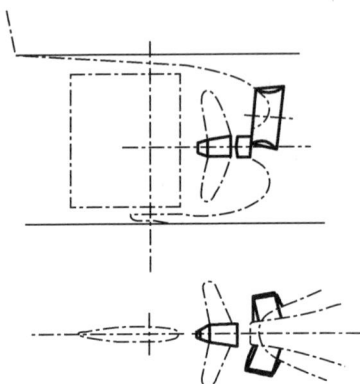

图 4　左右舷安装均流导管

根据船模自航试验结果,加装节能装置后,在满载状态下,可使收到功率(DHP)下降6.9%;保持收到功率不变情况下,则可使航速提高约 0.2 kn,如图 5 所示。

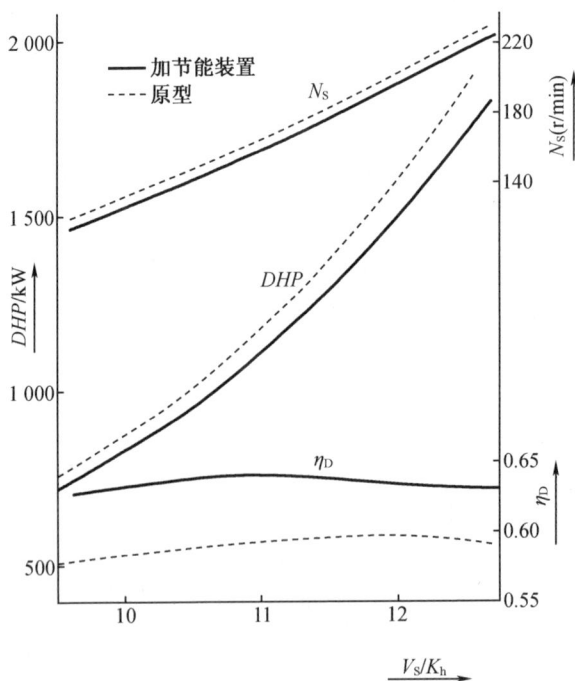

图 5　满载状态下自航试验的 DHP、N_s、$\eta_D \sim V_s$ 曲线

5 船尾形状和节能装置的进一步考虑

当前随着内河运输的开拓,我国江海直达船型发展很快,至今已开发出 1 000 t、3 000 t、5 000 t 级的船舶,并向大型化方向发展,目前正开展万吨级江海直达船型的研究设计。万吨级江海直达船型的长宽比(L/B)5.5,宽度吃水比(B/T)3.4,方形系数 C_b 约 0.8,由于江水深度(H)有限,导致相对深度(H/T)小,尾部水流不畅。对于该船型,为了不使推进性能劣化,需进一步从船尾形状和节能装置的考虑给予改善和补偿。

5.1 不对称艉部

船尾体型的选取不但阻力要低,而且推进效率要高,因此设法提高伴流分数,降低推力减额分数,并使螺旋桨进流均匀。设计成不对称艉部线型以获得预旋转来减少切向损失,如图 6 所示。通过后体扭曲实现预旋转,对船前进时会产生较好的效果,国外第一艘不对称艉部线型用在 502 TEU 集装箱船上,它对阻力影响很小,而伴流分布均匀,且峰值降低,试验证实效果良好,据称可降低功率 5% ~9% 。

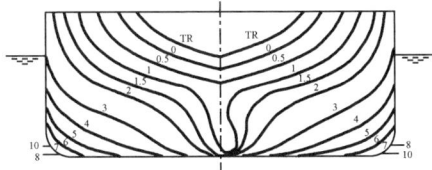

图 6 不对称尾部线型

5.2 偏心推进器船舶系统

对于较大的方形系数的船舶可采取将推进器轴偏离于船舶中心线安装,如图 7 所示。因为在推进器盘面处伴流不均引起推进器效率的降低,并且在艉部两侧产生成对纵向涡系(艉涡系)引起船壳阻力的增加,偏心安装推进器后可利用其中一个涡系使推进器旋向相反的进流增加,从而提高了推进器效率。如果是右旋推进器,要偏心至右舷;左旋推进器则偏心至左舷。设计时只要选定艉涡中推进器最佳位置而不需要改变基本船体设计。此系统已在日本一艘矿砂船上应用,据称可节省功率 3% ~9% 。

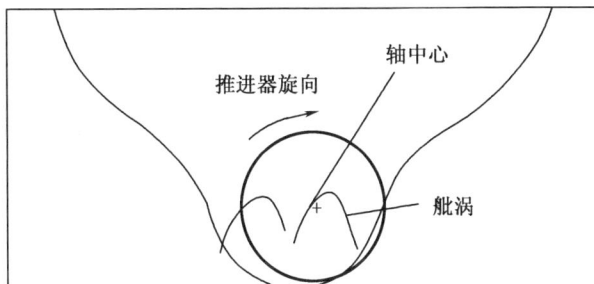

图 7 不对称艉部线型

5.3 不对称艉部与均流导管联合使用

万吨级江海直达船舶,由于方形系数较大,可以采用偏心推进器的方法,问题是涉及机舱布置与轴系位置,有待轮机专业与船东的确认。但是均流导管节能装置在我国使用较多,比较成熟。而且效果也较佳,如果将单侧半环形均流导管与不对称艉部联合使用,(如图8所示)会起着互补作用。

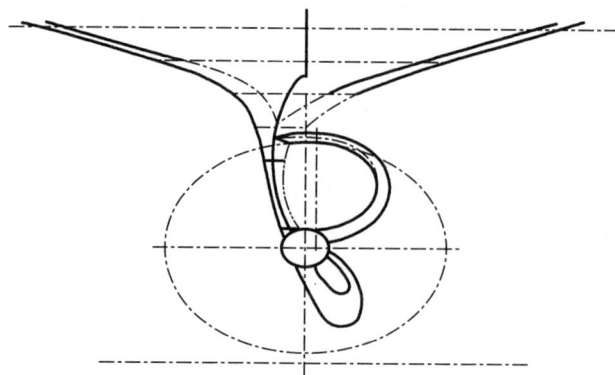

图8 不对称艉部与均流导管的联合

特 殊 参 考 文 献

[1*] 葛兴国:"1 000 吨级江海直达货船线型及节能装置设计",《上海造船》1990 年第2 期.

[2*] 华汉金:《4 200/5 000 吨江海直达成品油船采用补偿导管节能效果试验报告》1989年 11 月.

[3*] H. Schneekluth:《Ship Design for Efficiency and Economy》1987.

[4*] R. Verbeek and C. Pronk:"On Practical Propeller Design",《LIPS BV》1985.

[5*] J. BIaurock:"An Appraisal of unconventional Aftbody Configurations and Propul sion Derices",《7th Lips Propeller Symposium》1989.

第十三篇　集装箱船设计

集装箱标准尺寸和质量的设计使用

摘要 本文阐述现行国际与国内集装箱标准尺寸和质量,并且介绍新一代集装箱发展情况,以及集装箱要素的设计使用。

1 引言

集装箱运输自 1956 年由美国泛大西洋轮船公司在"盖特惠城"号油船甲板上试验获得成功以来,至今已有 60 多年历史。

集装箱运输的产生使世界交通运输的面貌发生了巨大的变化。世界各港年集装箱卸量以 10% 的速度递增。按世界 20 个大航运国家统计,到 1990 年集装箱船有 814 艘,集装箱达 1.4×10^6 万 TEU。

我国自 1978 年正式开办中澳国际集装箱运输以来,发展很快,到 1990 年有集装箱船 50 艘,集装箱 6.22×10^4 TEU,位居当时世界 20 个大集装箱航运国家第 8 位。

集装箱运输能如此迅速地发展,并取得巨大的经济效益,首先应归功于集装箱本身的标准化。它规定了集装箱的形状、结构、尺寸和质量,给集装箱运输工具和装卸搬运设备提供了选型和设计依据。船舶是集装箱运输的一个环节,因此在设计集装箱船时必须谙熟集装箱标准尺寸和质量以及集装箱要素的实际使用。

2 集装箱要求

集装箱运输是在货板运输的基础上发展起来的。用来装运货物的集装箱可由航运部门提供也可由托运单位提供,来源不一。由于制造时仅照顾本单位的利益和方便,因此在发展过程中产生了多种类型和规格。这给扩大集装箱运输带来了障碍,为了推进这一运输方式,要求做到:

(1)集装箱应具备装卸条件,便于在船上快装快卸。而且在保证强度要求下,自身质量要轻,内部装载容量要大,以便在给定货运量下的集装箱数量能最少。

(2)集装箱的种类和规格应尽量少,外形整齐。以广泛适应仓库堆场、陆上搬运、港口装卸和船舶装运。

(3)在运输过程中不需要中途换装,能直接联运。

根据上述要求,在制造集装箱时,其形状尺寸和质量必须实现标准化,而且范围不应限于国内,应该具有国际普遍性的。

3 国际集装箱标准尺寸和质量

ISO/TC104 于 1964 年 6 月汉堡大会首次通过了国际集装箱标准系列,常用的为 lA、1C 型,即通常人们所说的 40 ft(12 m) 型,20 ft(6 m)型。1975 年 ISO 又公布了新的集装箱标准系列,取消了第 2 组,增加了第 3 组(3A、3B、3C 型)。同时在第 1 组中增加了 1AA、1BB、1CC 型,它们与 lA、1B、1C 的差别在于箱子高度由原来的 8 ft 增高了 6 in。这是由于高度增大后适用性更广泛,常用的为 1AA、lCC 型。以后又经过修改,在 1976 年第 9 次大会(华盛顿会议)上取消了第 3 组集装箱。现行的国际集装箱标准为 ISO668—88《系列 1 集装箱类型、尺寸和额定质量》只有第 1 组,共 11 种箱型,如表 1 所示。

表 1 ISO668—88 系列 1 集装箱箱型

集装箱型号	长度(L)		宽度(W)		高度(H)		总质量/kg
	尺寸/mm	公差/mm	尺寸/mm	公差/mm	尺寸/mm	公差/mm	
1AA	12 192	0 – 10	2 438	0 – 5	2 591	0 – 5	30 480
1A	12 192	0 – 10	2 438	0 – 5	2 438	0 – 5	30 480
1AX	12 192	0 – 10	2 438	0 – 5	<2 438	—	3 0480
1BB	9 125	0 – 10	2 438	0 – 5	2 591	0 – 5	25 400
1B	9 125	0 – 10	2 438	0 – 5	2 438	0 – 5	25 400
1BX	9 125	0 – 10	2 438	0 – 5	<2 438	—	25 400
1CC	6 058	0 – 6	2 438	0 – 5	2 591	0 – 5	24 000
1C	6 058	0 – 6	2 438	0 – 5	2 438	0 – 5	24 000
1CX	6 058	0 – 6	2 438	0 – 5	<2 438	—	24 000
1D	2 991	0 – 5	2 438	0 – 5	2 438	0 – 5	10 160
1DX	2 991	0 – 5	2 438	0 – 5	2 438	0 – 5	10 160

4 我国集装箱标准尺寸和质量

我国于 1978 年 10 月首次公布了"货物集装箱外部尺寸和质量系列"的国家标准 GBl413 –78。1980 年成立了全国集装箱标准化技术委员会,参照 ISO66 –79 制订了 GBl413 –85《集装箱外部尺寸和额定重量》,如表 2 所示。其中 10D 和 5D 主要用于国内运输;其余的主要用于国际运输。

表2　集装箱外部尺寸、极限偏差和额定重量

集装箱型号	高度（H）		宽度（W）		长度（L）		额定质量（总量）/kg
	尺寸/mm	极限偏差/mm	尺寸/mm	极限偏差/mm	尺寸/mm	极限偏差/mm	
1AA	2 591	0～5	2 438	0－5	12 192	0～10	30 480
1A	2 438	0～5	2 438	0～5	12 192	0～10	30 480
1AX	<2 438		2 438	0～5	12 192	0～10	30 480
1CC	2 591	0～5	2 438	0～5	6 058	0～6	20 320
1C	2 438	0～5	2 438	0～5	6 058	0～6	20 320
1CX	<2 438		2 438	0～5	6 058	0～6	20 320
10D	2 438	0～5	2 438	0～5	4 012	0～5	10 000
5D	2 438	0～5	2 438	0～5	1 968	0～5	5 000

5　国外新一代集装箱的发展

截至20世纪80年代，集装箱运输得到不断发展的同时，在美国和欧洲大陆一些发达国家也日益暴露出现行的ISO系列1集装箱已不能适应经济发展需要的缺点。主要问题是：

（1）由于集装箱运输轻泡货的比例愈来愈大，系列1的容积系数只有1.1 m³/t，显然过小。

（2）系列1的内部尺寸和北美与欧洲货主广泛使用的货盘尺寸不能相容，影响内部容积的有效利用。

（3）系列1的宽度未能充分利用现代公路规范的允许宽度，长度也远小于现代拖车或挂车允许的最大载体长度。

因此国际上相继出现了一些非标准集装箱，有长度为45 ft(13.72 m)；48 ft(14.63 m)；53 ft(16.15 m)；宽度为8 ft 6 in(2.6 m)；高度为9 ft 6 in(2.9 m)等尺寸的集装箱。大量非标准集装箱的出现，必将严重影响集装箱运输系统的效率。这种现象引起了ISO的关注，1987年ISO/TC104决定发展系列2集装箱，1990年提出的新集装箱系列的主要参数如表3所示。

表3　ISO两种系列集装箱主要参数

名称	外部尺寸/mm			总重/kg	装货重/kg	内容积/m³
	长	宽	高			
系列1,6m 钢质	6 035	2 435	2 591	24 000	22 100	33.00
系列1,12m 钢质,大容积	12 190	2 435	2 896	30 480	25 480	37.03
系列2,7.43m 钢质,大容积	7 430	2 595	2 896	30 480	28 000	47.60
系列2,14.94m 铝/钢,大容积	14 935	2 595	2 896	30 480	26 000	100.20

发展新的集装箱系列是为了补充旧的系列。使系列 1 和系列 2 适应不同积载因数的货物,以期提高集装箱运输系统的效率。

6 国内新一代集装箱的发展

在我国,集装箱规格尺寸和质量也都朝着大型化、多样化方向发展。为顺应形势发展,于 1991 年对 GB1413 - 85 进行修订,其主要修改可归纳为两点:

(1)将 20 ft 箱的总重由 20t 改为 24t;

(2)为充分利用铁路车辆限值,增加一档新的 10t 箱(10D - 1 型),见表 4。

表 4 集装箱外部尺寸、极限偏差和额定质量

集装箱型号	高度(H)		宽度(W)		长度(L)		额定质量(总量)/kg
	尺寸/mm	极限偏差/mm	尺寸/mm	极限偏差/mm	尺寸/mm	极限偏差/mm	
1CC	2 591	0 - 5	2 438	0 - 5	6 058	0 - 6	24 000
1C	2 438	0 - 5	2 438	0 - 5	6 058	0 - 6	24 000
1CX	<2 438		2 438	0 - 5	6 058	0 - 6	24 000
10D - 1	2 650	0 - 5	2 500	0 - 5	3 070	0 - 5	10 000

7 船舶设计中对集装箱几个要素的考虑

7.1 TEU

一艘集装箱船装有多种型号的集装箱,为了表达船的运输能力等需要,采用统一的计算标准。通常将船上所装的各种型号的集装箱(自然箱或实际箱)数折算成标准 20 ft 型的集装箱数,以"TEU"表示,其原文为 Twenty Feet Equivalent Unit 意为"20 ft 等值单元"可简称等值箱。有时也出现"FEU",其原文为 Forty Feet Equivalent Unit,系将船上所装的各种型号的集装箱数折算成标准 40 ft 型的集装箱数。

7.2 集装箱重量

每一标准集装箱都有其规定的总重或额定重量,它是集装箱自重与其最大容许载重之和。但集装箱运输的货物约有 2/3 是轻泡货。据统计每一 TEU 实际平均装载量只有 9 ~ 11t,而实际装载能力远大于该值。

集装箱在船上的积载,每一航次不可能都是均质货,实际积载以重箱在下、轻箱在上、顶上或置若干空箱。考虑到航运公司服务的航线和承运的货种不同,设计时应向船东问明如何积载,或平均箱重数值,以计算船的载重和稳性。

ISO 集装箱标准中的 20 ft(6.096 m)箱的总重,于 1988 年已由 20t 改为 24t;国内也已按该质量进行生产。在校核国内集装箱船稳性时,若箱的计算质量取该型号集装箱最大质量的 0.6 倍,无疑将增加困难程度。

7.3　集装箱的堆装

集装箱在船上的堆装,其相互堆装位置按其不同的行数与列数的排箱方式可有不同的尺寸组合。但箱与箱之间的距离则有所规定。作为设计参考,可以采用图 1 中所列数值。给出的数值是最常用的,必要时 X、Y 值尚可略作变动。

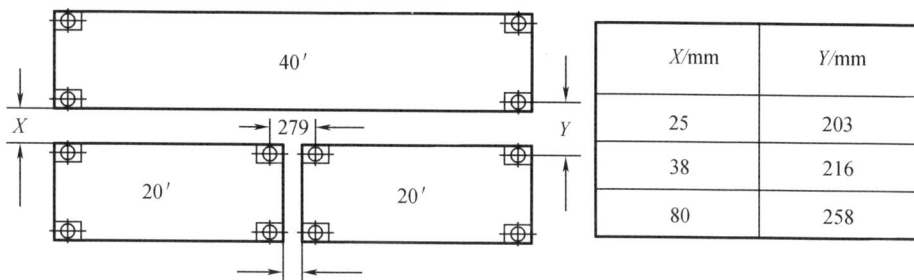

X/mm	Y/mm
25	203
38	216
80	258

图 1　集装箱箱位尺寸

7.4　新标准箱在设计中的考虑

ISO 系列 2 集装箱的出现,必将提高货物运输的竞争能力。推广和应用系列 2 将对航运带来巨大的影响;因此,今后设计集装箱时应考虑使用新集装箱系列,如将货舱长度设计略大于 36 m,以便能安放 2 只 14.94 m 箱或 2 只 12.19 m 箱和加 1 只 6.04 m 箱。某集装箱船设计的实践表明,在同样舱容下,采用系列 2 后,集装箱装载数可减少 43%,集装箱负重减少 10%,这样会大大缩短在港作业时间,从而受到航运部门的青睐。

第十四篇　出口船设计

出口船设计及其业务工作

1 引言

随着航运、海洋工程、水产事业的发展，我国造船工业已具有相当大的生产规模。能自行设计建造几万吨各种类型运输船舶。在此基础上又开展了出口船工作，至 1981 年下半年已承接外商订货 70 多万 t[1*]。但就经营、管理、设备、技术而言，尚不能充分适应客观要求，这是一个矛盾。

同时，出口船设计无论从业务联系、阶段划分、工作方式等都不同于国内船设计，原先的设计程序也很难适应工作需要。

船的性能、使用要求、造价及交船期是决定贸易成交的关键。但在剧烈竞争的国际市场中，对于市场行情的了解、业务工作的效率和熟练程度，同样较大地影响着出口船成交与否。

本文仅就与出口船业务有关的几个方面，根据初步实践和体会作一浅略探讨，以提供参考和便于商榷。

2 市场和对手

经营船舶出口业务，首先需要了解市场，即对某些国家或地区作广泛的了解，需要将重点考察和综合性调查研究相结合；分析和预测国际市场上船舶的供求关系和价格动态，以便选择市场，建立和发展贸易关系。

从以往询价情况来看，船东来自西欧、北美和远东。由于远东地区在地域上紧邻我国，在政治、经济、贸易诸方面有更多的接触和了解，为此着重对远东市场作一概括分析。

2.1 远东

远东地区系指韩国、日本、菲律宾、新加坡、泰国、马来西亚、巴基斯坦、斯里兰卡等地。这些国家除日本外以韩国、新加坡实力最为雄厚，海运业和造船业发展很快，是国际船舶市场在远东的强大对手。

2.1.1 韩国

在 1960 年韩国只能建造木船，十多年来造船工业迅速发展，在 20 世纪 80 年代已有船厂 120 家。1974 年造过一艘 2.6×10^8 t 巨型油船。1979 年船舶产量为 280 万总吨，占世界生产总吨位的 3.6%，成为世界造船的第六位。1981 年的订货金额可达到 21 亿美元，其中大部分为出口船舶。造船工业快速发展的原因：一方面是拥有大量劳动力和相当规模的现代化设备,同时还有接受外国技术援助,另一方面是受到政府的支持和保护[4*]。

2.1.2 日本

日本是 20 世纪 80 年代最大的船舶出口国,从 1956 年起其造船产量一直占世界首位。1975 年是日本造船业最繁荣的年度,产量达到 1.8×10^7 t,占世界造船总产量 50%。1975 年以后,日本造船工业因受世界石油危机冲击,订货大量减少。一些大的造船公司不得不转产陆用机械、大型成套设备及陆上钢结构等。经历了长期萧条后,20 世纪 80 年代日本的造船工业出现了回升局面。1980 年上半年起七家大型造船公司在连年亏损以后,都开始转亏为盈,业务稳定。但仍有相当数量的中小型造船企业处于收益微薄的状况,为此这些企业尽量想办法吸收国外订货。另一方面由于出口船的价格要比国内船价格高出约 5%,因此更加希望接受出口船业务[2*]。1980 年日本完成了 6×10^6 t 建造任务,占世界造船总产量 46.50%,在这些船舶中有 55% 是向 43 个国家出口的。根据 1981 年 3 月份统计,造船量可突破 1×10^7 t 大关,仍保持世界造船领先地位。

2.1.3 新加坡

新加坡位于马来半岛南端,扼太平洋与印度洋咽喉,由于地理位置特殊,使它成为世界交通的枢纽。

新加坡的船舶工业历来以修船业为主,同时也为亚洲船东建造各种小船。20 世纪 70 年代开始新加坡船舶工业有了迅速发展,修船、造船及采油平台的建造水平都较先进。20 世纪 80 年代有 60 多个船厂,50 多个船台及一座 1.5×10^5 t 级造船坞,能建造各种吨位的船舶,新加坡的修船能力在亚洲仅次于日本,成为世界修船中心之一。石油钻探设备的建造能力跃居世界第二位,并面向世界订货。

2.1.4 菲律宾

20 世纪 80 年代初,菲律宾共有 137 家造船工厂,生产能力达到 19 万 GT。由于经济实力不强,缺乏巨额资金用来建造大船,所以采用新购船和租船的办法发展航运,并将重点放在国内岛屿间的运输上。由于造船能力不强,船厂只能建造小型拖船、驳船及小型货船,所需船舶设备和材料几乎都是依靠进口。为了发展航运,还得向国外订造船舶。

2.2 中国香港

在国际贸易上中国香港是一个自由港,除了某些应纳税商品和由于卫生和安全原因外,其他外国商品准许自由进口,以便吸引外国船只和商品进出;增加各项费用收入;发展转口贸易。

中国香港是远东最大的租船市场,船东大抵是美国、挪威和荷兰人,以定期租船方式航行于我国和东南亚一带航线上。我国香港又是远东最大的拆船市场。香港航运事业极其发达,有航运公司 200 多家,在香港有代理机构的国外航运公司有 1 000 多家,每年来往这里的定期班船达 1 122 艘。为船舶服务的行业有保险公司 124 家,公证行 29 家,还有为数众多的代理行,有专营的和兼营的,如怡和有限公司和宝隆洋行都属航运公司,实际上又做中间商,代理船舶业务[5*]。

可是香港的造船厂数量不多,而且是一些小型工厂。这与发达的航运业相比是一个矛盾。在香港较大的造船厂有中国太平洋造船造机有限公司和中华船舶工程公司,但是在当时只能建造一些中小型船舶。据"内燃机船"(The Motor Ship)报导:在1981年初的订货单上[6*],香港地区没有订到2 000 t级以上的船舶。可见,建造的都是一些小船。

1980年香港船东共订购新船5.7×10^6 t,占世界新船吨位15%,仅怡和有限公司一家1983年船舶可达1.6×10^6 DWT[7*]。可见,香港船东在世界航运中的地位。但是当时的香港船东在本地区无法建造大船,只有到日本、韩国以及去欧洲订船。

相反,当时的我国内地有规模宏大的造船厂,职工队伍庞大且技术力量雄厚,在远东除日本外我国的造船工业蕴藏着很大潜力,凭借香港这一地理上的便利条件,可以有效地开展船舶出口业务。

就目前已经承接的出口船舶而言,香港船东是当前主要业主,在已订购的船舶中,香港船东占50%以上。

3 工作特点

船舶产品从面向国内生产而转向出口,进入国际市场,这是一个进展,标志我国造船工业的发展,从习惯于按计划下达任务开展工作而转向寻找客户,以需要什么满足什么而进行设计建造。由于工作对象的改变,使工作方式也有很大的不同,出现新的工作特点。

3.1 国际竞争性

船舶作为水上运输工具,经常航运于世界各地,即使航空发达的今天,船舶仍不失为沟通世界文化、经济、交通的媒介。同时,船舶作为水上浮动建筑物,工程庞大,涉及面广,船上安装的机械设备和装置常集世界最新科技成就。再则由于船东来自世界各地,按照不同偏好、使用习惯和业务需要提出种种的要求,常迫使造船者要面向现实,面向世界。

由于国外船舶生产的扩大与国内市场相对狭小的矛盾,促使工厂去寻找国外市场,国内工厂所生产的船舶以世界为销售对象。这样在发展对外贸易中加强了各国间经济联系,同时也产生相互竞争。

3.2 限制性

根据船东提出的要求和询价,船的设计由此开始,确定船舶主尺度以及对总布置、线型、结构、设备与机器选用等问题作一番考虑。在满足船东的需要的同时,使建造的新船达到预期的使用目的。一条船的全部设计工作极为繁复,需要不断由简入详地校核和修正。但是从询价到签订合同为期甚短,主要尺度及主要设备选用一经确定一般不作轻易变动,不然影响合同条款,这一切都要在短期内完成,会给设计工作带来很大的限制性。

3.3 复杂性

对于所订船舶,船东往往要求按国外船级社规范设计入级,并满足相应的规则、法令。为此要谙熟规范向国外送审图纸及答复验船师提出的质疑等,这骤然增加很多工作内容。例如新船要通过巴拿马运河,则一定要按巴拿马运河规则配齐航行设备,并将图纸送到巴拿马运河委员会审批[8*];又如船舶要停泊澳大利亚港口,不但要符合澳大利亚当局有关的规则法令,同时也要满足澳大利亚码头工人联合会(Australia Wharf Worker Federation, AWWF)的一些要求(如仓内扶梯)[9*],否则不能入港装卸货物。凡此种种都会影响设计精力和时间,增加工作复杂性。另外在20世纪80年代通信手段并不发达,主要依靠信函和电报,而信函往来和电报往来由于款式不同,难免出现误解,贻误工作。

4 业务来源

从事出口船业务,在其来源一般通过下列几种渠道。

4.1 代理(Agency)

由国外代理机构从中联络,促使与国外船东达成协议。成交后,按船价1%～2%付给佣金作为报酬的一种贸易方式。

造船是一项复杂的工程。造价大、周期长,涉及面广。船东(Ship Owner)很难直接与承造厂(Builder)接触业务。往往通过代理商(Agent)从中联系,承办有关立法、商务等一切事务,以期达成签订合同协议。

4.2 国际博览会(Fairs)

国际博览会是由区域性的集市发展而来,它不仅是一个交易场所,而且具有产品介绍和广告宣传的性质。除参加现场交易外,还通过样品展览和宣传与世界各地建立广泛的联系,扩大产品销路。

在远东与欧洲常有船舶产品展出,并进行贸易谈判。

4.3 中国出口商品交易会(Chinese Export Commodities Fair)

中国出口商品交易会是由各进出口专业公司联合举办,定期邀请国外客户前来参加,在会上展出各项出口展品,可以通过参观展品,凭样洽谈,有利于促成交易。

4.4 直接接触(Direct Contact)

通过国外客户或代理商直接来华洽谈,或派贸易代表团出国访问,兼办外贸业务。

5 工作内容

5.1 工作流程图

船东订购新船,从询价开始直至建成交船为止需要经历很长时间。即使到签订合同,也需经过几个环节,不断接触以及频繁的函电来往,这些都属于交易磋商的过程。其中报价与签订合同是成交的主要环节,为了明显起见,今将工作流程的方框图列出(图1),并逐个扼要在下文中进行阐述,方框左边的名称指商务上术语和活动,方框右边的名称指技术术语和工作内容。

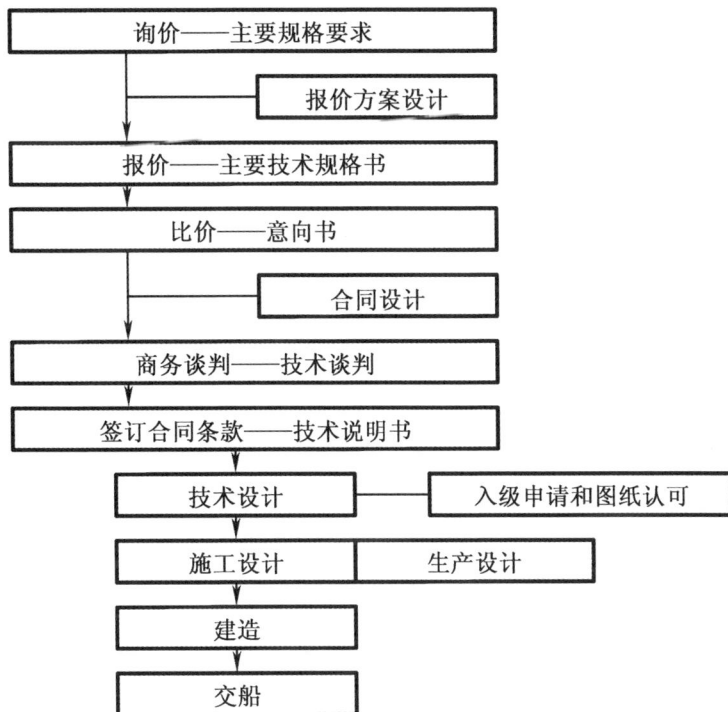

图 1　工程流程方框图

5.2　询价(Inquiry)

询价是一种询问,船东或通过代理商根据新船的主要规格要求 (Owner's Requirement)向卖方提出订购新船的意图。询问没有一定格式,或繁或简,没有约束性。

5.3　报价(Quote/Offer)

报价是卖方愿意按船东提出的要求进行交易的表示,并开出交易条件,开出的交易条件包括:如最初估的船价,交船期以及附有为报价所需的主要技术规格书。为了编制该规格书,设计人员必须事先根据船东提出的新船主要规格要求着手进行报价方案设计。

5.4　比价(Comparative Price)

比价是船东根据卖方报价中列出的船价、交船期和主要技术规格进行研究分析后作出的表示。包括:可以接受或须进一步洽商或认为不予理会等。此时可以书面形式表示船东对新船的意愿,也可以将双方洽谈的意见写意向书(Letter of Intention)形式,该种文件仅表示一种愿望,没有约束力。

5.5　谈判(Negotiation)

谈判也称磋商,是船东与卖方就促成交易进行意见交换的过程。通过交换意见,双方就具体内容、条件、权利义务等取得一致意见,达到交易成功。谈判过程可分别按商务谈判和技术谈判进行。前者专谈商务,后者就船舶图样及规格书作充分的技术磋商,以便满足船东要求。如在技术上无法达到要求,则可提出意见给予考虑或修正。在意见一致的基础上,对提供的总布置图及技术说明书予以确认。

5.6 合同条款(Contractual Terms and Conditions)。

合同是双方通过磋商,划定各自权利和义务,将双方同意的具体条件写成书面协议,交易即告成立。合同一经签订,双方必须信守,严格执行。一切活动都要根据合同进行,工作中发生问题也根据合同条款的规定解决。因此合同条款必须具体明确,前后衔接,完整一致。

合同条款的组成有:

(1)合同内容一般包括首部、合同条款、尾部三部分。

(2)合同首部有合同名称、合同号、日期、缔约地点、双方的完全名称和详细地址。

(3)合同条款是合同的本文,列出双方达成协议的全部内容有:船舶主要技术数据、造价、付款条件、交船日期、保险、检验、仲裁及不可抗力等条文。

(4)合同尾部规定合同的文字、份数及双方签字。

5.7 主要技术规格书(Principal Particulars)

按照船东提出的主要规格要求进行报价方案设计,拟定主要技术规格书(也有称报价资料),其主要目的为

(1)开出符合使用要求的新船主要规格。

(2)作报价依据。

为此必须对船的主要尺度、性能、主要设备规格作细致深入的考虑,以便根据此份规格书能初步估出船的造价。技术规格书的主要内容由四个部分组成,即全船部分、船体部分、轮机部分、电气部分(表1)。在规格书的末页尚附一张约 $0.12\ \mathrm{m^2}$ 图纸面积的粗略总布置图。

有时对于现成的产品常编印成产品样本,一般只有数页,在报价时提供船东选用。

表1 主要技术规格书内容

	全船部分		船体部分		轮机部分		电气部分
1	船 型	1	船体结构	1	主 机	1	总述
2	主要尺度	2	甲板机械	2	轴系及推进器	2	电 源
3	船级规范和规则	3	锚泊及系缆	3	发电设备	3	配 电
4	载重量及容积	4	货舱盖及起货机	4	蒸气发生装置	4	电动机和起动器
5	主机及耗油量	5	救生设备	5	空压机和空气瓶	5	照明系统
6	航速及续航力	6	空调和通风	6	泵	6	航行和信号灯
7	船员编制	7	伙食冷库	7	油净化器	7	船内通讯设备
8	建造标准	8	船舶管系	8	淡水发生器	8	航行设备

表1(续)

	全船部分		船体部分		轮机部分		电气部分
9	船东供应品	9	仓室	9	机仓通风机	9	无线电设备
—	—	10	油漆及防护	10	热交换器	10	电缆
—	—	—	—	11	其他设备	—	—
—	—	—	—	12	自动化和遥控	—	—
—	—	—	—	13	管路及材料	—	—
—	—	—	—	14	备件及工具	—	—

5.8 技术说明书(Specifications)

在主要技术规格的基础上,经过双方接触磋商,认为有诚意继续深入工作,于是进入合同设计阶段。在合同设计完成后提出新船技术说明书作为技术谈判的依据,谈判以后经过修正,并双方在技术说明书上签字确认,正式作为合同条款的附件。

技术说明书除了正文以外,尚附有下列图表:

(1)总布置图;

(2)中剖面图;

(3)机仓布置图;

(4)主要设备厂商表。

除了总布置图外,一般不主动提供其余图纸。只有船东要求时,才继续提供所要图纸。至于技术说明书,通常分为四大部分(见表2)。即

(1)全船部分;

(2)船体部分;

(3)轮机部分;

(4)电气部分。

表2 技术说明书内容

	全船部分		船体部分		轮机部分		电气部分
1	全船总论	1	船体总论	1	轮机总论	1	电气总述
2	入级规范和证书	2	船体构造	2	推进机组	2	电源
3	性能要素	3	设备和舾装	3	轴系和推进器	3	配电设备
4	船员编制	4	甲板和机械	4	蒸汽设备	4	电力设备
5	试验和试航	5	起居设备	5	发电设备	5	电缆和安装
6	技术保证	6	油漆及防护	6	泵	6	照明
7	建造程序	7	通风和空调	7	空压机和风机	7	船内通讯设备
8	船东提供的设备	8	管系	8	油净化器	8	航行设备
—	—	9	航行设备	9	淡水发生器	9	无线电设备

表2(续)

全船部分		船体部分		轮机部分		电气部分
—	—	10	属具	10	热交换器	10	仪表工具和备件
—	—	11	备品	11	管系	—	—
—	—	—	—	12	绝缘和油漆	—	—
—	—	—	—	13	自动化和仪表	—	—
—	—	—	—	14	备件	—	—
—	—	—	—	15	工具和杂项	—	—

5.9 设计阶段

我国现行船舶设计程序中,对有一定难度的新颖船舶,常将设计过程划分成三个阶段。即初步设计、技术设计和施工设计。有时为了落实任务的可行性,在初步设计前做一个方案论证设计。但在出口船设计中没有这样明显的阶段划分。就欧美与日本等国而言,阶段划分也不尽相同。即使在同一国家,同一单位,常因工作体制不同也有所变更。在出口船工作初创时期还没有一个确定的规范,本文也不拟作很多探讨,但至少可以说根据需要有几个"工作阶段"。即报价前工作阶段,合同前工作阶段,合同后修改和图纸送审工作阶段,以及建造前工作阶段。

出口船设计无论在设计阶段、图纸深度、工作方式都与国内船设计有所不同,在具体工作中尤其需注意的是:

(1)所订主要尺度与船舶性能一经确定尽量不作改动,不然会招致合同条款的修改。

(2)所选机械设备与装置包括型号与数量要考虑周全,尽量不作变更,不然会影响船的造价。

5.10 投标(Tender)

在出口船交易中也可采用投标方式。像阿蔓苏丹国拟建造的军埔船即采用此种方式。它是根据招标条件,在规定期内向船东发价,争取达成交易的一种贸易方式。在限期内由投标人以密函方式报出自己的价格及其他优惠条件。开标时根据投标人所报价格及其他条件进行比较,选择其中认为最合适的一家作为得标人,签订成交合同。开标方式采用公开的或不公开方式,由船东选定。

对卖方而言投标是一种复杂又较难的贸易,往往也带有一些政治因素,它要求对船舶市场的行情很熟悉,充分掌握最新经济与技术情报。如印尼一家航运公司在1980年招标建造10艘石油制品船,投标船厂竟达30家之多。

6 船舶造价与交船期

出口船能否成交涉及的因素很多,最主要因素有船舶性能、使用要求、造价与交船期。

在船舶性能和使用要求基本满足的情况下,造价与交船期是影响成交与否的关键因素。

6.1 造价

航运业是以船舶作为手段,承揽货客运输。从中收取运费以获利。其经营特点是风险大、投资高,赢利丰。为此船东每每需对订造的新船作严谨的市场分析和经济核算。船舶造价受通货膨胀和市场影响很大。

船舶市场价格常取决于船东对船的要求和船厂手中的订单。船厂手中的订单越多,船东越需要船,则船价格越高。为此经营出口船业务,时时要把握市场价格波动的脉搏。在石油危机中,世界市场衰退,竞争激烈,船价下降。可是近年来市场回升,船价扶摇直上。

作为船东,常采用贷款造船方式,向国家贷款或向银行贷款。在当时,香港船东常向日本进出口银行贷款,年利率为 8%。年利率常常浮动,这对于船东投资的回收年限影响很大。

6.2 交船期

船东所以对交船期很关心,原因很多,除了贷款造船旷日持久地支付利息以及通货膨胀影响赢利外,尚有下列因素:

(1)旧船换新。订购新船的目的之一就是要更换超龄船只,船东占有的船舶船龄已老,不堪使用。考虑到船舶保险、运费率、废旧船卖价诸种不利因素,把手中旧船卖掉,急待取得新船。以便限期完成旧船更新计划,又不中断船舶营运。

(2)租船合同。在国际货运中,大宗商品为谷物、矿砂、石油等,运输量越来越大。有的船东根据航运动态和租船市场行情,在订购新船时已考虑将船出租,并已签好租船合同。这样一定要求新船按预定交船期交船,不然就不能履行租船合同,造成损失。

由于造价与交船期对船东而言至关重要,因此在许多商业性刊物中公布的订货单常常列入这两项数据供参考比较[10*](表3)。

表3 日本出口船订单(1981 年 8 月)

船型	艘数	国别	载重/t	长×宽×深×吃水/m	主机功率/km	造价	交船日期
散装货船	4	挪威	47 000	—	10 000	—	1983 年 11 月,12 月 1984 年 1 月,2 月
散装货船	2	利比里亚	34 800	167×29.5×14 .5×10.5	11 850	96 亿日元(全部)	—
车辆兼散货船	1	利比里亚	32 000	167×26×16.7×11.5	8 700	50 亿日元	1983 年 6 月
散装货船	2	印度	27 000	166×23.1×14.6×10.4	11 850	80 亿日元(全部)	1982 年
散装货船	2	希腊	26 180	163×26.3×13.6×9.58	11 550	82 亿日元(全部)	1983 年 1 月,3 月
统货船	1	新加坡	39 900	174×29×16×11.35	13 100	54 亿日元	1984 年
散装货船	1	巴拿马	32 500	172×27.6×15.3×11	10 800	40 亿日元	
散装货船	1	利比里亚	23 900	150×24.6×13.6×9.8	9 450	—	1982 年 1 月

由表可见,即使日本,其交船期也较长,一艘 20 000 DWT 的船交船期也要 22 个月左右,唯小船或已造过的船则短些。在美国建造期更长些,对于建造一艘中型特种工作船,交船期有长达 2~3 年的[11*]。

7 市场行情与调研

7.1 了解行情与调研

船舶供求关系和造价常随国际政治与经济形势的变化而剧烈变动。所以需要了解国际市场的行情。船舶销售业务完全建立在正确和完善的情报调研基础上。要做到可靠的市场预测是不容易的。因此,要通过在国外的机构和派人参加国际上的各种航运船舶市场、会议和展览会等,以搜集商业情报,了解船舶市场销售情况。另外还可以通过当地的代理商,这些代理商为了要承接代理业务,常作国外商情报导,主动提供市场消息。

7.2 期刊杂志的作用

除了上述方式获得商业情况外,尚可经常从各种期刊杂志中取得所需的消息资料。航运事业的发展,相应出现很多与它有关的行业。例如租船公司、打捞公司、拆船市场、保险公司、造船厂、报关行、船级社、公证行等都围绕着"船"从事自己的业务,时刻打听"船"的消息。鉴于此,一些商业性刊物投其所好,常常刊载有关造船、租船、拆船、失事等消息,并以统计、分析、预测、评论等形式作种种报导。为此可以从中获得有关吨位、建造数量、船价、交船期等有用资料供出口船业务参考。当前较称著的期刊有:

(1)内燃机船(The Motor Ship)

每月一期,刊载新船合同及新船完工消息[1]。每季出一期单行本,专载船舶订单及船舶商业评论。分别按国家及按船类统计船舶总吨位。并详细开列每一国家每一船厂的新船要素及交船期。其中也载有我国大连、沪东、上海船厂等造船情况[12*]。经常以特写形式报导国家船舶市场及船厂情况。对于远东动态尤为详尽[13*],有时篇幅竟占 40 多页。

(2)船和艇(Ship & Boat International)

每月一期,刊载 3 000 总吨以下,船长在 100 m 以下的各种中小型船舶的订单消息[14*]。包括船价、交船期以及世界船厂造船动态[15*]。

(3)海事日报(Daily "The Kaiji")

每天一期,刊载航运、造船与造机新闻以及世界石油与贸易等方面的动态和消息。按月公布日本出口船订货单[16*],有时转载外刊订船消息。

(4)公平航运周刊(Fairplay Shipping Weekly)

每周一期报导和评价各国海运、海事法规、保险、造船等方面消息。每隔半年和一年刊载综合评论一次,分析周详[17*]。每季出版一次世界范围船舶订单一册,分国别分船类详细记载船舶要素、载重量和交船期等,可资参考[18*]。

8 小结

(1)船舶性能、使用要求、造价和交船期是影响船舶成交的主要因素。就其工作内容而言,涉及经济、技术、业务诸方面,可是这些工作目前正在发展中,有待不断完善。

(2)当前所处的时空对我方有利,因此船舶进入国际市场是充满希望的。

(3)技术与经济情报在出口业务中起重要的作用,它是工作的耳目,正确的判别来源于对情况的熟悉。

(4)本文提到的几个方面,就其整个工作而言,只是一个侧面,是从事出口船设计必不可少的。但这些工作至今还是初步实践,有待以后继续深化。

参 考 文 献

[1]   "Regular Features",The Motor Ship[J],1981.6.

特 殊 参 考 文 献

[1*]   "我国机械工业体制改革的重要突破",解放日报,1981.8.28.

[2*]   "Japanese Builders Increasingly Becoming Expor – minded", Daily The Kaiji, 1981. 3.13.

[3*]   "Korean Subsidies Increase", Fairplay Shipping Weekly, 1980.12.4.

[4*]   "Daewoo Gets Well Underway", The Motor Ship, 1980.9.

[5*]   "Hong Kong Shipping Guide", 16th Edition, 1976.

[6*]   "Ship on Order", The Motor Ship, 1981.4.

[7*]   "Jardine's Profitable Shipowning",Asian Shipping, 1981.6.

[8*]   "Marine Director's Notice to Shipping No9 – –81", Panama Canal Commission, 1981.

[9*]   "Retractable Hold Ladder Design", The Motor ship, 1980.11.

[10*]   "Export ships Ordered During August 1981", Daily The Kaiji, 1981.9.3.

[11*]   "Oceanographer & Researcher", Jane's Ocean Technology 1978.

[12*]   "Ship on Order and Marine Business Review", The Motor Ship, 1980.4.

[13*]   "Far East Shipbuilding and Allied Industries", The Motor Ship, 1980.1.

[14*]   "Interesting Recent Orders and Rumours", Ship & Boat International, 1981.5.

[15*]   "Round the Yards", Ship & Boat International,1981.4.

[16*]   "Export Ships Ordered During July 1981", Daily The Kaiji, 1981.8.5.

[17*]   "Mid – Year Review", Fairplay Shipping Weekly, 1980.7.17.

[18*]   "World Ships on Order", Fairplay Shipping Weekly, 1981.8.20.

出口船设计中有关规范、入级、审图、检验诸问题

摘要 近年来,我国出口船建造数量日趋增加,出口船的种类不断扩大,承造工厂也不断增多。对于新建船舶,船东往往要按国外船级社的规范进行设计,并满足国际公约的有关要求,在船级社验船师的监督检验下进行建造,以便取得该船级社的船级。

出口船工作的主要对象是外商和船级社。对于长期习惯于建造国内船舶的单位来说,这是一项新的工作,其程序与方法与以往有很多不同。而我们对规范的使用、图纸送审、入级检验、证书颁发等技术业务都较生疏。为了作好出口船工作,需要不断了解与熟悉这些工作程序和方法。

本文拟对船级社情况、规范的使用、图纸送审、入级检验等方面作一粗略探讨。由于这项工作尚属于开始阶段,难免不太完善,有待在实践中不断深化和提高。

1 几个主要船级社情况

1.1 英国劳氏船级社

英国劳氏船级社(Lloy's Register of Shipping, LR)建立于 1760 年,距今已有 200 多年历史,是世界上第一个建立的验船机构。初始的目的是为商人、船东、保险商服务,对商船进行分级登记。现在,其主要工作是从事船舶图纸审批与入级检验,接受政府授权处理法定检验,以及为陆上或海上工程提供技术检验和咨询服务工作。

劳氏船级社属民间组织,其经费来源,开始时靠出售船名录,现今从船舶、海上建筑物、陆上工程的检验以及技术服务和咨询工作中来取得。

船级社的最高权力机构是总委员会,由代表世界上各种团体和产业的人员组成。总委员会下设执行委员会、船级委员会、国家和地区委员会以及技术委员会。

劳氏船级社总部在伦敦,在英国和其他国家或地区设有 280 个分部。在总部内为船舶服务的部门计有:

（1）船体部：下设货船组和油船组。

①货船组：负责各种干货船、散装货船、矿砂船等的设计图纸审批；

②油船组：负责油船、化学品和液化气船的图纸审批。

（2）轮船工程部：负责机械设计图纸、扭振计算的审批。

（3）电气工程和控制工程部：负责电气和控制工程设计图纸审批。

（4）船级部：负责船舶入级报告的审查与拟定入级意见供委员会批准。

（5）国际公约部：代表船旗国政府根据国际公约和船旗国法令对船舶设计进行审查，根据验船提交的检验报告，签发法定证书。

（6）研究和技术咨询服务部。

（7）技术规范服务部：为船东提供技术服务，作船东的技术顾问。

（8）计算机服务部。

（9）航运情报资料服务部：负责收集、存储、出版、销售有关航运和造船方面资料。

（10）国际船级社协会和海协组织：经常保持联系进行协调工作和参加会议。

（11）冷藏工程部。

劳氏船级社的验船师和工作人员约有 3 800 人，在英国的有 2 000 人。在国外的有 1 800 人。

在世界主要造船地区，劳氏设有 8 个审图中心。北远东的审图中心设在日本横滨。劳氏船级社在远东设有庞大的机构，即劳氏远东办事处。从 1979 年起为南北两个办事处。与我国有关的是北远东办事处，其组织结构如下图 1 所示。

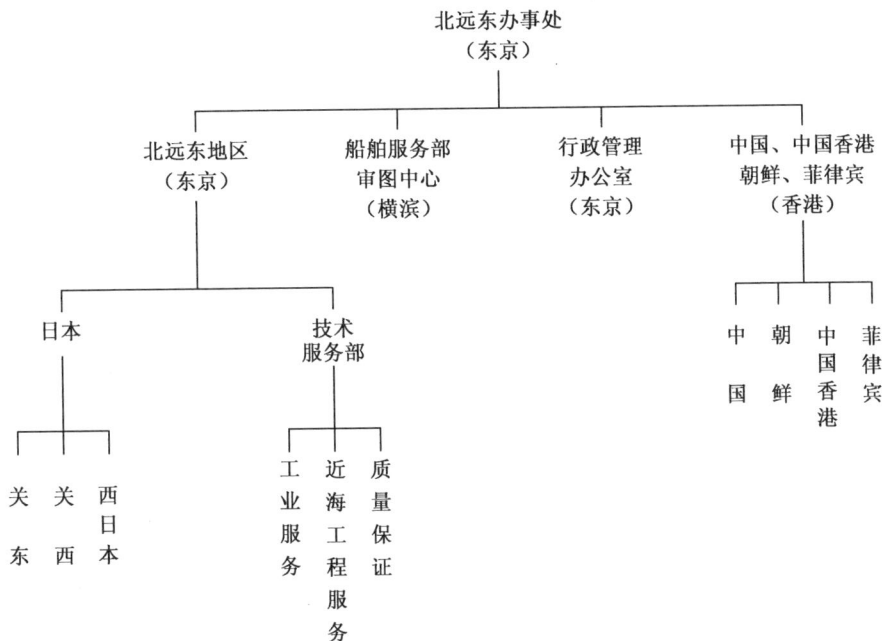

图 1　组织结构图

自 1982 年 5 月 24 起,属于我国设计的船舶其设计图纸的审查改送香港即可。

1.2 法国船级社

法国船级社(Bureau Veritas,BV)成立于 1828 年比利时的安特卫普。成立时称为"海上保险商情报社",1929 年改为现名,1932 年迁至法国巴黎。法国船级社按其原意应为"真理社",并在此名称之后一条注解,叫做"国际船舶和飞机入级登记",可见其意图是船级社的活动既不局限在船舶上,也不局限在法国国内。

该船级社至今已有 150 多年历史,是继英国劳氏船级社之后第二个历史悠久的团体,其规模仅次于劳氏船级社。其任务与劳氏相仿,主要办理船舶和飞机的入级业务,出版船名录和规范,并对材料、设备、陆上工业建筑进行检验。

船级社下设四个总部,即航海总部、工业总部、土木工程总部及航空总部。航海总部的下属有三个部:规范部、新船建造部、营造船舶部。与新船设计建造有关的主要是新船建造部,其组织情况如图 2 所示。

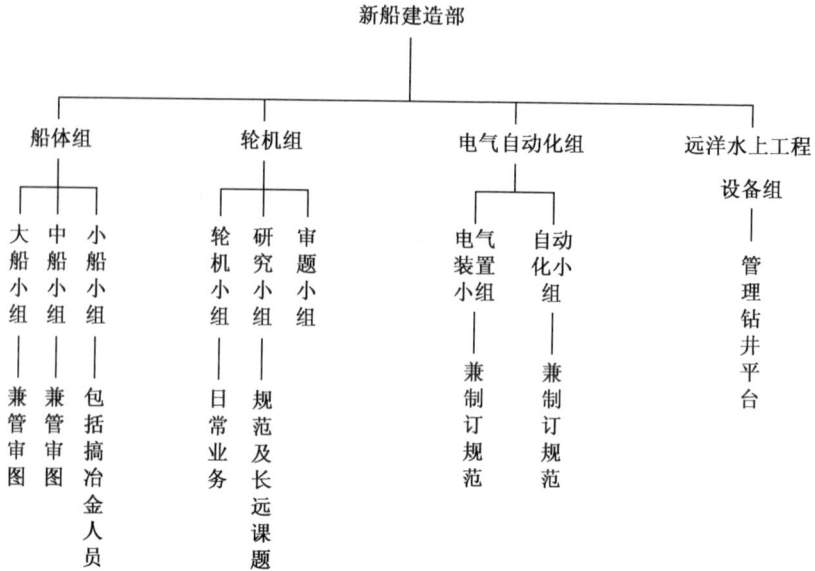

图2 新船建造部组织情况

船级社的总部设在巴黎,在国外设有分支机构约 220 个,工作人员约 3 000 余人。

船级社的科研工作开展较早,1925 年在巴黎郊外设立实验室,对无损探伤进行研究,对海损进行事故分析。在 20 世纪 60 年代中期开始使用计算机,无论是按规范的常规计算或复杂应力的理论计算都由计算机进行,加速审查速度。

法国船级社是一个民间组织,经费来源于检验、入级等收入。凡为申请单位提供的一切服务都要收取费用。对于授予和保持船级,刊登船名录、签发证书、证件、报告等文件同样收取相应的费用。

1.3 美国船级社

美国船级社(American Bureau of Shipping，ABS)，成立于 1862 年,开始时称美国船主公会(American Shipmasters'Association)1898 年改名为美国船级社。

船级社的权力机构是经理部,系从船级社 453 人中推选出 60 个人组成。下设 17 个技术委员会,2 个小组委员会及 15 个海外委员会。委员会均由造船师、轮机师以及海外著名人士组成,并为船级社无偿工作。

美国船级社 725 人派驻在世界 90 个国家。据 1981 年统计有 91 个国家,15 000 余艘、载重量为 2 亿 t 的船舶在美国船级社入级。并将这些入级船舶的信息在纽约总部用计算机进行存贮和处理。通过电话通信网络,可将信息直接传递给船东。

美国船级社每年出版船名录,在船名录中载录 5.2 万艘船舶及其他海上构筑物的详细资料。

美国船级社系民间组织,但也接受美国政府授权,代表美国政府执行船舶检验和签发船舶证书。经费来源主要系从海上构建物的入级和检验(包括营运中定期检验)等费用收入。

船级社在接受船旗国政府授权时执行船舶检验,并颁发国际和国家证书,计为 82 个国家颁发载重线公约证书,为 51 个国家颁发海上人命安全公约证书,为 46 个国家颁发吨位丈量证书。

1.4 中华人民共和国船舶检验局

我国船舶检验局(简称 ZC)成立于 1956 年。开始定名为船舶登记局,总局设在北京。在国内主要港口和长江沿线设有办事处,对沿海开放港口又设验船组。船舶检验局的职责是对船舶执行技术监督,同时也办理船舶入级检验,因此它既是国家的技术监督机构,又具有船级社的性质。

船舶检验局的主要任务是:

(1)制定船舶检验、入级等方面的规章制度和船舶建造、丈量、载重线和各种安全设备的规范。

(2)对建造、营运船舶进行检验以满足规范和法定检验的要求,签发各种证书。

(3)对船舶材料、设备进行检验。

(4)对入级船舶进行检验和发证。

(5)对入港外轮,按国际公约进行检验。

(6)进行公证性的检验。

(7)按与世界船级社所签订的协议进行代理检验和联合检验。

近年来在上海、广州办事处设有电子计算机站,为船舶设计部门了制造厂服务;对船体强度与机械装置进行强度校核。

2 我国船检机构与世界主要船级社关系

2.1 情况

近几年来我国建造出口船舶日趋增多。有按照我国海船入级章程、钢质海船建造规范以及有关国际公约的要求,由我国船舶检验局进行监督检验并入我国船级的出口船,如为中波轮船公司建造的万吨级远洋货船"绍兴"号。有按国外船级社的建造规范要求,由国外验船师进行监督检验,并入国外船级的出口船,如为香港联成公司建造的 27 000 t 散装货船"长城"号。也有开始按我国规范要求建造入我国船级,后转级入国外船级的出口船,如为香港海洋船务公司建造的 17 500 t 多用途货船"海建"号。

可见出口船的建造方式多样,必然与外商和外国船级社接触频繁,预料今后还会更多。为了做好出口船的检验工作,我国船舶检验局与世界较多国家的船级社签订协议进行船舶的联合检验工作。

目前,在世界上的船级社或船舶检验机构约 25 个,而和我国签订验船协议的有 10 多个(见附录一),其中 8 个系国际船级社协会的会员(见附录二),亦是世界上最大的几个船级社。

2.2 联合检验内容

我国与很多国家船级社签订的船舶技术检验合作协议,观其条款虽有多有少,但其内容与业务范围大同小异。今摘录新近与美国船级社签订的合作检验协议主要内容。

(1)入级的申请:入 ABS 级的申请由船厂按照美国船级社(简称 ABS)的规定办理,填好的申请表可直接寄送 ABS 总部或由我国船舶检验局(简称 ZC)转送。

(2)设计图纸的审批:船舶的设计图纸按 ABS 规范和有关规定进行审批。

(3)建造中的法定检验:由船旗国政府授权 ABS 或 ZC 负责执行法定检验和签发相应的证书。

(4)建造中入级检验:由 ABS 与 ZC 合作进行。当 ABS 验船师短期不在船厂时,由 ZC 验船师按 ABS 的请求代表 ABS 进行检验。ABS 为现场检验的负责方,并签发检验证书。对焊工和对无损探伤人员考核,由 ZC 监督执行,并签发证书,必要时 ABS 进行复试。

(5)我国生产的船用材料和产品的检验:

①对于钢板和型钢、电焊条、艉柱和艉框、锚和锚链、舵杆和舵销、减速齿轮、轴承等材料和产品,由 ZC 协助 ABS 进行型式认可和工厂认可。认可后的日常检验由 ZC 按照 ABS 规范要求进行检验发证。

②对于主机、锅炉、螺旋桨、受压容器等产品,由 ABS 和 ZC 合作检验,由 ABS 签发证书。

③对于发电机组,其主配电板及 ABS 规范要求入级和发证的其他产品,由 ZC 按照

ABS 规范的要求进行检验,并由 ZC 签发证书。

④除上述三项以外的船用产品均由 ZC 按照 ZC 的规定进行型式认可或检验,并由 ZC 签发证书。

3 我国与世界船级社情况比较

我国船舶检验机构与世界船级社相比,是有些差别的,如:

(1)世界称著的最大七个船级社历史悠久,即使是日本海事协会(Class NK)成立于 1899 年,也有 100 多年历史,而我国船艚检验机构还较年轻。

(2)从性质上看世界船级社一般都是民间组织,是非官方性质,它的主要任务是进行船舶的入级检验,但另一方面接受有关政府的委托和授权进行法定检验和发证。从这一点看具有半官方性质。但是我国船检机构是属国家性质,是代表国家对船舶执行技术监督,同时又从事船舶入级检验。

可是从规范使用、图纸审查、入级检验、检验项目和方法、工厂生产认可、焊工考试等看,我国船检机构与世界船级社都同样要求,严格按规定执行。

是否国外船级社的要求比我们严一些? 回答是否定的。由于近代科学技术发展迅速,技术知识传播很广,世界船级社之间有一定的资料交流,同时各船级社经常保持接触讨论共同关心的问题,因此有关入级申请、规范要求、检验程序和细则、证书种类等无论从形式到内容世界各船级社都趋向大同小异,我国船检机构当然也不例外。为保证船舶安全性和可靠性,对于船舶入级检验同样从严要求。但是在具体做法上按照现实情况采取灵活变通的做法。这常常限于国内的工业生产水平,某些材料和设计暂时达不到规范的要求,经船检局审查后采取特殊认可。如有些电气设备,收发报机等暂时达不到对远洋船要求,就改作国内航行船舶使用。又如船舶的防火材料不符合 1974 年《国际海上人命安全公约》或《海船消防设备新规范》的要求,就积极想法做试制、鉴定工作。同样在国外也有变通的做法,如法国船级社对待多用途货船"海建"号的转级问题。当船自中国驶抵日本后,顺利地转入了 BV 船级,并承认这艘船的检验是在 BV 监督下建造的。其实在整个船舶建造过程中 BV 验船师并未在现场。

4 出口船的入级、审图、检验和证书

4.1 船舶入级

4.1.1 入级目的

船舶作为水上运输的工具,经常航行于世界各地。由于在海上航行,船东、货主、租船人、保险商等各自承担着某种程度的风险。早先,船舶航行仅依赖的技术和经验,而船的安全设备和技术状况并无专门的技术人员进行查验,遇到海损事故,船及货物沉海,人员丧生,使船东、货主、保险商都遭受损失。因此必须有一个技术性机构,对船舶和机械设备的质量、结构强度、安全设施等从设计到施工进行检验,并规定一种为国际造船界、航运界、保险商所接受的检验标准。这个机构就是船级社,其检验标准即船舶建造入级规范。对于自愿申请入级的船舶,船级社必须按规范的要求对船体、机械设备、材料、工艺、试验等各个方面进行全面检验,合格后发给船级证书(Certificate of Classification),并按船舶技术状况和特征授予船级,将其登记在船级社的船名录(Register Book)内,这就是入级。在船名录内,登记入级船的主要量度和技术特征,便于有关方面了解船舶的现状。船舶的入级标志着船舶在交船时已符合船级社规定的标准,船东才敢于接船,货主才愿于托运,保险商才乐于为船舶保险。船级社的良好声誉,对入级船的保险和承揽运输业务都会带来一定好处,因此在船舶建造之初船东就自信地考虑入船级社的船级问题。

4.1.2　入级过程

按世界造船惯例,对于国内航行船舶,入级问题并不很严格,而对从事国际航行船舶,一般都考虑入级问题,这是由于船从下水作为船的生命开始,直到旧船折卖或沉没在这几十年的过程中,除从事正常运输外,还会遇到很多变化,如出租、海损打捞、拆船、海难仲裁等,这样必然会涉及很多业务和各种行业,例如租船市场、打捞公司、拆船市场、保险公司、公证行等。在受理船舶业务时,都需要对船舶的技术现状有一个公正的反映,这只有在船级社的船名录中找到所需要的资料。可见,船舶入级以后,对处理船舶各种事务会带来很多便利与好处,因此在订购一艘新船时,船东首先考虑到这艘新船选择入哪个船级社的船级。通常,船东(或通过船厂)按自己意愿提出书面申请,船级社在接受入级申请后即对船舶的设计图纸进行审查与对建造中船舶进行全面检验,最后颁发船级证书。至于申请书的内容,各船级社大同小异。兹以劳氏船级社为例简述如下:劳氏船级社规定入级申请表一式两份送至该社地方办事处(对我国而言是香港办事处)。在表中填写造船厂、船东、船籍国、船型、机型、主要尺度、总吨位。要求的船级和标志,并填写要求劳氏船级社代发证书的名称,如果不属申请书中规定的证书则应另函处理。关于费用问题,规定应支付特别检验费、验船师的旅差费及与检验有关的验船师花费。并为颁发证书而收的费用。如果工程不是经劳氏船级社验船而完成的,则劳氏船级社有权按比例收取服务费。

4.2　设计图纸的审批

凡申请入级船舶,在建造前,应按规定将船体结构、机械及电气设备图纸资料提交船级社有关部门审查。待批准同意后,才可开始建造。图纸审查范围系按规范要求进行。规范中对送审图纸的内容规定较原则,特别对法定检验的图纸未予列入。所以一般做法是设计部门按规范要求提出审图目录,提交船级社认可。目录中分为法定需要的图纸与入级需要的图纸两类,每类又分为需要审批的和供审批时参考的图纸。船级社对审图目录一旦认可,设计图纸就要按规定送审。送审可以分期分批地进行。通常入法国船级社船舶送法国总部(或香港远东办事处转)审查,入劳氏船级社的送香港办事处审查,入美国船级社的送日本东京办事处审查。按规范要求送审图纸一式三份。但由于我国船舶检验局都与上列船级社签订联合检验协议，因此需要一式五份；一份存船级社总部、一份退设计单位或船厂、一份送驻厂验船师、一份留地方办事处、一份交我国船舶检验局。审图时间一般为八周，对于急需应用图纸经与船级社商量可以酌情提前，但不得少于四周。施工图纸不需送审，只送驻厂验船师即可。图纸经审查后，设计单位必须按图上批注意见和随函中的意见修改，除了另有要求或当地验船师要求送审，一般修改后图纸送当地验船师过目，不必再送审图单位。如对审批的意见有不同看法，可与当地验船师商量。

对于与各级船级社联系问题，一般应通过当地验船师，由他向上传递，这样有利于工作关系的处理，也可节约时间。

4.3 入级检验、法定检验、定期特别检验

4.3.1 新建船舶的入级检验

入级船舶必须在船级社的现场验船师的特别检验下建造。船体、机械、电气、材料等都需检验。检验的内容与范围在船级社的建造规范中都有专门规定。至于检验项目没有具体项目表，因此在建造开工前由船厂列出检验项目表取得认可，以免在建造过程中由于不明确而造成矛盾，影响建造进度。项目表中对入级检验和法定检验项目要分别列出，每个项目需参加检验验收的各方也在项目表中明确。

4.3.2 法定检验

船舶建造过程中除了入级检验外，尚需进行法定检验。所谓法定检验是船旗国（或船舶登记国，船籍国）政府参加联合国的政府间海事协商组织（IMCO，简称海协，1982 年 5 月 22 日易名为国际海事组织，IMO，简称海组，关于海协情况详见附录三）作为缔约国成员，对于海协制定通过的各种公约规则，船旗国政府应承担贯彻公约规则的义务。同时，根据本国情况制定有关法令法规。尚有某些航道与港口当局按特殊要求也制定各自的规章制度。上述这些公约规则、法令法规、规章制度对于营运船舶务必遵照执行，并由官方出面进行检验。这种官方的、强制性的、法律规定的检验称为法定检验。法定检验应由船旗国政府设立法定船检部门派人员进行，如我国船舶检验局、美国的海岸警卫队、苏联的船舶登记局（现俄罗斯船舶登记局）。有的国家对法定检验要求很严，如美国海岸警卫队对悬挂外国旗船舶的防污染要求很严，并且也未授权船级社代表海岸警卫队签发证书。但也有船旗国政府将这项检验工作委托指定的验船师和认可的社会团体办理。因此当前世界各船级社都接受船旗国政府或港口航道当局委托，对船舶进行代理法定检验，并授权签发证书。尤其是方便旗国家将所有法定检验工作都委托指定的船级社进行，并代发证书。有关方便旗船与方便旗过去情况详见附录四。

4.3.3 定期检验

船舶建成投入营运后，为了验证船体和机械设备处于良好工作状态，以保持船级，需继续接受船级社的定期特别检验。此项检验自船舶建成之日或上次检验日期起每隔 4 年进行

一次。到期后允许有一年的宽限期，以在该宽限期内完成检验。检验的内容与范围,在各船级社的建造规范(在我国为海船入级规则)中有详细规定。

4.4 船级符号和标记

4.4.1 船级符号

凡是在船级社的特别检验下建造的船舶均授予船级符号。如劳氏船级社的为 ✠ 100A1,美国船级社的为 ✠ A1Ⓔ,法国船级社为 ✠ 1$\frac{2}{3}$E。今以劳氏船级社为例说明其含义,100 表示船舶适于出海营运;A 表示船舶是按照船级社规范和规则建造和准予入级的,且处于良好有效状态;1 表示船舶配备符合规范要求的锚和锚的设备,并处于良好状态,或者配备经委员会认为适合特殊营运条件的锚和锚泊设备。✠ 称为马耳他十字(Maltese Cross)表示入级的新船系在船级社验船师的特别检验下建造的,符合规范要求,委员会满意。如果入级的新船在建造期间未经船级社验船师的特别检验,但在入级时经检验认为符合规范要求,委员会满意,这样船舶不冠以成为 ✠ 100A1 船级。

4.4.2 船级标记

船级社委员认为必要,或船东提出经委员会同意,在船级符号后尚可另加各种船级标记,如船型标记、货种标记、特种任务标记、特征标记、航区标记、冰区航行标记等。

4.4.3 船级符号和标记的授予

各船级社的每一入级船舶在检验合格后,都授予各种船级符号和标记,虽然表示方式不尽相同,但其内容却大同小异。今以 27 000 DWT 散装货船为例,该船入劳氏船级其船级符号和标记为:Lloyd's ✠ 00A1 ✠ 1LMC Bulk Carrier Strengthened for Heavy Cargoes,其中 ✠ 100A1 如前所述。✠ LMC 表示推进机械及主要辅助机械的建造、安装及试验系在验船师的特别检验下进行的,并符合规范要求。Bulk Carrier Strengthened for Heavy Cargoes 为船型标记,即为重货加强的散装货船。

4.5 证书

从事国际航行船舶,除了满足船级社规范要求外,还必须满足政府间海事协商组织公布的各种国际公约要求。目前业已生效的必须强制执行的国际公约有:《国际载重线公约》、《国际海上人命安全公约》(见附录五)、《规则海上避碰公约》、《国际防止船舶造成污染公约》、《国际船舶吨位丈量公约》等(详见附录六)。另外尚需满足某些国家的港口和航道要求。一艘船舶只有满足了各种规范公约规则等要求,并取得了各种证书后,才可投入运营,不受阻碍地到达世界各个港口。因此在新船建造时船东在提出入级申请的同时,即应提出需要获得哪些证书。证书种类繁多,来源不一。有的证书是船级社颁发的,如船级证书。有的是船旗国政府授权委托,由船级社代检并代发证书,如货船构造安全证书、货船设备安全证书、货船无线电板安全证书、货船无线电话安全证书、国际船舶载重线证书、船舶吨位证书等。除了上列证书外,尚有一些证书,既不是船级社要求,又不是船旗国政府要求,而是某些港口或码头要求的证书,如船舶起货设备证书。各船级社都有自己的规则,劳氏船级社的为《起货设备规则》,我国的为《船舶起货设备规范》。满足要求后可以发给《船用起货设备检验簿》,需要时也可发给起货设备证书。由于劳氏船级社的规则符合国际劳工组织要求,所以其证书一般地为所有国家港口所接受。尚有一种情况是有关当局不授权,也不允许由船级社代发证书,如圣劳伦斯航道证书,由航道管理当局签发,船级社可以按照圣劳伦斯航道共同规则进行检验,并发给书面证明,供发证当局参考。有关证书情况详见附录七。

附 录

附录一 我国已与世界船级社签订检验协议一览表

序号	名 称	简 称	签订日期
1	英国劳埃德船级社 Lloyd's Register of Shipping	LR	1977 年 11 月
2	法国船级社 Bureau Veritas	BV	1974 年 11 月
3	德意志劳埃德船级社 Germanischer Lloyd	GL	1977 年 4 月
4	挪威船级社 Det Norske Veritas	DNV	1977 年 3 月
5	日本海事协会 Nippon Kaiji Kyokai	NK	1980 年 8 月
6	南斯拉夫船舶登记局 Jugaslavenski Registar Brodova	JR	1973 年 9 月
7	罗马尼亚船舶登记局 Romanian Register of Shipping	RNR	1973 年 5 月
8	意大利船级社 Registro Italiano Navale	RI	1978 年 10 月
9	波兰船舶登记局 Polski Regestr Statkow	PRS	1963 年 6 月
10	美国船级社 American Bureau of Shipping	ABS	1981 年 3 月
11	中华人民共和国船舶检验局 Register of Shipping of the P. R. C.	ZC	

附录二 国际船级社协会

国际船级社协会(International Association of Classification Societies, IACS),是世界几个著名船级社联合的组织团体。成立于 1968 年的汉堡西德劳氏船级社总部。它起因于 1930 年有关海运国家在伦敦召开国际载重线会议,通过了一项敦促各船级社之间经常进行磋商以使船舶强度标准取得统一意见的建议书。于 1939 年在罗马召开了有意大利、法国、英国、挪威、德国、日本和美国等七国船级社代表参加的会议,响应这一号召。以后又分别在巴黎、伦敦和纽约等地召开会议。由于世界航运的发展,出现了大量涉及各船级社之间共同利益问题,需要有一个联合的组织来协调这些问题。终于在 1968 年成立了国际船级社协会。首次的正式会员即上述所列的七个,以后前苏联和波兰的船级社也正式纳入为成员。

协会与政府间海事协商组织有着密切的联系,协会作为非政府性国际组织在海协享有咨询地位。它在海协驻有常任代表。其主要任务是不断了解海协重大的活动情况,并对海协提出的议案进行研究与提出意见。另一方面,海协的决议通过协会的途径以各种措施促使议案早日生效。

同时,协会与各国政府进行很好的合作,代表缔约国政府进行法定检验与签发证书。据统计,协会代表 97 个政府签发载重线证书,代表 74 个政府签发安全证书,代表 52 个政府签发安全设备和安全无线电证书,以及代表 64 个政府签发吨位丈量证书。

协会的成员在世界上有良好声誉,因此有些国家给予协会一定信任。例如通过苏伊士运河时,运河当局对于七个成员船级社所发的吨位丈量证书,可免于复验。

附录三　政府间海事协商组织

政府间海事协商组织(Inter-Governme-ntal Maritime Consultative Organization,IMCO,简称海协)是根据联合国海运会议于 1948 年在日内瓦签订政府间海事协商组织公约时筹建,于 1959 年正式成立。为联合国在海事方面的一个咨询与顾问性质的专门机构,总部设在伦敦。其宗旨是促进各国政府间的航运技术合作,从海上人命安全观点出发,制订海上安全和适航的最高可行标准,提供海上技术资料及国际协议文件,负责起草和保存国际航运公约、协定和文件,并向各国政府推荐。

根据 1980 年第十一届大会决议,从 1982 年 5 月 22 日起将海协改名为国际海事组织(International Maritime Organization ,IMO,简称海组),以加强该组织在国际海事方面的法律地位,使在海事和海运技术领域内起更大的作用。海协的组织形式如图 3 所示。

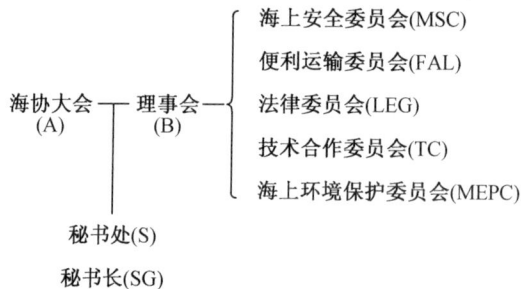

图3　海协的组织形式

大会由各会员国代表组成,凡是联合国的成员国都可以参加海协。大会是海协的最高权力机构,决定工作大纲,批准海协所作的所有建议案。

大会休会期间,由理事会行使一切职权,理事会由 24 个理事国组成,我国于 1973 年正式参加海协组织,并于 1975 年当选为理事国。

海上安全委员会是海协的主要技术机构。下设若干小组委员会,处理海协的技术工作。

凡参加海协组织的各国政府,都要履行海协制定的各种公约规则的职责,并在自己的海事活动中贯彻执行。由海协制定并已生效的几个主要公约如下,详细生效情况参见附录六。

1. 国际海上人命安全公约(International Convention for the Safety of Life at Sea)

2. 1971 年特种业务客船协定(Special Trade Passenger Ships Agreement,1971)。

3. 1972 年国际海上避碰规则(Internatio-nal Regulations for Preventing Collisions at Sea,1972)

4. 1966 年国际船舶载重线公约(Interna – tional Load Line Convention,1966)

5. 1969 年国际船舶吨位丈量规则(IMCO Tonnage Measurement of Ship,1969)

附录四　方便旗船

船舶建造完工前,船东或船厂将新船拟入某国国籍的申请书向有关国的主管机关提出申请,其中写明船名及船籍港。此后由主管机关(在我国为地方港务局,在英国为海关)核准发给船舶国籍证书,此项证书犹如船舶的出生证明。

所谓方便旗船,就是在外国登记,悬挂外国国旗进行营运的船舶。近来也称"开放登记"船。船东将船舶在国外登记注册,这样可以不在本国交纳繁重的登记税、财产税和盈利税。可以雇用低工资的外籍船员,使运输成本降低,在国际市场竞争中处于有利地位。可以不受本国法律制度、政局变化和外交影响,安定地开展运输业务,使船东在贷款造船中处于可信任地位。这些都给船东带来很多"方便"在国际上,这种向任何国家或地区的船舶不受限制地"开放登记"的国家称为"方便旗"国家,或称"开放登记"国家。这些国家如利比里亚、巴拿马、塞浦路斯、新加坡、洪都拉斯、索马里、黎巴嫩等。而拥有方便旗船最多的国家和地区则为美国、希腊、日本、香港及英国。

由于"方便旗"船存在很多弊端,尤其是对发展国家影响较大,近年来联合国贸发会讨论了拟逐步取消方便旗船的问题。在出口船的订购业务中,船东提出船旗(flag)问题,出现最多的是利比里亚、巴拿马、新加坡。可见船东都想将新船在国外登记,入外国船籍,变成方便旗船。为此设计出口船时应充分了解该等船旗政府的有关规则法令。

附录五　国际海上人命安全公约

国际海上人命安全公约(International Convention for the Safety of Life at Sea SOLAS)。

由于 1912 年"泰坦尼克"(TITANIC)号客船在大西洋撞冰山沉没,1 500 多名旅客丧生,引起国际上对海上安全问题的关注。英国政府与 1914 年邀请世界上主要海运国家,如美、法、瑞士、意大利等国共同签订了第一个国际海上人命安全公约。因第一次世界大战爆发,使公约未能及时生效,以后继续召开多次国际公约会议,直至 1978 年的国际油船安全和污染会议。

今将历次会议简要情况如表 1 所示。

表1　国际海上人命安全会议简要情况表

期次	召开日期	地点	生效日期	简要内容
第一次	1914年	伦敦		提出了客船水密分舱的要求
第二次	1929年	伦敦		有18个国家参加,制定了水密分舱规则
第三次	1948年	伦敦	1952年	通过1948年海上人命安全公约。包括分仓和破舱稳性的要求,防火设备、救生设备和无线电设备的要求
第四次	1960年	伦敦	1965年	有45个国家参加,通过了1960年海上人命安全公约
第五次	1974年	伦敦	1980年	有67个国家和地区参加,通过了1974年海上人命安全公约;增加了油船消防安全措施;采用了新的散装谷物规则
第六次	1978年	伦敦	1981年	1978年召开油船安全和防污国际会议,通过了1974年海上人命安全公约1978年议定书

附录六　20年来国际公约生效情况一览表

序	公约名称	年份 (60~82)	通过后至生效时间
1	1974年国际海上人命安全公约1978年议定书		3年
2	1976年国际海事卫星组织公约		3年
3	1974年国际海上人命安全公约		6年
4	1974年国际集装箱安全公约		5年
5	1974年国际海上避碰规则公约		5年
6	1971年特种业务客船协议		3年
7	1971年国际油污损害赔偿基金公约		7年
8	1971年海上核材料运输民事责任公约		4年
9	1969年国际油污损害民事责任公约		6年
10	1969年国际干预公海油污事件公约		6年
11	1969年国际船舶吨位丈量公约		13年
12	1966年国际船舶载重线公约		2年
13	1965年国际便利海上运输公约		2年
14	1960年国际海上人命安全公约		5年
15	1954年国际放置海上油污公约		

注:空心框表示公约通过至生效周期,实心框表示公约生效中。

附录七 货船证书一览表

序	证书名称		遵照的公约或规则	发证单位
1	国籍证书		国际惯例	船旗国政府
2	船级证书		船级社规范	船级社
3	载重线证书		国际载重线公约	船旗国政府
4	吨位证书	国际或国家	国际(或国家)吨位丈量规则	船旗国政府
		苏伊士运河	苏伊士运河吨位丈量规则	苏伊士运河当局
		巴拿马运河	巴拿马运河吨位丈量规则	巴拿马运河当局
5	货船构造安全证书		SOLAS,1974	船旗国政府
6	货船设备安全证书		〞	〞
7	货船无线电报安全证书		〞	〞
8	货船无线电话安全证书		〞	〞
9	免除证书		〞	〞
10	谷物装载稳性证书		SOLAS 1974 或 IMCO 决议 A264	〞
11	审批(谷物)装载手册		SOLAS 1974 或 IMCO 决议 A264	〞
12	起货设备证书		船级社起货设备规则	船级社
13	符合规则证明		巴拿马运河规则	〞
14	符合规则证明		圣劳伦斯航道共同规则	〞

注:船旗国政府发证一事也可通过船级社代办或代发。

特 殊 参 考 文 献

[1*] "Rules and Regulations for the Classification of Ships". Lloyd's Register of Shipping,1982.

[2*] "Lloyd's Register Today". Lloyd's Register of Shipping, 1979.

[3*] "Rules and Regulation for the Construction and Classification of Steel Vessels". Bureau Veritas, 1980.

[4*] "Rules for Building and Classing Steel Vessels". American Burean of Shipping, 1982.

[5*] "Promoting the Security of life and Property on the Seas". American Bureau of Shipping, 1981.

[6*] 韩恩基."世界各国验船机构简介(提纲)".1981.

[7*] "1974 年国际海上人命安全公约 1978 年议定书". 人民交通出版社 1980.

[8*] "IMCO's Conventions:TWO Decades of Progress", IMCO News, No.4, 1981.

[9*] "Register if Ships". Llody's Register of Shipping, 1981－82.

[10*] T. A. Simpson. "Llody's Register of Shipping – Statutory Survey and Certification Work on Behalf of Governments". North East Coast Institution of Engineers and Shipbuilders Transactions, December 1979.

出口船设计中有关海事公约、规则、规范、法规的检索

1 引言

我国自 1980 年起,开展出口船业务,目前已能制造较复杂船类,而且用户也逐步面向全世界。但是,在 20 世纪 80 年代对于长期习惯于建造国内船舶的单位来说,还是一项较生疏的工作。对规范使用、图纸送审、入级检验、证书颁发等技术业务尚不够熟练。尤其是对各国规范的掌握与国际海事公约规则的使用都影响出口船舶设计质量与建造周期。中国船舶工业总公司在组织有关部门从事规范、公约规则等的翻译出版做了不少工作。为了便利地获取技术资料,扩大船舶出口业务,使更多船厂承造出口船舶,兹对如何检索和如何应用上述出版物作一概略介绍,供参考使用。

2 世界六大船级社"钢船建造和入级规范"

自 1982 年起,由中船总标准化研究所组织有关单位翻译出版世界六大船级社(即英国劳氏船级社、法国船级社、西德劳氏船级社、挪威船级社、日本海事协会和美国船级社)的钢船建造和入级规范。为了适应多种出口船业务需要,以后又译出一些有关平台装置和小船等建造和入级规范(表1),一般说,有了上述规范的中译本,使工作增加了灵便性。

表 1 船舶建造和入级规范主要中译本一览表

序	船级社	规范名称	出版年月
1	英国劳氏船级社(LR)	船舶入级规范和规则	1982
2		内河船舶入级规范	1985
3		游艇和小艇入级规范和规则	1984
4	美国船级社(ABS)	钢质船舶建造和入级规范	1982
5		近海装置建造和入级规范	1986
6		消防船的建造和入级规范	1983
7		玻璃钢船建造和入级规范	—

表1(续)

序	船级社	规范名称	出版年月
8	西德劳氏船级社(GL)	钢质海船入级和建造规范	1982
9		船长约40 m及以下的特种船舶建造规范	1984
10		船舶建造与入级的规范和章程	1982
11		玻璃钢船建造和入级规范	1986
12	法国船级社(BV)	钢质海船入级和建造规范	1982
13		玻璃钢船建造和入级规范	1983
14	挪威船级社(DnV)	钢质海船入级规范	1982
15		小艇建造和签证规范	1984
16		移动式近海装置入级规范	1986
17		近海辅助船	1983
18		潜水系统鉴定规范	1985
19		近海结构的设计、建造和检验规范	1985
20	日本海事协会(NK)	船舶建造与入级的规范和章程	1983

3 "世界主要船级社出版物目录"

《世界主要船级社的出版物目录》汇编由标准化研究所组织,由中国船舶集团有限公司第十一研究所审校编辑。目的是为了交流和利用总公司所属20个单位收藏的9个船级社出版物。共收集468种出版物资料。以卡片形式进行排印,条目内容包括:原文名称、参考译名、文种、页数、出版机构、出版年月及馆藏单位等。利用该"目录"汇编可向馆藏单位申请复制所需的资料。

4 "有关国际公约、各国规则条令汇集"

为适应国内设计和建造出口船需要,自1981年起由七〇八所翻译出版,为船舶设计所需的有关各国航运规则、港口码头安全法规、船级社指导性文件以及部分有关的国际公约,作为"出口船设计参考资料"书刊形式,供船舶同行参考使用,该"汇集"至今已出版至第8集。一般说,收集于该"汇集"的资料都属最新版本,内容着重实用。

5 "国际海事公约和各国海事法令目录"

《国际海事公约和各国海事法令目录》汇编由标准化研究所组织,七〇八所审核编辑。目的是为适应出口船法定检验需要,充分交流和利用总公司所属20个单位收藏的有关国际法定机构资料,选编成该"目录"。它收录了国际海事组织(IMO)大会决议和公约,以及英、美、德等十一个国家的海事法令以及苏伊士运河等著名运河、航道和港口的规则近 800 种,条目内容包括:原文名称、参考译名、文种、页数、出版机构、出版年月及馆藏单位等。本"目录"与上述的《世界主要船级社出版物目录》为姊妹篇。前者为出口船法定检验需要,后者为出口船入级检验所需。

6 "国际海事组织大会决议题录汇集"

《国际海事组织大会决议题录汇集》由七〇八所组织刊出。国际海事组织(IMO)大会一般每隔两年召开一次,并通过相应的决议案。自 1959 年迄今共举行十四届大会,有 595 项决议案。国际海事组织大会决议为造船、设计、航运、检验、海事、管理等部门必须遵守的法定文件。如需用有关文件时,可以利用该"汇集"查找。"汇集"按决议案编码顺序排列。编码含义为

首部,英文字母 A 表示国际海事组织大会中部,阿拉伯数字表示决议编号。

尾部,括号内阿拉伯数字(或罗马字)表示大会届数。

例如:A327(Ⅸ),意为海大(Ⅸ届)第 327 号决议。查本"汇集",即知为"关于货船防火安全要求的建议案"。

7 使用的注意事项

与出口船设计有关的技术资料与技术文件的搜集,经过几年连续工作已具备一定的规模。通过上述出版物可较方便地用于出口船设计中,但使用时尚应注意下列事项。

7.1 规范使用的时效性

世界科学技术的进步,使规范技术在不断修改中获得生命力。它本身存在着时效性,因此在使用时应注意规范的年份和后续性,也就是要获得新版本或修订本。由于世界船级社对规范修订的方法与表达形式不尽一致,因此应明了各船级社规范的出版与修订程序。目前世界船级社钢船建造和入级规范的出版与修订有两种情况:

(1)每年或几年出版新规范——如德国劳氏船级社、美国船级社、日本海事协会等。美国船级社每年一季度供应新版规范,并在书末附有新旧版本修改对照表,查找十分便利。修订条文每年五月份开始生效。

(2)规范以活页形式出版,并不定期出修改通报,撤旧换新,十分灵便。如英国劳氏船级社、挪威船级社、意大利船级社都采用这种办法。英国劳氏船级社的修改条文自通报发出后约半年生效。对于该船级社的修改通报,我国有中译本出版。

7.2 注意公约规则的生效日期

国际海事组织所制定的公约规则,从其生效之日起缔约国政府设法实施公约规则的各项规定。船舶设计者应十分清楚与造船有关的各项规定的生效情况,见表 2。而且也要注意各项修正案的生效日期。回顾 1974 年国际海上人命安全公约通过时,对公约修正案生

效程序作了新规定,即采用"默认接受"的方法,该法已在国际海事组织的大部分技术文件上予以应用,加速了公约修正案的生效进程。该法的内容为,如果修正案被海安会正式通过,即通知所有缔约国,自通知之日起两年期满;或由海安会确定的期限(不少于一年)届满时,则认为修正案已被接受,经过 6 个月后生效。如果在这期限内有 1/3 以上缔约国政府或拥有合计吨位不少于世界商船总吨数 50% 的缔约国政府提出反对,则修正案不能生效。例如 SOLAS 公约 1983 年修正案至 1985 年 12 月 31 日止未接到任何反对意见,为此从 1986 年 7 月 1 日起修正案自行生效。可见修正案一旦被正式通过,即可推算出效日期,便于船东、设计者、船厂做好准备工作,以便在新船中履行规定。

表 2　国际海事组织公布公约生效情况(截至 1987 年)

序	公约名称	公约英文缩写	开始生效日期
1	1974 年国际海上人命安全公约(经修正的)	SOLAS 1974	1980 年 5 月 25 日
2	1974 年国际海上人命安全公约 1974 年议定书(经修正的)	SOLAS PROT 1978	1981 年 5 月 1 日
3	1972 年国际海上避碰规则(经修正的)	COLREG 1972	1977 年 7 月 15 日
4	经 1978 年议定书修正的 1973 年国际防止船舶造成污染公约,包括附则 I	MARPOL 1973/78	1983 年 10 月 2 日
5	1965 年国际便利海上交通公约(经修正的)	FAL 1965	1967 年 3 月 5 日
6	1966 年国际载重线公约	LL 1966	1968 年 7 月 21 日
7	1969 年国际吨位丈量公约	TONNAGE 1969	1982 年 7 月 18 日
8	1969 年干预公海油污事件公约	INTERVENTION 1969	1975 年 5 月 6 日
9	1973 年国际干预公海非油类物质污染公约议定书	INTERVENTION PROT 1973	1985 年 3 月 30 日
10	1969 年国际油污损害民事责任公约	CLC 1969	1975 年 6 月 19 日
11	国际油污损害民事责任公约 1976 年议定书	CLC PROT 1976	1981 年 4 月 8 日
12	国际油污损害民事责任公约 1984 年议定书	CLC PROT 1984	尚未生效
13	1971 年特种业务客船协议和规则	STP 1971	1974 年 1 月 2 日
14	特种业务客船舱室要求规则及其 1973 年议定书	SPACE STP 1973	1977 年 6 月 2 日
15	1971 年海上核材料运输民事责任公约	NUCLEAR 1971	1975 年 7 月 15 日
16	1971 年国际油污损害赔偿基金公约	FUND 1971	1978 年 10 月 16 日
17	国际油污损害赔偿基金公约 1976 年议定书	FUND PROT 1976	尚未生效
18	国际油污损害赔偿基金公约 1984 年议定书	FUND PROT 1984	尚未生效
19	1972 年国际安全集装箱公约(经修正的)	CSC 1972	1977 年 9 月 6 日
20	1974 年海上运送旅客及其行李公约	PAL 1974	尚未生效
21	海上运送旅客及其行李公约 1976 年议定书	PAL PROT 1976	尚未生效
22	国际海事卫星组织公约和管理协议	INMARSAT	1979 年 7 月 16 日

表 2（续）

序	公约名称	公约英文缩写	开始生效日期
23	1976 年海事索赔责任限制公约	LLMC 1976	1986 年 12 月 1 日
24	1977 年国际渔船安全公约	SFV 1977	尚未生效
25	1978 年国际海员训练、鉴定和值班标准公约	STCW 1978	1984 年 4 月 28 日
26	1979 年国际海上搜寻和救助公约	SAR 1979	1985 年 6 月 22 日
27	1972 年防止倾倒废物和其他物质造成海上污染公约（经修正的）	LDC 1972	1975 年 8 月 30 日

第十五篇　国际商船设计

美国海岸警卫队与商船设计

摘要 本文介绍美国海岸警卫队概况,海岸警卫队的使命与工作范畴。继而阐述海岸警卫队对商船设计的关系与作用,以及船舶设计中应注意的事项。

1 引言

为了维护国家主权,保障海上航行安全,世界主要海洋国家都设有专门机构对所属海域、港口、航道、船舶以及一切设施进行安全监管。世界不少国家,如美国、加拿大、德国、英国、印度、泰国等都有海岸警卫队组织,作为政府的主管机构从事维持海上秩序、保障交通安全,查处违章事件、缉办走私贩毒、保护海洋环境、维护国家政治与经济权益的监督管理。而美国的海岸警卫队更为特殊,其职责范围更广,几乎承担和协调一切海上事务。仅以船舶管理而言,它代表国家海事主管机构制定各种法规法令;对驶入所属海域、港口、航道的本国船舶和悬挂外国旗船舶要求遵照执行;并进行法定检验和签证。考虑到我国近年来驶向美国的远洋船舶不断增加,并且为外国船东设计建造航经美国的出口船日趋增多,因此船舶的设计、建造和营运者,不但要了解美国海岸警卫队的性质和工作范畴,而且也有必要谙熟海岸警卫队有关船舶方面制定的规章制度及其管理程序。今拟在这方面作一阐述介绍,供参考。

2 美国海岸警卫队概况

1915 年美国政府为了加强海关缉私和救生勤务,合并两个职能部门,组建成立美国海岸警卫队,隶属于财政部,但从 1967 年起改属运输部管辖。根据条例规定,海岸警卫队属于军事部门,在战时听从海军指挥。

美国海岸警卫队(United States of Coast Guard, USCG)总部设在华盛顿(哥伦比亚特区),下设两个分区司令部(即大西洋区及其海防司令部和太平洋区及其海防司令部),以及 10 个地区司令部,每一地区管辖附近几个港口和船舶检验处。

海岸警卫队现有在编人员 43 600 余人,包括官员 6 600 人,士兵 31 000 人,其他人员 6 000 人。有警卫舰、巡逻艇、破冰船、航标船、拖船等船舶 278 艘,各种小型救助及杂用艇 2 000 艘,见表 1。有各类飞机 212 架,其中直升机 141 架。

表1 海岸警卫队舰船种类和数量

序	船种	分类	数量/艘	代表性船级
1	警卫舰	WHEC 远程警卫舰	12	"汉密尔顿"级
		WMEC 中程警卫舰	41	"熊"级
2	破冰船	WAGB 破冰船	5	"极星"级
		WTGB 破冰拖船	9	"卡特迈湾"级
3	巡逻艇	WSES 表面效应艇	3	"海岛"级
		WPB 大型巡逻艇	107	"岛"级、"角"级
4	训练船	WIX 训练舰	1	"鹰"级
5	航标船	WLB 海洋航标船	33	"巴尔塞姆"级
		WLM 海岸航标船	12	"红"级
		WLI 内陆航标船	6	"蓝钟"级
		WLR 内河航标船	18	"加斯康纳特"级
6	构筑物供应船	WLIC 内陆构筑物供应船	16	"潘姆里科"级
7	港湾拖船	WYTM 中型港湾拖船	1	"莫希肯"级
		小型港湾拖船	14	"绞盘"级
8	救助及杂用艇	—	2 000	—

3 海岸警卫队的使命和工作范畴

3.1 海岸警卫队的主要使命

海岸警卫队主要承担的使命如下：

(1)在领海上空、水面和水下以及管辖水域内减少人员伤亡和财产损失。

(2)便于水上活动以适应国民经济、国防、科学和社会的需要。

(3)维持一支武装力量，为战时执行海上特殊军事任务。

(4)确保港口、航道和码头设施的安全。

(5)在管辖的水域内和授权的公海上执行联邦海洋法和国际协定。

(6)维护和改善海洋环境质量。

(7)与各级联邦政府机构台作，保证有效利用公共资源。

3.2 海岸警卫队的工作范畴

海岸警卫队的工作范畴如下：

(1)实施政府法律和国际公约——海岸警卫队作为一支海上治安力量，具有在管辖的水域内实施政府法律和在授权的公海上履行国际公约的义务。治安工作包括制止麻醉品和非法侨民入境,防止船舶偷盗和劫持,以及贯彻海上保护法。按有关法令允许海岸警卫队人员登临美国船舶和管辖范围内的挂外国旗船舶,以及按国际法或与船旗国商定的在公海上的外国船舶。

(2)搜索和救援工作——这是海岸警卫队最早的职能之一,有一支庞大的搜救组织。在美国大陆、阿拉斯加和夏威夷设有 10 个救助协调中心,调配 26 个空中站,150 个小艇站,以及指挥具有救助任务的所有警卫快艇进行搜索和救援工作。在搜救事件中有 71% 属于游览艇引起的,几乎占 96% 的救助任务都是在距岸 20 n mile 范围内。

(3)导航系统——为了助航目的,海岸警卫队从事设置、标绘和管理属于政府系统的灯塔、浮标、日间信标、雾中信号和雷达反射器,共计 48 072 座;同时也管理私人和国防部经营的导航设备。海岸警卫队还管理和维护全美和世界其他地方的三种无线电导航设备,即无线电信标、劳兰 C 和奥米茄。

(4)港口和环境安全——海岸警卫队人员担任港口指挥,而在 46 个船舶安全检验处的人员负责滨水区安全和对装有危险品船舶的锚地实施各项管理。海岸警卫队人员也对船上易爆品和其他危险货物保证安全装载和储存负有职责。

(5)商船安全——海岸警卫队对船舶设计、建造和装备制定安全标准;按美国法规和国际协定检验外国船舶;对领有执照和未领有执照的海上人员实施治理准则;调查海上事故;检查美国船舶文件和签发船舶吨位证书;以及保存商船船员档案。

(6)国防准备——按有关法令,海岸警卫队是一支武装力量,在战时成为海军的一个部门,海岸警卫队的舰船、飞机和专业人员为执行特殊任务听从海军指挥,并纳入海军的应急和作战计划。

(7)国内冰上和极地工作——为了搜救工作和防止因冰引起淹没事故,海岸警卫队担负破冰任务。这项工作常直接为支援社会公众进行的。例如对缺乏冬季燃料、食物和医药用品的冰封地区进行破冰支援,但是海岸警卫队不对商务贸易目的提供破冰服务。

海岸警卫队支持和促进具有国家性的北极和南极工作,从事打通有冰水域,便利船舶航行。

(8)海洋环境保护——海岸警卫队对油、有害物质污染和因意外事故流入美国水域造成的污染,或有意排放和有排放意图事件等负有责任。海岸警卫队经常受理污染事故报告;调查油污泄漏、化学品释放事件;以及监督油污、化学品清理工作。

(9)海洋科学——海岸警卫队所属的警卫舰和飞机从事国际性冰情巡逻,并由 20 个协约国共同提供经费以侦察和预测北大西洋海运航线中冰山漂移情况。在与国家气象服务中心和国家海洋学指挥中心的合作计划中,海岸警卫队也提供海洋学服务和气象观察及情报工作;并且支持政府一些部门进行国家海洋科学方面的活动。海岸警卫队也负责管理专属经济区(Exclusive Econo mic zone,EEZ)范围内的国内和国外渔业活动。

(10)水道管理——海岸警卫队的船舶交通管理系统系协调航道内与入口处船舶的航行以减少交通阻塞。在旧金山与休斯敦等地都设有船舶交通管理机构。水道管理包括制定交通航线、实现限速航行以及在某些水道与港口内限制船舶尺度。

(11)桥梁管理——海岸警卫队负责管理美国可航水域上的桥梁以保证满足其他运输

方式的需要。例如当桥上通过汽车和货车时,在桥下能安全和无障碍地航行。海岸警卫队管理全美 18 000 座桥梁,同时也颁发桥梁建造和修造许可证,以及编制吊桥规范。

(12)游艇安全——海岸警卫队是小艇安全的管理者,从事制订游艇的建造和性能标准,并进行有关游艇的公共安全教育和实施安全法规。

4 海岸警卫队对商船设计的关系与作用

根据上述的工作范畴,可见海岸警卫队与船舶关系极为密切,船舶的建造、设置、航行、停泊、排污、信号、导航等均受到海岸警卫队的制约和管理。至于它在商船设计中起到何种作用,可从下列三个关系的阐述中见其一斑。

4.1 国际海事组织(IMO)与美国海岸警卫队(USCG)

国际海事组织原名政府间海事协商组织,成立于 1959 年,总部设在伦敦。其宗旨是促进各国政府间的航运技术合作。从海上人命安全观点出发,制定海上安全和适航的最高可行标准,提供海上技术资料及国际协议文件,负责起草和保存国际航运公约、协定和文件,并向各国政府推荐。1982 年改为现名,成为联合国组织中处理海事问题的一个专门机构,以加强该组织在国际海事方面的法律地位,使在海事和海运技术领域内起更大的作用。凡参加该组织的各国政府(缔约国),都要履行各种公约规则的职责,在自己的海事活动中贯彻执行。美国是该组织的理事国,而海岸警卫队作为主要政府主管部门参与海事活动并承担执行公约规则的义务。由于国际公约规则条文划一原则,有关实务细则之处置各国政府针对本国情况可自行制定。因此海岸警卫队据以制定各种相应规则。又因近年来几起油船泄油事故造成美围水域的严重污染,为此海岸警卫队对悬挂外国旗船的防污染要求很严。同时不断向国际海事组织提出新建议,例如对于油船装载时向大气排放油气污染环境,而提出油气污染控制的建议规则。

4.2 美国船级社(ABS)与海岸警卫队

美国船级社建立于 1862 年,总部设在帕拉默斯(Paramus)。主要工作是从事船舶图纸审批与入级检验。船级社有 700 余人派驻在世界 90 多个国家,进行船舶的检验和入级工作。计有 15 000 余艘,载重量为 2 亿 t 的世界船舶系在美国船级社入级。船级社也接受船旗国政府授权执行船舶检验,并颁发国际和国家证书。

美国船级社系民间组织,经费来自海上构筑物的入级和检验(包括营运中定期检验)等费用收入。

船舶建造过程中除了入级检验外,尚需进行法定检验,所谓法定检验是船旗国政府参加国际海事组织作为缔约国成员,有承担贯彻公约规则的义务,并结合本国情况制定有关法令法规。另外,在国内尚有某些航道与港口,根据特殊的要求也制定相应的规章制度,上述这些公约规则、法令法规、规章制度对于营运船舶务必遵照执行,并由官方出面进行检验,这种官方的、强制性的、法律规定的检验称为法定检验。法定检验应由船旗国政府设立法定船检部门派员进行,在美国这项工作由美国海岸警卫队承担。它独立地制定规则,检验船舶和签发证书。海岸警卫队为了便利工作,按地区划分成 10 个管区;每一管区下设几个船舶检验处,在全美计有 46 个。例如第八管区即有 6 个船舶检验处,见表 2。

表 2　船舶检验处

海岸警卫队管区	船舶检验处			地址
	地点	州名	邮区	
第八区	科珀斯—克里斯提	得克萨斯	78403	—
	加尔维斯顿	得克萨斯	71550	—
	休斯敦	得克萨斯	77011	—
	英比尔	亚拉巴马	36602	—
	新奥尔良	路易斯安那	70112	—
	阿瑟港	得克萨斯	77640	—

4.3　联邦政府法规(CFR)与海岸警卫队

所有美国规则均包含在联邦政府法规(Code of Federal Regulations, CFR)内。联邦政府法规是由联邦政府各行政部门和机构编纂的全面永久性规则。全部法规共分 50 个标题(Title)或称"篇",涉及宽广的制约范畴。每篇分为若干章,每章标出编制机构的名称,各章再分若干节,每节包含具体的规则限定范围。在联邦政府法规中,与船舶设计有关的主要系由美国海岸警卫队制定的,通常称为 USCG 规则,分别列于第 46 篇"航运"(Shipping)第 1 章和第 3 章,以及第 33 篇"航行和通航水域"(Navigation and Navigable Waters)第 1 章。为了查找方便,今将第 46 篇第 1 章目录载列于下(表 3),供参考使用。

表 3　USCG 规则第 46 篇第 1 章目录

序	分章	名称
1	A	使用程序
2	B	商船船员
3	C	未经检验的船舶
4	D	油船
5	E	载重线
6	F	轮机工程
7	G	船舶文件与丈量
8	H	客船
9	I	货船和其他船舶
10	1－A	近海移动式钻井装置

表3(续)

序	分章	名称
11	J	电气工程
12	N	危险货物
13	O	某些散装危险货物
14	P	船舶人员配备
15	Q	设备、结构和材料的规格和认可
16	R	航海训练船
17	S	分舱和稳性
18	T	小型客船(100总吨以下)
19	U	海洋调查船
20	V	海上职业安全与保健标准

5 船舶设计中的注意事项

近年来,我国远洋航行船队发展很快,投入中美航线的船舶日趋增多;同时,也不断开发新船型,如化学品船、液化气船、成品油船等,有待投入国际航线或中美航线。为此设计人员需要不断了解和熟悉国际海事公约、规则、规范和法规。对设计拟航行美国的船舶,不但应了解级社制定的《钢质海船建造和入级规范》,而且还要谙熟美国海岸警卫队制定的各种规则,以及有关协会制定的设备规格与标准。不然设计疏漏将会引起建造返工;或拟驶向目的港但未符合相应规则要求,遭致不能入港装卸货物,延误营运周期。因此设计时应予注意。

5.1 设计准则

设计美国籍船舶或进美国港口船舶,除船级社规范外,应充分掌握联邦政府法规(Code of Federal Regulations,CFR)中与船舶有关的篇章,属于海岸警卫队的有46篇第1章(表3)。根据不同船类查阅相应的分章,同时尚需参照有关专业分章(如轮机工程、电气工程、载重线等),使用时要穿插进行。规则条文繁缛,但目录详尽,查阅时可逐节查找,或按附在分章后的索引,以主题词查找。由于美国重视防污染管理,因此海岸警卫队制定有专门的防污染规则。有关船舶的防污染要求和船用排污装置,可查阅联邦政府法规第33篇第O分章(污染)第151至159节。

在联邦政府法规中,由其他部门制定的,与船舶有关的尚有:

(1)法规第29篇(29CFR)"劳动"中"码头工人安全与保健规则"——有关装卸设备、舱内及舱口周围之交通设置等要求。

(2)法规第35篇(35CFR)"巴拿马运河规则"——有关通过巴拿马运河时对船舶提出尺度限制和加装过河设备的要求。

(3)法规第 42 篇(42CFR)"公共卫生"中联邦保健局(Public Health Service)规则——有关起居舱区的给水、排水设置及防鼠要求。

5.2 许可书

对于液化气船、化学品船等载运危险品船舶,若欲驶入美国港口的挂外国旗船舶尚需持有海岸警卫队的许可书(Letter of Compliance)。因此甲板上和货舱内的管系和与装卸液货有关的部分应事前取得海岸警卫队认可。有关送审图纸的范围可按第 46 篇第 N 分章第 154 节所列许可书颁发的特殊规定进行。至于由海岸警卫队认可的手续,可由劳氏、美国或挪威等船级社代办。

5.3 设计图纸的审批

凡申请入级船舶,在建造前,应按规定将船舶结构、机械及电气设备的图纸资料提交船级社有关部门审查,但对需法定检验的图纸资料应以书面形式提出申请,并按规定的范围提交给海岸警卫队审查,通常可以送至下述机构之一:
(1)在船舶建造地点邻近的海岸警卫队管区的船舶检验处;
(2)美国海岸警卫队华盛顿总部;
(3)美国海岸警卫队船舶安全中心(与总部同一地址)。
对于入美国船级社的船舶,可由美国船级社与海岸警卫队协调有关图纸的审查工作,以免重复。图纸提交人应向海岸警卫队技术办公室咨询以确定送审图纸的程序。根据提交人的请求,可将必要的图纸通过船级社转交。送审图纸要求一式三份,以便一份退回提交人。

5.4 设计采用的规格和标准

对设计中选用的各种设备、部件应充分注意其规格和标准。除了规则中规定的设计图纸需经海岸警卫队认可外,有关救生,救火设备等项尚需采用经海岸警卫队认可的工厂制品,其中大部分是美国制品。此外,压力容器及部分电器用品也需采用美国制品,或持有保险商协会试验室认可的标签(简称 UL Label)。根据规则规定的管子、阀、法兰等需符合美国材料试验协会制定的规格,设计时应予注意。今略列与船舶密切相关的主要几个规格或标准:
(1)美国标准协会(ANSI)制定的标准;
(2)美国钢铁协会(AISI)制定的钢材的规格;
(3)美国材料试验协会(ASTM)制定的所有材料和试验法等的规格:
(4)美国机械工程学会制定的压力容器、锅炉的材料、检验等规格。

特殊参考文献

[1*]　葛兴国,"出口船设计中有关规范、入级、审图、检验诸问题",《舰船科研与设计》,1983.1.

［2*］ 葛兴国,"远洋渔船设计和营运中有关海事公 约、规则、规范、法规的应用",《远洋渔业》, 1989.1.

［3*］ "Code of Federal Regulatioas", Title 46 – Shipping", 1986.

［4*］ U. S. Coast Guard, "Navigation Rules", 1977.

［5*］ "Sea Power", 1989.

［6*］ "Jane's Fighting Ships", 1989.

［7*］ "Fairplay World Shipping Year Book", 1989.

国际劳工组织公约与商船设计

摘要 本文介绍国际劳工组织概况及其制定的公约范畴。继而阐述国际劳工组织公约对商船设计的要求及其注意事项。

1 引言

船舶作为海上运输的工具,经常航行于世界各地。为了考虑海上安全、海上通信、防止船舶造成污染,顺利通过人工水道、保障码头工人操作安全等问题,国际海事机构、各国政府或船级社不断研究制定各种公约和规则,作为国际航行船舶共同遵守的准则。

对于新建船舶,船东往往要按国外或国内船级社的规范进行设计,并满足国际公约的有关要求。在船级社和国家法定机关验船师的监督下进行建造,取得相应的入级证书和法定证书,方可投入营运。

与船舶设计有关的国际公约门类繁多,涉及面广,有来自国际海事组织、国际原子能组织等。国际劳工组织作为联合国一个专门机构,也涉及海事方面的管理,主要为船员和码头工人的利益、保健和工作条件而制定有关国际公约,并要求缔约国的海事部门遵照执行,或结合本国情况制定相应的规则。本文拟就有关国际劳工组织制定的公约范畴与内容,以及对船舶设计的要求等作一阐述介绍,供参考使用。

2 国际劳工组织

2.1 国际劳工组织概况

国际劳工组织(International Labour Organization, ILO)为联合国专门机构之一。该组织系根据第一次世界大战后,1919 年 6 月签署的《凡尔赛和约》作为国际联盟的附属机构而设立。1946 年国际联盟解散后,成为联合国专门机构。总部设在瑞士日内瓦。在联合国恢复中国的合法权利后,该组织也于 1971 年 11 月的第 184 次理事会上通过恢复中国合法权利的决议。

2.2 宗旨

通过推动充分就业和提高生活水平,改善劳动条件和保护工人健康,以促进经济和社会的稳定,维护社会正义,巩固持久和平。

2.3　组织机构

国际劳工组织为一常设机构,由国际劳工总会(General Conference)、理事会(Governing Body)及国际劳工局(International Labour Office)构成。

国际劳工总会系由缔约国各派 4 名代表组成,其中 2 名为政府代表,另由资方与劳方各派 1 名代表参加,每年召开大会一次。

理事会则由政府代表 28 名,资方代表 14 名,劳方代表 14 名,合计 56 名组成。在政府代表 28 名中,有 10 名为常任理事国,由缔约国中 10 个大主要产业国家担任(中国为其中之一),其余 18 名则由上述以外的缔约国中选出,称为非常任理事国。至于劳资双方代表,则由总会的劳资双方代表团体分别选出,均为非常任理事。通常,理事会每 3 年召开一次,但可视情况召开特别会议。

执行机构为国际劳工局,局长由理事会任命。该组织在 40 多个国家和地区设有分支机构,与联合国许多专门机构关系密切,还与许多国际非政府组织建立了联系。

2.4　工作任务

国际劳工组织的主要工作包括制定劳工问题的国际公约和建议案;提供技术合作事宜;解决劳动问题以及出版专门问题的书籍和资料等。

对于国际公约和国际海事组织制定的公约一样,各缔约国均应遵照执行,至于建议案则并无绝对遵守的义务,可作为各缔约国在制定相应规则时的指针。

关于技术合作事宜,系针对发展中国家所面临的劳动问题,提供技术援助,诸如改善劳动条件和生活水平,开发人力资源和社会制度等。

3　公约规则与商船设计

国际劳工组织每年召开总会一次,约每隔 10 年的总会议案,仅讨论海事议题,该年的总会称为海事总会。第一次海事总会于 1926 年召开,并决定有关船员问题的审议委托联合海事委员会(Joint Maritime Commission,JMC)受理。海事总会自 1970 年起已缩短为每隔 5 年举行一次。

有关海事问题应按联合海事委员会—理事会—预备海事技术会议—海事总会的顺序进行审议。联合海事委员会为理事会的咨询机关,负责研究所有海事问题,以及确定是否召开海事总会及其会期与地点,向理事会提出建议。在海事总会召开前,得先召开预备海事技术会议,就技术方面问题先行充分研讨,以供次年在海事总会中进行最终议决。

就船舶而言,凡从事国际航行船舶,除了满足船级社规范要求外,还必须满足国际性组织公布的各种国际公约要求和航道、码头、港口当局对船舶的有关规定。一艘船舶只有满足了各种规范公约规则等要求,并取得各种证书后,才可投入营运,不受阻碍地到达世界各国港口。因此设计者应谙熟公约、规则、规范、法规,以便在船舶设计中应用,正确便利地为检验、验收创造条件。

国际劳工组织所制定的国际公约与建议案,其内容有关船员劳动、培训就业、社会保障、工作条件、保健与福利等。对商船设计而言,主要有两方面:一是为改善船员生活设施与环境条件;二为码头工人安全操作要求船舶提供相应措施。今列出与海事有关的主要公约与建议案(表1),并对船上船员舱室公约等予以概述。

表1 国际劳工组织的海事公约和建议案

类别	编号	名称
公约	32	码头装卸货物时劳动保护公约,1932
	68	船员食物与餐务公约,1946
	75	船员舱室公约,1946
	92	船员舱室修正公约,1949
	126	有关渔船船上舱室公约,1966
	133	有关船上船员舱室公约(补充规定),1970
	134	防止船员职业事故公约,1970
	147	商船最低标准,1976
建议案	78	船员被褥、餐具和杂项规定建议案,1946
	105	船舶医药设备建议案,1958
	106	海上医疗建议案,1958
	140	船上船员舱室及某些处所空调设施建议案,1970
	141	船上船员舱室及工作处所控制有害噪音建议案,1970
	142	防止船员职业事故建议案,1970
	153	保护青年海员建议案,1976
	155	商船改进标准建议案,1976

3.1 有关船上船员舱室公约

船员舱室设施,如房舱、餐厅、娱乐、厕所、浴室等事关船员工作与生活,早已成为国际间讨论的议题。

1946年召开的第28次大会上通过"船员舱室公约"(第75号决议),但未待生效,又于1949年通过"船员舱室修正公约"(第92号决议),并于1953年生效。该公约对船员舱室的位置、材料、通风、供暖、照明、房舱面积、餐室设施、卫生设备等均有详细规定,但公约仅适用500总吨位以上的新造船舶,而于不适用小型船舶和渔船。因此于1966年召开第50次大会时,以渔船为对象,通过有关渔船《船员在船上起居舱室公约》(第126号决议),其标准要比一般商船低。

由于考虑到现代船舶大型化、自动化的发展趋势,并在建造和使用上迅速变化的特点,有可能为船员舱室提供进一步的改善,为此于1970年第8次海事总会时通过有关《船员在船上起居舱室公约》(第133号决议),作为1949年船员舱室修正公约的补充。其133号公约的概要内容如下：

公约规定除了适用于 1 000 总吨位以上的一般商船外，尚可用于海洋调查船及作业船，在合理可行情况下，也适用于 200～1 000 t 船舶。公约对船员舱室的要求有具体的规定，包括：

(1) 舱室居住面积；

(2) 舱室住宿人数；

(3) 个人舱室与工作室的设置标准；

(4) 床铺最小尺寸；

(5) 餐厅的大小及其设施；

(6) 船上冰箱及冷热饮设备；

(7) 娱乐室、吸烟室、图书室及游泳池等设置；

(8) 厕所、浴室及其设施；

(9) 洗衣和烘烫衣设备；

(10) 照明设备等。

作为一个实例，今以船员居住面积整理成表格（见表 2），供参考。

表 2　船员舱员居住面积

等级	总吨位/t	船员居住面积/m²			备注
		单人室	双人室	客船中	
一般船员	1 000 至 <3 000	3.75	2.75	2.35 (1 人)	除客船外，一般船员卧室人数不应超过 2 人，客船中最多允许为 4 人
	3000 至 <10 000	4.25	3.25	3.75 (1 人)	
				6.00 (2 人)	
				9.00 (3 人)	
	≥10 000	4.75	3.75	12.00 (4 人)	
初级船员	—	—	—	—	初级船员卧室人数不应超过 2 人。
高级船员	<3 000	>76.5	—	—	机长和大副除卧室外，尽可能有一间起居室或工作室。
	≥3 000	>7.5	—	—	

3.2　码头劳动安全规则

为了防止码头装卸货物时引起意外事故，国际劳工组织于 1932 年通过《船舶装卸工人伤害防护公约》（第 32 号决议）。公约制定的宗旨是促使各缔约国政府制定有关船舶装卸设备及装卸作业规则，以适用于该国码头装卸货物时的所有船舶。虽对不同国家其内容略有不同，但对于装卸设备、舱口周围交通设施等有关装卸作业的安全事项都作有规定。船舶若装卸设备未能符合规定，会被拒绝在当地装卸货物，延误营运周期。因此在商船设计之初，应向船东确认该船适用国家的码头劳动安全规则。如澳大利亚航行（装卸货）规则，印度码头工人条例等。

此外,国际海事组织针对有关船上劳动安全及交通设施,在 1973 年海大第 8 届会议上通过"大型油船及散装货船等大型货舱内交通及作业安全规定的建议"A.278(Ⅷ),已为部分国家纳入国内规则。

3.3 其他公约规则

除上述公约规则外,国际劳工组织在第 8 次海事总会上通过了《海员防止职业事的公约》(第 134 号决议)。针对过度噪音造成船员听觉、健康和娱乐上的影响;为降低船内噪音及保护船员听觉而通过"船上船员舱室及其工作处所控制有害噪音的建议"(第 141 号决议),而促进以后各缔约国政府相继制定船内噪音的规定。

特 殊 参 考 文 献

[1*] 葛兴国,"国际航行船舶设计和建造时有关海事公约、规则、规范、法规的应用",《船舶工程》,1990.6.

[2*] Manbarary,"International Maritime Organization",1984.

[3*] ILO,"Convention Concerning Crew Acco - mmodation on Board Ship(Revised 1949),No. 92.

[4*] ILO,"Convention Concerning Crew Aceo - mmodation on Board Ship(Supplementary Provisions),No.1 33.

第十六篇　远洋船舶设计

有关公海、大湖、航道、运河公约规则对船舶设计的要求

1 引言

船在海上频繁地航行,促使国际海运事业的日益发展,为了共同考虑海上安全、海上通信、防止船舶造成海上污染,安全通过人工水道等问题,政府间海事组织或船级社进行审议研究,制定出各种公约和规范,作为共同遵守的准则。

船舶设计除了技术先进、经济性高等要求外,尚需应用各种规范、公约、条例和规则作为设计的依据。

对于远洋船舶,由于航行世界各港口,更应满足国际通用和地域性的规范和规则。如果稍有疏忽,将会造成很多麻烦和损失。例如船舶欲要通过运河水道,但安装的设备未能满足运河规则要求,就不能通过运河。又如船上没有为储存和处理废污物质的设施,在运河中任意排放,结果遭致违章处罚。

本文针对船舶在公海、大海、航道和运河中航行,需要具备何种条件,补充哪些设备为主题,收集有关公约和规则,作一扼要介绍,以供船舶设计时参考。

本文由下列五个部分组成:
(1)1972 年国际海上避碰规则;
(2)1980 年船舶通过圣劳伦斯航道共同规则;
(3)五大湖航行规则;
(4)1978 年巴拿马运河规则;
(5)1977 年苏伊士运河航行规则。

由于规则适用于各种大小、不同类型的船舶,条文繁多,要求甚细,为了加强针对性,本文着重于船舶长度在 60 m 以上的运输船舶。考虑到规则条文往往存在着普遍适用性,为此本文内容也不一定局限在这一范畴。

2 1972 年国际海上避碰规则

2.1 概述

为了考虑船舶在海上安全航行,1948 年国际主要海运国家在伦敦签订了 1948 年《国际海上避碰规则》,以此作为海上航行船舶共同遵守的准绳,达到航行安全目的。1960 年政

府间海事协商组织(IMCO)在伦敦召开会议,签订了 1960 年《国际海上人命安全公约》(60 SOLAS)并修订避碰规则,采用 1960 年《国际海上避碰规则》。此后,国际间海运事业日益发展,新船型不断出现,为了适应新的形势,1972 年各缔约国在伦敦重新进行审议,制订出 1972 年《国际海上避碰规则》(72COLREGS)于 1977 年 7 月 15 日生效。

2.2　内容

1972 年国际海上避碰规则共分 5 章,37 条,4 个附录。

主要叙述一切船舶在公海中和连接公海的一切水域中航行,在不同天气、水情条件下,两船处于各种行为局面时,如何利用船上装备的手段(号灯、号型、声响和灯光信号)进行识别,避免碰撞危险,以期达到安全通过。

2.3　对船的要求

2.3.1　前后桅灯

安置在船的艏艉中心线上方的白灯,在 225°的水平弧内不间断的灯光,要使从船的正前方到每一舷正横后 22.5°内显示,能见距离 6 n mile。

(1)垂向距离:前桅灯在船体以上高度不小于 6 m,也不必大于 12 m。后桅灯高于前灯垂向距离至少 4.5 m。在一切正常吃水差情况下,从前方 1 000 m 海面观看时,能看出后灯在前灯上方并且分开。

(2)水平距离:两灯间水平距离不小于 0.5 倍船长,但不必大于 100 m。前桅灯应安置在离船艏不大于 0.25 倍船长处。

2.3.2　舷灯

左舷红灯、右舷绿灯,各在 112.5°的水平弧内不间断的灯光,要使从船的正前方到各舷的正横向 22.5°内分别显示,并装有无光黑色的内测遮板,能见距离 3 n mile。

舷灯安置在船体以上的高度应不高于 0.75 倍前桅灯高度,也不低到受甲板灯光引起的干扰。

2.3.3　尾灯

安置在尽可能接近船尾的白灯,在 135°的水平弧内不间断的灯光,要使从船的正后方到每舷 67.5°内显示。能见距离 3 n mile(图 1)。

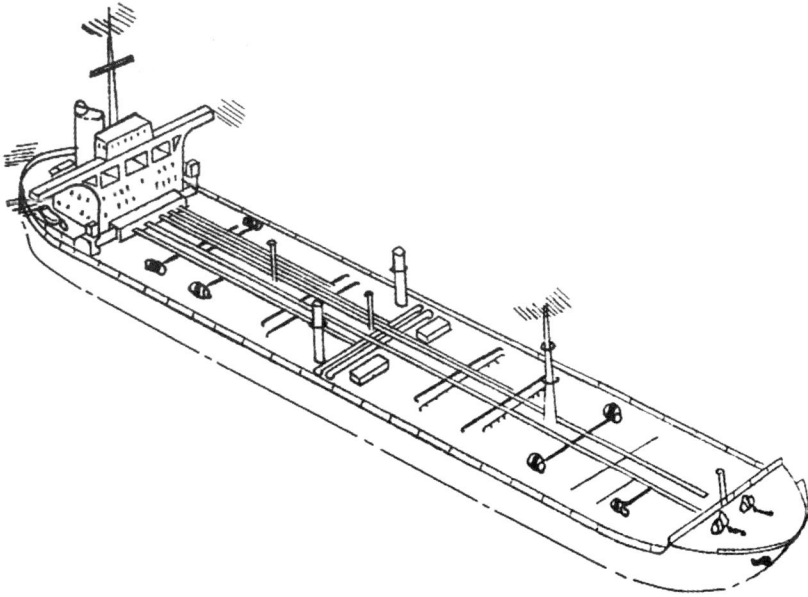

图 1　船在航时号灯

2.3.4　前后锚灯

在 360° 水平弧内显示不间断的环照白灯,能见距离 3 n mile,在船的前部和在船尾或接近船尾处各一盏,前锚灯应高于后锚灯不小于 4.5 m,并应在船体以上不小于 6 m。

2.3.5　失控灯

在最易见处,设置垂直两盏环照红灯。

2.3.6　操纵灯

作为船在操纵时号笛的补充,是一盏环照白灯,能见距离至少 5 n mile。能闪光,每闪历时约 1 s,各闪间隔应约 1 s,前后闪光信号间隔应不小于 10 s。安装位置应高于前桅灯至少 2 m,但应高于或低于后桅灯的垂向距离不小于 2 m。

2.3.7　号型

对于船舶处于失去控制,操纵能力受到限制、锚泊、搁浅、限于吃水等局面,除了由号灯识别外,尚需悬挂号型,为此每船按需配置适量号型。号型为黑色球体、圆柱体和菱形体,其安置位置应使各号型间的距离大于 1.5 m。

2.3.8　号笛、号钟和号锣

船长为 100 m 或 100 m 以上的船舶,应配备一个号笛,一个号钟和一面号锣。号笛应安装在尽可能高的地方,使发出的声音少受遮蔽物阻碍,并不使人员听觉受到损害。号钟和号锣应为抗蚀材料制成,号钟的直径应大于 300 mm。

2.3.9　遇险信号

船舶应选择下列信号一起或单独显示,以便船遇险需要求助时使用(图 2)。

(1)以短的间隔发放一个散发红星火箭或信号弹;

(2)任何雾号器具连续发声；

(3)船上的火焰(如燃着的柏油桶、油桶发出的火焰)；

(4)每隔1分钟鸣枪或其他爆炸信号1次；

(5)1张橙色帆布上带有1个黑色正方形和圆圈符号；

(6)发出莫斯码(SOS)的信号；

(7)无线电话发出"梅代"语言信号；

(8)火箭降落伞或手持式红色闪耀火光；

(9)海水染色标志；

(10)"国际简语信号规则"中表示遇险信号 N. C. ；

(11)由一面旗放在一个球形物体的上方或者下方组成信号；

(12)两臂侧伸作上下摆动；

(13)无线电报报警信号；

(14)无线电话报警信号；

(15)无线电示位标发出的信号；

(16)橙色烟雾信号。

图2　避难信号

3 船舶通过圣劳伦斯航道共同规则

3.1 概述

圣劳伦斯航道是指蒙特尔港(Montreal)到伊利湖(Erie)之间的深水航道,位于美国和加拿大边界线上,该航道包括蒙特利尔港经圣劳伦斯水道至安大略湖(Ontario) 以及由安大略经魏兰运河(WELLAND)至伊利湖,圣劳伦斯水道经过 7 个水闸和 3 条运河,全长157 n mile,魏兰运河由 8 个水闸组成,将安大略湖与伊利湖连接起来,全长 32.5 n mile。

圣劳伦斯水道全年通航时间为 4 月 15 日到 12 月 15 日;魏兰运河为 4 月 1 日到 12 月31 日, 冬季结冰期间不通航。

圣劳伦斯航道由加拿大圣劳伦斯航道管理局和美国圣劳伦斯航道开发公司共同管理和经营,制定了同一内容的规则。

3.2 内容

圣劳伦斯航道共同规则载于圣劳伦斯航道管理局(The ST. Lawrence S eaway Authority)(加拿大)及圣劳伦斯航道开发公司(Saint Lawrence Seaway Development Corpora Tion)(美国)共同出版的航道手册(The Seaway Handbook)内。

此航道手册取代以前出版的圣劳伦斯航道船长手册和航道手册,采用了统一的共同规则。

航道手册的内容包括航道规则及关于使用航道的其他资料,即

(1)圣劳伦斯航道的税收准则;

(2)圣劳伦斯航道码头设备和仓库费用;

(3)船舶通过的情报资料和装置要求;

(4)圣劳伦斯航道简介。

3.3 对船舶设计有关的要求

3.3.1 船舶尺度限制

(1)总长(L_{OA})不大于 222.50 m。

(2)船宽(B_{max})不大于 23.16 m。

(3)吃水(T_{max})不大于 7.925 m。

(4)船的任何部分距水面的垂直距离不大于 35.5 m,同时规定船的任何伸出部分最高点距水面的垂直距离大于 33.53 m 时一定要将船舶高度的精确资料提供给航道站,否则不得通过航道的任何区域。

(5)桥楼的任何部分或船上任何物件不得伸出船体外。

(6)考虑到船旁靠闸墙,船的上层建筑或船体均不得超过图中所示尺度(图 3)。即使船宽小于 23.16 m,如其外框尺度超过图中所示尺度范围,没有得到管理局颁发的通过许可证,船舶不得通过船闸。

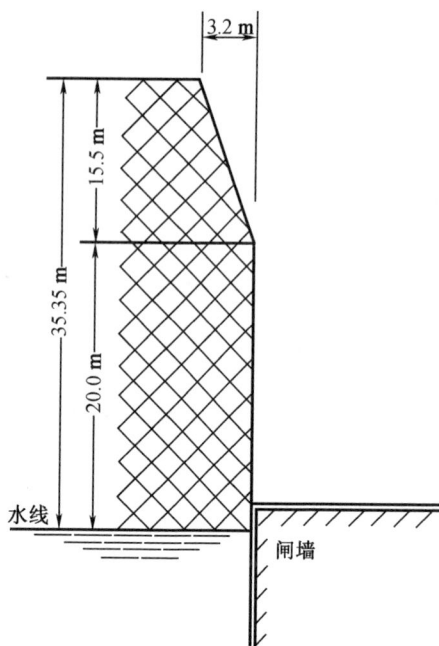

图3　船闸对船舶尺度限制

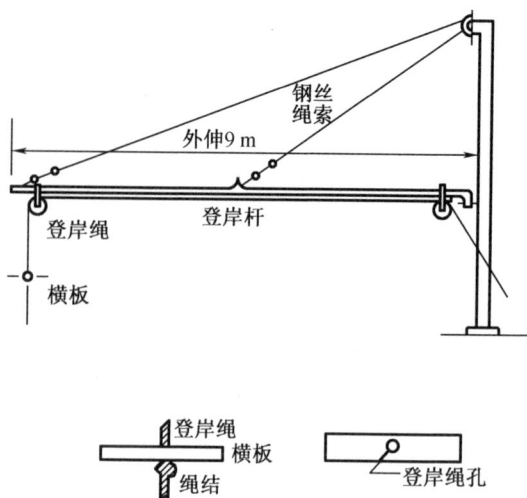

图4　登岸杆

3.3.2　吃水标记

总长大于 106.68 m 的船,应在船首、船尾、船中两舷正确显明地标出吃水标记。

3.3.3　球鼻艏标记

具有球鼻艏的船舶在 7.925 m 水尺以上处,绘出球鼻艏标记,并增设符号"＋"及紧跟一个数字,此数字表明球鼻艏伸出艏柱长度,单位为"m"。

3.3.4　护舷材

如船舶有任何结构部件突出,危及航道设施,则应设置护舷材。可为永久性的和非永久性的。

如为非永久性的则采用能飘浮的材料制成,可用钢索或纤维索升降并悬吊在某一水平位置,以保护航道设施。汽车轮胎或其他轮胎不能作护舷材。

所有装载爆炸品船及闪点高于 61℃ 的液货船,除了中间仓装货,翼仓消除油气的船舶外,在两舷都要安装足够数量的非金属护舷材,以防止船的任何金属部分触及码头或闸墙。

3.3.5　登岸栏

总长大于 45.72 m 的船,每舷至少各配一根合适的登岸杆,登岸杆的结构形状如图4所示。

3.3.6　无线电话

在船舶上使用的无线电话应满足以下要求

(1)自航船舶应配甚高频无线电话装置。

(2)船上无线电发射机应有足够功率,使距离航道站 48.28 km 处能进行通话,使用频率 156.55MHz、156.6MHz、156.65MHz、156.7MHz、156.8 MHz。

3.3.7 系泊缆索

(1)除非官员另行允许,否则应以钢索作为系泊缆索,系固在船闸内的船。

(2)合成纤维索可以用作船在航道内引墙,停泊墙和码头处的系泊缆索,但破断强度应符合表1要求。

表1 破断强度要求

船总长/m	系泊缆索长度/m	破断强度/kN
61.25 ~91.44	109.73	133.45 KN(15 t)
91.74 ~121.82	109.73	177.93 KN(20 t)
122.22 ~182.88	109.73	249.10 KN(28 t)
183.18 ~227.50	109.73	311.38 KN(35 t)

(3)至于系泊缆索的数量,当总长大于60.96 m的船应具有4根缆索,2根应从艏楼后端引出,另外2根从艉楼引出。

(4)缆索应由机械驱动的绞车主滚轮操作,而不可由绞盘或锚机操作,并由导缆器引出船外。

3.3.8 导缆器

(1)导缆器须管理局和开发公司认可。

(2)其布置位置要求如表2。

表2 布置位置要求

船总长/m	一号、二号系泊缆索/m	三号、四号系泊缆索/m
60.96 ~91.44	距艏部 9.14~24.38	距艉部 9.14~24.38
91.74 ~121.92	距艏部 12.19~30.48	距艉部 15.24~33.53
121.92 ~154.40	距艏部 12.19~33.53	距艉部 15.24~39.62
152.40 ~182.88	距艏部 15.25~39.62	距艉部 18.29~45.72
182.88 ~222.50	距艏部 18.29~48.77	距艉部 21.34~51.82

3.3.9 引缆

引缆要由白棕绳(Manila)或其他认可的材料制成。最小直径12.70 mm,最小长度30.48 m。

3.3.10 锚标记浮筒

锚标记浮筒型式经营管理局和开发公司认可的橙色锚标记浮筒(图5)配长22.86 m缆索,直接与每只锚系牢,以使锚抛出后浮筒可以标出锚的位置。

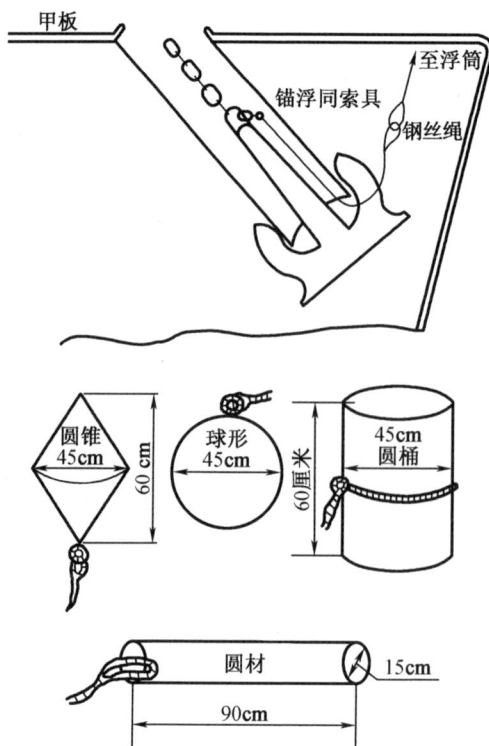

图 5 锚标记浮筒

3.3.11 尾锚

总长大于 106.68 m 的船,应配一只尾锚。

3.3.12 螺旋桨旋向报警器

总登记吨位大于 1 600 t 的船螺旋桨旋向报警器要做到的下两点:

(1)在驾驶室和机仓内设螺旋桨旋向表和轴每分钟转数表。

(2)在驾驶室和机仓内设螺旋桨旋向错误的声光报警器。除非有一种装置,使在违反驾驶室传令钟所发命令时要操作主机械成为不可能。

3.3.13 螺距指示器

装有可调螺距螺旋桨的船舶在驾驶室和机仓内应设螺距指示器。

3.3.14 操舵灯(Steering Light)

每艘船的艉部应配置操舵灯。

3.3.15 污水和污物处理系统

污水和污物处理系统要做到如下几点要求:

(1)未装粪便柜的船舶,应配符合规则要求的污水处理系统。

(2)船上垃圾用焚烧炉或垃圾处理装置将其毁掉,或将其置在有盖的防漏容器内。

(3)不得在坞墙或停泊墙处排放、处理任何物件。

3.3.16　油水分离器

在船内不能容纳所有废油或含废油仓底水的船,应配备一种在废水排除前能从废水中分离出全部油料的装置。

3.3.17　操纵性资料设备

通过圣劳伦斯航道美国水域,其总吨位等于或大于 1 600 t 的船舶另有规定,要求提供操纵性资料和设备,否则不得通过美国水域。

4　加拿大航运法规——五大湖航运规则

4.1　概述

在加拿大东部,从大西洋圣劳伦斯河入口到蒙特利尔港经圣劳伦斯航道到北美东部的自然湖泊有安大略湖(Lake Ontario)、伊利湖(Lakeerie)、休伦湖(Lake Huron)、密执安湖(Lake Michigan)、苏必利尔湖(Lake Superior)并称为五大湖。这一自然水域伸展到美国北部的中心地带和加拿大的四个省的一部分共计 332 万平方公里,是美国与加拿大的天然分界线。

由于五大湖与海平面的水位差最大达 183 m,船从海上进入五大湖各港时必须提级升高航行。为此,修凿了多个人工航道和水闸。由圣劳伦斯航道及 7 个水闸、魏兰航道及 8 个水闸、圣玛丽航道及 5 个水闸连结五大湖,使航路畅通无阻。凡是船长不超过 222.50 m、船宽不超过 26.16 m,水面以上建筑物高度不超过 35.5 m 和吃水不超过 7.925 m 的船舶,每年从 4 月到 12 月可由海上直接驶入湖区各港。

五大湖航行规则适用于五大湖以及联接这些湖的水系和支流水系,渥太华河和圣劳伦斯河及其支流,向东远到兰京运河和蒙特利尔的维多利亚桥。

4.2　船舶设计的考虑

船舶除了按国际海上避碰规则及圣劳伦斯航道规则配置航行设备外,欲继续深入五大湖航行,还应按五大湖航行规则补充配置航行号灯如下:

4.2.1　导灯

登记长度超过 100 ft 船舶,应设一盏水平环照的明亮白灯,能见距离至少 3 n mile,灯的位置至少高出桅灯 15 ft(4.57 m),并在前桅灯后方大于 50 ft(15.24 m)处,或者可用两盏同样特性和高度的灯来代替,两盏灯水平距离不大于 30 in(0.76 m),沿龙骨每边各一盏,其布置应使从任何角度都能看到其中一盏灯或者看到两盏灯。

4.2.2　锚灯

登记长度在 150 ft 及以上船舶,船的前部应设二盏同样高度的白灯,灯在船体上的高度不低于 20 ft(6.10 m),也不高于 40 ft(12.19 m),灯的横向水平距离不小于 10 ft(3.05 m)。每盏灯不要求在水平面内能环视,只要布置得使一盏灯或两盏灯能有清晰、均匀、连续的灯光,并且在 1 n mile 以外处从任何角度都能看到。在船尾或接近船尾处,设置两盏相同的灯,布置相同,但高度须低于前锚灯不小于 15 ft(4.57 m)。

4.2.3　甲板灯

登记长度在 150 ft 及以上船舶,从船的前部号灯沿着甲板向后每隔 100 ft(30.48 m)区间内至少设一盏白色甲板灯,该灯距甲板高度至少 2 ft(0.61 m),允许插在结构里,只要从任何角度都能看到。

5　巴拿马运河规则

5.1　概述

巴拿马运河是在巴拿马共和国境内的一条国际通航水道,建成于 1941 年,自太平洋一端到大西洋另一端,全长 46 n mile。运河两岸面积 1 432 平方公里的地带为巴拿马运河区。运河和运河区属美国控制。其管理机构为运河区政府与巴拿马运河公司(现为巴拿马运河委员会)。

巴拿马运河是一条船闸式运河,需要经过三段船闸,船只从大西洋驶入利蒙湾的克里斯托巴港经过加通船闸,到加通湖,经冈博亚,入加利亚德航道,到佩德罗·米格尔船闸。经米拉弗活斯船闸,进入太平洋的巴尔博港。

由于巴拿马运河属美国管辖,因此运河的管理、通航、规章都执行美国政府颁布的法令。本规则载于美国联邦政府法典第 35 篇。

5.2　与船舶设计有关的内容

5.2.1　船舶尺度限制

船舶尺度应做如下的限制

(1)总长包括球鼻艏在内小于 900 ft(274.32 m),但集装箱船及客船总长小于 950 ft(289.56 m)。

(2)最大船宽 106 ft(32.309 m),如最大船宽为 107 ft(32.614 m),则两大洋间只允许通航一次。此时船的最大下沉深度不超过 37 ft(11.28 m,以热带淡水计算)。

(3)船宽大于 100 ft(30.480 m)的船,其吃水与纵倾都要受到限制。

(4)巴尔博桥之净空高度为 61.3 m。

5.2.2　最大可能吃水

吃水超过 35 ft 6 in(10.82 m)的船舶首次通过巴拿马运河,必须按规定格式填写船舶资料,在装货前两星期向巴尔博港或克里斯托巴港的总船长申请船舶最大可能吃水(按热带淡水计量),以便获得审核同意的最大可航吃水。

此最大可航吃水与加通湖的水位和船舶艏部半径有关,一般艏部半径每增加 1 ft,吃水可增加 10 in。如艏部半径为 1 ft,最大可航吃水为 35 ft 8 in,艏部半径为 5 ft,则最大可航吃水为 39 ft,直至艏部半径为 5 ft 7 in,最大可航吃水为 39 ft 6 in(12.04 m)。

5.2.3　舵角指示器和螺旋桨转速度

船宽小于 80 ft(24.4 m)的船,在驾驶室内须装白天或晚上能清晰看到的舵角指示器和螺旋桨转速表。

船宽等于或大于 80 ft(24.4 m)的船,在驾驶室内以及驾驶室两侧安装舵角指示器和螺旋桨转速表。

5.2.4 螺距指示器

船宽小于 80 ft(24.4 m),装有可调螺距螺旋桨的船,在驾驶室内须装螺距指示器。

船宽等于或大于 80 ft(24.4 m)的船,在驾驶室内及两侧安装螺距指示器。

5.2.5 引水员软梯

任何船舶,在天气允许情况下,必须将舷梯和引水员软梯都放下,以备到达运河区水域时使用。

引水员软梯必须符合国际海上人命安全公约的规定设置。

5.2.6 操舵灯

从驾驶室前至船首端沿中心线水平距离超过 250 ft(76.22 m)船舶,必须在船首或其附近安装一盏除白色、绿色或淡黄色以外的灯。有足够光度,自驾驶台清楚可见,同时此灯应有所遮蔽,使正横前看不到灯光。

5.2.7 船舶操纵特性数据

总吨在 1 600 t 及以上船舶,应将船舶操纵特性数据明显地展示驾驶室内。

5.2.8 导缆钳和宽缆桩

由于通过船闸时,由电动机车及钢丝拖缆拖航,故规则对带缆桩的构造、数量和布置都有规定。

(1)所有船舶必须在船首正中横向设置一个双式导缆钳,同时在船尾正中横向设置另一个双式导缆钳。船宽小于 22.86 m(75 ft)可用两个单式导缆钳代换每个双式导缆钳。船宽大于 22.86 m(75 ft),两个双式导缆钳都可以被代换。此时单式导缆钳在左右舷安放位置为:距船首向后不得超过 8 ft,距船尾向前不得超过 10 ft,左右距船中也不得超过 10 ft。

(2)船长 60.96 m ~ 121.96 m(200 ~ 400 ft),船宽不大于 22.86 m(75 ft),除按(1)要求外,尚须在距首尾两端 9 ~ 16 m(30 ~ 50 ft)处左右两舷附加一个单式导缆钳。

(3)船长 121.96 m ~ 173.74 m(400 ~ 500 ft),船宽不大于 22.86 m(75 ft),除按(1)要求外,尚须在距船首 12 ~ 16 m(40 ~ 50 ft)处及 24 ~ 28 m(80 ~ 90 ft)处左右两舷附加一个单式导缆钳,以及在距船尾 12 ~ 16 m(40 ~ 50 ft)处左右两舷附加一个单式导缆钳。

(4)船长超过 173.74 m(570 ft)或者船宽等于、大于 22.86 m(75 ft),除按(1)要求外,尚须在距船首和船尾两端 12 ~ 16 m(40 ~ 50 ft)处左右两舷附加一个双式导缆钳;在距船首和船尾 24 ~ 28 m(80 ~ 90 ft)处左右两舷附加一个单式导缆钳。

(5)具有很大外倾船首或很高干舷船舶,如集装箱或车辆运输船比上述(4)所示的更向后位置设置单式导缆钳,以适应拖轮导缆桩靠近船壳进行工作时不致触及外倾船首。

(6)对于按(1)规定设置在首尾端的每个双式导缆钳应配备两对重型带缆桩,对其他双式导缆钳应配备一对重型带缆桩,要求每个带缆桩能承受 10 万磅(45.331 t)拉力。

(7)单式导缆钳能承受 10 万磅(45.331 t)缆绳拉力,而双式导缆钳能承受 14 万磅(64 t)缆绳拉力。

5.2.9　无线电话

船舶必须备有甚高频无线电话机,此电话可在驾驶台使用,并在 12、13、16 波道上用 156、156.65、156.80 MHz 进行通信。

5.2.10　对船舶无线电功率、试验和调谐的限制

所有在运河区 15 n mile 的船舶只准用低功率通讯,即电子管装置不能超过 100 W,同时不准进行任何试验和调谐。

5.2.11　船舶水中排废

船舶水中排废要做到以下两点要求:

(1)船舶不得向运河区水域倾卸在仓物、灰烬、垃圾或其他固体物,也不得倾倒污水和机炉仓底仓水、油或其他不洁东西。厕所排水和厨房或洗涤用水不在此限。

(2)从海上驶来船舶,必须遵照当前生效的 1954 年国际防止海上油污公约及其以后一切修正案的要求,在到达运河区两港之间任一港口前,对一切禁止卸入运河水域的废物加以处置。

5.2.12　最小能见性要求

(1)船舶处于最大夏季吃水或更深吃水时,在一个船长长度以外能见到水面。

(2)船舶处于压载状态时,在 1.5 倍船长长度以外能见到水面。

(3)如果在正常指挥位置,受到起货设备或其他物件障碍时,则障碍弧形不超过 15°。

5.2.13　引水员平台

(1)下列船舶要求派四个水员。在过运河船闸时,两个前部两个在后部。

①船宽等于或大于 100 ft,驾驶台设在船尾的。

②船宽等于或大于 100 ft 的集装箱船,其驾驶台位置从驾驶台外端中线向船首端距离大于 550 ft。

③特殊设计的船舶,其驾驶室设于船的最前部,使后部能见度严重受到限制(引水平台将设于后部)。

④最大船宽 95 ft ~ 99.9 ft,驾驶台外端中线向船首端距离等于或大于 600 ft。

(2)要求为助理引水员设置合适的防雨和阳光的遮蔽物,其简化设计如图 7 所示。安放位置在前部置于最大船宽开始处不大于 50 ft(15.24 m),如在艉部则置于最大船宽结束处,横向位置距船壳板不大于 6 in。

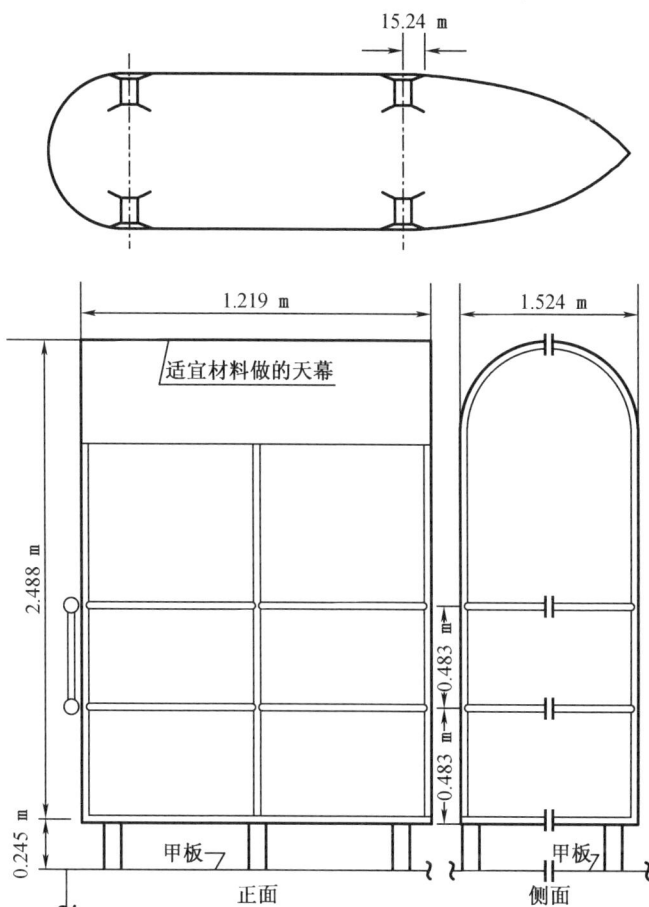

图7　巴拿马引水员平台

6　苏伊士运河航行规则

6.1　概述

苏伊士运河是沟通印度洋和大西洋的人工水道,是连接东西方重要通道。

运河于1859年动工开挖,经历10年时间,到1869年首次开放通航,运河从苏伊士港湾的河口(位于红海)到地中海的塞得港灯台处,总长87.5 n mile(161.6 km)。运河水面宽度一般在160~198 m,最窄处为89 m,最大容许吃水11.58 m。

通过运河一次所需的时间平均约15 h。

1956年埃及共和国把运河收归国有,为了适应更大船舶需要而进行扩建。但在1967年因埃及以色列战争,工程停止,同时运河封闭,来往船舶改经南半球绕道好望角航行。经过整整8年以后,于1975年重新开放,恢复通航,并着手制订扩建计划,于1976年开始动工。

运河当局还把过去的航行规则作了重要修订。对集装箱船、滚装船、载驳船的净吨位计费上作了新规定。强调防止水上污染,对危险品货物规则作了修改。

运河航行规则的最近版本是 1977 年及其修正函。

6.2 内容

本规则主要是针对船舶安全通过苏伊士运河制定各种指示和条令,船舶安装按规则规定的各种设备,以及按净吨位缴纳各种费用(如过河费、泊位费、引水费、移泊费、拖轮费等),又按规定的步骤进行,船能安全通过苏伊士运河。本规则的内容如下:

(1)船舶到达塞得港及行动

规定船舶在塞得港内停泊、移泊的规则和对船舶在港内失火和进水的注意事项。

(2)通过运河的条件

规定进入运河的准备和船舶应安装通过运河的各种设备,以及船舶航速的限制和运河夜航应具备的条件。

(3)运河水域内的航行

规定船舶进入运河的尺度限制及引水员和船长在运河上航行的职责。

(4)拖带与护航

规定运河当局的拖轮和私人拖轮的使用以及拖轮的收费。

(5)禁条

规定船舶在运河中航行禁止污染水域,以及违反禁条的处理。

(6)事故

规定船舶在运河中发生事故的注意事项和处理方法。

(7)吨位和吨位费

规定苏伊士运河吨位的核实,以及按净吨位收取各种费用。

规则共分 7 章计 32 条,有 4 个附件,主要说明苏伊士运河吨位的计算和丈量规定,以及在运河中各种信号的应用。

6.3 对船舶设计的要求

6.3.1 船舶尺度限制

(1)最大船长:335.28 m(1,100 ft),船长系指水下长度,包括球鼻艏在内。

(2)最大船宽:48.92 m(160.5 ft)。

(3)最大吃水:最大吃水与船宽、船速及过运河是南航还是北航有关,有表可查,在表中所列最大吃水 11.58 m(38 ft)。

6.3.2 船舶仓室要求

(1)为引水员提供适当的起居处所。

(2)为过运河时在船上的 4 至 6 名带缆艇艇员和 2 名看管运河探照灯的岸上电工提供遮蔽处所。

6.3.3 系泊索

在甲板上适当地点准备 6 根挠性可浮的系泊索(马尼拉索、麻索等)以备必要时在运河内绑靠用。

对油船及装运液化石油气船(LPG)或液化天然气船(LNG)或任何装运易燃物质船舶禁止使用人造纤维系泊索(Synthetic Mooring Ropes)以防发生火花。

6.3.4 防火钢丝索

对于载有一级易燃液体的液货船应备有防火钢丝索 2 条,分别系牢在船首与船尾,并垂挂在舷外备用,以便在应急时拖轮的拖索能容易地连接在此钢丝索上。

6.3.5 舵角指示器和主机转速指示器

在驾驶台应安装舵角指示器和主机转速指示器,并便于引水员不离开岗位而能读取。

6.3.6 探照灯

一盏探照灯设置在船首与船尾轴线上,能探照运河前方 1 500 m 远处,并能快速地分为左右 5°的两个光束,两光束间的暗区可从 0°调节到 10°。严格要求在某一发电机发生故障停机时,确保探照灯工作不中断。

6.3.7 高架灯

高架灯(Overhead Lights)光度应足够照亮本船周围所有方向,构成照明区直径约为 200 m。

6.3.8 无线电通讯设备

船舶应备有无线电报和(或)无线电话,在进入运河前处于良好工作状态。还需配备一台高频(VHF)电话,此电话在驾驶台操作,其频率范围为 156～174 MHZ。此甚高频电话也可向运河当局租用。

6.3.9 污染

对于船舶污染的要求做到以下几点:

(1)不得将泥土、灰烬、渣滓及任何种类的物件丢入运河水域的任何地方。

(2)不得让石油、重油、燃油、洗涤水或作过清洁工作的污水排放或让其流出。在装卸液体燃料时一定要避免该燃料漏入运河水域。

(3)如违反规定而导致任何污染时,应对这种污染造成任何损失负责赔偿,并为消除与减轻此污染支付所有费用。

6.3.10 红色尾灯

红色尾灯要求 360°环照。其作用是船舶在夜航中,船舶如果需要靠绑系泊,则将夜航中的白色尾灯用红色尾灯取代,直到离泊后再次上路航行时才可熄灭,恢复航行用白色尾灯。

6.3.11 舷墙白灯

对舷墙白灯的要求是沿着舷墙设白灯 2 ～ 3 盏。夜航船舶如要靠绑系泊,则应熄灭航行用白色尾灯,开亮红色尾灯,熄灭航行用探照灯 及红绿舷灯,最后开亮 2 ～ 3 盏舷墙白灯。

6.3.12 夜间信号灯

夜间信号灯应悬挂于前桅顶上或其他最易见到的地方。信号灯分红色、白色、绿色,要求 360°环照。

特 殊 参 考 文 献

[1*]　Convention on the international regulation for preventing collisions at sea,1972.

[2*]　Joint regulations respecting the transit of vessel on the ST. Lawrence seaway,1980.

[3*]　Canal shipping act, rules of the road for the great lakes.

[4*]　Panama canal zone regulation,1978.

[5*]　Suez canal authority – rules of navigation,1977.

[6*]　U. S. Coast Guard,navigation rules,1977.

[7*]　Panama canal commission,marine director's notice to shipping No. 9 – 81.

[8*]　Panama canal company,marine director's notice to shipping No. 1 – 79.

[9*]　Panama canal company,marine director's notice to shipping No. 11 – 75.

[10*]　Panama canal commission,marine director's notice to shipping No. 7 – 80.

[11*]　Panama canal commission,marine director's notice to shipping No. 12 – 81.

世界主要运河、大湖、航道、江河要素及对船舶尺度的限制

摘要 一些设计人员,在船舶设计中常常遇到所设计的船舶要航行于某些国际运河、大湖、航道,但手头无现成的地文资料,尤其是对船舶限制的要求,不是很了解。今就有关这方面的问题做一简介。

在船舶设计中,尤其是设计出口船或国际航行船舶时,需要掌握国际通航水道等情况,以确定设计船的主尺度。今就有关世界著名运河、大湖、航道、江河等各个要素,以及对船舶尺度的限制,收集的新近资料作一介绍。并以卡片检索形式呈现,以便于查找。

1 莱茵河 Rhine(西欧—荷兰、德国、法国、瑞士)

	距离/km		距离/km
鹿特丹	1 001	科布伦茨	592
多德雷赫特	975	卡尔斯鲁厄	360
奈梅亨	886	斯特拉斯堡	296
埃默里希	851	巴勒	170
科隆	686	莱克康斯坦茨	0

注:表列括号内名称指所在地理位置。

典 型 行 程

鹿特丹——巴勒	6 天	
巴勒——鹿特丹	3 天	

经 12 个船闸至巴勒的最大船舶

吃水 3.2 m	宽度 11.4 m
总长 110 m	水上净空高度 6.7 m

2 基尔运河 Kiel Canal（德国）

	距离/km	船闸	深度/m
布伦斯比特尔——霍尔特瑙	98.7	2	11.0
	最 大 船 舶		
吃水 9.5 m	宽度 32.5 m		
总长 236 m	水上净空高度 40.0 m		

3 塞纳河 Seine（法国）

	距离/km	船闸	深度/m
勒阿弗尔——鲁昂	121	——	9.6
鲁昂——热讷维耶	214	5	4.0
热讷维耶——博纳伊	45	3	3.5
	至巴黎(热讷维耶)的最大船舶		
吃水 3.5 m	宽度 15.5 m		
总长 120 m	水上净空高度 7.7 m		

4 维纳恩湖 Lake Vanern（瑞典）

	距离/km	船闸	深度/m
约塔河			
哥德堡——特罗尔海坦	72	2	6.0
特罗尔海坦运河			
特罗尔海坦——维纳什堡	10	4	6.0
	至维纳恩湖的最大船舶		
吃水	5.3 m	宽度	13.1 m
总长	88.0 m	水上净空高度	27.0 m
	全年可环行航行		

维纳恩湖的约塔运河向东经韦脱恩湖
仅供客船和游艇使用

5 赛玛运河 Saimaa CanaI（芬兰）

	距离/km	船闸	深度/m
赛玛运河	42.9	9	5.5

至拉彭兰塔的最大船舶			
吃水	4.3 m	宽度	11.8 m
总长	82.0 m	水上净空高度	24.5 m
	赛玛湖水域长度	740 公里(km)	
	运河河槽中吃水范围	1.4 ~ 4.2 m	
	平均航行季节	4 月 ~ 次年 1 月	

6 伏尔加、顿河 Volga, Don（俄罗斯联邦）

	距离/km
圣彼得堡——伏尔加格勒	2 591
伏尔加格勒——阿斯特拉罕	375
伏尔加格勒——塔甘罗格	420
平均全航行季节	3 月 ~ 11 月

伏尔加——顿运河			
	距离/km	船闸	深度/m
顿河——伏尔加格勒	101	13	5.5

7 苏伊士运河 Suez Canal（埃及）

	距离/km	最小深度/m	最小宽度/m
塞得港——苏伊士港	161.6	19.5	300

最 大 船 舶 举 例		
深度/m	宽度/m	
16.1	42.7	
11.6	56.1	
10.1	64.0	

总长	不限	水上净空高度	不限
满载	150 000 DWT	压载	370 000 DWT

24 小时通航,需编队航行,每天南行 2 次,北行 1 次,编队最大为 40 艘船舶。

8 长江 Chang Jiang（中国）

	距离/km		距离/km
上海（吴淞）	0	九江	811
南通	96	武汉	1 061
张家港	144	城陵矶	1 296
镇江	274	宜昌	1 740
南京	367	重庆	2 389
最 大 船 舶			
	载重量/DWT	季节吃水/m	
南京	20 000	8.2 ~ 9.5	
武汉	5 000	3.0 ~ 8.8	
重庆	3 000	1.5 ~ 4.0	

9 五大湖 Great Lakes（北美—美国、加拿大）

	升高/m	距离/km	船闸	深度/m
安大略湖	75	233	—	—
魏兰运河	—	43.5	8	9.1
伊利湖	174	375	—	—
圣克莱尔河	—	110	0	9.0
休仑湖	176	452	—	—
密执安湖	176	482	—	—
苏运河	—	2	5	8.2
苏必利尔湖	183	630	—	—
至德卢斯/芝加哥的最大船舶				
吃水	7.9 m		宽度	23.1 m
总长	222.5 m		水上净空高度	不限

10　圣劳仑斯航道 St. Lawrence Seaway（北美—美国、加拿大）

	距离/km	船闸	深度/m
蒙特利尔——安大略湖	304	7	9.1
典型航程			25 h
至安大略湖最大船舶			
吃水	7.9 m	宽度	23.1 m
总长	222.5 m	水上净空高度	不限
平均全航行季节	4 月~12 月		

11　巴拿马运河 Panama Canal（巴拿马）

	距离/km	船闸	深度/m
克里斯托瓦尔港——巴尔博亚港	83	6	12.4
典型航程			9 h,不需编队航行
最 大 船 舶			
吃水	11.3 m	宽度	32.3 m
总长	274.3 m*	水上净空高度	不限
总长	289.5 m*（客船和集装箱船）		

　　*据巴拿马运河管理委员会海事主任第 1—91 号航运通报,允许通过的最大总长已分别放宽至 289.56 m 和 294.13 m。

12　亚马孙河 Amazon（南美洲—巴西、秘鲁）

	距离/km		距离/km
贝伦	0	马瑙斯	1 706
布雷维斯	271	科阿里	2 191
圣塔伦	957	伊基托斯	3 934
伊塔夸蒂亚拉	1 515	普卡尔帕	4 922
至马瑙斯的最大船舶			
吃水	11.2 m	总长	不限
洪水期	4 月~8 月		
至伊基托斯的最大船舶			
吃水	7.9 m	总长	162 m
洪水期	2 月~5 月		

13 巴拉那河 Parana（南美洲—阿根廷、巴拉圭）

	距离/km		距离/km
布宜诺斯艾利斯	0	拉巴斯	756
		科连特斯	1 209
圣佩德罗	276	比耶塔港	1 594
罗萨里奥	421	亚松森	1 632
桑特费	595		

最 大 船 舶

	载重量/DWT	季节吃水/m
罗萨里奥	30 000	7.0~9.0
桑特费	18 000	5.8~7.3
亚松森	3 400	2.0~4.9

美国海岸警卫队及其所属舰船

摘要 本文主要阐述美国海岸警卫队组织概况、使命任务和职责范围,并介绍几艘典型舰船。

1 引言

为了维护国家主权,维持海上秩序,世界主要海军国家都设有专门机构对管辖的海域、港口、航道、船舶和设施实施安全监管。世界不少国家,如美国、加拿大、德国、英国、希腊、印尼、印度、泰国等都有海岸警卫队组织,作为政府的主管机构从事维持海上秩序、保障交通安全、查处违章事件、缉办走私贩毒、保护海洋环境、维护国家政治和经济权益等工作。而美国海岸警卫队更为特殊,其职责范围更广。它代表国家主管部门制定各种法规法令(如防污染规则和航行规则)。凡驶入所属海域、港口、航道的本国船舶和悬挂外国旗帜的船舶必须遵照执行这些规则。同时,国际海事组织缔约国均有义务履行公约规定的职责。它还负责进行官方的、法律规定的检验。近年来,我国驶向美国的远洋船舶不断增加,为外国船东设计建造航经美国的出口船也日趋增多,因此作为设计、建造与航运者,不但要谙熟美国海岸警卫队制定的各项规章制度,而且需要了解它的性质、工作内容,以及舰船设施等。

2 美国海岸警卫队概况

为了加强海关缉私和救生勤务,经美国国会批准,于 1915 年将上述两个部门合并组建成美国海岸警卫队。自 1967 年起海岸警卫队归运输部管辖,但根据条例规定海岸警卫队属于军事部门,是美国的一支武装力量,一旦国家遭受危机,海岸警卫队随即编入海军使用。

美国海岸警卫队总部设在华盛顿,下设两个分区司令部(大西洋区及其海防司令部和太平洋区及其海防司令部)以及 10 个地区司令部。每一地区管辖附近几个港口和船舶检验处。

海岸警卫队现有在编人员 43 600 余人,其中官员 6 600 人,士兵 31 000 人,其他人员 6 000 人。配备有警卫舰、巡逻艇、破冰船、航标船、拖船等 278 艘,各种小型救助及杂用艇 2 000 艘,各类飞机 212 架,其中直升机 141 架。

3 海岸警卫队的任务

海岸警卫队的任务主要总结的以下几点:

（1）在领海上空、水面和水下以及美国管辖的水域内执行任务以减少人员伤亡和财产损失。

（2）保障水上活动的安全，以适应国民经济、科学、国防和社会的需要。

（3）维持一支武装力量，为战时和应急时执行特殊的海上军事任务。

（4）确保港口、航道和码头设施的安全。

（5）在美国管辖的水域内和授权的公海上，维护联邦政府法律和国际协定。

（6）保持和改善海洋环境质量。

（7）与各级联邦政府机构合作，保证有效利用公共资源。

4 海岸警卫队的职责范围

4.1 维护政府法律和国际公约的执行

海岸警卫队作为一支海上治安力量，具有实施美国管辖水域内的现行联邦政府法律和在授权的公海上履行国际公约的义务。治安工作包括制止麻醉品和非法侨民进入，防止船舶的偷盗和劫持以及贯彻海上保护法。根据联邦政府法令，允许海岸警卫队人员登临所有美国船舶，由政府自主管辖范围内的挂外国旗帜的船舶和按国际法或与船旗国特别商定的在公海上的外国船舶。

海岸警卫队经常缉获带有大麻的船只。例如，1987 年缉获的毒品走私船有 150 多艘。有 15% ~20% 的非法毒品是从海上进入美国的。

4.2 搜索和救援工作

海岸警卫队拥有庞大的搜救组织。搜索和救援工作是其最早职能之一。在美国大陆、阿拉斯加和夏威夷设有 10 个救助协调中心，可调配 26 个空中站、150 个小艇站和指挥有救助任务的所有警卫快艇进行搜索与救援工作，71% 的搜救工作是由游览艇酿成的，几乎95% 的救助任务发生在距岸 20 n mile 内。

海岸警卫队的辅助队员在执行搜救任务时起着重要的作用。据统计，属于海难呼救的占 16%。辅助队员也参加志愿活动报告系统，记录商船在海上的位置，以便对船员进行共济互助。

4.3 导航系统

为了助航，海岸警卫队从事设置、标绘和管理属于政府系统的灯塔、浮标、日间信标、雾中信号和雷达反射器，共计 48 072 座。同时，也管理私人和国防部经营的导航设备。

海岸警卫队还经营和维护全美和世界其他地方的三种无线电导航设备：

（1）无线电信标约有 200 座简易廉价的无直接发送器的无线电信标。允许船和飞机距岸 10 ~175 n mile 处接收测向信息。

（2）"劳兰"C 是一种低频、远距离无线电导航系统，可为船舶提供距岸 1 500 n mile 范围内的导航资料。海岸警卫队管理 25 个为国内使用的和 20 个在海外由美海军使用的"劳兰"C 台。

（3）"奥米伽"这是一种世界范围的远距离无线电导航系统。有 8 个发射信号台和 50 个监控台,可为海上舰船和空中飞行器导航。海岸警卫队管理 2 个"奥米伽"台,还有 6 个台按国际协议由东道国管理。

4.4　保障港口和环境安全

海岸警卫队人员担任港口指挥,而在 46 个船舶安全检验处的人员负责滨水区安全和对装载危险品船舶的锚地实施各项规定的管理。对船上易爆品和其他危险货物,海岸警卫队人员也负有保证安全装载和储存的职责。

4.5　保证商船安全

海岸警卫队负责对船舶设计、建造和装备制定安全标准,检验外国船舶是否符合美国法规和国际协定,对领有执照和无执照的海上人员实施治理准则,调查海上事故,检查美国船舶文件和签发船舶吨位证书,以及保存商船船员档案。

海岸警卫队在 1989 年度收到约 10 000 份海上事故报告,并对 15 000 艘商船实施了检验。

4.6　国防准备

按有关法令,海岸警卫队是美国的一支武装力量。在战时成为海军的一个部门。海岸警卫队的舰船、飞机和经过专门训练的人员,为执行特殊任务听候海军指挥员调遣,并纳入海军舰队指挥员的应急和作战计划。1984 年在海岸警卫队司令部成立预备和后备公署。十分强调在危急时期海岸警卫队应承担的法令和军事使命的义务。

4.7　国内冰上和极区工作

为了执行搜救工作和防止因冰引起的沉没事故,海岸警卫队负有破冰任务。这些工作往往是为直接支援公众而进行的。例如,对急需食物、冬季燃料或医药用品的冰封地区的运输开展破冰工作,以打开通道便利航行。但是,海岸警卫队以对商务贸易为目的的航行是不提供破冰服务的。

海岸警卫队支持和促进具有国家意义的北极和南极工作,从事冲破冰层覆盖工作,以利于船舶航行。所指"国家意义"工作也包括由国家科学基金会、国防部和海岸警卫队本身进行的科学研究工作。

4.8　海洋环境保护

海岸警卫队对燃料、有害物质、污染物等意外流入美国水域的污染,或有意排放或有排放迹象事件等负有责任。

1987 年,海岸警卫队曾接到 11 800 宗污染事故报告,调查了 9 000 宗油污泄漏和 400 宗化学物释放事件,监督了 2 676 宗油污和化学物的清理工作。

4.9　海洋科学

海岸警卫队所属的警卫舰和飞机从事国际冰情巡逻,并由 20 个协约国共同提供经费,用以侦察和预测北大西洋海运航线中冰山漂移情况。在与国家气象服务中心和国家海洋学指挥中心的合作计划中,海岸警卫队也提供海洋学服务、气象观察资料和情报,并且支持联邦政府的一些部门开展国家海洋科学方面的活动。

根据曼格纳逊渔业保护和管理法规(MFCMA),海岸警卫队负责管理美国专属经济区(EEZ)范围的国内和国外渔业活动,包括在主要渔区和有争议区的水上和空中的监管以及登临国内和国外渔船。

4.10　水道管理

海岸警卫队的船舶交通管理系统协调航道内或进入航道的船舶运行,以减少交通阻塞。在美国的旧金山与休斯敦等地都设有船舶交通管理机构。水道管理包括制定交通路线、实现限速航行,以及在某些水道与港口限制船舶尺度。

4.11　桥梁管理

海岸警卫队负责管理美国可航水域上的桥梁,以保证满足其他运输方式的需要。例如,当桥上通过汽车和货车时,使舰船在桥下能安全无障碍地航行。海岸警卫队要确定桥梁是否有碍航行,否则要求政府出资改建桥梁。海岸警卫队管理全美桥梁,同时也颁发桥梁建造和修造许可证,以及编制吊桥规范。

4.12　游艇安全

美国国会授权海岸警卫队为游艇安全的管理者。鼓励国家制艇工业和用艇公众参与到游艇安全活动中。海岸警卫队制定游艇的建造和性能标准,进行有关游艇的公共安全教育和实施安全法规。

5　美国海岸警卫队舰船

美国海岸警卫队早期拥有的舰船不少是战后由海军移交来的。20 世纪 60 年代以后发展很快,建造了大批新船,形成多种舰船系列。20 世纪 80 年代建造为数众多的警卫舰和巡逻艇,大大增强了现役舰艇的实力。美国海岸警卫队,根据其使命任务和业务范围,配备了大量各种类型的舰船。表 1 是按最新资料统计而成的,其中未包括 2 000 艘小型救助船和杂用艇。

表 1 海岸警卫队舰船种类和数量

序	船种	分类	数量/艘	代表性船级
1	警卫舰	WHEC 远程警卫舰	12	"汉密尔顿"级
		WMEC 中程警卫舰	41	"熊"级,"信任"级
2	破冰船	AGB 破冰船	5	"极星"级,"风"级
		WTGB 破冰拖船	9	"卡特迈湾"级
3	巡逻艇	WSES 表面效应艇	3	"海鸟"级
		WPB 大型巡逻艇	107	"岛"级,"角"级,"点"级
4	训练舰	WIX 训练舰	1	"鹰"级
5	航标敷设船	WLB 海洋航标敷设船	33	"巴尔塞姆"级
		WLM 海岸航标敷设船	12	"红"级
		WLI 内陆航标敷设船	6	"蓝钟"级
		WLR 内河航标敷设船	18	"加斯康纳特"级
6	构筑物供应船	WLIC 内陆构筑物供应船	16	"潘姆里科"级
7	港湾拖船	WYTM 中型港湾拖船	1	"莫希肯"级
		小型港湾拖船	14	"绞盘"级

美国海岸警卫队的船型不断更新换代,船上装备也不断作现代化改装,因此现役的舰船一般代表着当前较高的水平。下面将介绍有代表性的几型舰船。

5.1 "汉密尔顿"级远程警卫舰

首制舰为"汉密尔顿"号,1967 年建成,到 1972 年该级舰相继建成服役的有 12 艘,是海岸警卫队尺度最大的一级警卫舰。舰长 115.2 m,宽 13.1 m,吃水 6.1 m,满载排水量 3 050 t。

主机为柴燃联合动力装置。配有 2 台柴油机(功率 5 200 kW)、2 台燃气轮机(功率 26 500 kW)。采用可变螺距螺旋桨,航速 29 kn,续航力 14 000 n mile(11 kn 时,柴油机驱动)。舰员 151 人(军官 15 名)。舰上配备的火炮有:1×76、2×20/80MK67;4×12.7MG。此外,还装有 MK32 6 管反潜鱼雷发射管、HH—52A"海上卫士"型或 HH—65A"海豚"型直升机 1 架。雷达有对空用 SPS40;对海用 SPS 64(V);火控用 MK92GFCS。声呐为 EDO SQS 38 主动搜索和攻击型。

该级舰船首设计成飞剪式,双烟囱附于直升机库两侧。直升机的飞行平台位于机库后端,面积 26.8 m×12.2 m,如图 1 所示。舰上设有海洋学实验室、完善的通讯设备和气象资料收集设施,上层建筑为铝质结构。驾驶室操纵采用飞机型操纵杆而不是手轮控制。主机和推进器螺距操纵台设于驾驶室、舰桥指挥站及机舱集控室。在水下声呐罩后部设有一台可伸缩型舷侧推装置,供定位和精确机动用。

图1 "汉密尔顿"及"拉什"号远程警卫舰

根据1985年舰队现代化计划(FRAM),已对该舰一些武器装备和电子装置作了改装,并改进了飞行甲板和其他飞行设施,以便停放LAMPSI型直升机。

该级舰中的"加勒廷"号和"摩根索"号上,自1977年起首次指派女性队员为海岸警卫队舰员。

5.2 "熊"级中程警卫舰(图2)

该级舰首制舰为"熊"号,1983年建成,到1989年该级舰相继建成服役的有14艘。舰长82.3 m,宽度11.6 m,吃水4.1 m,满载排水量1 780 t。主机为2台阿尔科柴油机,功率5 200 kW,双轴,采用可变螺距螺旋桨,速度19.5 kn.续航力9 500 n mile(13 kn时),舰员100人(军官13名)。使用LAMPS直升机时,另加19名飞行人员。舰上配备一座76/62MK75火炮,导弹为SSM,装有一部海面搜索用SPS64(V)雷达和一部MK92(V)火控雷达、1架HH—52A型或HH—65A型或LAMPSIII型直升机。

图2 "熊"级中程警卫舰

该级舰是唯一设有可伸缩式直升机库的中程警卫舰(图2)。舰上留有直升机着落和前后移动的质量和位置裕度,并设有自动指挥和控制中心。装有减摇鳍装置。该舰在站上低速航行时间要比海上高速航行时间长。为此,采用柴油机作为主推进动力装置。按照计划该级舰将逐步替代"坎贝尔"级和其他级中程、远程警卫舰。

5.3 "岛"级巡逻艇

美国海岸警卫队的巡逻艇数量多,性能好,主尺度向大型化方向发展。"点"级艇建于20世纪60年代;"角"级艇造于20世纪70年代。20世纪80年代初,建成的三艘"海鸟"级侧壁式气垫巡逻艇,在加勒比海上缉获毒品走私成效显著。但最大最新的巡逻艇当推20世纪80年代后期建造的"岛"级巡逻艇(表2)。

表2 巡逻艇主要参数表

序	艇级	数量/艘	排水量/t	主尺度/m			主机功率/kW	航速/kn	续航力/n mile
				艇长	宽度	吃水			
1	"岛"级巡逻艇	37	162	33.5	6.4	2.2	2 200	26	1 882
2	"角"级巡逻艇	17	105	29	6.1	1.8	1 770	20	2 500
3	"点"级巡逻艇	53	64	25.3	5.2	1.8	1 180	23.5	1 500
4	"海鸟"级巡逻艇(表面效应型)	3	145	33.5	8.8	2.5	2 650	30	1 500

"岛"级巡逻艇设艇员16人(军官2名)。艇上配备的火炮有:1×20、2×7.62 M60MG,对海雷达为SPS64V。该艇的原型为英国桑尼乔夫公司的33.5 m巡逻艇。为了满足海岸警卫队使用要求,作了局部修改。该艇在美国的鲍林根船厂建造,几乎每隔35天提交一艘。

5.4 "极星"级破冰船

美国海岸警卫队有三种级别的破冰船。排水量6 515 t的"风"级破冰船和排水量5 252 t的"麦金诺"级破冰船都是战时建造的。前者航行于极地,后者航行于国内大湖区。原计划用新一代船代替上列两级破冰船,但由于财政预算削减,故后者仍被继续使用。第三种破冰船为"极星"级破冰船是20世纪70年代建造,是海岸警卫队的最大船舶,如图3所示。该船满载排水量12 087 t,船长121.6 m.宽26.2 m,吃水9.5 m。主机为柴油机与汽轮机联合动力装置。装有6台阿尔科柴油机,功率13 200 kW,3台FTA—12燃气轮机,功率44 100 kW,3轴,采用可变螺距螺旋桨推进,航速18 kn,续航力28 000 n mile(13 kn时)。船员140人(军官14名)、20名科学家和14名飞行人员。船上配有2挺12.7 mm机枪、一部SPS64对海雷达、2架HH—52A直升机。

图 3　"极星"级破冰船

　　该级船服务于南极和北极地区。当持续航速 3 kn 时可以破 1.83 m 厚的冰层,而船舶骑在冰上可以压碎 6.4 m 厚的冰堆。破冰船的船壳采用削斜的艏部结构和圆角形的横剖面,以防船在冰中被夹住。艉部配置 2 台 15 t 吊车,并设有研究实验室以供北极与海洋学研究使用。

国际航行船舶设计和建造时有关海事公约、规则、规范、法规的应用

摘要 本文论述海事公约、规则、规范、法规的范畴及其在国际航行船舶设计和建造中的作用;引用实例阐明对上述文件的应用,指出使用这些文件的注意事项。

1 引 言

对于新建船舶,船东往往要按国外或国内船级社的规范进行设计,并满足国际公约的有关要求,在船级社验船师的监督下进行建造,取得入级证书后投入营运。

船舶设计除了技术先进、经济性好等要求外,还需要应用各种公约、规则、规范、法规作为设计依据,为此设计者需要不断了解和熟悉上述文件。本文拟根据工作实践和体会作一简略探讨,以供参考使用。

2 范畴和组织概况

2.1 范畴

为了考虑海上安全、海上通信、防止船舶造成污染、顺利通过人工水道、保障码头工人操作安全等问题,国际海事组织、各国政府或船级社研究制定各种公约和规则,作为国际航行船舶共同遵守的准则,下面对公约、规则、规范、法规进行解释。

(1)公约——国际间关于经济、技术或法律等方面专门问题,基于共同的意愿,经集体讨论,规定共同遵守的事项。如国际海事组织制定的 1974 年《国际海上人命安全公约》。

(2)规则——国家机关、社会团体、事业单位依据各种法例的授权,对某一事项制定的规章制度。如苏伊士运河当局制定的《苏伊士运河吨位丈量规则》。

(3)规范——对于某一专门技术,为达到一定目的而制定的标准或法则。如美国船级社的《钢质海船建造和入级规范》。

(4)法规——依据授权制定的文件。它系法令、条例、章程、决定、命令等法律文件的总称。如《加拿大航行法规》或《印度码头工人条例》等。

2.2 组织概况

船作为海上运输工具,穿海越洋,联系频繁,涉面也广。除从事正常运输外,还会遇到

很多情况,如租赁、海损打捞、拆船、海难仲裁等涉及很多国际组织和团体。名称林立、规约纷繁。今就与船舶设计与建造有关的主要组织团体及其制订的公约规则作一概述。

2.2.1 国际海事组织

(International Maritime Organization,即IMO,简称"海组")原名为政府间海事协商组织(Inter – Governmental Maritime Consultative Organization,即IMCO,简称"海协"),国际海事组织是根据联合国海运会议于1948年在日内瓦签订政府间海事协商组织公约时筹建,于1959年正式成立,为联合国在海事方面的一个咨询与顾问性质的专门机构,总部设在伦敦。其宗旨是促进各国政府间的航运技术合作,从海上人命安全观点出发,制定海上安全和适航的最高可行标准,提供海上技术资料及国际协议文件,负责起草和保存国际航运公约、协定和文件,并向各国政府推荐。根据1980年第十一届大会决议,从1982年5月22日起将"海协"改名为国际海事组织,成为联合国组织中处理海事问题的一个专门机构,以加强该组织在国际海事方面的法律地位,使在海事和海运技术领域内起更大的作用。我国于1973年正式参加该组织,并于1975年当选为理事国。

凡参加国际海事组织的各国政府,都有履行"海组"制定的各种公约规则的职责,并在自己的海事活动中贯彻执行。由"海组"制定的一些主要公约及其详细生效情况参见表1。

表1 国际海事组织公布公约生效情况

序	公约名称	公约英文缩写	开始生效日期
1	1974年国际海上人命安全公约(经修正的)	SOLAS 1974	1980年5月25日
2	1974年国际海上人命安全公约1978年议定书(经修正的)	SOLAS PROT 1978	1981年5月1日
3	1972年国际海上避碰规则(经修正的)	COLREG 1972	1977年7月15日
4	经1978年议定书修正的1973年国际防止船舶造成污染公约,包括附则I	MARPOL 1973/78	1983年10月2日
5	1965年国际便利海上交通公约(经修正的)	FAL 1965	1967年3月5日
6	1966年国际载重线公约	LL 1966	1968年7月21日
7	1969年国际吨位丈量公约	TONNAGE 1969	1982年7月18日
8	1969年干预公海油污事件公约	INTERVENTION 1969	1975年5月6日
9	1973年国际干预公海非油类物质污染公约议定书	INTERVENTION PROT1973	1983年3月30日
10	1969年国际油污损害民事责任公约	CLC 1969	1975年6月19日
11	国际油污损害民事责任公约1976年议定书	CLC PROT 1974	1981年4月8日
12	国际油污损害民事责任公约1984年议定书	CLC PROT 1984	尚未生效
13	1971年特种业务客船协议和规则	STP 1971	1974年1月2日
14	特种业务客船舱室要求规则及其1973年议定书	SPACE STP 1973	1977年6月2日
15	1971年海上核材料运输民事责任公约	NUCLEAR 1971	1975年7月15日

表1(续)

序	公约名称	公约英文缩写	开始生效日期
18	1971 年国际油污损害赔偿基金公约	FUND 1971	1978 年 10 月 16 日
19	国际油污损害赔偿基金公约 1976 年议定书	FUND PROT 1976	尚未生效
20	国际油污损害赔偿基金公约 1984 年议定书	FUND PROT 1984	尚未生效
21	1972 年国际安全集装箱公约(经修正的)	CSC 1972	1977 年 9 月 6 日
22	1974 年海上运送旅客及其行李公约	PAL 1974	尚未生效
23	海上运送旅客及其行李公约 1976 年议定书	PAL PROT 1976	尚未生效
24	国际海事卫星组织公约和管理协议	INMARSAT	1979 年 7 月 16 日
25	1976 年海事索赔责任限制公约	LLMC 1976	1986 年 12 月 1 日
26	1977 年国际渔船安全公约	SFV 1977	尚未生效
27	1978 年国际海员训练、鉴定和值班标准公约	STCW 1978	1984 年 4 月 28 日
	1979 年国际海上搜寻和救助公约	SAR 1979	1985 年 6 月 22 日
	1972 年防止倾倒废物和其他物质造成海上污染公约(修正)	LDC 1972	1975 年 8 月 30 日

2.2.2 船级社

为了船舶安全航行,世界各主要航海国家都设有船舶检验机构(一般称船级社、船级协会、船舶登记局或船舶检验局),从事技术监督检验和办理船舶入级检验等工作。

资本主义国家的船级社系民间组织,经费来源于检验、入级等收入,凡为申请者提供的一切服务都要收取费用。

世界最早验船机构系英国劳氏船级社(LR),建立于 1760 年,距今已有 200 多年历史。随着世界贸易的发展,海上航路的开拓,相继于 1828 年、1861 年先后成立法国船级社(BV)和意大利船级社(RI)等。至今世界船级社或船舶检验机构约 25 个。

船级社起初的目的是为商人、船东、保险商服务,对商船进行分级登记。现在,其主要工作是从事图纸审批与入级检验;接受政府授权的法定检验;以及为陆上或海上工程提供技术检验和咨询服务工作。

船级社拥有一支由各种专家组成的相当庞大的技术力量(如劳氏船级社有 3 800 多人、法国船级社有 3 000 多人),从事科学研究、规范制定和技术检验等工作。详细掌握各类船舶的技术状况,运用先进手段,对船舶技术事故进行统计分析。在世界各主要港口设有分支机构并派驻验船师。

我国船舶检验局(ZC)成立于 1956 年,其职责是对船舶执行技术监督,同时也办理船舶入级检验,因此它既是国家的技术监督机构,又具有船级社的性质。1989 年以中国船级社的名义发行《钢质海船入级与建造规范》。

2.2.3 法定机构[1*]

船舶建造过程中除了入级检验外,尚需进行法定检验,由法定机构执行。船旗国(或船舶登记国、船籍国)政府参加联合国的国际海事组织(IMO)作为缔约国成员,对于该组织制定通过的各种公约规则,船旗国政府应承担贯彻公约规则的义务。同时根据本国情况制定相应的法令法规。还有一些航道与港口当局(都属法定机构)按特殊要求也制定各自的规章制度。上述这些公约规则、法令法规、规章制度对于营运船舶务必遵照执行,并由官方出面进行检验。这种官方的、强制性的、法律规定的检验称为法定检验。法定检验应由船旗国政府设立法定船检部门派人员进行,如我国船舶检验局、美国海岸警卫队、俄罗斯船舶登记局。有的国家对法定检验要求很严,如美国海岸警卫队对悬挂外国旗船舶的防污染要求很严,并且也未授权船级社代表海岸警卫队签发证书。但是也有船旗国政府将这项检验工作委托指定的验船师和认可的社会团体办理。因此当前世界各船级社都接受船旗国政府或港口、航道当局委托,对船舶进行代理法定检验,并授权签发证书。尤其是方便旗国家将所有法定检验工作都委托指定的船级社进行,并代发证书。

3 作用和应用实例

3.1 作用

3.1.1 作为船舶设计的准则、建造验收的条件

从事国际航行船舶,除了满足船级社规范要求外,还必须满足国际海事组织公布的各种国际公约要求和航道、码头、港口当局对船舶的有关规定。有些海运国家还有自己的规则法规,细严繁缛。如英国《商船航运规则》对船员舱室提出诸如防蚊设施和灯光亮度等过多细节的要求;波兰航运部法规文件(DECREE)对"饮水舱不准与其他液体舱有公共舱壁"的过严要求。一艘船舶只有满足了各种规范公约规则等要求,并取得了各种证书后,才可投入营运,不受阻碍地到达世界各个港口。因此设计者应谙熟公约、规则、规范、法规、以便在船舶设计中应用,正确便利地为检验、验收的通过创造条件。

3.1.2 达到航行安全的目的

国际海事组织制定的各项公约规则,旨在维护海运安全、防止海洋免受船舶污染、便利海上运输、提高航行效率以及明辨海事责任。而船级社制定船舶建造和入级规范,并按规范的要求对船舶和机械设备的质量、结构强度、安全设施等从设计到施工进行检验,合格后发给船级证书,使新建船舶达到安全航行的目的。

3.1.3 正常营运的手段

海上航行船舶,出入世界诸港口航道,更应满足国际通用的和地域性的规范和规则。如果稍有疏忽,将会造成很多麻烦和损失。例如船舶欲要通过运河水道,但船上的设备未能满足运河规则要求,就不能通过运河。又如驶向澳大利亚港口的船舶,不但要符合澳大利亚当局有关的规则法令,同时也要满足澳大利亚码头工人联合会(AWWF)的一些要求(如舱内扶梯),否则不能入港装卸货物,延误营运周期[2*]。

3.1.4 违章受罚、遭受经济损失

自从几起油船事故引起海上污染以来,世界各国港口航道当局都按防污染公约制定各

自相应规则要求。如果船上没有为储存和处理废污物质安装相应设施,在港内和运河中任意排放,导致违章受罚,对污染造成任何损失负责赔偿,并为消除与减轻此污染支付所有费用。当前,世界多数国家如英、美、俄、日等国都规定罚款和监禁条例。美国防止油污法规有 1970 年《联邦水污染控制法》、1974 年《深水港法》等,如果违禁排放,每次罚款 5 000 ~ 10 000 美元不等或监禁一年。

3.2 主要应用实例

公约、规则、规范、法规都是设计中应予遵照的依据,它们有的影响全船设计,有的需要增添局部设备。条文繁多、要求不一。今就设计中亟待注意的若干实例列举如下:

(1)有关主尺度的限制——航经苏伊士、巴拿马、圣劳伦斯航道,对船舶的长度、宽度与吃水有一定限制,否则不能通过该等水域[3*]。目前通用的宽度为 23.1 m 的五大湖型 20 000 t 散货船与宽度 30.4 m 的巴拿马型 60 000 t 油船即是按限制尺度设计的船型。

(2)船舶外形的限制——由于运河和航道构筑物的存在,对船的形状有着一定的限制。航经巴拿马运河有最小能见性要求,因此首楼甲板高度和驾驶台的位置与高度都受到限制。又由于巴拿马船闸底部结构的影响,其最大可航吃水与船舶艉部半径和加通湖的水位有关。一般为艉部半径每增加 1 ft,吃水可增加 10 in[4*]。对于航经圣劳伦斯航道,由于闸墙设施上的要求,船的任何部分距水面的垂直距离不大于 35.5 m,并且上层建筑顶部两侧应做成内倾式。

(3)完整稳性与破舱稳性——世界海难中,由于稳性不足引起船舶倾覆事故屡见不鲜。国际海事组织,从维护海上安全出发,对船舶稳性十分关注。散装谷物船舶、载运木材甲板货船和渔船都有完整稳性的要求(见 A.264(Ⅷ)、A.287(Ⅷ)、A.168(ESⅣ))。由于化学品船舶存在毒性、易燃、污染环境等危险,因此对散装运输危险化学品船提出破舱稳性的要求(见 A.212(Ⅶ))。航行美国海域的拖轮与供应船由美国海岸警卫队按联邦政府法规(CFR)确定稳性要求。

(4)灯光信号——航经巴拿马、苏伊士及五大湖的船舶,由于引航、锚泊、识别等需要,对引导灯、锚灯、甲板灯、操舵灯、探照灯、高架灯等提出特殊的要求。

(5)系泊没备——船舶通过圣劳伦斯航道、巴拿马和苏伊士运河由于陆上设施的要求,船舶设计时需满足对系泊索、带缆桩、导缆钳、尾锚等规定,否则不能通过上述水域。

(6)防污染——由于油船事故引起石油溢漏,严重威胁海洋生态、环境与安全。国际海事组织自 1954 年制定《国际防止海上油污公约》(OILPOL 1954)起,至 1987 年已陆续制定 12 个关于防止海洋污染的国际公约和国际文件。最常用的为 1973 年《国际防止船舶造成污染公约》及其 1978 年议定书(MARPOL1973/78)。另外还包括一些地区性和各国当局对防污染的规定。如《波罗的海海域海洋环境保护公约》(赫尔辛基公约)以及美国、苏联和我国等都制定相应的规范,船舶设计时都需遵照执行。

(7)操舵装置——自从"SOLAS 1974"公约通过后的几年内,连续发生几起油船事故。尤其是在美国海域内发生的重大油船海难事故,给国际立法增加了压力。因此,在"SOLAS PROT 1978"内和美国海岸警卫队对 10 000 总吨及以上的油船,对其操舵装置提出更高的要求。即应设两套由驾驶室遥控舵机系统,当一套失效时,在驾驶室某一部位立即进行切换将另一套投入工作,如果舵机系统为电动装置的则应有两套独立的供电线路;要有两个或以上相同操舵装置动力设备,当动力装置在动力失效后重新恢复时,能自动启动,并要求提供备用动力源等[5*]。这些规定无论新船或现有船舶都已生效,在设计油船时应引起注意。

(8)货舱梯与引航员梯——船舶抵达目的港前靠泊,考虑引航员与码头工人的上下便利和安全操作,国际和各国有关当局都有相应要求。对驶向澳大利亚港口的船舶,除满足澳大利亚航运部航行(装卸货)规则外,还应满足澳大利亚工人联合会对货舱梯的要求[6*]。至于引航员梯的样式与结构,世界海运机构都有各自的要求。如巴拿马运河当局和欧洲海事引航员协会等。但是主要还是依据1974年《国际海上人命安全公约》(SOLAS 1974)第五章的规定配置引航员软梯或升降机。

(9)无线电通讯导航设备——对于进入苏伊士运河或美国海域等,其无线电导航设备有一定要求。为了船长与运河当局通信联络,船上应设规定频率范围的甚高频装置以进行通信和监听。美国海岸警卫队对进入美国海域船舶要求必须配备劳兰接收机和组合型卫导接收机以及按规定要求的定位装置。

4 检索

我国自1980年起,开展出口船业务,并为远洋运输部门着手建造一批国际航行船舶。故在业务开展初期对规范使用、图纸送审、入级检验、证书颁发等技术业务尚不熟练,尤其是对各国规范的掌握与国际海事公约规则的使用都会影响设计质量与建造周期。中国船舶工业总公司在组织有关部门从事规范、公约规则等的翻译出版中做了不少工作。为了便利地获取技术资料,继续扩大设计建造业务,对如何检索和应用有关出版物作一概略介绍。

4.1 世界七大船级社《钢船建造和入级规范》

自1982年起,有关单位翻译出版《世界七大船级社的钢船建造和入级规范》,这有关平台装置和小船等建造和入级规范。后来又按新版本作了重译工作(表2)。一般说,有了上述规范的中译本,使工作增加了灵便性。

4.2 《世界主要船级社出版物目录》[7*]

《世界主要船级社出版物目录》汇编的目的是为了交流和利用总公司所属20个单位收藏的9个船级社出版物。共收集468种出版物资料,以卡片形式进行排印。利用本目录汇编可向馆藏单位申请复制所需的资料。

表2 船和平台装置建造和入级规范主要中译本一览表

序	船级社	规范名称	出版年月
1		船舶入级规范和规则	1987
2	英国劳氏船级社(LR)	内河船舶入级规范	1985
3		游艇和小艇入级规范和规则	1984

表2(续)

序	船级社	规范名称	出版年月
4	美国船级社（ABS）	铜质船舶建造和入级规范	1987
5		近海装置建造与入级规范	1988
6		消防船舶建造和入级指南	1983
7		玻璃钢船建造和入级规范	—
8	西德劳氏船级社（GL）	钢质海船入级和建造规范	1988
9		船长约40 m及以下的特种船舶建造规范	1984
10		船舶建造与入级的规范和章程	1982
11		玻璃钢船建造和入级规范	1986
12	法国船级社（BV）	钢质海船入级和建造规范	1982
13		玻璃钢船建造和入级规范	1983
14	挪威船级社（DNV）	钢质海船入级规范	1986
15		小艇建造和签证规范	1984
16		移动式近海装置入级规范	1986
17		近海辅助船	1983
18		潜水系统鉴定规范	1985
19		近海结构的设计、建造和检验规范	1985
20		高速轻型艇入级规范	1985
21	日本海事协会（NK）	船舶建造与入级的规范和章程	1983
22	苏联船舶登记局（PC）	海船入级与建造规范	1989

4.3 有关国际公约、各国规则条令汇集[8*]

为适应设计与建造形势需要,自1981年起翻译出版了有关各国航运规则、港口码头安全法规、船级社指导性文件以及部分国际公约,以"出口船设计参考资料"书刊形式,供船舶同行参考使用。

4.4 国际海事公约和各国海事法令目录[9*]

国际海事公约和各国海事法令目录汇编的目的为适应船舶法定检验需要,充分交流和利用总公司所属20个单位收藏的有关国际法定机构资料,选编成该"目录"。它收录国际海事组织大会决议和公约,以及英、美、日等11个国家的海事法令以及苏伊士运河等著名运河、航道和港口的规则近800种。

4.5 国际海事组织大会决议题录汇集[10*]

国际海事组织大会一般每隔两年召开一次,并通过相应的决议案。自1959年至本文发表共举行 14 届大会,为造船、设计、航运、检验、海事、管理等部门必须遵守的法定文件。

5 使用的注意事项

搜集有关的技术资料与技术文件,经过多年持续工作已具备一定的规模,通过上述出版物能较方便地用于设计中。但不是一劳永逸,使用时尚应注意下列事项:

5.1 规范使用的时效性

世界科学技术的进步,使规范技术在不断修改中获得生命力。它本身存在着时效性,因此在使用时应注意它的年份和后续性,也就是要获得新版本或修订本。由于世界船级社对规范修订的方法与表达形式不尽一致,因此应熟悉各船级社规范的出版与修订程序。目前世界船级社钢船建造和入级规范出版与修订有两种情况:

(1)每年或几年出版新规范——如德国劳氏船级社、美国船级社、日本海事协会等。美国船级社每年一季度供应新版规范,并在书末附有新旧版本修改对照表,查找十分便利。修订条文每年 5 月开始生效[1]。

(2)规范以活页形式出版,并不定期出修改通报,撤旧换新,很为灵便。如英国劳氏船级社、挪威船级社、意大利船级社都采用这种办法。英国劳氏船级社的修改条文自通报发出后约半年生效。对于该船级社修改通报,我国有中译本出版。

5.2 注意公约规则的生效日期

国际海事组织所制定的公约规则,从其生效之日起缔约国政府要贯彻实施公约规则的各项规定。船舶设计者应十分清楚与造船有关的各项规定的生效情况(表 1),而且也要注意各项修正案的生效日期。回顾 1974 年《国际海上人命安全公约》通过时,对公约修正案生效程序作了新规定,即采用"默认接受"的方法,该法已在国际海事组织的大部分技术文件上予以应用,加速了公约修正案的生效进程。该法的内容为如果修正案被海安会正式通过,即通知所有缔约国,自通知之日起两年期满或由海安会确定的期限(不少于一年)届满时,则认为修正案已被接受,经过 6 个月后生效。如果在这期限内有 1/3 以上缔约国政府或拥有合计吨位不少于世界商船总吨数 50% 的缔约国政府提出反对,则修正案不能生效。例如 SOLAS 公约 1983 年修正案至 1985 年 12 月 31 日止未接到任何反对意见,为此从 1986 年 7 月 1 日起修正案自行生效。可见修正案一旦被正式通过,即可推算出生效日期,便于船东、设计者、船厂做好准备工作,以便在新船中履行规定。

参 考 文 献

[1] SHIPPING A. Rules for the Classification and Construction and of Steel Vessels [M]. American Bureau of Shipping,1987.

特殊参考文献

[1*]　葛兴国,"出口船设计中有关规范、入级、审图、检验诸问题",舰船科研与设计,1983. 1.

[2*]　葛兴国,"出口船设计及其业务工作",舰船科研与设计,1982. 4.

[3*]　葛兴国,"有关公海、大湖、航道、运河公约规则对船舶设计的要求",舰船科研与设计,1982. 1.

[4*]　Panama Canal Zone Regulation,CFR,1986.

[5*]　仲豫明,"SOLAS、MARPOL、USCG 对船舶排水管系、消防和防污染要求",舰船科研与设计,1982. 1.

[6*]　"Retractable Hold Ladder Design", The Motor Ship, 1980. 11.

[7*]　"世界主要船级社出版物目录",中船总公司标准化研究所,1983.

[8*]　有关国际公约、各国规则条令汇集"1－10 集）,中国船舶及海洋工程设计研究院,1981—1990.

[9*]　"国际海事公约及各国海事法令目录",中船总公司标准化研究所.

[10*]　"国际海事组织大会决议题录汇集",国外舰船技术,船舶类,1984. 1, 1985. 12.

有关海事公约、规则、规范、法规应用的问答

摘要 一些设计人员常常询问,在船舶设计中,尤其在设计出口船或国际航行船舶时,如何使用海事公约、规则、规范和法规,以及如何去检索这些资料。本文就有关该等问题作一简略问答,以飨读者。

问:何谓海事公约、规则、规范与法规?

答:船在海上频繁地航行,促使国际海运事业日益发展。为了考虑海上安全、海上通信、防止船舶造成污染、顺利通过人工水道、保障码头工人操作安全等问题,国际海事组织、各国政府或船级社研究制定各种公约和规则,作为国际航行船舶共同遵守的准则。

所谓海事公约、规则、规范、法规的范畴或定义为

(1)公约——国际间关于经济、技术或法律等方面专门问题,基于共同的意愿,经集体讨论,规定共同遵守的事项。如国际海事组织制定的 1974 年《国际海上人命安全公约》。

(2)规则——国家机关、社会团体、事业单位依据各种法例的授权,对某一事项制定的规章制度。如苏伊士运河当局制定的《苏伊士运河吨位丈量规则》。

(3)规范——对于某一专门技术,为达到一定的目的,所制定的标准。如美国船级社的《钢质海船建造和入级规范》。

(4)法规——依据授权制定的文件。它系法令、条例、章程、决定、命令等法律文件的总称。如《加拿大航行法规》或《印度码头工人条例》等。

问:国际海事组织概况如何?

答:国际海事组织(International Maritime Organization,IMO,简称"海组")。原名为政府间海事协商组织(Intergovernmental Maritime Consultative Organization,IMCO,简称"海协"),是根据联合国海运会议于 1948 年在日内瓦签订政府间海事协商组织公约时筹建,于 1959 年正式成立,为联合国在海事方面的一个咨询与顾问性质的专门机构,总部设在伦敦。

其宗旨是促进各国政府间的航运技术合作,从海上人命安全观点出发,制定海上安全和适航的最高可行标准,提供海上技术资料及国际协议文件,负责起草和保存国际航运公约、协定和文件,并向各国政府推荐。根据 1980 年第十一届大会决议,从 1982 年 5 月 22 日起将"海协"改名为国际海事组织,成为联合国组织中处理海事问题的一个专门机构,以加强该组织在国际海事方面的法律地位,使在海事和海运技术领域内起更大的作用。

我国于 1973 年正式参加该组织,并于 1975 年当选为理事国。凡参加国际海事组织的各国政府,都要履行"海组"制定的各种公约规则的职责,并在自己的海事活动中贯彻执行。

问：船级社是什么性质的团体？

答：为了船舶安全航行，世界各主要航海国家都设有船舶检验机构（一般称船级社、船级协会、船舶登记局或船舶检验局），从事技术监督检验和办理船舶入级检验等工作。

资本主义国家的船级社系民间组织，经费来源于检验、入级等收入，凡为申请者提供的一切服务都要收取费用。

世界最早验船机构系英国劳氏船级社（LR）建立于 1760 年，距今已有 200 多年历史。随着世界贸易的发展，海上航路的开拓，相继于 1828 年、1861 年先后成立法国船级社（BV）和意大利船级社（RI）等。至今世界船级社或船舶检验机构约 25 个。

船级社原先的目的是为商人、船东、保险商服务，对商船进行分级登记。现在其主要工作是从事船舶图纸审批与入级检验；接受政府授权处理法定检验；以及为陆上或海上工程提供技术检验和咨询服务工作。

船级社拥有一支由各种专家组成的相当庞大的技术力量（如劳氏船级社有 3 800 多人、法国船级社有 3 000 多人）从事科学研究、规范制定和技术检验等工作。详细掌握各类船舶的技术状况，运用先进手段，对船舶技术事故进行统计分析。在世界各主要港口设有分支机构并派驻验船师。

我国船舶检验局（ZC）成立于 1956 年，其职责是对船舶执行技术监督，同时也办理船舶入级检验，因此它既是国家的技术监督机构，又具有船级社的性质。1989 年以中国船级社命名出《钢质海船入级与建造规范》。

问：何谓法定机构？

答：船舶建造过程中除了入级检验外，尚需进行法定检验，由法定机构执行。船旗国（或船舶登记国、船籍国）政府参加联合国的国际海事组织（IMO）作为缔约国成员，对于该组织制定通过的各种公约规则，船旗国政府应承担贯彻公约规则的义务。同时根据本国情况制定相应的法令法规。还有一些航道与港口当局（都属法定机构）按特殊要求也制定各自的规章制度。营运船只对上述这些公约规则、法令法规、规章制度务必遵照执行，并由官方出面进行检验。这种官方的、强制性的、法律规定的检验称为法定检验。法定检验应由船旗国政府设立的法定船检部门派人员进行，如我国船舶检验局、美国海岸警卫队、俄罗斯船舶登记局。有的国家对法定检验要求很严，如美国海岸警卫队对悬挂外国旗船舶的防污染要求很严，并且也未授权船级社代表海岸警卫队签发证书。但是也有船旗国政府将这项检验工作委托指定的验船师和认可的社会团体办理。因此当前世界各船级社都接受船旗国政府或港口、航道当局委托，对船舶进行代理法定检验，并授权签发证书。尤其是方便船旗国将所有法定检验工作都委托指定的船级社进行，并代发证书。

问：公约、规则、规范、法规在设计中的作用是什么？

答：可以归纳为下列四个作用：

（1）作为船舶设计的准则、建造验收的条件

从事国际航行船舶，除了满足船级社规范要求外，还必须满足国际海事组织（IMO）公布的各种国际公约要求和航道、码头、港口当局对船舶的有关规定。有些海运国家有自己

的规则法规,细严繁缛,如英国的"商船航运规则"对船员舱室提出诸如防蚊设施和灯光亮度的过细要求;波兰航运部法规文件(DEC – REE)对"饮水舱不准与其他液体舱有公共舱壁"的过严要求。一艘船舶只有满足了各种规范公约规则等要求,并取得了各种证书后,才可投入营运,不受阻碍地到达世界各个港口。因此设计者应熟知公约、规则、规范、法规,以便在船舶设计中应用,正确便利地为检验、验收创造条件。

(2)达到航行安全的目的

国际海事组织制定的各项公约规则,旨在维护海运安全、防止海洋免受船舶污染、便利海上运输、提高航行效率以及明辨海事责任。而船级社制定船舶建造和入级规范,并按规范要求对船舶和机械设备的质量、结构强度,安全设施等从设计到施工进行检验,合格后发给船级证书,使新建船舶达到安全航行的目的。

(3)正常营运的手段

海上航行船舶,出入世界诸港口航道,更应注意各种规范和规则,以防意外。例如船舶欲要通过运河水道,但船上设备未能满足运河规则要求,就不能通过运河。又如驶向澳大利亚港口的船舶,不但要符合澳大利亚当局有关的规则法令,同时也要满足澳大利亚码头工人联合会(AWWF)的一些要求(如舱口扶梯),否则不能入港装卸货物,延误营运周期。

(4)违章受罚、遭受经济损失

自从几起油船事故引起海上污染以来,世界各国港口航道当局都按防污染公约制定各自相应规则要求。如果船上没有为储存和处理废污物质的设施,在港内和运河中任意排放,导致违章受罚,对污染造成任何损失负责赔偿,并为消除与减轻此污染支付所有费用。当前,世界多数国家如英、美、俄、日等国都规定罚款和监禁条例。

问:如何查找公海、大潮、航道、运河公约规则对船舶的要求?

答:对于国际航行船舶,由于航行世界各港口,更应满足国际通用和地域性的规范和规则。如果稍有疏忽,将会造成很多麻烦和损失,为此应熟悉有关公海、大湖、航道和运河规则对船舶设计的要求。这些规则系指:

(1)国际海上避碰规则;

(2)船舶通过圣劳伦斯航道共同规则;

(3)五大湖航行规则;

(4)巴拿马运河规则;

(5)苏伊士运河航行规则。

上述规则都有中译本,可从出口船设计参考资料《有关国际及各国规则条令汇集》(各集)中找到。除第 1 项外,1989 年七〇八所又根据最新或现行版本汇合成册,题名《国际主要通航运河及五大湖航行规则》出版,可以参考使用。

问:如何查找海事公约、规则和法规?

答:可以通过下列三种出版物查找:

(1)《有关国际公约、各国规则条令汇集》,自 1981 年起由七〇八所翻译出版,主要收集有关各国航运规则、港口码头安全法规、船级社指导性文件以及部分有关的国际公约,作为

"出口船设计参考资料"书刊形式,供船舶同行参考使用。

(2)《国际海事公约和各国海事法令目录》,由标准化研究所组织,七〇八所审核编辑。目的为适应出口船或国际航行船舶法定检验需要,充分交流和利用船舶工业总公司所属 20 个单位收藏的有关国际法定机构资料,选编成该"目录"。它收录了国际海事组织(IMO)大会决议和公约,以及英、美等十一个国家的海事法令以及苏伊士运河等著名运河、航道和港口的规则近 800 种。条目内容包括原文名称、参考译名、文种、页数、出版机构、出版年月及馆藏单位等。

(3)《国际海事组织大会决议题录汇集》,由七〇八所组织刊出。国际海事组织(IMO)大会一般每隔两年召开一次,并通过相应的决议案。国际海事组织大会决议为造船、设计、航运、检验、海事、管理等部门必须遵守的法定文件。如需用有关文件时,可以利用该"汇集"查找。

问:如何查找英、美国家法规?

答:世界航业发达国家,为了维护本国航运利益、航路安全和海洋权益,都制定自己的法令法规。要求国内、国外船只强制执行,否则不能入领海航行和进港作业,因此船舶设计者应谙熟有关规定。

对于英国而言,主要是"商船航运规则",它是一个总称,其实门类较细、规定详尽。由于英联邦国家一般都采用上述规则,因此使用较广。使用时,除单独查找所需材料外,尚可通过整体查找。如查阅"英国航运法规大全"(Encyclopedia of Shipping Law Sources U. K.),它是活页形式的,可随时撤旧换新,由伦敦劳氏出版公司发行。从 1828 年迄今,与航运有关的所有法令法规都能从该大全中查出,使用十分方便。

至于美国,其法定检验机构为运输部的海岸警卫队(United States Coast Guard,USCG),属于航运方面的规定可以从联邦政府法规(Code of Federal Regulations CFR))中查找。美国一切领域的法律依据都出自该法规,该法规由于频频修正,因此不定期颁布新版本,使用时务必留意出版日期。

问:世界七大船级社规范的中译本如何检索?

答:自 1982 年起,由船舶工业总公司标准化研究所组织有关单位翻译出版世界七大船级社(即英国劳氏船级社、法国船级社、德国劳氏船级社、挪威船级社、日本海事协会、美国船级社和苏联船舶登记局)的钢船建造和入级规范,如表 1 所示。以后又译出一些有关平台装置和小船等建造和入级规范。目前又按新版本作了重译工作,今列表供查找(见下表)。一般说,有了上述规范的中文译本,使工作增加了灵便性。

表 1 船舶和平台装置等建造和入级规范主要中译本一览表

序号	船级社	规范名称	出版年
1	英国劳氏船级社(LR)	船舶入级规范和规则	1987
2		内河船舶入级规范	1985
3		游艇和小艇入级规范和规则	1984

表 1（续）

序号	船级社	规范名称	出版年月
4	美国船级社（ABS）	钢质船舶建造和入级规范	1987
5		近海装置建造与入级规范	1986
6		消防船舶建造和入级指南	1983
7		玻璃钢船建造和入级规范	——
8	西德劳氏船级社（GL）	钢质海船入级和建造规范	1988
9		船长约 40 m 及以下的特种船舶建造规范	1984
10		船舶建造与入级的规范和章程	1982
11		玻璃钢船建造和入级规范	1986
12	法国船级社（BV）	钢质海船入级和建造规范	1982
13		玻璃钢船建造和入级规范	1983
14	挪威船级社（DNV）	钢质海船入级规范	1986
15		小艇建造和签证规范	1984
16		移动式近海装置入级规范	1986
17		近海辅助船	1983
18		潜水系统鉴定规范	1985
19		近海结构的设计、建造和检验规范	1985
20		高速轻型艇入级规范	1985
21	日本海事协会（NK）	船舶建造与入级的规范和章程	1983
22	苏联船舶登记局（PC）	海船入级与建造规范	1989

第十七篇　世博会规划设计建言

为造船科学保留我所水池纪实

在上海西藏南路与中山南一路相交西南处,绿树荫蔽中有一批建筑物,这就是七〇八研究所。在筹建世博会的初期,根据世博规划图,在这批建筑群中有我所藏书楼、舰船液压液位试制工厂、船模试验工厂、螺旋桨空泡试验楼、船模试验水池、船舶风浪流试验池等科研设施以及职工居住的"高工楼"和高层建筑统统都列入要拆除范畴。

占整个园区 90% 的土地和 42 幢建筑。好端端一个完整的科技园区,只留下一幢孤零零的科研办公楼,楼前门口就是西藏南路,大家为之震惊和惋惜。在上海举办世博会,我们坚决支持,这是全国人民的一件大事,通过世博会可以展现改革开放三十年所取得的辉煌成绩,使中国走向世界,也使世界了解中国。但具体承办要根据实情,要考虑到园区拆除单位的实际利益。

对一个以船舶设计研究为主的单位拥有一套较完整的模型试验设施,在国内没有,在国际上也是绝无仅有的。它使我所在船舶科学研究和新船型开发上更具优势。例如在"昆仑"号专用客船、"东风"号万吨货船、"远望"号测量船、"向阳红 10"号远洋调查船都使用这些设施进行各种模型试验以获得船舶设计的成功。从这个观点出发,当时的许学彦院士和葛兴国认为这样的举措实在欠妥,应该设法向筹划世博规划方案的同济大学反映,在进行细化设计时,希望在西藏路扩路与设出入口时统筹兼顾,既解决大流量人员的交通问题,又保存七〇八所的科研园区。为了达到双赢,具体的做法是采用走出去、请进来和向上级写报告反映情况等措施。

2004 年 11 月从上海市交通工程学会的学术年会上,同济大学副校长杨东援发表题为《面向世博会的城市一体化交通》的论文中获悉,受上海市城市规划局委托,由他牵头组织校内有关学科的专家完成世博会的交通规划,因此写函邀请他来我所作学术交流。结果在2005 年 1 月 13 日来所作《世博会与科技资源的开发利用》讲座。会议由许学彦院士主持,演讲中杨副校长指出:"七〇八所是搞船舶设计的,希望能为世博会的水上交通设计出新的船型,为城市的交通发展作贡献"。我所卢霖副所长提出我所水池、风筒、造波等室在设计工作的重要性,希望在世博会规划中保留这些实验设备。杨副校长说:"世博会西藏路规划单独拓宽 200 m 没有意义,应该综合考虑整体交通规划"。他表示会充分考虑我所的建议,并向有关部门反映。最后许院士表示,对于开发水上交通问题,七〇八所在 2004 年 5 月以《关于充分利用黄浦江水道开发世博园区水上交通事》写函交于世博局,主动承担任务。对于杨校长为保留我所实验设备,积极向有关部门反映表示感谢。

对于世博园区的建议,在新闻媒体上频频报道了如何利用原有建筑的问题。2005 年 1月召开上海两会期间,有代表提出要按 2003 年开始实施的《上海市历史文化风貌保护区和优秀历史建筑保护条例》保护上海宝贵的历史文化遗产。经查《保护条例》第九条规定建成

30年以上,具有历史文化意义的优秀历史建筑应得到保护。联系到我所水池,是具备上述条件的。因此经向上海市文物管理委员会(市文管会)咨询和请求。于2005年3月11日市文管会派李孔三同志会同市房屋土地资源局人员来我所了解情况,实地调查水池建筑及周围环境。考察后,李孔三同志给出三条意见:

(1)七〇八所水池是列入优秀历史建筑保护文档的。

(2)实地观察水池周边的树木,粗壮高大,一看就有50年以上历史,水池围墙用红砖砌成,门楣装饰都是50年代格局。以后若要扩路,考虑保留水池,拆除池端的办公用楼。

(3)由市文管会发文邀请有关单位,择日在七〇八所现场召开审议会。

由于上海市城市规划局是《保护条例》管理的对口单位,为了把工作做细,许学彦院士不辞辛劳亲自和葛兴国到该局规划处(齐峰接待)、规划业务处(杜潇芳接待)、城市雕塑与景管处(王林接待)访问并陈述来意,结果他们都表示支持。

以后在我所召开审议会时,除了上列单位外,上海世博局还派了赵长义(建设协调部主管)参加,共计20余人。会上许院士介绍水池设备的建造,使用和存在的意义。经审议认为七〇八所试验水池属于优秀历史建筑应得到保护,建议在世博园区建设中请予慎重考虑。

2004年11月上海世博会规划方案评审中同济大学获胜,由此同济大学负责世博规划设计工作。从此以后报纸和电视台每周有世博专题栏目,报道最多的有两个人,即吴志强教授(世博总规划师)、郑时龄院士(世博规划中方三个顾问之一)。后者许院士是熟悉的。为了保留我所水池,就写函邀请郑时龄院士偕同吴志强教授两位以《介绍世博方案和世博园区交通规划》为题来我所作讲座交流,以便趁机申述对拆迁我所园区的意见。

2005年2月,郑院士来七〇八研究所,从家中来所里的车中对葛说:"七〇八所是国家的土地,上海无权动用,如果世博会规划一定要征用,将来一定会还的。"在座谈中提到的西藏路扩路拆散我所园区时,郑院工说:"我很理解七〇八所(八所)的要求。现在第九设计院正在做江南造船厂的厂房利用的规划,八所也列入他们规划范围内,可以向该院协商解决。"其后经与第九设计院(九院)联系,证实他们正在做江南造船厂的规划。随后九院派顾伟、刘和来我所介绍规划情况。的确在同济大学的原始规划图中,七〇八所只留下一幢科研楼,迈出楼门即为种有行道树的马路,其他建筑统统拆掉。但规划设计方承诺,在可能的情况下,尽量保留水池不拆。(图1)

此后开始做邀请吴志强总规划师来我所访问的准备,并写成一份《吁请不因西藏路扩路和设出入口而拆散科技园区的请求报告》送给吴志强。文末列出以许学彦院士为首的66人签名。文内陈述:

我所与新中国同龄,此前是国防科研机构,现在仍为从事军、民两用舰船研究设计单位。其任务为陆、海军提供现代舰船研制;在民船研制中源源开发新颖巨型船舶。七〇八所是全国最大的舰船研究设计单位,建所50多年来,创造了舰船设计领域近百项"中国第一",累计完成各项科研项目500多项,获得国家级科研成果奖近50项(其中有2项为国家科技进步特等奖)。它集科技、设计、水池试验、工厂、职工生活、环境绿化为一整体的高科技园区。

对于从事舰船研究设计单位,模型试验水池最为重要。舰船设计与飞机、汽车设计一样，都要经过模型试验，以验证计算设计的正确性。我所螺旋桨空泡水筒、船模拖曳试验水池、舰船风浪流水池等都是为达到预期设计目的而设置的，是舰船研制中不可缺少的环节，是研究设计的左右手，如果缺少这些设施无异于盲目设计。

新中国刚成立，百废待兴，当时从海外回国的辛一心先生和方文均先生，创造性地筹划设计建造我国第一座空泡水筒和船模拖曳试验水池。由同济大学俞载道先生负责建筑设计。1950 年筹建，1953 年投入使用，至今已有 70 多年，目前仍正常地运转着，并经常夜以继日地加班作业。

试验水池从当年对第一代高速炮艇、第一艘万吨货船、第一艘航天测量船、第一艘出口船、一直到现在已完成 2 000 余艘船模试验项目。

我所水池与世界著名水池齐名，也被国际同行所熟知，即中国上海水池。同是国际权威机构——国际船模试验会议（ITTC）成员单位和国际标准船模试验单位。今日若我国将这个水池拆毁，无异是自己毁掉这个难得的国际地位和国际品牌。

为此在世博园区建设要与科技园区建设并举，充分考虑现有科研单位的存在，在西藏路扩路和设出入口时从实际出发，尽量少拆或不拆，以确保我所军工任务的完成和科研工作的有序进行。

在"报告"中为缓解西藏路扩路和设出入口对七〇八所的影响，提出很多建议。如：

（1）按所处的地理环境完全可以多设几个出入口，以缓解西藏路大出入口的人流往来。

（2）设计新船型，发展水上交通以疏散陆上人流。

（3）在世博园区内，开发地下通道连接浦江两岸，便利人员来往，减轻浦西人流压力。

（4）对嘉宾驶车入园的，在僻静处辟 VIP（贵宾）专道等多项建议，供吴志强总规划师在规划时参考。

以后几次与我所徐春阳同志去同济大学联系，但都因工作繁忙而无法来所。后获悉吴总规划师生病住院。许院士不顾年事已高，行走不便，汇同卢霖副所长、葛兴国带着上述"报告"等去中山医院探望，并将我们的请求向他作了介绍。告别时，他谦和地回答:《等病愈出院后，把你们的要求一定会慎重考虑，统筹兼顾，达到双赢》。

2006 年起，周边地区陆续拆迁如图 1 所示。最终除了科研大楼外，还留下试验水池与风浪流水池，其余一概拆除。此后我所利用剩余土地建造食堂，筑起围墙与门卫形成目前的格局。对于八所来讲，终于保留了两个水池及周边环境，使科研工作不受影响。对于世博会而言，"报告"中所提建议也得以实现，为世博会作出贡献。

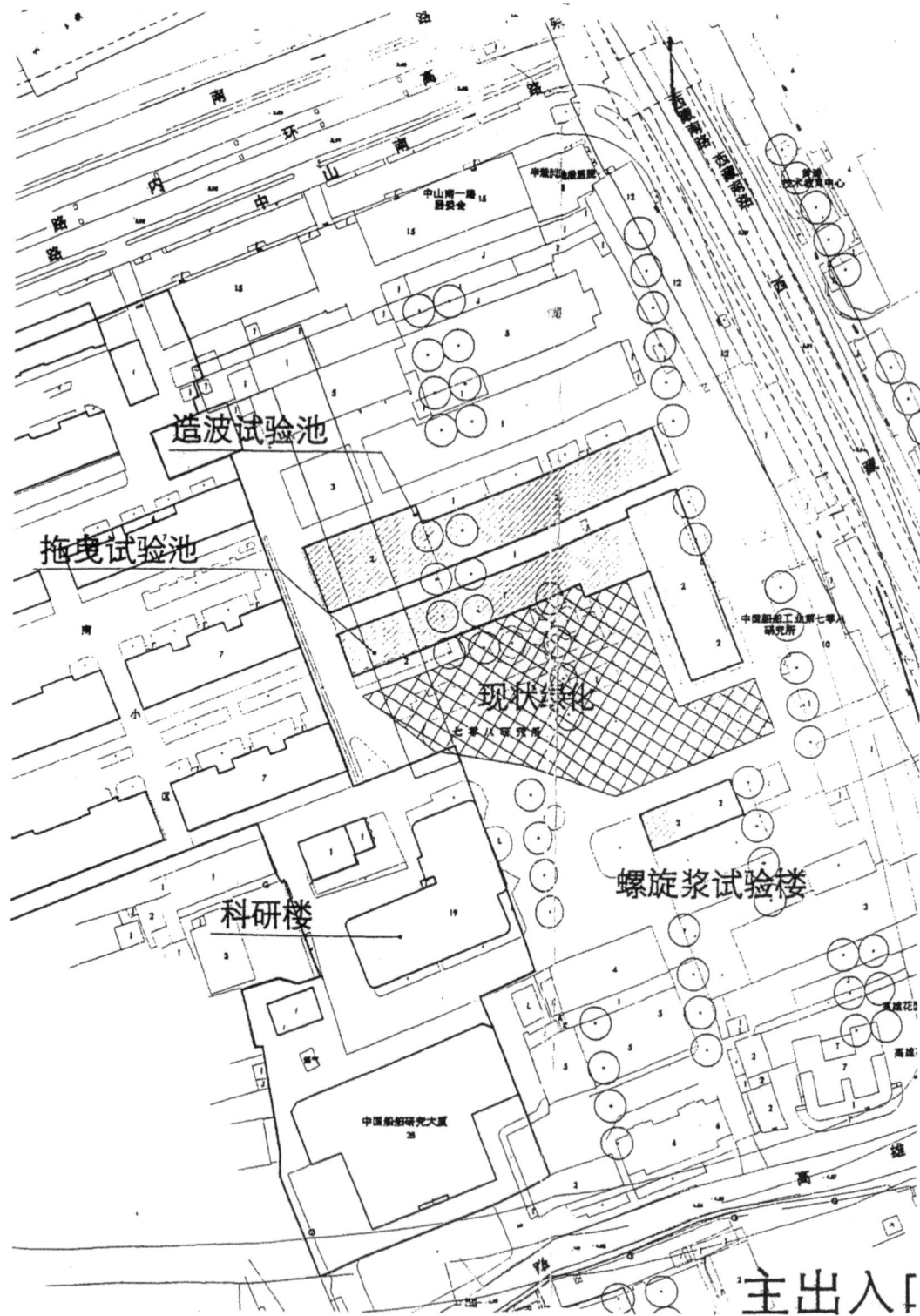

图1 规划图

第十八篇　著者实纪

为造船事业奋斗终身

——记船舶总设计师葛兴国

接受重任　攻坚"昆仑"

战时动员　平战结合

为国争光　向阳红 10

开发创新　江海直达

勤奋好学　奉献助人

个人业绩——系列附表(1～10)

葛兴国　上海交通大学船舶制造系毕业

任职于　第七〇八研究所

兼职　多家科研院所

高级工程师、研究员、高级专家、

高级技术顾问、总设计师

主持和参与船舶产品设计 50 多艘

获国家、省、部级奖 16 项

"向阳红 10"号远洋科学调查船总设计师

获国家科技进步奖特等奖

远洋科学调查船"向阳红 10"号

海洋科学调查船"向阳红 10"号在南极考察途中

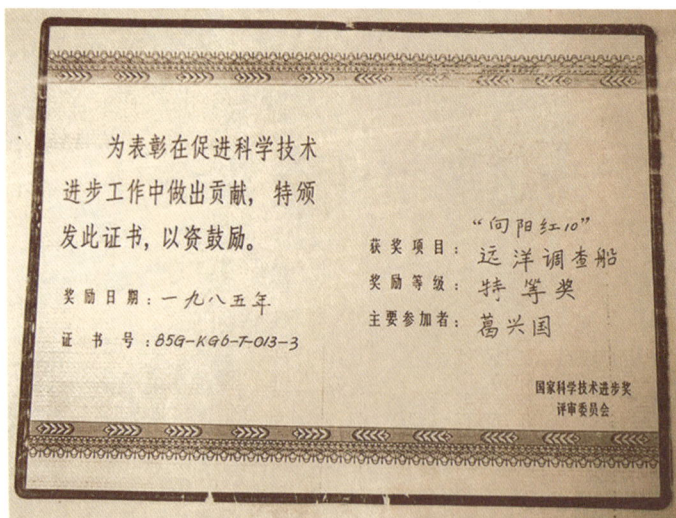

"向阳红10"号远洋综合调查船获国家科技进步特等奖证书

　　葛兴国本人于2019年12月获中共中央、国务院、中央军委为"庆祝中华人民共和国成立70周年纪念"颁发的金质五星国家荣誉胸章

面向浩瀚的海洋,中国造船业承载着历史的重托,肩负着未来的期盼。中国的造船业迎来了华丽的转身,从世界第一造船大国向第一造船强国迈进。在这场变革中,有许多科技精英前仆后继为之付出了青春和汗水。而他——葛兴国也是这其中的一员,用自己的所学以及对船舶事业的热爱,义无反顾地投身到了这场洪流中去,用自己的实际行动告诉世人中国的造船事业正方兴未艾,中国人能够设计建造出第一流的舰船。

葛兴国,浙江慈溪人。青少年时期在上海成长。中学毕业于国立同济大学附属高级中学。大学求读于上海交通大学船舶制造系。毕业设计半年,题目《甲型沿海客货船》,指导导师张景诚主任,成绩优异(5分)。1958年4月毕业,被分配到当时的船舶局产品设计二室工作。

七十多年来,曾参加或主持设计的船舶产品50多艘,成绩卓著,大多为难度较大的国内首创项目或国家重点项目。如:

(1)第一艘长江专用客船"昆仑号"(个人荣记三等功)

(2)"向阳红10"号远洋科学调查船(获国家科技进步特等奖)

(3)19 900 t 江海直达原油船(获中船总科技进步奖)

(4)1 000 t 江海直达货船(获第七研究院①科技成果奖)

(5)"有财"号客渡船(获上海市政府新产品奖)

半个多世纪以来在船舶研究设计领域拼搏奋斗,为造船事业创建了许多个第一。荣获国家科技进步特等奖1项,以及国家与省部级奖16项。

除船舶产品研究设计外,尚完成科研课题10项,撰写发表科技论文39篇,主编《简明船舶科技手册》、合编《船舶科技简明手册》等书刊著作18本,翻译文献资料数十篇。

接受重任 攻坚"昆仑"

"昆仑"号长江专用客船

---

① 第七研究院全称为中国船舶集团有限公司第七研究院

20世纪50年代,当时从北京去庐山有两条路线:一是乘京广线列车在武汉站下车,乘船顺长江下行至九江,再上庐山;或是乘京沪线列车在南京站下车,乘船沿长江上行至九江,再上庐山。根据中央领导上庐山开会和视察长江沿岸的需求,急需一艘专用客船。"昆仑"号就是一艘执行上述任务的专用客船。1959年由交通部提出,国家计委(现中华人民共和国国家发展和改革委员会)批准列为国家重点项目。该船的设计任务书要求在绝对安全的前提下,做到快速与安静,稳性按沿海三类航区要求。组织将这项任务交给了葛兴国。

这是他踏上工作岗位后接受重要的研究设计工作之一。得知该船是一艘负有特殊使命的专用客轮,他第一感觉就是责任重大,心里感受到了组织对自己的殷切希望,更增添了一份沉甸甸的责任感和使命感。同时,也掩饰不住心头的兴奋与激动。因为多年的理论学习和岗位锻炼,终于可以在实践中去挑战与创新。他暗下决心,一定不辜负领导的期望,交出满意的答卷。

万事开头难,设计是第一道关口。接受任务之初,葛兴国便全身心投入其中,查阅各种资料,并实地考察,了解客船航线的第一手资料,本着安全第一的原则,他把航道的水文环境全部调查清楚。

该船要全年通航长江全线(上海至重庆间)。自宜昌至重庆,全长660 km,为川江航道,航道具有水流湍急,多泡漩水,江面狭窄,河床又浅,蜿蜒曲折,坡度又大等特点。航道险恶的地理环境,航行时将极为危险。为此,在设计时对船的长度、吃水限制极其严格。船舶线型设计、稳性、操纵性、船体振动等方面均需特别考虑。科研设计工作来不得半点虚假,严谨科学一直是葛兴国同志的守则,并贯彻于设计工作的全部过程。该船总长84 m、型宽13.4 m、型深3.4 m、设计吃水2.4 m、最大吃水2.65 m,排水量1 451 t,航速16.8 kn(31.1 km/h)。旅客77人,分布在三层甲板上。最高层为遮阳甲板,层高3.2 m。前部为休息室,后部为会议室,中部设特等旅客2人,一等旅客2人,随从旅客20人。舷窗为方窗,防弹玻璃,自动闭启。会议室三面临江,并装备有壁灯和挂灯,熠熠生辉。室内设有屏风一座,屏风上为刘海粟的"旭日东升"画作,气势磅礴,引人注目。船设全空调,饮水船上自带,洗涤水部分由滤清装置供给。

船的线型为摺角船首,大包裹船尾,中部为舷伸甲板,上部造型流畅明快,这种设计格局被以后不少客船设计所模仿。

为了减轻重量,主船体材料为钢质,上层建筑为铝合金。两种材料结合处易遭锈蚀,因此工艺设计有一定难度。

船的特点

· 为了保证安全,船的稳性除了满足长江航行稳性要求,还要满足沿海三类航区要求;设双舵双桨,加大舵的面积,以提高操纵性能;船底结构设计成双层底,并作舷边升高,以防触底和碰撞损坏;利用防火材料,加强消防设施。

· 船的功率大,速度快,航行准时率高。

· 船上环境安静,船员与旅客梯道分开,走道独立。旅客居住区域,除舷外走道外,还设有舷内走道,旅客活动不受风雨影响。

· 船内采光明亮,灯光五彩缤纷,配以庄重美观的外形,晚上停泊江心,灯光齐明,酷似一座水上不夜城。

· 全船结构和上层建筑材料以及机电设备、仪器仪表全为国内生产。体现自力更生精神，为以后船舶建造创造先例。

船舶建成后经几次试航，发现船体略有超重使螺旋桨超负荷，后将厨房和盥洗室的超重水泥敷料减薄以减轻重量，并重新设计一对螺旋桨以适应负荷需要。

工作成绩优良荣记三等功

1961年夏天进行自上海至重庆的全程试航，为期一个月。途经南京、安庆、九江、武汉、宜昌、丰都等城市。经过长时间的实船试航考验，船上设备运转正常。除了个别设施稍作改进外，各项性能和设置符合设计要求，反映良好，就此成为长江第一艘专用客船。1962年秋，经过国家鉴定验收，于当年年底交付使用。船属长江航运管理局管理，由国家事务机关调用。

葛兴国个人由于工作成绩优良，荣记三等功一次（左图）。也由于设计"昆仑"号的锻炼，使他的专业技术更扎实牢靠，为日后挑战更多工作打下了坚实的基础，1978年该船获国家科学大会奖。

改革开放后，该船改装成旅游船，专供外宾三峡游览。由于外观悦目，全船机电设备先进，设有全空调和电话通讯。舱室舒适，有独立盥洗室，大型餐厅和休息室。由美国环球旅游公司包租，为当时最新奇的五星级豪华旅游船。

战时动员　平战结合

1962年为贯彻落实党中央关于"备战备荒为人民"，"我们一定要建立强大的海军"的战略目标，上级部署"战时动员，平战结合"工作。此项工作由第七研究院归口，七〇八所组织实施。所领导根据葛兴国多年在军、民船设计工作的经验，将其调入所科技处负责此项工作。"战时动员、平战结合"工作，就是将民用船舶在战时进行改装，由军事部门集中调配，为军事运输使用。主要包括：

· 将上海海运局、大连海运局、长江航运管理局管辖的所有船舶进行登记汇总，详细开列船舶主尺度、航速、功率、载重量、船龄、使用现状等信息资料汇总成册上报给有关军事部门。

· 在现有船舶中选出几类船型进行典型船舶战时改装设计。并提出改装任务书要求。

· 对于新船，在设计之初提出平战结合要求，预留位置以便以后需要时改装成战时运输船。最典型的为"东风"号万吨级货船，设计时已考虑了战时改装问题。战时要增加的火炮，在其安装的位置下船体结构预先进行加强。有一部分地方还安装了船体消磁装置。以及化学器材的布置，甲板冲洗系统的计算，手提武器的配置与固定，列出战时船员的补充编制,海军供应品明细表等,考虑十分详尽。

·考虑设计标准船型。将船设计成战时和平时两用船。事先按战时用途进行标准设计。和平时期按普通运输船使用,战时征用为军事运输船。

开展这些工作难度很大。比如:在对旧船改装设计时需要掌握陆上火炮、战车、坦克等武器装备的使用要求和装载要素;在对新船型设计时要提出原子化学防护、水雷防护、火炮安装和弹药储存等要求。要将渔船改装成扫雷艇,客船改装成运兵船等,没有民船和军船的设计技能和经历是很难完成任务的。葛兴国虽然为人温文尔雅,但对待科研设计工作却有那么一股子"钻劲"和"韧劲",他善于钻研,勤于思想,有什么弄不明白的难题就去图书馆翻阅各种国内外文献资料,向书本学,汲取各种知识运用到实际工作中。在工作实践中不断充实提高。不论刮风下雨还是严寒酷暑,他不畏艰难走访了许多相关单位和部队、工厂,采集登记所需的船型资料,做笔记、画简图,光笔记本就记了不下十几本。这样工作持续几年,取得了许多第一手资料,为平战结合工作积累了丰富而宝贵的成果,葛兴国个人也得到海军机关的表彰。

为国争光　向阳红 10

20 世纪 60 年代我国研制成功两弹后,继续进行应用卫星、洲际导弹、航天飞行器的研制,需要在海上建立试验平台。1965 年周恩来总理主持召开中央专门委员会第 13、14 次会议,决定"建立远洋考察船队",要在海上实施远程运载火箭全程飞行试验。考察船队承担运载火箭飞行试验的海上落点测量及数据舱打捞回收;负责试验海域及航线的远洋水文气象调查等任务。

1967 年 7 月 18 日,国防科委(国防科学技术委员会)邀请解放军总参谋部、国防科工办、海军、中科院及有关部委负责同志进一步研究"远洋测量船队"(代号 718 工程)的研制计划,并上报毛泽东主席、周恩来总理批准,正式开展研制工作。

"向阳红 10"号远洋调查船

艰辛的历程从这里开始

1971年2月,国家海洋局提出"远洋调查船战术技术任务书,并命名为"向阳红10"号远洋调查船。该船的使命任务为(1)勘察海上试验靶场;(2)为试验舰队和火箭飞行试验提供水文、气象保障;(3)调查地球重力场、磁力场为弹道修正提供资料;(4)远洋通信保障和试验时的转信;(5)为火箭数据舱落水打捞提供水声资料;(6)承担直升机遥测。

七〇八研究所接到设计任务书后即着手抽调设计人员,组建设计班子。张炳炎为主办(总设计师)。葛兴国由所科技处调入远洋调查船设计组为总体专业联系人(总体主任设计师)。自1971年2月开始设计至1979年10月交船,前后八年多时间,葛兴国经历方案设计、技术设计、到江南造船厂进行施工设计,配合建造、绘完工图、试航交船的全过程。在总体设计范围内, 全面负责总体专业的图纸设绘、审核和审定。进行总布置协调、线型设计、各种性能包括稳性、快速性、适航性等研究,完成防摇鳍、主动舵、螺旋桨、船艏搜索声呐导流罩等设计。从事多项目船模试验以验证设计性能的正确性,包括自航试验、螺旋桨水筒试验、浅水阻力试验、倒航阻力试验、适航性试验和操纵性试验等。其试验项目之多,历时之长,涉及单位之广,以往很少船舶有此先例。尤其是烈日当空或寒风呼啸时节,来往于无锡上海两地,这种情景至今仍仿佛就在眼前。但是只要提起当年试验的艰辛换来船舶性能的改善,他笑谈这些困难和劳累都是值得的。

尤其是归口负责直升机装船的系统设计,包括直升机飞行员住舱和起居舱、机库、航空煤油的储存和输送、直升机系留、直升机导航指挥塔、停机坪结构和甲板防滑、直升机下降时甲板标识、夜间灯光导航、防直升机落水的甲板围栏等。当时国内没有舰载直升机,也无舰载直升机的舰船。只能从国外的各种技术报告、出版局刊物、专利报告和詹氏(James)舰船年鉴中检索查阅,结合本船实情进行设计,直至实船建成后进行直升机着船试验,发现问题进行改进,以臻完善。"直升机装船系统设计"曾获国防科委重大成果奖。此项成果相继用于以后设计的许多舰船上。

自1975年8月张炳炎离开设计组回二室后,设计组领导决定,任命葛兴国为该船总设计师。继续进行施工设计,配合建造和修改设计。全面负责各专业间设计和对工厂的施工配建。参与重大设备的选型、安装和调试。长期在施工现场解决施工中存在的问题和消除试航中的缺陷。如:

·船上防火材料采用珍珠岩、蛭石和水泥为原料,在当时是为新颖防火材料,但工艺上很复杂,施工不当影响防火质量,因此上船与工人师傅一起劳动,现场改进施工工艺,直至完工。

·船在试航中发现局部舱室存在振动现象,从理论上分析研究,并与结构专业设计师一起商讨改进措施,在下一次试验时振动现象消失。

·在倾斜试验中发现数据精确性不够。与工厂试验人员一起下舱查找原因,结果查明液体舱存在自由液面,影响试验的精确性。

·在试验中出现右舷螺旋桨负荷过重,功率不匹配,主机冒黑烟。经螺旋桨拆卸查验,发现螺旋桨的加工公差超标。经过核算将螺旋桨叶梢割去150 mm。经过复试获得成功,与左舷螺旋桨运转一样,功率匹配良好。

在边设计边施工中,为了提高全船的安全性,组织协调,完成多项改进设计。如:(1)高空气球探测所用的氢气系统,因易于爆炸,而改用氦气,重新改装设计氦气系统,消除隐患;(2)航空煤油因输入油舱时会产生大量静电,一遇明火极易爆炸,因此从管路设置、油舱大小、使用材料、注入速度、舱内除锈等方面考虑,重新设计一套防爆系统,达到煤油舱在清舱过程中用带白手套验舱不占污的程度;(3)直升机在甲板上和机库内停放,要在航行中避免产生摇晃和倾覆,而设法增加系留点位置和卡板设施;(4)因主机增压器不过关,影响航行安全。经反复研究和论证,重新更换主机等。

作为一艘船的总设计师,在建造过程中不知会遇到多少大小难题,并要求果断处理。为了保证船的质量,承受过种种压力和劳累。只有依靠设计团队的共同努力,才能最终赢得一个成功船舶的诞生。

1977 年 2 月设计组工作结束,改设驻厂工作组,葛兴国任组长,继续负责施工配建工作。船接近完工时,负责编制实船和专业性试航大纲;实施几次试航和组织完工图纸的提交;直到 1979 年 10 月底交船。经过实船试航和多次远洋航行,证明船的性能良好,符合使用要求。葛兴国领导的工作组由于工作兢兢业业,获 1977 年"643 甲驻厂工作组"先进集体,他个人受所表彰。

巨大的海上建筑物

"向阳红 10"号是一项庞大的系统工程。中国造船人的意志是超乎想象的,他们的聪明才智也是令人刮目相看的。"向阳红 10"号远洋调查船是当时世界上同类型船中最大、进行科学考察最为完善的一艘船舶。这样大的考察船在国外一般都用货船或油船改装。那些新建的,如美国的"海洋学者"号、俄罗斯的"库米托夫院士"号、日本的"白凤丸",无论是吨位或规模上都不能跟它相比。"向阳红 10"号总长 156.2 m、船宽 20.6 m、总高 44 m、排水量 13 000 t。除双层底外,共有 10 个平面层:露天甲板以下四层,露天甲板以上六层。上层建筑位于船的中部,艏柱前倾,配以水滴形球鼻,巡洋舰式船尾。主辅机舱设在船的中部,主动力装置为两台船用低速柴油机,双螺旋桨,双舵。设有主动舵两台,以适应低速推进需要。在船的舯部设减摇鳍一对,在前后桅顶上高高地托着一对鱼骨状通信天线,桅顶距基线高 38 m,两桅相距约 80 m,天线直耸云端,蔚为壮观。在船的前甲板上设有吊放深潜器用起重机一架,吊重 28 t,吊臂如巨人手臂一样高高举起。在船的后甲板上设有机库一座,紧挨着的是一片开阔的停机坪,面积有 500 多 m^2,比三个排球场还大。船内设有各种房舱 300 多间,除工作舱室外,还有较完善的公共生活舱室。船上一次补足粮食和供应品,足够全体人员食用四个月。如果船的燃料充足,可绕地球航行一周。

每当夜晚,远远望去,船上灯火通明。桅杆上、船舷边红黄绿色信号灯闪闪发亮,真可谓一座不夜城。

"上天下海"的能手

"向阳红 10"号设有先进的导航通信及海洋考察设备,可在极区以外各大洋进行水文、气象、水声、物理、化学、地球物理和海洋生物等多学科的综合考察。可收集有关海洋的众多资料,包括海上气象,海面波浪,潮汐,海流,潮流,冰层,海水的物理性质,海水的化学性质、海深、海底地形、矿产、地质、沉没物体、海底资源、地壳构造等进行广泛的考察。船上设有各种学科的实验室和电子计算机室、辅助舱室 80 多间，配置各种科研仪器设备数百台，可以进行海洋科学考察和调查，以及数据的现场分析和整理。在船的两舷设有为数众多的吊杆和绞车，通过绕在绞车上的钢丝绳或电缆向海中取样或进行试验。例如投放颠倒式采水器，可以采集 200 ~6000 m 深的各种水样，并记录其温度和盐度。也可进行深水拖网以捕捞底栖生物。如要对海底进行地质调查或水中摄影则可使用深潜器。也可采用柱状取样管向地壳表面捞取几米深的沉积物。如要了解深海地形，则可用万米测深仪测出 10 000 m 以下的海底地形。至于地球物理的探索，例如对地球重力加速度的了解则可采用重力仪。重力实验室设在上甲板中部最平稳的地方。洲际远程火箭落点的位置取决于地球上该点的重力加速度值。要精确了解地球上某地重力加速度值，需在较大范围内连续测量。

"向阳红 10"号设置完整的气象体系，有气象火箭发射系统、氢气球探空系统，为数众多的测风、测雨雷达，卫星云图接收，气象传真，高空气象观察等。可探测 30 000 m 以上高空大气要素和 500 km 范围内台风的形成和移动，能进行中短期天气预报，是海上的气象预报中心。

船上还设有大功率发讯机，可同时在两个方向进行远距离通讯联络。在恶劣风浪的条件下，船可依靠各种先进的导航设备在全球范围内安全航行。

总体性能好

正如大海总是波涛汹涌的一样，创新的道路更不会一帆风顺。葛兴国作为一名总设计师对此有更深刻的认识。船舶是否具有各种良好的性能，是能否有效工作的关键。在这艘船的设计过程中，葛兴国对船的稳性、抗沉性、操纵性、快速性、适航性等方面进行了综合考虑和细心研究。为了证实设计的正确性，将实船按比例制成船模在水池中进行了各种模型试验。根据试验结果，船的线型设计优良，在阻力上可以与世界著名的"泰勒系列"船模媲美，而在适航性与操纵性方面考虑更为周全。

该船的稳性好，能抗 12 级风，相应风速为 53 m/s。万一船遇到意外危险，遭受破损进水，能保持任何两个相邻舱室进水而不沉，其下沉水线均不超过安全限界线。

经受严峻的考验

1985 年 1 月 26 日，正在南极圈附近进行大洋调查的"向阳红 10"号遇到了 12 级以上南极强烈风暴。全体考察队员和船员与风浪顽强搏斗超过 20 小时，终于脱离险境，安全返回。这次极地强低气旋是 26 日早晨开始影响别林斯高晋海域。中午，当"向阳红 10"号驶进南纬 64° 46'，西经 69° 38'海面时，平均风速增至 12 级，最大风速达 34 m/s，海面上像山似的涌浪一座接一座，浪高达 11 ~12 m，浪长超过 100 m。一阵阵浪花水沫从 30 m 高的驾驶台上方呼啸而过，考察船前后甲板不时被滔滔巨浪所覆盖。当船身被涌浪托起时，螺旋桨露出水面，船体最大倾角达 31°，并产生了很大的震动和响声。

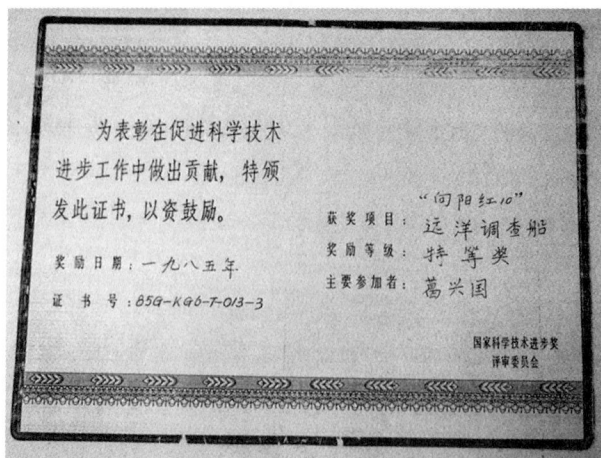

"向阳红10"号远洋调查船国家科学技术进步奖证书

"向阳红10"号陷入极地气旋中心时,船长一天一夜没离开驾驶台,不断发出命令,调整航向,使船只和风浪袭来的方向保持一定的角度,顶风破浪缓慢前进,避免了严重险情的发生。一些考察队员冒着风浪奋不顾身地抢救和保护考察设备、仪器和标本。接连被涌上甲板有 1 m 多高的激流所冲倒,但都被后面的同志抢救出来。考察船经受了 12 级以上风暴的考验,这在中国科学考察史上还是没有先例的。

经过七天严密的检修,证实船的操纵系统、动力机械、消防系统、船的结构、总体性能良好。

东方巨龙腾飞

"向阳红10"号建成后,经过各种试验,满足使用要求。因其总体设计优良,1980 年 获国防科委颁发的重大科研成果一等奖。

1980 年 4 月,参加我国首次向太平洋海域发射远程运载火箭全程飞行试验,获得成功。

1984 年 4 月,参加我国首次发射同步定点试验通信卫星,获得成功。

1984 年 11 月,首航南大洋考察,队员在乔治岛上建立了中国南极长城站,五星红旗首次在南极洲飘扬。中华名族有自立于世界民族之林的能力,将为世界人民作出更多的贡献。

1985 年 5 月,经国家科学技术进步奖评审会评定"向阳红10"号远洋调查船荣获国家科技进步奖特等奖。该奖是我国建国以来并列在原子弹、氢弹、核潜艇等 23 个项目中的一项。其意义巨大,表征本船为国家的国防事业作出重大贡献;为我所赢得了声誉。

2006 年,被评为中国十大名船。

开发创新　江海直达

1981 年起葛兴国先后在室主办(总设计师)组、总体科、开发科工作。由于出口船业务的兴起和体制改革的试行,室领导应顺形势,组织力量开展新船型研究和船舶产品的前期设计和开发设计。几年来兢兢业业做了不少的船型开发设计。如:29 000 t 散装船、420 客位沿海岛屿客船、长江豪华旅游船、风帆助航集装箱船、核废料运输船等。

针对长江航运需要,立题进行《江海运输船船型研究》。认为长江在国民经济中地位极为重要,长江全长 5 800 km,流经八省和上海、南京、芜湖、安庆、九江、武汉、黄石、宜昌、重庆等重要城市,是我国第一大江。流域面积 180 万 km²,有 3 亿多人口居住在这里,工农业生产总值占全国 40%,是我国经济与文化发达的地区之一。长江是连接各大经济区和工农业生产的运输纽带。沿江诸省资源丰富,可以汇集两岸城市由水路运出,沿海城市物资也可经长江运往内地。但由于受到地理环境的限制,发展缓慢,不适应飞速发展的需要。起初在长江航行的船舶有客船、油船、货船、推驳船队等,因受吃水的限制,船的吨位小,又不能出海,只能将货物通过水路或陆路运至河口城市,再用海船向外运出。造成货物周转时间长,资金积压,易造成货损,增加转口费用等缺点。如能采取江海直达运输方式,则内地货物可直接运向沿海诸省,或远至香港,无中转环节。由此引出设计江海直达船舶的概念。将船设计成江海直达船型,可以减少运输环节,提高航运效率。但存在因吃水浅,加大船宽后会引起快速性、操纵性、适航性等问题。葛兴国经过研究和试验,上述问题获得圆满解决。并写成《江海运输船船型研究》报告,列出江海直达船型系列型谱,有货船、集装箱船、油船三类共计 11 种船型,供船东选用。1985 年在福州召开"船型开发研讨会"上,介绍江海直达船型时,把 11 种船舶的方案设计资料分发给与会者。结果福州航运公司与南京长江油运公司都有意向建造,从而获得开发成功。因此葛兴国先生是我国江海直达船型系列最早开创者。

葛兴国(中)在"船型开发研讨会"上发言

1 000 t 级江海直达货船

船东为福州航运公司,中华造船厂和马尾造船厂各建造一艘。该船于 1986 年 10 月下水,1987 年一季度先后交船使用。船长 62.85 m,型宽 11.6 m,型深 5.00 m,吃水 3.6 m,

载重量 1 193 t,航速 9.8 kn。以装载干杂货为主,航行于北至上海,南至香港的沿海港口,以及进闽江、长江从事江海直达运输。

为了提高船舶经济性,在船体尾部紧靠螺旋桨前方加装左半侧补偿导管的节能装置,经模型试验结果可使航速提高 0.25 kn。实船航行也证实其效果。同样两艘姐妹船(闽海101、闽海102),后者装补偿导管,前者不装,结果在闽江至香港航线上,"闽海102"船要比"闽海101"船早到 6 小时,节能效果好。

由于该船既能进江又能出海,技术上存在很多难度。为了达到规定的载重量,船的吃水要浅,只能加大船宽,对快速性与适航性产生不利影响,因此葛兴国设法在线型设计和加装节能装置上来解决问题。经过试航获得了满意的结果,成为我国第一艘新颖的千吨级的江海直达船舶。

1988 年 4 月,中国船舶工业总公司对《江海运输船船型研究》课题和《1 000 t 江海直达货船》组织技术鉴定。结论是:达到国内先进水平,值得推广使用。

1989 年上列两项项目都获第七研究院科技成果二等奖。

4 200 t 江海直达成品油船

船东为南京长江油运公司,南京金陵船厂和上海求新船厂各建造一艘。首制船于 1992 年 11 月在吴淞口小九段试航,达到预期要求,情况良好。1993 年初交船使用。

船长 106.68 m,型宽 17.6 m,型深 7.05 m,吃水 5.07 m,载重量 4 560 t,航速 11.9 kn。航行于安庆至日本、安庆至香港以及近海国际航线。该船是既能进江又能出海航行的江海直达新船型,逐渐替代只能在长江上航行不能出海航行的老旧 5 000 t 拖驳油船。从此为南京长江油运公司开启油船直接出海航行的新局面。

葛兴国(后排左一)代表七〇八所参加船东和船厂建造合同签字仪式

19 900 t 江海直达原油船

南京长江油运公司当时仅有大批旧的 5 000 t 级油船,大的油船停靠在上海等地无法驶入南京港。1990 年 12 月该公司要建造 20 000t 级油船,经推荐采用江海直达船型。虽然南京港附近航道水深有 10 m,但在长江口的白茆沙附近水深为 7 m,因此欲达到进江不减载,而采取候潮入江的办法,即趁潮水涨过设计吃水时乘潮进江,而达到满载航行江海直达的目的。由于吃水浅,在确定主要尺度、线型设计、操纵性和适航性等方面带来很多困难。为了弥补因吃水浅带来的对航速的影响而采取尾部加装补偿导管的节能装置。同时,按照海船规范,载重量超过 20 000 t 油船相应增加很多设备,如要设置隋性气体保护装置和管路系统。为了节省造价,将船设计成载重量为 19 900 t,并达到满载时无纵倾航行。该船船长 159.27 m,型宽 26 m,型深 12 m,设计吃水 8 m,航速 13.3 kn。为了满足各种性能要求,设计中进行快速性、节能装置、操纵性、适航性、浅水阻力等多项目试验。

从 1990 年 12 月开始,经论证、方案、技术、施工设计诸阶段。船由大连造船厂建造。于 1994 年秋天建造完工,着手交船试航。室领导担心这艘庞大的浅吃水船可能在快速性和船体振动上会遇到问题,因此特别指定葛兴国(总设计师兼室技术主管)和轮机专业周国民(副总设计师)二人前往参加试航,以应对试航中出现的紧急问题。1994 年 9 月在大连小平岛实船试航,经过各项测试,证实该船性能良好,无振动问题,试航航速 14.5 kn,高于设计航速。交船试航成功,为本单位赢得声誉。南京长江油运公司与七○八所建立了良好的工作关系,为后续设计建造 35 000 t 油船等船舶奠定基础。

此船满载时不需减载,乘潮进江的船型,是我国第一艘大型江海直达船舶。世界上尚不见此类船型。1996 年获中船总公司科技进步奖。

勤奋好学　奉献助人

技术协助赴美考察

1978 年全国科学大会后,中国科学院要向美国引进一艘海洋调查船,在国内谈妥船的规格与造价后,准备择厂建造。1980 年 5 月,葛兴国作为高级专家被邀参加中国科学院海洋调查船考察监造代表团成员赴美,历时 8 个月。在美国近岸公司、大西洋船厂、伍兹霍尔海洋研究所等单位考察和工作。经过深入的了解和交流,对于美国在海洋调查船方面的现状和水平;美国中小型船厂的组织管理、经营特点、技术现状;美国科技团体的研究体制和工作方式;以及美国船厂与设计单位如何分工协调等都有所了解,增长才智。为以后的产品设计和科研工作得到很大的帮助。

葛兴国(右三)在美国大西洋船厂考察

为出口船设计业务出力

葛兴国在美国学到了不少先进知识和技术,特别是民用商船有关公海、大湖、航道、运河公约规则对船舶设计的要求等。1981 年七〇八所开始开展出口船设计业务,如 27 000 t 散货船的出口。当时设计上最大的问题是既无经验又无资料,不熟悉外国船级社规范、国际公约、通航运河规则、码头工人条例等。由于为中国科学院引进的海洋调查船是按美国船级社规范设计的,要经过苏伊士运河、巴拿马运河,也要按国际劳工组织公约要求设计。所以葛兴国比较熟悉这方面情况。出口船设计也同样要依照这些规范规则。因此他曾以讲座形式向大家介绍过其中的内容,或在个别询问时,详细给予口头介绍和解释,以满足设计工作的急需。该年由于葛兴国同志工作成绩优良记功一次。葛兴国同志为了让大家都能了解和应用有关出口船业务谈判,合同制定,规范应用,船级社图纸送审等业务知识,陆续撰写和发表多篇论文,供大家阅读使用。如:《有关公海、大湖、航道、运河公约规则对船舶设计的要求》(1982 年),《出口船设计及其业务工作》(1982 年),《出口船设计中有关规范、入级、审图、检验诸问题》(1983 年),《出口船设计中有关海事公约、规则、规范、法规的应用》(1987 年),《世界主要运河、大湖、航道、江河要素及船舶尺度的限制》(1992 年),《美国海岸警卫队与商船设计》(1993 年),《国际劳工组织公约与商船设计》(1994 年)等。

有关出口船使用规范规则公约等的讲课

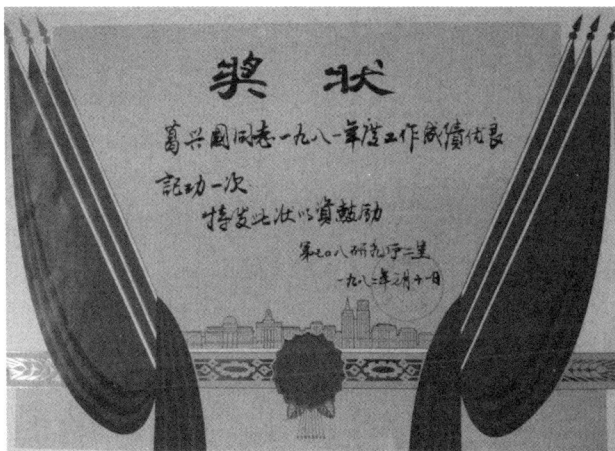

工作成绩优良记功一次

为了使所内外从事出口船业务的科技人员更加方便地获得设计资料,所内组织翻译出版《出口船设计参考资料》(1981 年 8 月—2000 年 3 月),葛兴国一直为编委会成员,参与主审和编审工作。在长达 19 年间,出版 23 辑。被广大船舶设计和建造人员所采用。成为设计与建造出口船不可缺少的资料而深受欢迎和好评。此系列成果于 1993 年获中船总公司科技进步奖。与此同时,他还参与很多实用资料的翻译和汇编,如:美国船级社的《钢船建造和入级规范》(1982 年)、《国外船舶规范与规则汇编》(2009 年)和为数众多的文献资料的翻译,如国际海事组织(IMO)大会决议、公约修正、题录汇集等。

技术支援携手并进

为了给兄弟科研单位以技术支援,在 1993—1995 年受聘七○八所第四设计室任高级技术顾问,该室原为渔船、拖船的设计室。在改革开放浪潮下,迅速从设计小船过渡到设计大船;设计国内船过渡到设计出口船。但设计大型出口船存在一定难度。作为顾问在遇到设计问题时,应竭尽全力地帮助,相互切磋技术,共同协商提高。例如在出口古巴的 29 000 t

散货船的航速问题上,需要改换螺旋桨时,经过反复计算后,积极提出改进意见作换桨时参考。在出口英国 24 000 t 多用途运木船时,对甲板装载木材的堆高、绑扎、支撑、通道设计等问题提出意见,以完善产品设计。

自 2004 年起他受聘为上海船舶运输研究所任技术顾问,共同开发集装箱船和化学品船两大系列产品,有 280 箱集装箱船;400 箱集装箱船等,而化学品船方面有 3 800 t、8 000 t、13 000 t 化学品 / 成品油船,并形成批量生产,先后出口中东等国,为兄弟所携手开发新产品感到高兴。

葛兴国被聘为中国科学院使用七〇二所设计的小水线面型综合调查船的顾问。该船技术复杂、难度很大。他和大家一起克服困难,终于完成设计和建造。于 2008 年在珠江口外海上交船试航,并一次成功。小水线面型设计技术用于调查船上在国内尚属首创,能为小水线面船型开发作出贡献,他感到欣慰。

葛兴国还受聘任职于多个科研院所,从事集装箱船、散货船、成品油船、调查船等设计业务,急人所急,共同完成船的产品设计任务。

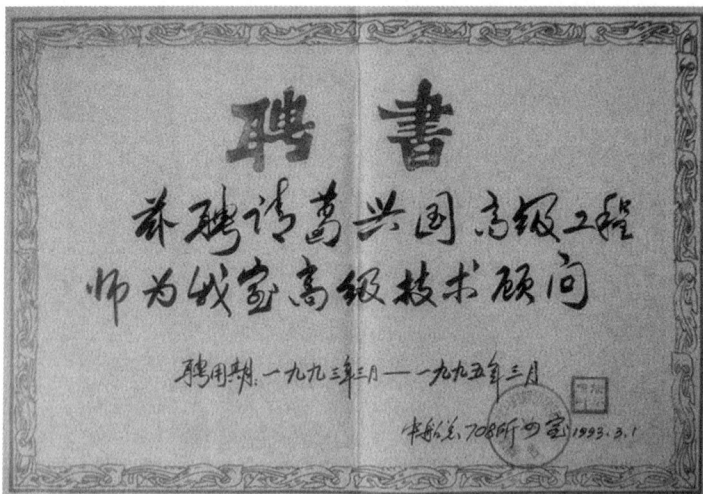

聘为高级技术顾问

传授知识乐此不倦

20 世纪 60 年代初,有大批中等专业毕业生分配来所,为了提高业务知识,七〇八所开办第二业余红专大学,葛兴国被聘为"材料力学"授课教师;并向行政干部授讲"船舶概论"。

葛兴国为广西梧州船厂和江苏镇江船厂派来的实习生讲课,那时称为"一帮一,一对红",手把手地教他们如何计算和绘图。

20 世纪 80 年代出口船建造热潮在全国掀起,曾在上海、北京、青岛、福州等地以宣讲形式讲解"出口船设计业务"知识。使广大出口船设计建造人员正确掌握出口船业务知识,快出船、多出船,为国家创汇作贡献。

后　记

忆在少年时期,求读上海储能中小学,曾在先进老师周建人、王元化、段力佩、覃英、戚铮音等教导和引领下与进步的同学们一起参加如闻一多、李公朴的追悼会和以后的"反饥饿、反内战、反迫害"等一系列爱国学生运动。

1949 年 10 月参加新民主主义青年团。工作后,因国防事业需要,于 1962 年集体参加中国人民解放军(总字 914 部队)授中尉副连军衔。从那时起,为贯彻党中央关于"为了反对帝国主义侵略,我们一定要建立强大的海军"的战略目标,逐步树立要"为国家的造船事业奋斗终身"的志向。德俭做人,勤奋工作。

昔时在交通大学求学时,有辛一心、王公衡、林杰人诸教授的谆谆教导,激励他勤勉学习,尤其在力学方面,学习理论力学、材料力学、结构力学、杆与杆系的稳定、薄壳理论、弹性力学、流体力学、水力学、空气动力学等扎实的理论知识,为以后的船舶设计和研究打下深厚基础。

由于在校时必修和在工作后进修,掌握了俄、英、德、日文种,能便利地查找科技书刊。工作中每遇到问题,便潜心查阅文献资料,总能得心应手。因此直至今日依然觉得看书是最大爱好,一书在手,废寝忘食。

忆青年时,爱好游泳、音乐、绘画、书法、意气风发,兴趣广泛,自得其乐。

晚年,利用业余时间去上海老年大学学习西医学、中医学八年,着重健康养生。

直至 2008 年他还在七〇八所完成了《国际散化规则对化学品船设计的要求》课题研究和《浮式液化天然气生产储卸装置(LNG FPSO)开发前瞻性研究—LNG FPSO 安全性要求研究》(编号 2004K2409—02—03)课题研究,以及为江南造船集团公司参编《国外船舶规范与规则汇编》(第一卷)、(第二卷)(2009 年 10 月出版)这三项工作。

至今他依然思维清晰,精力充沛。对以前曾有过接触,但未亲手设计和实现的新船型,如核动力船、直升机母船、深潜器和豪华大型客船等仍充满憧憬。

个人业绩系列附表（表 1 ～ 表 10）

船舶产品设计（部分）

序	名称	设计年份
1	500 t 沿海打捞工作船	1958 年
2	200 t 内河冷芷船	1959 年
3	丹江导航趸船	1959 年
4	"昆仑"号长江客船	1960 年
5	"向阳红 10"号远洋综合调查船	1971 年
6	7 000 t 远洋综合调查船	1979 年
7	2 500 t 冷芷船	1979 年
8	5 000 m³ 液化石油气船	1979 年
9	2 700 t 载重量集装箱船	1981 年
10	29 000 t 载重量散装货船	1981 年
11	300 客位闽江下游客船	1982 年
12	青臼线客货船	1983 年
13	1 100 t 成品油船	1985 年
14	5 300 /6 100 t 江海直达货船	1985 年
15	椒申线客货船	1985 年
16	250 客位沿海岛屿客船	1985 年
17	370 客位沿海岛屿客船	1985 年
18	420 客位舟山岛屿客船	1985 年
19	长江旅游船	1986 年
20	"杨子江二"号长江豪华旅游船	1986 年
21	长江 3 500 t 成品油船	1987 年
22	风帆助航 5 000 t 江海直达油船	1987 年
23	5 000 t 江海直达油船	1987 年
24	1 000 t 级江海直达货船	1987 年
25	250 箱江海直达集装箱船（福建方案）	1988 年
26	250 箱江海直达集装箱船（长江方案）	1988 年
27	核废料运输船	1990 年
28	4 200 t 江海直达成品油船	1993 年
29	19 900 t 海海直达油船	1994 年
30	190 箱集装箱船	1994 年
31	"有财"号客渡船	1994 年

受聘单位顾问船舶产品设计

附表 - 2

序	受聘单位	船舶设计名称	时间
1	中国科学院	4 700 t 远洋科学调查船	1979 年至 1980 年
2	七〇八所四室	29 000 t 散货船	1993 年至 1995 年
		24 000 t 运木船	
3	上海欧德利船舶工程公司	28 000 t 散货船	1995 年至 1999 年
		远洋集装箱船	
4	上海船舶运输科学研究所	400 TEU 型江海集装箱船	2004 年
		200 TEU 内河集装箱船	2005 年
		280TEU 内河集装箱船	2005 年
		90TEU 内河集装箱船	2005 年
		8 000 t 成品油船	2006 年
		13 000 t 化学品船	2006 年
		3 600 t 级化学品船	2007 年
		1 000 t 级垃圾运输集装箱船	2007 年
		4 200 t 化学品/成品油船	2007 年
		14 000 t 化学品船	2007 年
		128 m 甲板驳	2007 年
		世博会黄浦江游船	2007 年
		260 m 浮船坞	2008
5	上海华船科技公司	申嵊线客渡船	1993 年至 1997 年
		4 000 t 成品油船	
		上海金山区消防瞭望塔	
6	上海智密技术工程研究公司	3 000 t 级集装箱多用途货船	1994 年
		128 m 集装箱多用途货船	2003 年
		5 000 t 级集装箱多用途货船	2005 年
		18 500 DWT 散货船	2005 年
7	七〇二所	"实验1"号小水线面科考船	2004 年至 2008 年
8	上海佳和船舶设计公司	12 000 t 散货船	2008 年
		13 000 t 化学品船	2009 年
9	上海彩虹鱼科考船科技服务公司	万米级潜水器科考母船	2014 年起
10	七〇二所上海分部	SWATH 深远海科学调查作业船	2014 年起
		近海风电运维船	

附表 -2（续）

序	受聘单位	船舶设计名称	时间
11	上海海乐应用技术研究所	黄浦江游览船	2019 年起
12	上海天翼船舶工程公司	"雄程天翼 1"号风电运维母船	2019 年起
13	上海交通大学	"邮轮中国"出版物	2019 年 11 月起

课题研究项目

附表 -3

序	名称	年份
1	内河船阻力研究比较	1959 年
2	川江 3 000 马力汽轮机推轮车叶转速研究	1959 年
3	拖轮浸水面积的比较与分析	1960 年
4	重力式船模试验设备研制	1961 年
5	长江运输船船型研究	1985 年
6	国际散化规则对化学品船设计研究	2007 年
7	浮式液化天然气生产储卸装置（LNG FPSO）开发前瞻性研究 —LNG FPSO 安全性要求研究	2008 年
8	洋山深水港江海联运集装箱船开发	2006 年
9	14 000TEU 大型远洋集装箱船开发研究设计	2008 年
10	小水线面双体船关键技术研发及应用	2017 年

论　文

附表 -4

序	名称	刊物名称和期号	发表年份
1	关于稳性报告书的内容与形式	中国造船 62 年年会论文集(1)	1962 年
2	K. C. 推进器组系及其他	舰船研究通信 23 期	1965 年
3	隧道型尾拖船湿面积计算公式	船舶工程 1979.3	1979 年
4	实用滑水艇概念	舰船科研与设计 1979.3	1979 年
5	有关公海、大湖、航道、运河公约规则对船舶设计的要求	舰船科研与设计 1982.1	1982 年
6	出口船设计及其业务工作	舰船科研与设计 1982.4	1982 年
7	出口船设计中有关规范、入级、审图、检验诸问题	舰船科研与设计 1983.1	1983 年
8	美国大学海洋研究所体系的调查船使用	舰船科研与设计 1985.6	1985 年
9	开发新船型、发展长江航运	舰船科研与设计 1985.4	1985 年
10	船和装卸方式的变化看运输船型的发展	中国造船学会学术讨论会	1985 年

附表 - 4(续)

序	名称	刊物名称和期号	发表年份
11	发展长江航运、开发江海直达船舶	船舶与海洋工程 1986.1	1986 年
12	论船舶吨位	舰船科研与设计 1986.3	1986 年
13	"向阳红 10"号远洋调查船性能设计	船舶与海洋工程 1986.4	1986 年
14	出口船设计中有关海事公约、规则、规范、法规的应用	中国造船学会学术讨论会	1987 年
15	远洋调查船"向阳红 10"号船型性能设计(1)(2)	舰船科学技术 1987.5 1987.6	1987 年
16	江海直达 1 000 t 级货船	船舶工程 1988.1	1988 年
17	出口船设计中有关海事公约、规则、规范、法规的检索	民船船型开发通讯 1988.2	1988 年
18	远洋渔船设计和营运中有关海事公约、规则、规范法规的应用	远洋渔业 1989.1	1989 年
19	发展长江航运积极开发江海直达船型	长江船型开发研究论文选 89.12	1989 年
20	关于船舶吨位的问答	船舶 1990.2	1990 年
21	长江新颖旅游船设计介绍	船舶 1990.4	1990 年
22	有关海事公约、规则、规范、法规应用的问答	船舶 1990.4	1990 年
23	1 000 t 江海直达货船线型及节能装置设计	上海造船 1990.2	1990 年
24	国际航行船舶设计和建造有关海事公约、规则、规范、法规的应用	船舶工程 1990.6	1990 年
25	我国江海直达运输系统的开发	中国河运 1990.8	1990 年
26	美国海岸警卫队及其所属舰船	现代舰船 1990.12	1990 年
27	江海直达船型与节能装置设计	上海造船 1991.4	1991 年
28	集装箱标准尺寸和质量的设计使用	舰船标准化与环境条件 1992.6	1992 年
29	长江现有油船采用惰性气体保护的分析研究	船舶 1992.6	1992 年
30	世界主要运河、大湖、航道、江河要素及对船舶尺度的限制	船舶 1992.3	1992 年
31	美国海岸警卫队与商船设计	舰船标准化与环境条件 1993.6	1993 年
32	国际劳工组织公约与商船设计	舰船标准化与环境条件 1994.4	1994 年
33	国际散化规则对化学品船设计的要求	船舶 2008.1	2008 年
34	浮式液化天然气生产储卸装置(LNG FPSO)安全性要求研究	—	2008 年
35	小水线面双体型远洋调查作业船设计	船舶	2017 年
36	柴电螺旋桨推进系统在小水线面型调查船上应用	—	2019 年
37	为上海建设世界著名旅游城市设计制造一批旅游船	邮轮中国	2019 年
38	推荐一艘高性能船型沿海小水线面型旅游船	邮轮中国	2019 年
39	小水线面双体型海上风电场运维船开发设计	—	2020 年

书刊著作（主编或合编）

附表－5

序	名称	出版单位	出版年份
1	简明船舶科技手册	中国人民解放军南字 814 部队	1968 年
2	船用螺旋桨设计参考资料	上海市 3203 信箱	1971 年
3	单螺旋桨运输船舶船模试验系列	中国人民解放军南字 814 部队	1973 年
4	英汉舰船科技词汇	国防工业出版社	1975 年
5	船舶科技简明手册	国防工业出版社	1976 年
6	出口船设计参考资料	中国船舶及海洋工程设计研究院	1981 年
7	美国船级社：钢船建造和入级规范	中国船舶工业总公司标准化研究所	1982 年
8	出口船舶检验工作参考资料专集	中国船舶工业总公司标准化研究所	1982 年
9	国际海事公约和各国海事法令目录	中国船舶工业总公司标准化研究所	1983 年
10	美国船级社：钢船建造和入级规范	由美国船级社购版权	1985 年
11	有关国际及各国海事法令汇集(8)	中国船舶及海洋工程设计研究院	1986 年
12	海洋调查船术语汇编	海洋出版社	1986 年
13	船型开发设计译文集	中国船舶及海洋工程设计研究院	1988 年
14	船舶科技开发项目选集	中国船舶工业总公司	1988 年
15	惯用语词典	复旦大学出版社	1996 年
16	国外船舶规范与规则汇编	江南造船集团公司	2009 年
17	船舶及海洋工程设计研究论文集	"中国造船"编辑部	2015 年
18	上海市船舶与海洋工程学会建会 70 周年专刊	上海市船舶与海洋工程学会	2021 年

文献资料翻译（部分）

附表－6

序	名称	刊名	年份
1	螺旋桨空泡	造船译丛 1964 年第 1 期	1964 年
2	美国水面舰船的稳性与浮力衡准	舰船翻译稿、船舶类第 1 号	1964 年
3	船体和推进器粗糙度资料调查	舰船翻译稿、船舶类第 10 号	1964 年
4	蒲福风标及海平面上风速与风压曲线的计算数值	舰船翻译稿、船舶类第 53 号	1965 年
5	油船及干货船的重量、费用、和设计特性	舰船翻译稿、船舶类第 67 号	1965 年
6	气垫艇设计和建造指南(连载)	气垫艇译文集、第二辑	1966 年
7	改变叶数对模型螺旋桨性能的影响	舰船翻译稿、船舶类第 79 号	1966 年
8	性能委员会报告	第十四届国际拖曳水池会议论文集(二)	1978 年
9	推进器性能的数值计算	船用螺旋桨设计参考资料(二)	1979 年
10	海协关于载运木材甲板货船舶的安全规则	有关国际公约、各国规则条令汇集(1)	1981 年

附表 -6(续)

序	名称	刊名	年份
11	美国海岸警卫队航行规则	有关国际公约、各国规则条令汇集(1)	1981 年
12	国际海事组织大会决议题录汇集	国外舰船技术船舶类 1984/第 1 期	1984 年
13	苏伊士运河管理局航行规则	有关国际公约、各国规则条令汇集(6)	1984 年
14	内河运输燃煤蒸汽推进系统	国际海事技术会议论文集(一)	1985 年
15	北海海域小型船舶最佳船型	国外舰船技术船舶类 1985/第 5 期	1985 年
16	国际海事组织第十三届大会决议题录汇集	国外舰船技术船舶类 1985/第 12 期	1985 年
17	国际海事组织公布公约的生效和修正情况	交通部"海运情报"1986/第 4 期	1986 年
18	阻力和推进数据的重新统计分析	船舶与海洋工程译丛 1986/第 2 期	1986 年
19	国际海事组织全部公约规则修正和实施情况简介	有关国际和各国规则条令汇集(8)	1986 年
20	瓦根宁根 B 型螺旋桨系列数据的进一步计算和分析	船舶与海洋工程译丛 1987/第 5 期	1987 年
21	国际海事组织第十四届大会决议题录汇集	船舶与海洋工程译丛 1987/第 6 期	1987 年
22	国际海事组织公布公约的生效和情况（截至 1987 年）	船舶与海洋工程译丛 1987/第 6 期	1987 年
23	改进型葛兰姆叶轮装置用于新一代大型油船	船舶 1990 年第 5 期	1990 年

业务技术工作成绩　产品科研获奖情况

附表 -7

序	项目	获奖等级	颁发机关	时间
01	远洋调查船(643 甲)研究设计	科技成果奖	上海市革会	1977 年
02	昆仑号长江客船	科学大会奖	全国科学大会	1978 年
03	船舶设计实用手册	科学大会奖	全国科学大会	1978 年
04	船舶科技简明手册	科学大会奖	全国科学大会	1978 年
05	英汉舰船科技词汇	科学大会奖	全国科学大会	1978 年
06	643 远洋调查船总体设计	重大成果一等奖	国防科委	1980 年
07	925 -643 二型船直升飞机装船系统设计	重大成果四等奖	国防科委	1980 年
08	"向阳红 10"号远洋调查船	国家科技进步特等奖	国家科技进步奖评审委	1985 年
09	江海运输船船型研究	科技成果二等奖	第七研究院	1989 年
10	1 000 t 级江海直达货船	科技成果二等奖	第七研究院	1989 年
11	1 000 t 级江海直达货轮	科技成果三等奖	中船总	1990 年

附表 –7（续）

序	项目	获奖等级	颁发机关	时间
12	国际主要通航运河及五大湖泊航行规则	科技进步三等奖	第七研究院	1992 年
13	《出口船设计参考资料》系列成果	科技进步三等奖	中船总	1993 年
14	"向阳红 10"号远洋调查船史料集	史料集特等奖	中船总	1993 年
15	有财号客渡船	新产品奖	上海市政府	1994 年
16	19 900 吨江海直达原油船设计与建造	科技进步三等奖	中船总	1996 年

立功授奖情况

附表 –8

序	名称	立功受奖	颁发单位	时间
1	设计"昆仑"号高级专用客船,工作成绩优秀	荣记三等功	中国人民解放军海军	1961 年
2	"718"远洋调查船驻厂设计工作组评为先进集体,本人为工作组组长	受所表扬	第七〇八研究所	1977
3	参与我所首艘出口船 27 000 t 散货	荣记功一次	第七〇八研究所	1981 年
4	"向阳红 10"号调查船首航南极建立长城站,在设计工作作出贡献	受所表彰	第七〇八研究所	1985 年
5	庆祝中华人民共和国成立 70 周年记念,因 85 年"向阳红 10"号调查船获国家科技进步特等奖,本人为总设计师	获金质五星国家荣誉胸章一枚	中共中央国务院中央军委	2019 年 12 月

科研院所受聘业绩

附件 –9

序	单位	工作内容	受聘任职	时间
1	中国科学院	海洋调查船考察代表团赴美	高级专家	1980 年 4 月 ~ 12 月
2	七〇八所四室	29 000 t 散货船、24 000 t 运木船等	高级技术顾问	1993 年 ~ 1995 年
3	上海欧得利船舶工程公司	散货船、集装箱船等	高级技术顾问	1995 年 ~ 1999 年
4	上海船舶运输科学研究所	集装箱船系列、化学品船系列等	总工程师顾问	2004 年 ~ 2008 年

序	单位	工作内容	受聘任职	时间
5	上海华船科技公司	有财号客渡船、4 000 t 成品油船等	经理、研究员	1993 年～1997 年
6	上海智密技术工程研究公司	集装箱船等	总设计师	1994 年～2005 年
7	七〇二所	实验 1 号小水线面科考船	总设计师顾问	2004 年～2008 年
8	上海佳和船舶设计公司	集装箱船、散货船	总体顾问，教授级高工	2008 年～2009 年
9	上海彩虹鱼科考船科技服务公司	万米级潜水器科考母船	董事长顾问	2014 年 6 月起
10	七〇二所上海分部	远海科学调查作业船	总设计师顾问	2014 年 10 月起
11	上海天翼船舶工程公司	海上风电运维巡检船等	总工程师	2019 年 5 月起
12	上海海乐应用技术研究所	黄浦江游览船及邮轮中国出版物	高级技术顾问	2019 年 4 月起
13	上海交通大学	邮轮中国	编委	2019 年 11 月起

生平业绩实录（部分）

附表－10

序	名　称	受聘任职	时　间
1	"昆仑"号高级专用客船设计	总体主任设计师	1960 - 1962 年

　　为中南海国家领导人专用，我国第一艘长江专用高级客船。1978 年获全国科学大会奖。由于个人工作成绩优良，于 1962 年被中国人民解放军荣记三等功一次。

| 2 | 战时动员平战结合工作 | 组织策划者 | 1962 - 1965 年 |

　　收集全国民用船舶，选择典型船舶进行改装设计，为战时征用作准备。对新建船舶，在设计时预先提出平战结合要求。该项工作为建国后第一次开展军民融合的工作典范。

| 3 | "东风"号 10 000 t 级远洋货船战时改装设计 | 规划设计参与者 | 1962 - 1965 年 |

"东风"号 10 000 t 级远洋货船设计时，正逢我国国民经济恢复期；国家号召要建立强大的海军。在平战结合选型时，作为典型的战时征用船舶。在设计时考虑到战时的需要，首次在我国将万吨级新船改装成战时物资运输船；以后陆续将渔船改装成扫雷艇，此工作持续一年之久。受到海军的表彰。

附表 – 10（续）

序	名　　称	受聘任职	时　　间
4	气垫船开发设计	开发设计者	1964 – 1965 年

20 世纪 60 年代初,我所开发气垫船设计研究,当时我国为世界上第二开发国。但所内缺人缺资料,新分配来的科技人员,祇懂俄文,又缺理论基础。唯一可以参考资料为英国出版的 ACV(Air Cusion Vehicle)气垫船期刊。由葛兴国口译 ACV 原文,所情报室程蕴明笔录中文,整理后供有关人员阅读使用。此资料以后汇集成《气垫船设计和制造指南》的气垫船译文集出版。在所、室领导与科技人员齐心努力下,于 1965 年年底建成我国第一艘气垫船。

5	"实践"号远洋综合调查船设计	总体设计者	1959 – 1966 年

　　1959 年中国科学院海洋研究所委托我所二室设计建造一艘远洋综合调查船。主持设计人是二室金柱青主任,特别重视船的稳性和适航性能。邀葛兴国一起进行总体设计工作,直到建成后参加试航和交船。该船普于 1978 年参加联合国世界气象组织进行一次国际气象调查项目。有 147 个会员国参加。在太平洋上工作 96 天,续航三万多海里。曾遭遇 11 级大风猛烈袭击时,其它国家船纷纷离开作业海区,唯有"实践"号坚守岗位完成任务。受联合国气象组织赞扬。1977 年荣获上海重大科学技术成果奖,1978 年荣获全国科学大会奖。该船已使用 53 年,至今仍在服役中。它是我国第一艘自行设计的远洋综合调查船,是我所以后建造许多调查船的参照船型。

6	"向阳红 10"号远洋综合调查船	总设计师	1971 – 1979 年

　　我国第一艘万吨级远洋综合调查船。该船主要尺度和排水量,以及实验室数量和综合调查考察能力与先进性为世界第一。

　　1980 年 4 月参加我国首次向太平洋海域发射洲际导弹试验成功。

　　1984 年 4 月参加我国首次发射地球同步定点通讯卫星试验成功。

　　1984 年 11 月首航南太平洋,首次登陆南极,并在南极建立中国长城站。五星红旗首次在南极洲飘扬。

　　(1)国防科委重大科研成果一等奖。

　　(2)上海市科技成果奖。

　　(3)国防科委总体设计重大成果一等奖。

　　(4)国防科委直升机装船系统设计重大成果四等奖。

　　(5)1985 年 4 月获国家科技进步特等奖。

　　(6)2005 年被评为我国十大名船之一。

　　(7)2019 年 12 月葛兴国本人获中共中央、国务院、中央军委为"庆祝中华人民人和国成立 70 周年纪念"颁发的金质五星国家荣誉胸章一枚。

7	远洋调查船核动力推进研究和核废料运输船开发设计	总设计师	1972 年 – 1990 年

　　由国防科委"718"工程办公室和核工业部下达任务,在我国首次将核能用于民船的研究和开发。

序	名　　　称	受聘任职	时　　间
8	27 000 t 散货船设计	总体设计者	1979－1980

1978 年党的十一届三中全会后，实行改革开放。中国的船舶要出口，打进国际船舶的市场。当时香港业主要建四艘 27 000 t 散货船。但最大的问题是船要入荣氏船级（LR）；要按国际规、规则。要求从事国际航行的出口船。当时所内缺乏规范、规则、标准等资料，并且设计人员对上列资料又十分生疏，知之甚少。室领导要葛兴国参加以上列工作。因他曾受中国科学院邀请参加中科院海洋调查船的考察监造代表团成员赴美国，历时 8 个月，对国外规范、规则比较熟悉。因此与大家一起收集资料，共计 18 项。由于设计周期紧迫，一边翻译，一边讲解，以解燃眉之急。终于 1980 年我国第一艘出口船交船成功。以后先后有 5 型 13 艘船相继完成。开创我国出口船先例。直到现在中国出口船遍及世界各地。由于工作成绩优良，于 1981 年被七〇八所荣记功一次。

9	《出口船设计参考资料》汇编	主审编审	1981－2000 年

1979 年起我国实现改革开放，在造船工业大量开展建造出口船业务。为了使国内从事出口船业务的科技人员方便地获得设计资料，按六机部指示，由 708 所归口收集资料，翻译出版，六机部出钱，分发给全国有关单位使用。我所旋即成立编辑委员会，将出版物定名为《出口船设计参考资料》。主编为许学彦院士，邀请葛兴国参与主审和编审工作。自 1981 年 8 月第一辑起到 2000 年 3 月，时间长达 18 年，共出版 23 辑。被广大船舶设计和建造人员所采用，反响热烈。于 1993 年获中船总公司颁发科技进步奖。当今我国出口船遍及四大洋五大洲与当时资料翻译汇编工作戚戚相关，为我所赢得声誉。

10	风帆助航多用途货船设计	总设计师	1987 年

为船舶航行节省能源，用现代风帆技术作为船舶辅助动力，在新设计船上应用获得成功，在我国是首创。船本为浙江宁波海运公司。

11	1 000 t 货船节能装置设计	总设计师	1987－1990 年

20 世纪 80 年代，由于燃料费用昂贵，船舶设计注重节能减排；同时提出开发江海直达船型。因此对在长江和闽江航行的 1 000 t 级货船实现江海直达线型设计，并在船艉加装补偿导管节能装置取得良好效果。在新设计中采用补偿导管节能装置在我国是第一艘船舶。1990 年获得中船公司科技进步奖。因实际效果很好，目前这一节能措施被大量用于新旧船舶中。

12	1 000 t 货船节能装置设计	总设计师	1994－1996 年

以往海船吃水深不能进长江，江船抗风能力差不能出海航行。经深入研究主尺席与性能设计，通过大量船模试验，而使大载重量和深吃水的本船型设计建造成功。能进行江海直达航行，在我国为首创。1996 年获中船总公司技术进步奖。

13	船舶与海洋工程设计研究论文集	个人专著	2015 年

从 1962 年开始，每经过一艘船的设计、课题研究或学求心得而选写科技论文发表，而今汇集成个人专著。以论文集形式发表，由《中国造船》编辑部出版，在上海造船界尚属首例。

附表－10(续)

序	名　　　称	受聘任职	时　　间
14	为上海世博会规划向总规划师递交书面建议	主要建言者	2005 年

为缓解西藏南路扩路和设出入口,对 708 所的影响,提出很多建议。如 1. 按所处地理环境可以多设几个出入口,以缓解西藏南路大出入口的人流出来。2. 设计新船型,发展水上交通以疏散陆上人流。3. 在世博园区内开发地下通道连接浦江二岸,便于人员来往。4. 对嘉宾驾车入园的,在僻静处避 VIP(贵宾)专道。

在上海世博会建设中对所提建议得以一一实现。如 1. 在浦西一侧,在卢浦大桥端、局门路、西藏南路、南浦大桥端,增设四个通道和出入口。2. 在卢浦大桥和南浦大桥间诸输渡站,增设一批新颖旅游客船。3. 新辟西藏南路隧道,使浦东、浦西人流畅通。4. 在白莲泾路和雪野路处设有 VIP(贵宾)专用通道。

| 15 | 受科研院所聘用 | 高级专家、高级技术顾问、研究员、总设计师、总工程师 | 1980 年—迄今 |

在工作之余尚受聘 13 个科研院所聘任顾问等职,参与船舶产品设计数拾艘,时间跨度 40 年。以己之长,助人为乐。